1권

JN372180

제1회
한국수출입은행 필기전형

NCS 직업기초능력평가 모의고사

〈문항 수 및 시험시간〉

영역	문항 수	시험시간	모바일 OMR 답안채점 / 성적분석
의사소통능력	25문항	100분	
수리능력	25문항		
문제해결능력	25문항		
조직이해능력	25문항		

www.sdedu.co.kr

한국수출입은행 필기전형

제1회 모의고사

문항 수 : 100문항
시험시간 : 100분

제 1 영역 의사소통능력

※ 다음 글의 내용으로 가장 적절한 것을 고르시오. [1~3]

01

선물환거래란 계약일로부터 일정시간이 지난 뒤 특정일에 외환의 거래가 이루어지는 것으로, 현재 약정한 금액으로 미래에 결제하기 때문에 선물환계약을 체결하게 되면, 약정된 결제일까지 매매 쌍방 모두 결제가 이연된다. 선물환거래는 보통 환리스크를 헤지(Hedge)*하기 위한 목적으로 이용된다. 예를 들어 1개월 이후 달러로 거래 대금을 수령할 예정인 수출 기업은 은행과 1개월 후 달러를 매각하는 대신 원화를 수령하는 선물환계약을 통해 원/달러 환율변동에 따른 환리스크를 헤지할 수 있다.
이외에도 선물환거래는 금리차익을 얻는 것과 투기적 목적 등도 가지고 있다. 선물환거래에는 일방적으로 선물환을 매입하는 것 또는 매도 거래만 발생하는 Outright Forward거래가 있고, 또 선물환거래가 스왑거래의 일부분으로써 현물환거래와 같이 발생하는 Swap Forward거래로 구분된다. Outright Forward거래는 만기 시 실물 인수도가 일어나는 일반 선물환거래와 만기 시 실물의 인수 없이 차액만을 정산하는 차액결제선물환(NDF; Non-Deliverable Forward)거래로 구분된다.
옵션(Option)이란 거래당사자들이 미리 가격을 정하고, 그 가격으로 미래의 특정시점이나 그 이전에 자산을 사고파는 권리를 매매하는 계약이다. 선도 및 선물, 스왑거래 등과 같은 파생금융상품이다.
옵션은 매입권리가 있는 콜옵션(Call Option)과 매도권리가 있는 풋옵션(Put Option)으로 구분된다. 옵션거래로 매입이나 매도할 수 있는 권리를 가지게 되는 옵션매입자는 시장가격의 변동에 따라 자기에게 유리하거나 불리한 경우를 판단하여, 옵션을 행사하거나 포기할 수도 있다. 옵션매입자는 선택할 권리에 대한 대가로 옵션매도자에게 프리미엄을 지급하고, 옵션매도자는 프리미엄을 받는 대신 옵션매입자가 행사하는 옵션에 따라 발생하는 것에 대한 것을 이해하는 책임을 가진다. 옵션거래의 손해와 이익은 행사가격, 현재가격 및 프리미엄에 의해 결정된다.

* 헤지(Hedge) : 투자자가 가지고 있거나 앞으로 보유하려는 자산의 가치가 변함에 따라 발생하는 위험을 없애려는 시도

① 선물환거래는 투기를 목적으로 사용되기도 한다.
② 옵션은 미래에 조건이 바뀌어도 계약한 금액을 지불해야 한다.
③ 선물환 거래는 권리를 행사하거나 포기할 수 있다.
④ 옵션은 환율변동 리스크를 해결하는 데 좋은 선택이다.
⑤ 선물환 거래는 행사가격, 현재가격, 프리미엄가에 따라 손해와 이익이 발생한다.

02

풍속화는 문자 그대로 풍속을 그린 그림이다. 세속을 그린 그림이라는 뜻에서 속화(俗畵)라고도 한다. 정의는 간단하지만 따져야 할 문제들은 산적해 있다. 나는 풍속화에 대해 엄밀한 학문적 논의를 펼 만큼 전문적인 식견을 갖고 있지는 않다. 하지만 한 가지 확실하게 말할 수 있는 것은 풍속화가 인간의 모습을 화폭 전면에 채우는 그림이라는 사실이다. 그런데 현재 우리가 접하는 그림에서는 인간의 모습이 그림의 전면을 차지하는 작품은 생각보다 많지 않다. 우리의 일상적인 모습은 더욱 그렇다. 만원 지하철에 시달리며 출근 전쟁을 하고, 직장 상사로부터 핀잔을 듣고, 포장마차에서 소주를 마시고, 노래방에서 스트레스를 푸는 평범한 사람들의 일상의 모습은 그림에 등장하지 않는다. 조선시대에도 회화의 주류는 산수와 꽃과 새, 사군자와 같은 인간의 외부에 존재하는 대상을 그리는 것이었다. 이렇게 말하면 너무 지나치다고도 할 것이다. 산수화에도 인간이 등장하고 있지 않은가? 하지만 산수화 속의 인간은 산수에 부속된 것일 뿐이다. 산수화에서의 초점은 산수에 있지, 산수 속에 묻힌 인간에 있지 않다. 인간의 그림이라면 초상화가 있지 않느냐고 물을 수도 있다. 사실 그렇다. 초상화는 인간이 화면 전체를 차지하는 그림이다. 나는 조선시대 초상화에서 깊은 감명을 받은 적도 있다. 그것은 초상에 그 인간의 내면이 드러나 보일 때인데, 특히 송시열의 초상화를 보고 그런 느낌을 받았다. 하지만 초상화는 아무래도 딱딱하다. 초상화에서 보이는 것은 얼굴과 의복일 뿐, 구체적인 삶의 모습은 아니다. 이에 반해 조선 후기 풍속화는 인간의 현세적·일상적 모습을 중심 제재로 삼고 있다. 조선 사회가 양반 관료 사회인만큼 양반들의 생활이 그려지는 것은 당연하겠지만, 풍속화에 등장하는 인물의 주류는 이미 양반이 아니다. 농민과 어민, 그리고 별감, 포교, 나장, 기생, 뚜쟁이 할미까지 도시의 온갖 인간들이 등장한다. 풍속화를 통하여 우리는 양반이 아닌 인간들을 비로소 만나게 된 것이다. 여성이 그림에 등장하는 것도 풍속화의 시대에 와서이다. 조선시대는 양반·남성의 사회였다. 양반·남성 중심주의는 양반이 아닌 이들과 여성을 은폐하였다. 이들이 예술의 중심 대상이 된 적은 거의 없었다. 특히 그림에서는 인간이 등장하는 일이 드물었고, 여성이 등장하는 일은 더욱 없었다. 풍속화에 와서야 비로소 여성이 회화의 주요 대상으로 등장했던 것이다. 조선시대 풍속화는 18 ~ 19세기에 '그려진 것'이다. 물론 풍속화의 전통을 따지고 들면, 저 멀리 고구려시대의 고분벽화에 까지 이를 수 있다. 그러나 그것들은 의례적·정치적·도덕적 관념의 선전이란 목적을 가지고 '제작된 것'이다. 좀 더 구체적으로 말하자면 죽은 이를 위하여, 농업의 중요성을 강조하고 생산력을 높이기 위하여, 혹은 민중의 교화를 위하여 '제작된 것'이다. 이 점에서 이 그림들은 18 ~ 19세기의 풍속화와는 구분되어야 마땅하다.

① 풍속화는 인간의 외부에 존재하는 대상을 그리는 것이었다.
② 조선 후기 풍속화에는 양반들의 생활상이 주로 나타나 있다.
③ 조선 시대 산수화 속에 등장하는 인물은 부수적 존재에 불과하다.
④ 조선 시대 회화의 주류는 인간의 내면을 그린 그림이 대부분이었다.
⑤ 조선 전기에도 여성이 회화의 주요대상으로 등장했다.

03

비재무적 위험요인이 초래할 수 있는 재무적 충격을 숫자로 나타내고자 하는 노력은 점차 성과를 거두고 있다. 특히 ESG 중에서 E(환경)를 중심으로 가시화된 형태가 나타나고 있다. 이미 EU(유럽연합)를 시작으로 한국・미국 등 주요국에서는 온실가스 거래시장이 만들어졌다. 지구온난화를 초래하는 온실가스에 가격을 매겨 온실가스를 배출하는 기업들이 비용을 치르게 하자는 발상이 현실화된 대표적 사례다.
2008년 금융위기 극복을 위한 글로벌 협의체 G20(주요 20개국) 회의의 하부기구인 TCFD(기후변화 위험의 재무공시를 위한 태스크포스)를 비롯해 SASB(지속가능회계기준위원회), ISO(국제표준화기구) 등 기구들이 ESG 요소를 재무적으로 관측할 수 있도록 하는 수단을 만들어왔고 이를 보다 세련되게 다듬는 노력을 기울이고 있다. 예전에는 측정할 수 없다는 이유로 경영・투자판단에 고려되지 않았던 ESG 등 비재무적 요소들이 하나둘씩 숫자의 형태로 나타나기 시작했다는 것이다.
외국 기관투자자들의 전유물로만 여겨지곤 했던 ESG를 국내에서 가장 선도적으로 투자에 반영한 곳이 바로 국민연금이다. 국민 노후보장의 최후 보루인 국민연금 기금의 규모는 2020년 말 기준 834조 원에 이르고 이 중 국내 주식 자산의 규모만 177조 원에 달한다. 코스피・코스닥 전체의 시가총액 합계가 약 2,300조 원인데 이 중 7.5% 가량을 국민연금이 보유하고 있다는 얘기다. 더불어 국민연금은 국내 회사채・여신채 등 민간기업들이 발행한 채권도 75조 원가량을 보유하고 있다.
국내 기업들의 자금상환 능력이 저하되거나 기업가치가 훼손될 경우 국민연금이 타격을 입을 수밖에 없는 구조다. 이 때문에 국민연금이 가장 선도적으로 ESG 요소를 투자에 접목해왔던 것이다. 국민연금은 이미 15년 전, 국내에선 아직 ESG 이슈가 낯설었던 2006년부터 위탁 운용을 통해 ESG 전략을 투자에 접목해왔고 ESG 투자 규모를 늘려왔다.
2020년 기준으로 전체 기금 자산에서 차지하는 ESG 투자자산의 비중은 현재 10%에 불과하지만 이를 내년까지 50%까지 늘리겠다는 비전을 제시한 바 있다. ESG 투자 대상 자산도 현재의 국내 주식 일부에서 국내 채권, 해외 주식・채권 등으로 대폭 확장될 예정이다.
국민연금은 2009년 UN PRI(유엔책임투자원칙) 서명 기관으로 가입한 것은 물론이고 2019년에는 ICGN(국제기업지배구조네트워크), 2020년에는 AIGCC(기후변화 관련 아시아 투자자 그룹)에 잇따라 가입했다. 글로벌 연기금 및 기관들과의 적극적인 정보교류와 협력 인프라를 구축하겠다는 차원에서다. 나아가 ESG투자와 관련한 글로벌 원칙과 기준을 형성하는 과정에도 국민연금의 목소리가 반영될 수 있을 것으로 보인다. 머지않아 기금 규모 1,000조 원 돌파를 눈앞에 둔 국민연금의 ESG 투자는 세계 일류로 도약하는 우리 기업들의 지속가능성을 높이는 데도 기여하고 있다는 평가를 받는다.

① 미국에서 처음으로 온실가스 배출에 비용을 치르자는 제안을 했다.
② 이전에도 사람들은 투자에 있어서 비재무적인 요소를 고려했다.
③ 국민연금은 10여 년 전부터 ESG 관련 투자를 해왔다.
④ 2020년을 기준으로 국민연금 전체 기금 자산에서 ESG 투자자산이 차지하는 비율은 50%에 달한다.
⑤ 국민연금의 기금 규모는 1,000조를 돌파했다.

04 다음 글의 제목으로 가장 적절한 것은?

시장경제는 모든 국민이 잘살기 위한 목적을 달성하기 위한 수단으로서 선택한 나라 살림의 운영 방식이다. 그러나 최근에 재계, 정계, 그리고 경제 관료 사이에 벌어지고 있는 시장경제에 대한 논쟁은 마치 시장경제 그 자체가 목적인 것처럼 왜곡되고 있다. 국민들이 잘살기 위해서는 경제가 성장해야 한다. 그러나 경제가 성장했는데도 다수의 국민들이 잘사는 결과를 가져오지 못하고 경제적 강자들의 기득권을 확대 생산하는 결과만을 가져온다면 국민들은 시장경제를 버리고 대안적 경제 체제를 찾을 것이다. 그렇기 때문에 시장경제를 유지하기 위해서는 성장과 분배의 균형이 중요하다.
시장경제는 경쟁을 통해서 효율성을 높이고 성장을 달성한다. 경쟁의 동기는 사적인 이익을 추구하는 인간의 이기적 속성에 기인한다. 국민 각자는 모두가 함께 잘살기 위해서가 아니라 내가 잘살기 위해서 경쟁을 한다. 모두가 함께 잘살기 위한 공동의 목적을 달성하기 위한 수단으로 시장경제를 선택한 것이지만 개개인은 이기적인 동기로 시장에 참여하는 것이다. 이와 같이 시장경제는 개인과 공동의 목적이 서로 상반되는 모순을 갖는 것이 그 본질이다. 그래서 시장경제가 제대로 운영되기 위해서는 국가의 소임이 중요하다.
시장경제에서 국가의 역할을 크게 세 가지로 나누어 볼 수 있다. 첫째는 경쟁을 유도하는 시장 체제를 만드는 것이고, 둘째는 공정한 경쟁이 이루어지도록 시장 질서를 세우는 것이며, 셋째는 경쟁의 결과로 얻은 성과가 모두에게 공평하게 분배되도록 조정하는 것이다. 최근에 벌어지고 있는 시장경제의 논쟁은 세 가지 국가의 역할 중에서 논쟁의 주체들이 자신의 이해관계에 따라서 선택적으로 시장경제를 왜곡하고 있다. 경쟁에서 강자의 위치를 확보한 재벌들은 경쟁 촉진을 주장하면서 공정 경쟁이나 분배를 말하는 것은 반시장적이라고 매도한다. 정치권은 인기 영합의 수단으로, 그리고 일부 노동계는 이기적 동기에서 분배를 주장하면서 분배의 전제가 되는 성장을 위해서 필요한 경쟁을 훼손하는 모순된 주장을 한다. 경제 관료들은 자신의 권력을 강화하기 위한 부처의 이기적인 관점에서 경쟁촉진과 공정 경쟁 사이에서 줄타기 곡예를 하며 분배에 대해서 말하는 것은 금기시한다. 모두가 자신들의 기득권을 위해서 선택적으로 왜곡하고 있다.
경쟁은 원천적으로 공정성을 보장하지 못한다. 서로 다른 능력이 주어진 천부적인 차이는 물론이고, 물려받는 재산과 환경의 차이로 인하여 출발선에서부터 불공정한 경쟁이 시작된다. 그럼에도 불구하고 경쟁은 창의력을 가지고 노력하는 사람에게 성공을 가져다주는 체제이다. 그래서 출발점이 다를지라도 노력과 능력에 따라서 성공의 기회가 제공되도록 보장하기 위해서 공정 경쟁이 중요하다.
경쟁은 또한 분배의 공평성을 보장하지 못한다. 경쟁의 결과는 경쟁에 참여한 모든 사람들의 노력의 결과로 이루어진 것이지, 승자만의 노력으로 이루어진 것은 아니다. 경쟁의 결과가 승자에 의해서 독점된다면 국민들은 경쟁의 참여를 거부할 수밖에 없다. 그래서 경쟁에 참여한 모두에게 공평한 분배가 이루어지는 것이 중요하다.

① 시장경제에서의 개인과 경쟁의 상호 관계
② 시장경제에서의 국가의 역할
③ 시장경제에서의 개인 상호 간의 경쟁
④ 시장경제에서의 경쟁의 양면성과 그 한계
⑤ 시장경제에서의 경쟁을 통한 개개인의 관계

05 다음 글의 빈칸에 들어갈 내용으로 가장 적절한 것은?

태양은 지구의 생명체가 살아가는 데 필요한 빛과 열을 공급해 준다. 이런 막대한 에너지를 태양은 어떻게 계속 내놓을 수 있을까?

16세기 이전까지는 태양을 포함한 별들이 지구상의 물질을 이루는 네 가지 원소와 다른, 불변의 '제5원소'로 이루어졌다고 생각했다. 하지만 밝기가 변하는 신성(新星)이 별 가운데 하나라는 사실이 알려지면서 별이 불변이라는 통념은 무너지게 되었다. 또한 태양의 흑점 활동이 관측되면서 태양 역시 불덩어리일지도 모른다고 생각하기 시작했다. 그 후 섭씨 5,500°C로 가열된 물체에서 노랗게 보이는 빛이 나오는 것을 알게 되면서 유사한 빛을 내는 태양의 온도도 비슷할 것이라고 추측하게 되었다.

19세기에는 에너지 보존 법칙이 확립되면서 새로운 에너지 공급이 없다면 태양의 온도가 점차 낮아져야 한다는 결론을 내렸다. 그렇다면 과거에는 태양의 온도가 훨씬 높았어야 했고, 지구의 바다가 펄펄 끓어야 했을 것이다. 하지만 실제로는 그렇지 않았고, 사람들은 태양의 온도를 일정하게 유지해 주는 에너지원이 무엇인지에 대해 생각하게 되었다.

20세기 초 방사능이 발견되면서 방사능 물질의 붕괴에서 나오는 핵분열 에너지를 태양의 에너지원으로 생각하였다. 그러나 태양빛의 스펙트럼을 분석한 결과 태양에는 우라늄 등의 방사능 물질 대신 수소와 헬륨이 있다는 것을 알게 되었다. 즉, 방사능 물질의 붕괴에서 나오는 핵분열 에너지가 태양의 에너지원이 아니었던 것이다.

현재 태양의 에너지원은 수소 원자핵 네 개가 헬륨 원자핵 하나로 융합하는 과정의 질량 결손으로 인해 생기는 핵융합 에너지로 알려져 있다. 태양은 엄청난 양의 수소 기체가 중력에 의해 뭉쳐진 것으로, 그 중심으로 갈수록 밀도와 압력, 온도가 증가한다. 태양에서의 핵융합은 천만°C 이상의 온도를 유지하는 중심부에서만 일어난다. 높은 온도에서만 원자핵들은 높은 운동 에너지를 가지게 되며, 그 결과로 원자핵들 사이의 반발력을 극복하고 융합되기에 충분히 가까운 거리로 근접할 수 있기 때문이다. 태양빛이 핵융합을 통해 나온다는 사실은 태양으로부터 온 중성미자가 관측됨으로써 더 확실해졌다.

중심부의 온도가 올라가 핵융합 에너지가 늘어나면 그 에너지로 인한 압력으로 수소를 밖으로 밀어내어 중심부의 밀도와 온도를 낮추게 된다. 이렇게 온도가 낮아지면 방출되는 핵융합 에너지가 줄어들며, 그 결과 압력이 낮아져서 수소가 중심부로 들어오게 되어 중심부의 밀도와 온도를 다시 높인다. 이렇듯 태양 내부에서 중력과 핵융합 반응의 평형 상태가 유지되기 때문에 ____
태양은 이미 50억 년간 빛을 냈고, 앞으로도 50억 년 이상 더 빛날 것이다.

① 태양의 핵융합 에너지가 폭발적으로 증가할 수 있게 된다.
② 태양 외부의 밝기가 내부 상태에 따라 변할 수 있게 된다.
③ 태양이 오랫동안 안정적으로 빛을 낼 수 있게 된다.
④ 태양이 일정한 크기를 유지할 수 있었다.
⑤ 과거와 달리 태양이 일정한 온도를 유지할 수 있게 된다.

06 다음 글을 읽고 추론한 내용으로 적절하지 않은 것은?

> 독일의 발명가 루돌프 디젤이 새로운 엔진에 대한 아이디어를 내고 특허를 얻은 것은 1892년의 일이었다. 1876년 오토가 발명한 가솔린 엔진의 효율은 당시에 무척 떨어졌으며, 널리 사용된 증기 기관의 효율 역시 10%에 불과했고, 가동 비용도 많이 드는 단점이 있었다. 디젤의 목표는 고효율의 엔진을 만드는 것이었고, 그의 아이디어는 훨씬 더 높은 압축 비율로 연료를 연소시키는 것이었다.
>
> 일반적으로 가솔린 엔진은 기화기에서 공기와 연료를 먼저 혼합하고, 그 혼합 기체를 실린더 안으로 흡입하여 압축한 후, 점화 플러그로 스파크를 일으켜 동력을 얻는다. 이러한 과정에서 문제는 압축 정도가 제한된다는 것이다. 만일 기화된 가솔린에 너무 큰 압력을 가하면 멋대로 점화되어 버리는데, 이것이 엔진의 노킹 현상이다.
>
> 공기를 압축하면 뜨거워진다는 것은 알려져 있던 사실이다. 디젤 엔진의 기본 원리는 실린더 안으로 공기만을 흡입하여 피스톤으로 강하게 압축시킨 다음, 그 압축 공기에 연료를 분사하여 저절로 착화가 되도록 하는 것이다. 따라서 디젤 엔진에는 점화 플러그가 필요 없는 대신, 연료 분사기가 장착되어 있다. 또 압축 과정에서 공기와 연료가 혼합되지 않기 때문에 디젤 엔진은 최대 12:1의 압축 비율을 갖는 가솔린 엔진보다 훨씬 더 높은 25:1 정도의 압축 비율을 갖는다. 압축 비율이 높다는 것은 그만큼 효율이 좋다는 것을 의미한다.
>
> 사용하는 연료의 특성도 다르다. 디젤 연료인 경유는 가솔린보다 훨씬 무겁고 점성이 강하며 증발하는 속도도 느리다. 왜냐하면 경유는 가솔린보다 훨씬 더 많은 탄소 원자가 길게 연결되어 있기 때문이다. 일반적으로 가솔린은 5 ~ 10개, 경유는 16 ~ 20개의 탄소를 가진 탄화수소들의 혼합물이다. 탄소가 많이 연결된 탄화수소물에 고온의 열을 가하면 탄소 수가 적은 탄화수소물로 분해된다.
>
> 한편, 경유는 가솔린보다 에너지 밀도가 높다. 1갤런의 경유는 약 1억 5,500만 줄(J)의 에너지를 가지고 있지만, 가솔린은 1억 3,200만 줄을 가지고 있다. 이러한 연료의 특성들이 디젤 엔진의 높은 효율과 결합되면서, 디젤 엔진은 가솔린 엔진보다 좋은 연비를 내게 되는 것이다.
>
> 발명가 디젤은 디젤 엔진이 작고 경제적인 엔진이 되어야 한다고 생각했지만 그의 생전에는 크고 육중한 것만 만들어졌다. 하지만 그 후 디젤의 기술적 유산은 이 발명가가 꿈꾼 대로 널리 보급되었다. 디젤 엔진은 원리상 가솔린 엔진보다 더 튼튼하고 고장도 덜 난다. 디젤 엔진은 연료의 품질에 민감하지 않고 연료의 소비면에서도 경제성이 뛰어나 오늘날 자동차 엔진용으로 확고한 자리를 잡았다. 환경론자들이 걱정하는 디젤 엔진의 분진 배출 문제도 필터 기술이 나아지면서 점차 극복되고 있다.

① 머지않아 디젤 엔진의 분진 배출 문제도 해결될 수 있을 것이다.
② 같은 크기의 차량을 움직인다면, 경유가 연료 소모가 적을 것이다.
③ 경유와 가솔린이 섞였다면 용기의 하부에서 경유를 떠낼 수 있을 것이다.
④ 디젤 엔진은 가솔린 엔진에 비해 저회전으로 작동한다.
⑤ 가솔린 엔진에 노킹이 발생한다면 실린더의 압축비를 점검할 필요가 있을 것이다.

※ 다음 글을 읽고, 이어지는 질문에 답하시오. **[7~9]**

(가) 경주 일대는 지반이 불안정한 양산단층에 속하는 지역으로, 언제라도 지진이 일어날 수 있는 활성단층이다. 따라서 옛날에도 큰 지진이 일어났다는 기록이 있다. 삼국사기에 의하면 통일신라 때 지진으로 인해 100여 명의 사망자가 발생했으며, 전문가들은 그 지진이 진도 8.0 이상의 강진이었던 것으로 추정한다. 그 후로도 여러 차례의 강진이 경주를 덮쳤다. 그럼에도 불구하고 김대성이 창건한 불국사와 석굴암 그리고 첨성대 등은 그 모습을 오늘날까지 보존하고 있다. 과연 이 건축물들에 적용된 내진설계의 비밀은 무엇일까? 그 비밀은 바로 그랭이법과 동틀돌이라는 전통 건축 방식에 숨어 있다.

(나) 그리고 주춧돌의 모양대로 그랭이칼을 빙글 돌리면 기둥의 밑면에 자연석의 울퉁불퉁한 요철이 그대로 그려진다. 그 후 도구를 이용해 기둥에 그어진 선의 모양대로 다듬어서 자연석 위에 세우면 자연석과 기둥의 요철 부분이 마치 톱니바퀴처럼 정확히 맞물리게 된다. 여기에 석재가 흔들리지 않도록 못처럼 규칙적으로 설치하는 돌인 동틀돌을 추가해 건물을 더욱 안전하게 지지하도록 만들었다. 다시 말하면, 그랭이법은 기둥에 홈을 내고 주춧돌에 단단히 박아서 고정하는 서양의 건축 양식과 달리 자연석 위에 기둥이 자연스럽게 올려져 있는 형태인 셈이다. 불국사에서는 백운교 좌우의 큰 바위로 쌓은 부분에서 그랭이법을 확연히 확인할 수 있다. 천연 바위를 그대로 둔 채 장대석과 접합시켜 수평을 이루도록 한 것이다.

(다) <u>그랭이법</u>이란 자연석을 그대로 활용해 땅의 흔들림을 흡수하는 놀라운 기술이다. 즉 기둥이나 석축 아래에 울퉁불퉁한 자연석을 먼저 쌓은 다음, 그 위에 올리는 기둥이나 돌의 아랫부분을 자연석 윗면의 굴곡과 같은 모양으로 맞추어 마치 톱니바퀴처럼 맞물리게 하는 기법이다. 이 같은 작업을 <u>그랭이질</u>이라고도 하는데 그랭이질을 하기 위해서는 오늘날의 컴퍼스처럼 생긴 그랭이칼이 필요하다. 주로 대나무를 사용해 만든 그랭이칼은 끝의 두 가닥을 벌릴 수 있는데, 주춧돌 역할을 하는 자연석에 한쪽을 밀착시킨 후 두 가닥 중 다른 쪽에 먹물을 묻혀 기둥이나 석축 부분에 닿도록 한다.

(라) 2016년 경주를 강타했었던 지진은 1978년 기상청이 계기로 관측을 시작한 이후 한반도 역대 최대인 규모 5.8이었다. 당시 전국 대부분의 지역뿐만 아니라 일본, 중국 등에서도 진동을 감지할 정도였다. 이로 인해 경주 및 그 일대 지역의 건물들은 벽이 갈라지고 유리가 깨지는 등의 피해를 입었다. 하지만 이 지역에 집중돼 있는 신라시대의 문화재들은 극히 일부만 훼손됐다. 첨성대의 경우 윗부분이 수 cm 이동했고, 불국사 다보탑은 일제가 시멘트로 보수한 부분이 떨어졌으며 나머지 피해도 주로 지붕 및 담장의 기와 탈락, 벽체 균열 등에 불과했다.

07 **윗글의 문단을 논리적 순서대로 바르게 나열한 것은?**

① (라) – (가) – (나) – (다)
② (라) – (가) – (다) – (나)
③ (라) – (나) – (가) – (다)
④ (라) – (다) – (가) – (나)
⑤ (라) – (다) – (나) – (가)

08 **윗글이 어떤 질문에 대한 답변이라면 그 질문으로 가장 적절한 것은?**

① 경주에 지진이 발생하는 원인은 무엇일까?
② 경주 문화재는 왜 지진에 강할까?
③ 우리나라 전통 건축 기법은 무엇일까?
④ 지진과 내진설계의 관계는?
⑤ 경주는 어떻게 문화재를 보존하고 있을까?

09 **(다)에서 밑줄 친 두 단어의 관계와 유사한 것은?**

① 이공보공(以空補空) – 바늘 끝에 알을 올려놓지 못한다.
② 수즉다욕(壽則多辱) – 보기 싫은 반찬이 끼마다 오른다.
③ 함포고복(含哺鼓腹) – 한 가랑이에 두 다리 넣는다.
④ 망양보뢰(亡羊補牢) – 소 잃고 외양간 고친다.
⑤ 가정맹어호(苛政猛於虎) –낮말은 새가 듣고 밤 말은 쥐가 듣는다.

10 다음 글을 읽고 추론한 내용으로 가장 적절한 것은?

지식의 본성을 다루는 학문인 인식론은 흔히 지식의 유형을 나누는 데에서 이야기를 시작한다. 지식의 유형은 '안다'는 말의 다양한 용례들이 보여주는 의미 차이를 통해서 드러나기도 한다. 예컨대 '그는 자전거를 탈 줄 안다.'와 '그는 이 사과가 둥글다는 것을 안다.'에서 '안다'가 바로 그런 경우이다. 전자의 안다는 능력의 소유를 의미하는 것으로 '절차적 지식'이라 부르고, 후자의 안다는 정보의 소유를 의미하는 것으로 '표상적 지식'이라고 부른다.

어떤 사람이 자전거에 대해서 많은 정보를 갖고 있다고 해서 자전거를 탈 수 있게 되는 것은 아니며, 자전거를 탈 줄 알기 위해서 반드시 자전거에 대해서 많은 정보를 갖고 있어야 하는 것도 아니다. 아무 정보 없이 그저 넘어지거나 다치거나 하는 과정을 거쳐 자전거를 탈 줄 알게 될 수도 있다. 자전거 타기와 같은 절차적 지식을 갖기 위해서는 훈련을 통하여 몸과 마음을 특정한 방식으로 조직화해야 한다. 그러나 정보를 마음에 떠올릴 필요는 없다.

반면 '이 사과는 둥글다.'는 것을 알기 위해서는 둥근 사과의 이미지가 되었건 '이 사과는 둥글다.'는 명제가 되었건 어떤 정보를 마음 속에 떠올려야 한다. '마음속에 떠올린 정보'를 표상이라고 할 수 있으므로, 이러한 지식을 표상적 지식이라고 부른다. 그런데 어떤 표상적 지식을 새로 얻게 됨으로써 이전에 할 수 없었던 어떤 것을 하게 될지는 분명하지 않다. 이런 점에서 표상적 지식은 절차적 지식과 달리 특정한 일을 수행하는 능력과 직접 연결되어 있지 않다.

① 표상적 지식은 특정 능력의 습득에 전혀 도움을 주지 못한다.
② '이 사과는 둥글다.'라는 지식은 이미지 정보에만 해당한다.
③ 절차적 지식은 정보가 없이도 습득할 수 있다.
④ 인식론은 머릿속에서 처리되는 정보의 유형만을 다루는 학문이다.
⑤ 절차적 지식을 통해 표상적 지식을 얻는 것이 가능하다.

11 다음 글과 관련된 한자성어는?

> 사우디아라비아와 러시아는 지정학적 문제 등에서 정반대의 입장을 취하고 있음에도 불구하고 에너지 분야에서는 지난 18개월 동안 같은 목소리를 내고 있다. 세계 전체 산유량의 약 5분의 1을 담당하는 양국이 이처럼 손을 맞잡은 것은 수년 전만 해도 전혀 예상할 수 없는 일이었다. 그 계기는 사우디의 전통적 우방국인 미국이 제공했다.
> 미국이 본격적으로 셰일 석유를 생산하면서 유가가 떨어지자 산유국들은 당혹했고 협력을 모색하기 시작했다. 특히 1위와 2위의 산유국인 러시아와 사우디가 석유의 생산량과 재고를 줄이기 위한 노력을 선도했다. 내년에 미국의 산유량은 사상 최고치에 도달하여 2위인 사우디를 추월하고 1위인 러시아에 필적할 것으로 예상된다. 사우디는 이에 맞서기 위해 러시아를 끌어들임으로써 글로벌 석유 시장의 옛 질서를 되찾는 데 활용하고 있다.
> 그러나 일부 전문가들은 사우디와 러시아의 전략적 이해가 상이한 만큼 에너지 동맹이 견고하다고 보지 않는다. 무엇보다도 러시아가 중동 전체에 대한 영향력 확대를 모색하고 있기 때문이다. 러시아는 시리아 내전에서 아사드 대통령의 정권을 지원하고 있어 사우디와는 반대편에 서 있고, 사우디의 앙숙인 이란과도 에너지·금융 협정을 맺고 있다.

① 면백(面白)
② 천재일우(千載一遇)
③ 비분강개(悲憤慷慨)
④ 오월동주(吳越同舟)
⑤ 어부지리(漁夫之利)

12 다음 글의 내용 중 틀린 단어는 모두 몇 개인가?(단, 띄어쓰기는 제외한다)

〈노후산업단지 재생사업 활성화 방안〉

국내 노후산업단지의 현황 및 문제점, 해외사례 고찰을 통해 도출된 시사점을 토대로 노후산업단지 재생사업 추진 기본방양을 정리하면 다음과 같은 5가지로 분류될 수 있다.

재생사업 추진 기본방향	주요 내용
공공지원형 산업단지 재생모델 지양	산업단지 재생사업은 공공주도가 아닌 민간주도로 사업추진이 바람직
입주기업 주도형 '산업단지 살리기 모델' 지향	'산업단지형 마을 만들기 모델' – 기업 스스로 원하는 환경을 조성하기 위하여 협력하고 계획을 추진하는 모델
산업유산 보존 및 보존가치시설 재활용방안 모색	새로운 산업 육성+산업유산 보존방안 마련 – 산업유산 보존을 통한 지역자산 활용
산업단지 장소이미지 제창출	노후화되고 정체된 노후산업단지 장소이미지 게선을 위한 사업 발굴 – 활기찬 경제공간으로의 이미지메이킹 사업 추진 – 공공서비스 디자인사업 등 활용
젊은 층 유도를 위한 정책 마련	젊은 층 유도를 통한 산업단지 공간 효율성 강화 – 새로운 기능 유치를 통한 기대효과 창출

① 1개
② 2개
③ 3개
④ 4개
⑤ 5개

13 다음 글의 전개 방식으로 가장 적절한 것은?

> 현대 사회에서 스타는 대중문화의 성격을 규정짓는 가장 중요한 열쇠이다. 스타가 생산, 관리, 활용, 거래, 소비되는 전체적인 순환 메커니즘이 바로 스타 시스템이다. 이것이 자본주의 대중문화의 가장 핵심적인 작동 원리로 자리 잡게 되면서 사람들은 스타 되기를 열망하고, 또 스타 만들기에 진력하게 되었다.
> 스크린과 TV 화면에 보이는 스타는 화려하고 강하고 영웅적이며, 누구보다 매력적인 인간형으로 비춰진다. 사람들은 스타에 열광하는 순간 스타와 자신을 무의식적으로 동일시하며 그 환상적 이미지에 빠진다. 스타를 자신들의 결점을 대리 충족시켜 주는 대상으로 생각하기 때문이다. 그런 과정이 가장 전형적으로 드러나는 장르가 영화이다. 영화는 어떤 환상도 쉽게 먹혀들어 갈 수 있는 조건에서 상영되며 기술적으로 완벽한 이미지를 구현하여 압도적인 이미지로 관객을 끌어들인다. 컴컴한 극장 안에서 관객은 부동자세로 숨죽인 채 영화에 집중하게 되며 자연스럽게 영화가 제공하는 이미지에 매료된다. 그리고 그 순간 무의식적으로 자신을 영화 속의 주인공과 동일시하게 된다. 관객은 매력적인 대상과 자신을 동일시하면서 자신의 진짜 모습을 잊고 이상적인 인간형을 간접 체험하게 되는 것이다.
> 스크린과 TV 화면에 비친 대중이 선망하는 스타의 모습은 현실적인 이미지가 아니라 허구적인 이미지에 불과하다. 사람들은 스타 역시 어쩔 수 없는 약점과 한계를 안고 사는 한 인간일 수밖에 없다는 사실을 아주 쉽게 망각해 버리곤 한다. 이렇게 스타에 대한 열광의 성립은 대중과 스타의 관계가 기본적으로 익명적일 수밖에 없다는 데서 가능해진다. 자본주의의 특징 가운데 하나는 필요 이상의 물건을 생산하고 그것을 팔기 위해 갖은 방법으로 소비자들의 욕망을 부추긴다는 것이다. 스타는 그 과정에서 소비자들의 구매 욕구를 불러일으키는 가장 중요한 연결고리 역할을 함과 동시에 그들도 상품처럼 취급되어 소비된다. 스타 시스템은 대중문화의 안과 밖에서 스타의 화려하고 소비적인 생활 패턴의 소개를 통해 사람들의 욕망을 자극하게 된다. 또한 스타들을 상품의 생산과 판매를 위한 도구로 이용하며, 끊임없이 오락과 소비의 영역을 확장하고 거기서 이윤을 발생시킨다. 이 모든 것이 가능한 것은 많은 대중이 스타를 닮고자 하는 욕구를 가지고 있어 스타의 패션과 스타일, 소비 패턴을 모방하기 때문이다.
> 스타 시스템을 건전한 대중문화의 작동 원리로 발전시키기 위해서는 우선 대중문화 산업에 종사하고 싶어 하는 사람들을 위한 활동 공간과 유통 구조를 확보하여 실험적이고 독창적인 활동을 다양하게 벌일 수 있는 토양을 마련해 주어야 한다. 나아가 이러한 예술 인력을 스타 시스템과 연결하는 중간 메커니즘도 육성해야 할 것이다.

① 현상의 문제점을 언급한 후 해결 방안을 제시하고 있다.
② 상반된 이론을 제시한 후 절충적 견해를 이끌어내고 있다.
③ 권위 있는 학자의 견해를 들어 주장의 정당성을 입증하고 있다.
④ 대상을 하위 항목으로 구분하여 논의의 범주를 명확히 하고 있다.
⑤ 현상의 변천 과정을 고찰하고 향후의 발전 방향을 제시하고 있다.

14 다음 글에 사용된 전개 방식을 〈보기〉에서 모두 고르면?

'K-POP'은 전 세계적으로 동시에, 빠르게, 자연스럽게 퍼져나가 이른바 'K-POP 신드롬'을 일으켰다. 그런데 우월한 문화가 열등한 문화를 잠식하기 위해 의도적으로 문화를 전파한다는 기존의 문화 확산론으로는 이런 현상을 설명할 수 없었다.

그래서 새로 등장한 이론이 체험코드 이론이다. 오늘날과 같은 디지털 문화 사회에서 개인은 전 세계의 다양한 문화들을 커뮤니케이션 미디어*를 통해서 선택적으로 체험하게 된다. 이러한 체험을 통해 일종의 코드**가 형성되는데 이를 '체험코드'라고 말한다. 따라서 체험코드 이론은 커뮤니케이션 미디어 기술의 발전을 전제로 하고 있다. 현대의 문화는 커뮤니케이션 미디어에 담겨 문화 콘텐츠화되고, 세계화한 커뮤니케이션 미디어를 통해 소비된다.

또한 체험코드 이론은 문화 수용자 스스로의 판단에 의해 문화를 체험하는 개인주의적인 성향이 전 세계적으로 확대되고 있다는 점에 주목한다. 이제는 '우리 가문은 뼈대가 있고, 전통과 체면이 있으니 너 또한 그에 맞게 행동하여라.'라는 부모의 혈연 코드적이고 신분 코드적인 말은 잘 통하지 않는다. 과거의 이념인 민족・계급・신분 의식 등이 문화 소비와 수용 행위에 큰 영향을 주었던 것과 달리 오늘날은 문화 소비자의 개별적인 동기나 취향, 가치관 등이 더 중요하기 때문이다.

이처럼 커뮤니케이션 미디어의 발달과 개인주의의 확대는 기존의 코드를 뛰어 넘어 공통 문화를 향유하는 소비자들만의 체험코드를 형성하는 토대가 되었다. K-POP이 그 대표적인 예이다. K-POP이라는 문화 콘텐츠가 '유튜브' 등과 같은 커뮤니케이션 미디어를 통해 전 세계의 사람들에게 체험되어 하나의 코드를 형성했고 쌍방의 소통으로 더욱 확대되었기에 그러한 인기가 가능했던 것이다.

지난 시대의 문화 중심부와 주변부의 대립적 패러다임은 설득력을 잃고 있다. 오늘날의 사회는 서로의 문화를 체험하고 이해하고 공감하는 탈영토적인 문화 교류의 장(場)으로 변하고 있다. 이런 점에서 체험코드 이론은 앞으로 문화 교류가 나아가야 할 방향을 제시해 주고 있다고 할 수 있다.

* 커뮤니케이션 미디어(Communication Media) : 의사소통 매체 또는 통신 매체로 각종 정보 단말기와 TV, 인터넷 매체 등을 말함

** 코드(Code) : 어떤 사회나 직업 따위에서 공유되어 굳어진 공통의 약속. 이 글에서는 공통의 인식 체계나 가치관이란 의미로 쓰임

〈보기〉

ㄱ. 특정 현상을 사례로 제시하고 그 원인을 밝히고 있다.
ㄴ. 기존 이론의 한계를 밝히고 새로운 관점을 제시하고 있다.
ㄷ. 두 이론을 절충하여 새로운 이론의 가능성을 제시하고 있다.
ㄹ. 개념을 정의한 후 대상을 일정한 기준으로 나누어 설명하고 있다.

① ㄱ, ㄴ
② ㄱ, ㄷ
③ ㄱ, ㄹ
④ ㄴ, ㄷ
⑤ ㄴ, ㄹ

15 다음 글의 핵심 내용으로 가장 적절한 것은?

> BMO 금속 및 광업 관련 리서치 보고서에 따르면 4분기 중 최근 가격 강세를 지속해 온 알루미늄, 구리, 니켈 등 산업금속들의 공급부족 심화와 가격 상승세가 전망된다. 산업금속이란 산업에 필수적으로 사용되는 금속들을 말한다. 앞서 제시한 알루미늄, 구리, 니켈뿐만 아니라 비교적 단단한 금속에 속하는 은이나 금 등도 모두 산업에 많이 사용될 수 있는 금속이므로 산업금속의 카테고리에 속한다고 할 수 있다. 이러한 산업금속은 물품을 생산하는 기계의 부품으로서 필요하기도 하고, 전자제품 등의 소재로 쓰이기도 하기 때문에 특정 분야의 산업이 활성화되면 특정 금속의 가격이 뛰거나 심각한 공급난을 겪기도 한다.
>
> 금융투자업계에 따르면 최근 전세계적인 경제 회복 조짐과 함께 탈 탄소 트렌드, 즉 '그린 열풍'에 따른 수요 증가로 산업금속 가격이 초강세이다. 런던금속거래소에서 발표한 자료에 따르면 한 달 만에 알루미늄은 20.7%, 구리가 47.8%, 니켈은 15.9% 각각 가격이 상승했다. 자료에서도 알 수 있듯이 구리 수요를 필두로 알루미늄, 니켈 등 전반적인 산업금속 섹터의 수요량이 증가하였다. 이는 전기자동차 산업의 확충과 관련이 있다. 전기자동차의 핵심적인 부품인 배터리를 만드는 데에 구리와 니켈이 사용되기 때문이다. 이때, 배터리 소재 중 니켈의 비중을 높이면 배터리의 용량을 키울 수 있으나 배터리의 안정성이 저하된다. 기존의 전기자동차 배터리는 니켈의 사용량이 높았기 때문에 더욱 안정성 문제가 제기되어 왔다. 그래서 연구 끝에 적정량의 구리를 배합하는 것이 배터리 성능과 안정성을 모두 향상시키기 위해서 중요하다는 것을 밝혀냈다. 구리가 전기자동차 산업의 핵심 금속인 셈이다.
>
> 이처럼 전기자동차와 배터리 등 친환경 산업에 필수적인 금속들의 수요는 증가하는 반면 세계 각국의 환경 규제 강화로 인해 금속의 생산은 오히려 감소하고 있기 때문에 산업금속에 대한 공급난과 가격 인상이 우려된다.

① 전기자동차의 배터리 성능을 향상하는 기술
② 세계적인 '그린 열풍' 현상 발생의 원인
③ 필수적인 산업금속 공급난으로 인한 문제
④ 전기자동차 확충에 따른 구리 수요 증가 상황
⑤ 탈 탄소 산업의 대표 주자인 전기자동차산업

16 다음 〈보기〉에서 밑줄 친 어휘의 쓰임이 옳지 않은 것을 모두 고르면?

〈보기〉

㉠ 등굣길　　㉡ 전셋방

㉢ 기찻간　　㉣ 만둣국

① ㉠, ㉡　　② ㉠, ㉢

③ ㉡, ㉢　　④ ㉡, ㉣

⑤ ㉢, ㉣

17 다음 〈보기〉에서 밑줄 친 부분의 맞춤법이 옳은 것은?

〈보기〉

조직에 문제가 발생하면 우리는 먼저 원인을 일일히 분석합니다. 이후 구성원 모두가 해결 방안을 찾기 위해 머리를 맞대고 함께 고민합니다. 이때 우리는 '어떻게든 되겠지.'라는 안일한 생각을 버리고, '흐터지면 죽는다.'는 마음으로 뭉쳐야 합니다. 조직의 위기를 함께 극복할 때 우리는 더 낳은 모습으로 성장할 수 있습니다.

① 일일히　　② 맞대고

③ 어떻게든　　④ 흐터지면

⑤ 낳은

※ 다음 글을 읽고, 이어지는 질문에 답하시오. [18~19]

인간의 손가락처럼 움직이는 로봇 H가 개발되었다. 공압식 손가락 로봇인 H에는 정교한 촉각과 미끄러짐을 감지하는 감각 시스템이 내장돼 있어 물건을 적절한 압력으로 섬세하게 쥐는 인간의 능력을 모방할 수 있다. H는 크기와 모양이 불규칙하거나 작고 연약한 물체를 다루는 데 어려움을 겪는 농업 및 물류 자동화 분야에서 가치를 발휘할 것으로 예상된다.
물류 자동화에 보편적으로 사용되는 관절 로봇은 복합적인 '움켜쥐기 알고리즘' 및 엔드 이펙터(손가락)의 정확한 배치와 물건을 쥐기 위한 고가의 센서 기기 및 시각 센서 등을 필요로 한다. 공기압을 통해 제어되는 H의 손가락은 구부리거나 힘을 가할 수 있으며, 각 손가락의 촉각 센서에 따라 개별적으로 제어된다. 따라서 H의 손가락은 ______________________ 인간의 손이 물건을 쥘 때와 마찬가지로 우선 손가락이 물건에 닿을 때까지 다가가 위치를 파악하고 해당 위치에 맞게 손가락 위치를 조정하여 물건을 쥐는 것이다. 이때 물건이 떨어지면 이를 즉각적으로 인식할 수 있으며, 물건이 미끄러지는 것을 감지하면 스스로 손가락의 힘을 더 높일 수 있다. 여기서 한걸음 더 나아가 기존 로봇이 쥐거나 포장할 수 있었던 물건의 종류와 수도 확대되었다.
실리콘 재질로 만들어진 H의 내부는 비어있으며 새롭게 적용된 센서들이 손가락 모양의 실리콘 성형 과정에서 내장되고 공기 실(Air Chamber)이 중심을 지나간다. H의 유연한 손가락 표면은 식품을 만져도 안전하며 쉽게 세척이 가능하다. 또한 손가락이 손상되거나 마모되더라도 저렴한 비용으로 교체할 수 있도록 개발됐다.
로봇 개발 업체 관계자는 "집품 및 포장 작업으로 인력에 크게 의존하는 물류산업은 항상 직원의 고용 및 부족 문제를 겪고 있다. 물류 체인의 집품 및 포장 자동화가 대규모 자동화보다 뒤떨어진 상황에서 H의 감각 시스템은 물체 선별 작업이나 자동화 주문을 처음부터 끝까지 이행할 수 있도록 하는 물류 산업 분야의 혁명이 될 것이다."라고 말했다.

18 윗글의 '로봇 H'에 대한 설명으로 적절하지 않은 것은?

① 내장된 감각 시스템을 통해 작고 연약한 물체도 섬세하게 쥘 수 있다.
② 손가락의 촉각 센서를 통해 물건의 위치를 정확히 파악한다.
③ 손가락의 센서들은 물건이 미끄러지는 것을 감지하여 손가락의 힘을 뺀다.
④ 손가락 표면의 교체 비용은 비교적 저렴한 편이다.
⑤ H는 세척이 용이하다.

19 윗글의 빈칸에 들어갈 내용으로 가장 적절한 것은?

① 고가의 센서 기기를 필요로 한다.
② 기존 관절 로봇보다 쉽게 구부러질 수 있다.
③ 밀리미터 단위의 정확한 위치 지정을 필요로 하지 않는다.
④ 가까운 곳에 위치한 물건을 멀리 있는 물건보다 더 쉽게 잡을 수 있다.
⑤ 무거운 물건도 간단하게 잡을 수 있다.

※ 다음 글을 읽고, 이어지는 질문에 답하시오. [20~21]

4차 산업혁명이 현대인의 라이프스타일에 많은 영향을 미치고 있다. 인공지능(AI), 사물인터넷, 로봇 등 첨단과학기술의 급속한 발달이 현대인의 일상생활을 디지털 라이프스타일로 바꿔놓고 있다. 물리적·시간적 제약을 뛰어넘어 대량의 지식과 정보가 쏟아지는 홍수 속에서 디지털 라이프스타일은 사람들의 가치를 변화시키고 직업의 변화를 촉진한다.

(가) 개방성·다양성·역동성의 가치도 강조되는 분야 중 하나이다. 첨단과학기술은 세계를 하나의 촌(村)으로 만들고 있다. 미래사회로 갈수록 다양성과 역동성의 가치가 직업 선택에서 주요 기준이 될 것이다. 조직에서 개인의 출신과 국적은 더 이상 주요 문제가 아니다. 앞으로는 이질적 문화를 이해하는 지식을 갖추고 이에 빠르게 적응할 수 있는 인력만이 직업 세계에서 생존할 수 있을 것이다.

(나) 성공에 대한 가치가 변화함에 따라 과거에는 사회적으로 인정받았던 좋은 직장과 직업이 더 이상 성공의 잣대가 되지 않는다. 오히려 개인의 보람 혹은 성취감이 성공을 평가하는 주요 가치로 작용한다. 많은 수입은 얻지 못하더라도 자신이 하고 싶은 분야에서 일과 여가를 함께 누리며 전문성과 보람을 갖는 것이 인생의 성공이라 생각한다.

(다) 여가와 성공의 가치도 변화하고 있다. 과거에는 여가가 '일로부터의 탈출'이었다면, 미래 사회는 여가를 '일과 함께 즐기는 형태'로 바라본다. 지능형 로봇, 사물인터넷, 드론, 웨어러블 스마트기기 등의 기술이 직무구조를 변화시키고 직장 공간을 개인의 삶 전체로 확장시킴에 따라 일과 여가를 위한 물리적 공간의 구분이 모호해진 것이다.

(라) 먼저 최근 등장한 '친환경일자리(Green Jobs)'가 사회의 지속가능한 발전을 위한 필수 요소로 주목받으면서 타인에 대한 나눔·봉사의 가치가 개인의 직업 선택에 중요한 기준으로 부상하였다. 이에 따라 사람들은 나눔을 실천하는 착한 기업에 보다 우호적이며 높은 충성심을 갖는다.

이처럼 4차 산업혁명 시대의 디지털 라이프스타일은 새로운 가치 변화를 가져온다. 따라서 향후 역동적인 직업 세계의 구조에서는 자신의 진로 가치를 명확히 이해하여 직업을 찾는 개인의 진로 개발이 더욱 강조될 것이다.

20 윗글의 (가) ~ (라) 문단을 논리적 순서대로 바르게 나열한 것은?

① (가) – (나) – (다) – (라)
② (나) – (가) – (라) – (다)
③ (다) – (나) – (가) – (라)
④ (라) – (다) – (가) – (나)
⑤ (라) – (다) – (나) – (가)

21 다음 중 윗글의 제목으로 가장 적절한 것은?

① 현대인의 디지털 라이프스타일
② 4차 산업혁명 시대의 직업 세계
③ 나에게 맞는 직업 찾기의 중요성
④ 진정한 성공이란 무엇인가?
⑤ 일과 함께 즐기는 여가 생활

22 다음 글의 빈칸에 들어갈 문장을 〈보기〉에서 찾아 순서대로 바르게 나열한 것은?

> ________________ 저축은 미래의 소비를 위해 현재의 소비를 억제하는 것을 의미하는데, 이때 그 대가로 주어지는 것이 이자이다. 하지만 저금리 상황에서는 현재의 소비를 포기하는 대가로 보상받는 비용인 이자가 적기 때문에 사람들은 저축을 신뢰하지 못하게 되는 것이다.
>
> 화폐의 효용성과 합리적인 손익을 따져 본다면 저금리 시대의 저축률은 줄어드는 것이 당연하다. 물가 상승에 비해 금리가 낮을 때에는 시간이 경과할수록 화폐의 가치가 떨어지게 되어 저축으로부터 얻을 수 있는 실질적인 수익이 낮아지거나 오히려 손해를 입을 수 있기 때문이다.
>
> ________________ 2012년에 3.4%였던 가계 저축률이 2014년에는 6.1%로 상승한 것이다. 왜 그럴까? 사람들이 저축을 하는 데에는 단기적인 금전상의 이익 이외에 또 다른 요인이 작용하기 때문이다. 살아가다 보면 예기치 않은 소득 감소나 질병 등으로 인해 갑자기 돈이 필요한 상황이 생길 수 있다. 이자율이 낮다고 해서 돈이 필요한 상황에 대비할 필요가 없어지는 것은 아니다. 이런 점에서 볼 때 금리가 낮음에도 불구하고 사람들이 저축을 하는 것은 장래에 닥칠 위험을 대비하기 위한 적극적인 의지의 반영인 것이다.
>
> 저금리 상황 속에서 저축을 하지 않는 것이 당장은 경제적인 이득을 얻는 것처럼 보일 수 있다. ________________ 또한 고령화가 급격하게 진행되는 추세 속에서 노후 생활을 위한 소득 보장의 안전성을 저해하는 등 사회 전반의 불안감을 높일 수도 있다. 따라서 눈앞에 보이는 이익에만 치우쳐서 저축이 가지는 효용 가치를 단기적인 측면으로 한정해 바라보아서는 안 된다.
>
> 우리의 의사 결정은 대개 미래가 불확실한 상황에서 이루어지며 우리가 직면하는 불확실성은 확률적으로도 파악하기 힘든 것이 대부분이다. 따라서 저축의 효용성은 단기적 이익보다 미래의 불확실성에 대비하기 위한 거시적 관점에서 그 중요성을 생각해야 한다.

〈보기〉

> ㉠ 그런데 한국은행이 발표한 최근 자료를 보면, 금리가 낮은 수준에 머물고 있을 때에도 저축률이 상승하였음을 알 수 있다.
> ㉡ 저금리가 유지되고 있는 사회에서는 저축에 대한 사람들의 인식이 상당히 회의적이다.
> ㉢ 하지만 이는 미래에 쓸 수 있는 경제 자원을 줄어들게 만들고 개인의 경제적 상황을 오히려 악화시킬 수도 있다.

① ㉠, ㉡, ㉢
② ㉠, ㉢, ㉡
③ ㉡, ㉠, ㉢
④ ㉡, ㉢, ㉠
⑤ ㉢, ㉡, ㉠

23 다음 글에서 〈보기〉의 문장이 들어갈 위치로 가장 적절한 곳은?

자본주의 경제 체제는 이익을 추구하려는 인간의 욕구를 최대한 보장해 주고 있다. 기업 또한 이익 추구라는 목적에서 탄생하여 생산의 주체로서 자본주의 체제의 핵심적 역할을 수행하고 있다. 곧 이익은 기업가로 하여금 사업을 시작하게 하는 동기가 된다. (가) 이익에는 단기적으로 실현되는 이익과 장기간에 걸쳐 지속적으로 실현되는 이익이 있다. 기업이 장기적으로 존속, 성장하기 위해서는 단기 이익보다 장기 이익을 추구하는 것이 더 중요하다. 실제로 기업은 단기 이익의 극대화가 장기 이익의 극대화와 상충할 때에는 단기 이익을 과감히 포기하기도 한다. (나) 자본주의 초기에는 기업이 단기 이익과 장기 이익을 구별하여 추구할 필요가 없었다. 소자본끼리의 자유 경쟁 상태에서는 단기든 장기든 이익을 포기하는 순간에 경쟁에서 탈락하기 때문이다. 그에 따라 기업은 치열한 경쟁에서 살아남기 위해 주어진 자원을 최대한 효율적으로 활용하여 가장 저렴한 가격으로 좋은 품질의 상품을 소비자에게 공급하게 되었다. (다) 이 단계에서는 기업의 소유자가 곧 경영자였기 때문에, 기업의 목적은 자본가의 이익을 추구하는 것으로 집중되었다.

그러나 기업의 규모가 점차 커지고 경영 활동이 복잡해지면서 전문적인 경영 능력을 갖춘 경영자가 필요하게 되었다. (라) 이에 따라 소유와 경영이 분리되어 경영의 효율성이 높아졌지만, 동시에 기업이 단기 이익과 장기 이익 사이에서 갈등을 겪게 되는 일도 발생하였다. 주주의 대리인으로 경영을 위임 받은 전문 경영인은 기업의 장기적 전망보다 단기 이익에 치중하여 경영 능력을 과시하려는 경향이 있기 때문이다. (마) 주주는 경영자의 이러한 비효율적 경영 활동을 감시함으로써 자신의 이익은 물론 기업의 장기 이익을 극대화하고자 하였다.

〈보기〉

이는 기업의 이익 추구가 결과적으로 사회 전체의 이익도 증진시켰다는 의미이다.

① (가)
② (나)
③ (다)
④ (라)
⑤ (마)

24 다음 중 (나)와 (다) 사이에 들어갈 문장으로 가장 적절한 것은?

(가) 우리가 누리고 있는 문화는 거의 대부분이 서양의 것이다. 우리가 연구하는 학문 또한 예외가 아니다. 피와 뼈와 살을 조상에게서 물려받았을 뿐, 문화라고 일컬을 수 있는 대부분이 서양에서 받아들였다고 할 수 있다. 이러한 현실을 앞에 놓고서 민족 문화의 전통을 찾고 이를 계승하자고 한다면, 이것은 편협한 배타주의(排他主義)나 국수주의(國粹主義)로 오인되기에 알맞은 이야기가 될 것 같다.

(나) 전통은 과거로부터 이어 온 것을 말한다. 이 전통은 대체로 그 사회 및 구성원인 개인의 몸에 배어 있는 것이다. 그러므로 스스로 깨닫지 못하는 사이에 전통은 우리의 현실에 작용하는 경우가 있다.

(다) 이처럼 우리가 계승해야 할 민족 문화의 전통으로 여겨지는 것이, 과거의 인습(因襲)을 타파(打破)하고 새로운 것을 창조하려는 노력의 결정(結晶)이라는 것은 지극히 중대한 사실이다.

(라) 세종대왕의 훈민정음 창제 과정에서 이 점은 뚜렷이 나타나고 있다. 만일 세종대왕이 고루(固陋)한 보수주의적 유학자들에게 한글 창제의 뜻을 굽혔다면, 우리 민족문화의 최대 걸작(傑作)이 햇빛을 못 보고 말았을 것이 아니겠는가?

(마) 우리가 계승해야 할 민족 문화의 전통은 형상화된 물건에서 받는 것도 있지만, 한편 창조적 정신 그 자체에도 있는 것이다. 이러한 의미에서 민족 문화의 전통을 무시한다는 것은 지나친 자기(自己) 학대(虐待)에서 나오는 편견(偏見)에 지나지 않을 것이다.

(바) 민족 문화의 전통을 창조적으로 계승하자는 정신은 선진 문화 섭취에 인색하지 않을 것이다. 외래문화도 새로운 문화의 창조에 이바지함으로써 뜻이 있는 것이고, 그러함으로써 비로소 민족 문화의 전통을 더욱 빛낼 수 있기 때문이다.

① 그렇다면 전통을 계승하고 창조하는 주체는 우리 자신이다.
② 그러므로 전통이란 조상으로부터 물려받은 고유한 유산만을 의미하지는 않는다.
③ 그러나 계승해야 할 전통은 문화 창조에 이바지하는 것으로 한정되어야 한다.
④ 그리고 자국의 전통과 외래적인 문화는 상보적일 수도 있다.
⑤ 따라서 우리는 전통과 인습을 구별하여야 한다.

25 다음 ㉠의 내용을 가장 적절하게 추론한 것은?

> 1억 6천만 년 동안 지구를 지배해오던 공룡이 6천5백만 년 전 갑자기 지구에서 사라졌다. 왜 공룡들이 갑자기 사라졌을까? 이러한 미스터리는 1820년대 공룡 화석이 처음 발견된 후 지금까지 여전히 풀리지 않고 있다. 그동안 공룡 멸종의 원인을 밝혀보려는 노력은 수없이 많았지만, 여러 멸종 이론 중 어느 것도 공룡이 왜 지구상에서 자취를 감추었는지 명쾌하게 설명하지 못했다. 하지만 대부분의 과학자는 거대한 운석이 지구에 부딪힌 사건을 공룡 멸종의 가장 큰 이유로 꼽고 있다.
>
> 과학자들은 멕시코의 유카탄 반도에서 지름이 180km나 되는 커다란 운석 구덩이의 연대를 측정했는데, 이 운석 구덩이의 생성 연대가 공룡이 멸종한 시기와 일치한다는 사실을 확인하였다. 하지만 운석이 지구와 충돌하면서 생긴 직접적 충격으로 인해 공룡을 비롯한 수많은 종이 갑자기 멸종된 것이라고 보기는 어려우며, 그 충돌 때문에 발생한 이차적 영향들이 있었을 것으로 짐작하고 있다. 이처럼 거대한 구덩이가 생길 정도의 파괴력이면 물리적 충격은 물론 지구의 대기를 비롯한 생존 환경에 장기간 ㉠ <u>엄청난 영향을 주었을 것이고, 그로 인해 생명체들이 멸종될 수 있다는 결론을 내린 것이다</u>.
>
> 실제로 최근 뉴질랜드 국립 지리·핵 과학 연구소(GNS)의 조사팀은 운석과 충돌한 지점과 반대편에 있는 '사우스'섬의 서부 해안에서 발견된 '탄화된 작은 꽃가루들'에 대해 연구하였다. 이 연구를 통해 환경의 변화가 운석과의 충돌 지점뿐만 아니라 전 지구적으로 진행되었음을 밝혔다. 또한 6천5백만 년 전의 지층인 K-T 퇴적층에서는 지구에는 없는 원소인 팔라듐이 다량 발견되었고, 운석에 많이 함유된 이리듐(Ir)의 함량이 지구의 어느 암석보다 높다는 사실도 밝혀졌는데 이것 역시 '운석에 의한 충돌설'을 뒷받침한다. 그뿐만 아니라 공룡이 멸종됐던 백악기 말과 신생대 제3기 사이에 바다에 녹아있던 탄산칼슘의 용해 정도가 갑자기 증가한 것도 당시 지구에 급속한 기온의 변화가 있었다는 증거가 되고 있다.
>
> 이렇게 운석에 의한 공룡의 멸종설은 점점 설득력 있게 받아들여지고 있다. 문제는 그러한 상황에서도 살아남은 생물들이 있다는 데에 있다. 씨앗으로 동면(冬眠)할 수 있는 식물들과 비교적 조그만 동물들이 대기권을 가득 메운 먼지로 인해 닥친 '길고 긴 겨울'의 추위를 견디고 생존하였다. 그것은 거대한 몸집의 공룡보다는 은신처와 먹잇감이 상대적으로 많았을 것이며, 생존에 필요한 기초 활동들이 공룡보다는 용이했을 것이기 때문이다.
>
> 공룡이 멸종하게 된 직접적인 이유가 운석과의 충돌에 있다고 할지라도, 결국 인간이나 공룡을 비롯한 지구상의 모든 종(種)이 갑작스럽게 멸종하느냐 진화하면서 생존하느냐 여부는 '자연에 대한 적응력'에 달려 있다고 보인다. 이것이 생존의 조건인 셈인데 환경에 대한 적응력이 뛰어나면 당연히 더 많은 생존 가능성을 가지게 되고, 새로운 환경에 적응하며 번성할 수도 있다. 적응력이 뛰어난 어떤 돌연변이의 후손들은 새로운 종으로 진화하며 생존하기도 한다. 그런데 환경의 변화가 급격한 시기에는 생명체 대부분이 변화에 적응하기가 매우 어렵다. 만일 공룡이 급변하는 환경에 대한 적응력이 뛰어났다면 살아남을 가능성이 훨씬 많았을 것이고, 그렇다면 지금껏 지구를 지배하고 있었을지도 모른다.

① 운석과의 충돌은 반대쪽에도 엄청난 반사 충격파를 전달하여 전 지구적인 화산 활동을 초래하였다.
② 운석과의 충돌은 지구의 공전궤도에 변화를 주어, 밤낮의 길이나 계절이 바뀌는 등의 환경 변화가 일어났다.
③ 운석 충돌로 발생한 먼지가 지구 대기를 완전히 뒤덮어 햇빛이 차단되었고, 따라서 기온이 급속히 내려갔다.
④ 운석과의 충돌은 엄청난 양의 유독 가스를 발생시켜, 생명체의 생존에 필요한 산소가 부족하게 되었다.
⑤ 운석 충돌의 충격으로 대륙의 형태가 변함에 따라, 다른 대륙에서 옮겨온 질병과 기생충이 기존의 생명체에 치명적으로 작용하게 되었다.

01 다음은 원뿔 모양의 조형물을 지지하기 위해 꼭짓점에서 지면을 향해 지지하는 강선의 일부이다. 강선과 지면이 이루는 각도가 30°이고 강선의 길이가 6m일 때, 이 조형물의 높이는?

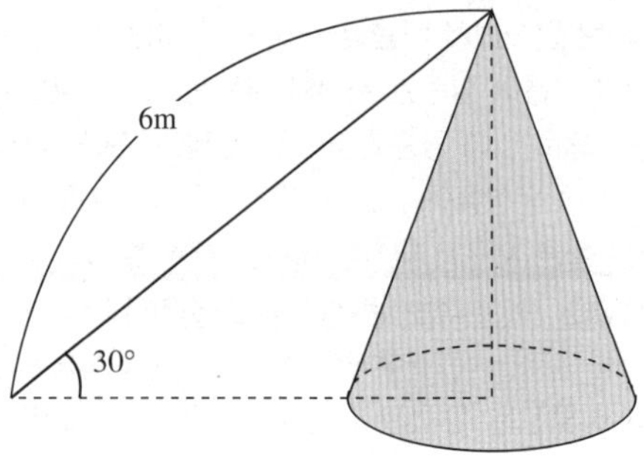

① 1.5m
② $\sqrt{3}$ m
③ 3m
④ $3\sqrt{3}$ m
⑤ 5m

02 A씨는 K은행에서 1,200만 원을 대출받았다. 대출금은 4년 동안 월 복리식으로 원리금균등상환을 하기로 하였으며, 연 이자율은 6%이다. A씨는 4년 동안 한 달에 얼마씩 상환해야 하는가?[단, 상환금은 십의 자리에서 반올림하며, $\left(1+\frac{0.06}{12}\right)^{48}=1.27$로 계산한다]

① 262,200원
② 271,200원
③ 281,200원
④ 282,200원
⑤ 283,200원

03 5kg 물체를 당기는 힘은 5N이고, 3kg 물체를 당기는 힘이 3N일 때 각각의 물체는 같은 가속도로 운동을 한다. 두 물체를 줄로 연결하여 함께 당긴다고 할 때, 두 물체가 가속도 $3m/s^2$으로 운동하려면 얼마의 힘으로 당겨야 하는가?[단, 모든 마찰과 공기 저항은 무시하고 모든 물체는 직선운동을 하며, (힘)=(가속도)×(질량)이다]

① 35N
② 30N
③ 24N
④ 20N
⑤ 16N

04 석훈이와 소영이는 운동장에 있는 달리기 트랙의 같은 지점에서 출발해 반대 방향으로 달리기 시작했다. 석훈이는 평균 6m/s의 속력으로, 소영이는 평균 4m/s의 속력으로 달렸는데 출발할 때를 제외하고 두 번째 만날 때까지 걸린 시간이 1분 15초일 때, 운동장 트랙의 길이는?

① 315m
② 325m
③ 355m
④ 375m
⑤ 395m

05 A회사와 B회사의 휴무 간격은 각각 5일, 7일이다. 일요일에 두 회사가 함께 휴일을 맞았다면, 앞으로 4번째로 함께하는 휴일의 요일은?

① 수요일
② 목요일
③ 금요일
④ 토요일
⑤ 일요일

※ 일정한 규칙으로 수를 나열할 때, 빈칸에 들어갈 수로 알맞은 것을 고르시오. [6~7]

06

4	2	20	5	( )	74	10	5	125

① 3
② 5
③ 6
④ 7
⑤ 9

07

1	3	5	7
11	15	19	23
30	35	40	45
98	( )	74	62

① 80
② 82
③ 84
④ 86
⑤ 88

08 다음과 같이 일정한 규칙으로 수를 나열할 때, A－2B의 값은?

5	6	12	(B)	32	52	(A)

① 25
② 30
③ 35
④ 47
⑤ 54

09 K물산은 제품 1,000개를 백화점과 직영점에 모두 납품한다. 전체 제품 중 60%가 백화점에 납품되며, 납품 제품의 총 가격은 36,000원이다. 판매 시즌이 종료되면 백화점은 납품받은 제품 중 30%, 직영점은 70%를 재고 이월상품으로 아울렛으로 보내 판매한다. 아울렛에서 판매하는 제품의 총 가격은?(단, 직영점과 백화점에 납품가는 동일하고, 아울렛에 보내는 가격도 변하지 않는다)

① 31,200원
② 27,600원
③ 25,200원
④ 21,600원
⑤ 20,200원

10 K은행에 100만 원을 맡기면 다음 달에 104만 원을 받을 수 있다. 이번 달에 50만 원을 입금하여 다음 달에 30만 원을 출금했다면 그 다음 달 찾을 수 있는 최대 금액은 얼마인가?

① 218,800원
② 228,800원
③ 238,800원
④ 248,800원
⑤ 253,800원

11 수학과에 재학 중인 K씨는 자신의 나이로 문제를 만들었다. 자신의 나이에서 4살을 빼고 27을 곱한 다음 1을 더한 값을 2로 나누면 A가 나오며, 자신의 나이 2배에서 1을 빼고 3을 곱한 값과 자신의 나이에서 5배를 하고 2를 더한 다음 2를 곱한 값의 합을 반으로 나눈 값은 A보다 56이 적다고 한다. K씨의 나이는?

① 20살
② 25살
③ 30살
④ 35살
⑤ 40살

12 농도가 10%인 소금물 200g에 농도 15%인 소금물을 섞어서 농도가 13%인 소금물을 만들려고 할 때, 농도 15%인 소금물은 몇 g이 필요한가?

① 150g
② 200g
③ 250g
④ 300g
⑤ 350g

13 자산가 K씨는 현재 1억 원의 자산이 있으며 매달 300만 원씩 저축을 한다. K씨가 원금 10억 원이 넘을 때까지 최소 몇 년이 필요한가?(단, 값은 소수점 첫째 자리에서 반올림하고 이자는 생략한다)

① 22년
② 23년
③ 24년
④ 25년
⑤ 26년

14 세 자연수 a, b, c가 있다. $a+b+c=5$일 때, 순서쌍 (a, b, c)은 몇 가지가 나오는가?(단, a, b, c는 자연수이다)

① 1가지
② 3가지
③ 4가지
④ 6가지
⑤ 7가지

15 스마트폰을 판매하는 K대리점의 3월 전체 개통 건수는 400건이었다. 4월 남성 고객의 개통 건수는 3월보다 10% 감소했고, 여성 고객의 개통 건수는 3월보다 15% 증가하여 4월 전체 개통 건수는 3월보다 5% 증가했다. 4월 여성 고객의 개통 건수는?

① 276건
② 279건
③ 282건
④ 285건
⑤ 287건

16 자산운용가 A씨는 세계화의 흐름에 맞추어 위험자산인 주식과 안전자산인 채권의 비율을 고려하고 있다. 다음은 매년 주식과 채권이 변동될 수 있는 확률이다. 올해 채권으로 편입된 것 중 작년에도 채권이었을 확률은 얼마인가?(단, 표는 1년 단위이다)

〈주식 및 채권 변화율〉

구분	올해 주식	올해 채권
작년 주식	0.4	0.6
작년 채권	0.2	0.8

① $\frac{1}{7}$　② $\frac{2}{7}$

③ $\frac{3}{7}$　④ $\frac{4}{7}$

⑤ $\frac{5}{7}$

17 이동통신업체인 K통신사는 Y카드사와 제휴카드를 출시하고자 한다. 제휴카드별 정보가 다음과 같을 때, K통신사의 신규 제휴카드 출시에 대한 설명으로 옳은 것은?

〈제휴카드 출시위원회 심사 결과〉

구분	제공 혜택	동종 혜택을 제공하는 타사 카드 개수	연간 예상필요자본 규모	신규가입 시 혜택 제공 가능 기간
A카드	교통 할인	8개	40억	12개월
B카드	K통신사 통신요금 할인	3개	25억	24개월
C카드	제휴 레스토랑 할인	없음	18억	18개월
D카드	제휴보험사 보험료 할인	2개	11억	24개월

① 교통 할인을 제공하는 카드를 출시하는 경우 시장에서의 경쟁이 가장 치열할 것으로 예상된다.
② B카드를 출시하는 경우가 D카드를 출시하는 경우에 비해 자본 동원이 수월할 것이다.
③ 신규가입 시 제휴카드 혜택 제공 기간 동안 월평균 유지비용이 가장 큰 제휴카드는 B카드이다.
④ 신규가입 시 혜택 제공 가능 기간이 길수록 동종 혜택 분야에서의 현재 카드사 간 경쟁이 치열하다.
⑤ 신규 가입 시 혜택 제공 가능 기간이 짧을수록 연간 예상필요자본 규모가 작다.

18 K카드사는 신규 카드의 출시를 앞두고 카드사용 고객에게 혜택을 제공하는 제휴 업체를 선정하고자 한다. 제휴 업체 후보인 A～E의 평가 결과가 다음과 같을 때, 이에 대한 설명으로 옳은 것은?

〈신규 카드 제휴 후보 업체 평가 결과〉

구분	제공 혜택	혜택 제공 기간 (카드 사용일로부터)	선호도 점수	동일 혜택을 제공하는 카드 수
A마트	배송 요청 시 배송비 면제	12개월	7.5	7
B서점	서적 구매 시 10% 할인	36개월	8.2	11
C통신사	매월 통신요금 10% 할인	24개월	9.1	13
D주유소	주유 금액의 10% 포인트 적립	12개월	4.5	4
E카페	음료 구매 시 15% 할인	24개월	7.6	16

※ 선호도 점수 : 기존 이용 고객들이 혜택별 선호도에 따라 부여한 점수의 평균값으로, 높은 점수일수록 선호도가 높음을 의미함

※ 동일 혜택을 제공하는 카드 수 : K카드사의 기존 카드를 포함한 국내 카드사의 카드 중 동일한 혜택을 제공하는 카드의 수를 의미하며, 카드 수가 많을수록 시장 내 경쟁이 치열함

① 동일 혜택을 제공하는 카드 수가 많은 업체일수록 혜택 제공 기간이 길다.

② 기존 이용 고객들이 가장 선호하는 혜택은 서적 구매 시 적용되는 요금 할인 혜택이다.

③ 매월 모든 업체가 부담해야 하는 혜택 비용이 동일하다면, 혜택에 대한 총 부담 비용이 가장 큰 업체는 D주유소이다.

④ 시장 내 경쟁이 가장 치열한 업체와 제휴할 경우 해당 혜택을 2년간 제공한다.

⑤ 혜택 제공 기간이 길수록 이용 고객들의 선호도 점수가 높다.

19 다음은 권장 소비자 가격과 판매 가격 차이를 조사한 자료 중 일부이다. 주어진 〈조건〉을 적용했을 때, 할인가 판매 시 괴리율이 가장 높은 품목은?(단, 괴리율은 소수점 둘째 자리에서 버림한다)

〈권장 소비자 가격과 판매 가격 차이〉

(단위 : 원, %)

상품	판매 가격		권장 소비자 가격과의 괴리율	
	정상가	할인가	권장 소비자 가격	정상가 판매 시 괴리율
세탁기	600,000	580,000	640,000	6.2
무선전화기	175,000	170,000	181,000	3.3
오디오세트	470,000	448,000	493,000	4.6
골프채	750,000	720,000	786,000	4.5
운동복	195,000	180,000	212,500	8.2

〈조건〉

- [권장 소비자 가격과의 괴리율(%)]$=\frac{\text{(권장 소비자 가격)}-\text{(판매 가격)}}{\text{(권장 소비자 가격)}}\times 100$
- 정상가 : 할인판매를 하지 않는 상품의 판매 가격
- 할인가 : 할인판매를 하는 상품의 판매 가격

① 세탁기
② 무선전화기
③ 오디오세트
④ 골프채
⑤ 운동복

20 K사원은 월별 매출 현황에 대한 보고서를 작성하다 실수로 파일이 삭제되어 기억나는 매출액만 다시 작성하였다. K사원이 기억하는 월평균 매출액은 35억 원이고, 상반기의 월평균 매출액은 26억 원이었을 때, 남아있는 매출 현황을 통해 상반기 평균 매출 대비 하반기 평균 매출의 증감액을 바르게 구한 것은?

〈월별 매출 현황〉

(단위 : 억 원)

1월	2월	3월	4월	5월	6월	7월	8월	9월	10월	11월	12월	평균
–	10	18	36	–	–	–	35	20	19	–	–	35

① 12억 원 증가
② 12억 원 감소
③ 18억 원 증가
④ 18억 원 감소
⑤ 20억 원 증가

21 다음은 K중학교 여름방학 방과후학교 신청 학생 중 과목별 학생 수를 비율로 나타낸 그래프이다. 방과후학교를 신청한 전체 학생이 200명일 때, 수학을 선택한 학생은 미술을 선택한 학생보다 몇 명이 더 적은가?

〈과목별 신청 학생 현황〉

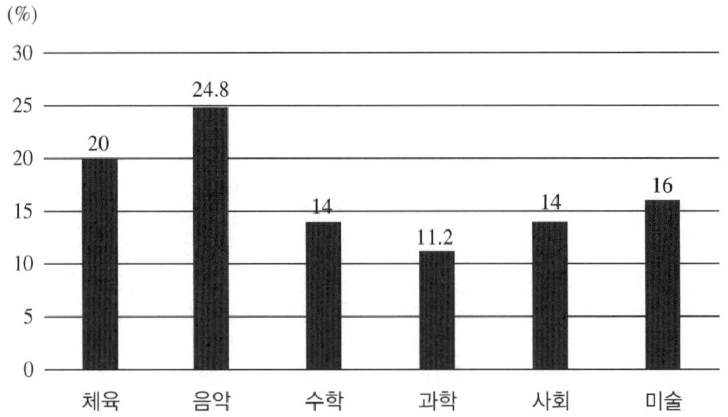

① 3명
② 4명
③ 5명
④ 6명
⑤ 7명

22 다음 그림은 OECD 국가의 대학졸업자 취업 관련 자료이다. A ~ L국가 중 '전체 대학졸업자' 대비 '대학졸업자 중 취업자' 비율이 OECD 평균보다 높은 국가만으로 바르게 짝지어진 것은?

〈OECD 국가의 대학졸업자 취업률 및 경제활동인구 비중〉

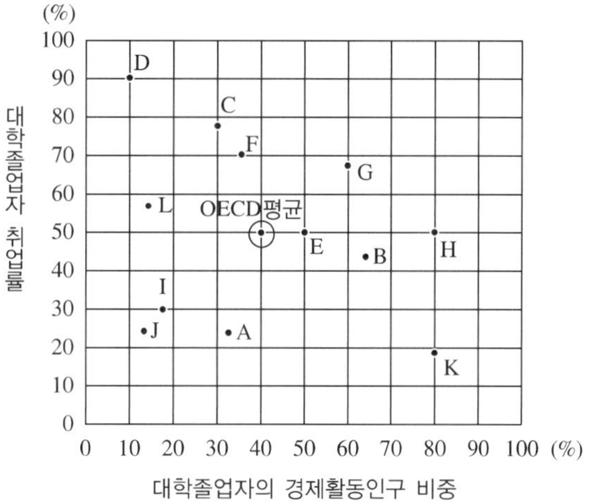

※ [대학졸업자 취업률(%)] $= \frac{\text{(대학졸업자 중 취업자)}}{\text{(대학졸업자 중 경제활동인구)}} \times 100$

※ [대학졸업자의 경제활동인구 비중(%)] $= \frac{\text{(대학졸업자 중 경제활동인구)}}{\text{(전체 대학졸업자)}} \times 100$

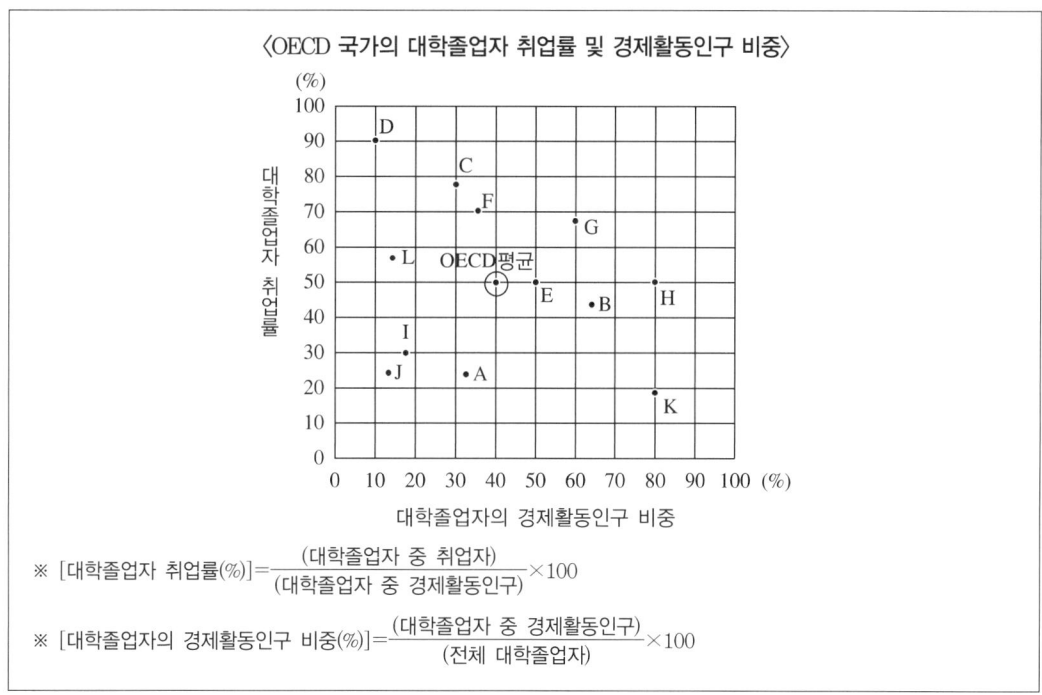

① A, D
② B, C
③ D, H
④ G, K
⑤ A, K

23 다음은 K은행 영업부에서 작년 분기별 영업 실적을 나타낸 그래프이다. 작년 전체 실적에서 1 ~ 2분기와 3 ~ 4분기가 각각 차지하는 비중을 바르게 나열한 것은?(단, 비중은 소수점 둘째 자리에서 반올림한다)

〈분기별 영업 실적〉

(단위 : 억 원)

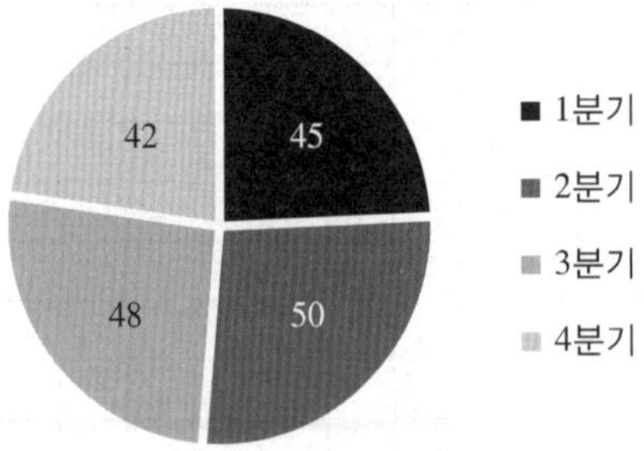

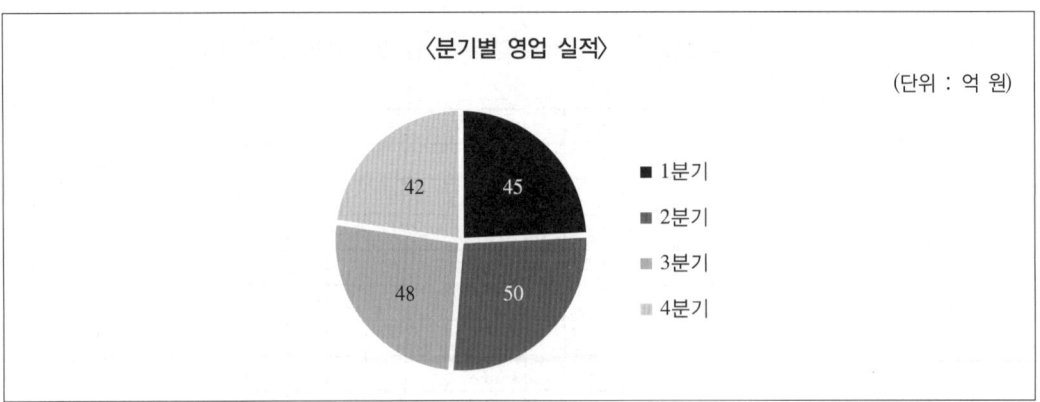

	1 ~ 2분기	3 ~ 4분기
①	51.4%	48.6%
②	50.1%	46.8%
③	48.6%	51.4%
④	46.8%	50.1%
⑤	49.9%	46.8%

24 외국인 지사업무를 맡고 있는 K씨는 한 외국 투자자가 출금한 명세표를 보고 있다. 명세표가 다음과 같을 때, 빈칸에 들어갈 수로 알맞은 것은?(단, 일 원에서 반올림한다)

- 계좌번호 : 165-542-3642
- 거래종류 : 외화보통예금 일반 출금
- 출금액 : USD 2,400
- 거래날짜 : 2024-12-24
- 현금수수료 : (　　　　　　)원
- 수수료 적용환율 : 달러당 1,080.2원
- 수수료율 : 2%

※ 수수료 대상금액은 출금액의 80%로 한다.

※ (현금수수료)=(수수료 대상금액)×(수수료 적용환율)×(수수료율)

① 40,340원　② 41,180원

③ 41,480원　④ 41,540원

⑤ 42,080원

25 다음 국내 대학(원) 재학생 학자금 대출 조건을 근거로 판단할 때, 〈보기〉에서 옳은 것을 모두 고르면?[단, 갑 ~ 병은 국내 대학(원)의 재학생이다]

〈국내 대학(원) 재학생 학자금 대출 조건〉

구분		X학자금 대출	Y학자금 대출
신청 대상	신청 연령	35세 이하	55세 이하
	성적 기준	직전 학기 12학점 이상 이수 및 평균 C학점 이상 (단, 장애인, 졸업학년인 경우 이수학점 기준 면제)	직전 학기 12학점 이상 이수 및 평균 C학점 이상 (단, 대학원생, 장애인, 졸업학년인 경우 이수학점 기준 면제)
	가구소득 기준	소득 1 ~ 8분위	소득 9, 10분위
	신용 요건	제한 없음	금융채무불이행자, 저신용자 대출 불가
대출 한도	등록금	학기당 소요액 전액	학기당 소요액 전액
	생활비	학기당 150만 원	학기당 100만 원
상환 사항	상환 방식 (졸업 후)	• 기준소득을 초과하는 소득 발생 이전 : 유예 • 기준소득을 초과하는 소득 발생 이후 : 기준 소득 초과분의 20%를 원천 징수 ※ 기준소득 : 연 n천만 원	• 졸업 직후 매월 상환 • 원금균등분할상환과 원리금균등분할상환 중 선택

〈보기〉

ㄱ. 34세로 소득 7분위인 대학생 갑이 직전 학기에 14학점을 이수하여 평균 B학점을 받았을 경우 X학자금 대출을 받을 수 있다.

ㄴ. X학자금 대출 대상이 된 을의 한 학기 등록금이 300만 원일 때, 한 학기당 총 450만 원을 대출받을 수 있다.

ㄷ. 50세로 소득 9분위인 대학원생 병(장애인)은 신용 요건에 관계없이 Y학자금 대출을 받을 수 있다.

ㄹ. 대출금액이 동일하고 졸업 후 소득이 발생하지 않았다면, X학자금 대출과 Y학자금 대출의 매월 상환금액은 같다.

① ㄱ, ㄴ
② ㄱ, ㄷ
③ ㄷ, ㄹ
④ ㄱ, ㄴ, ㄹ
⑤ ㄴ, ㄷ, ㄹ

01 다음은 H은행의 연차휴가와 관련된 자료이다. A대리는 2021년 1월 1일에 입사하였고 매해 80% 이상 출근하였다. 오늘 날짜가 2025년 1월 2일이라면 A대리의 연차휴가는 며칠인가?

연차휴가(제29조)

- 직전 연도에 연간 8할 이상 출근한 직원에게는 15일의 연차유급휴가를 준다.
- 3년 이상 근속한 직원에 대하여는 최초 1년을 초과하는 근속연수 매 2년에 연차유급휴가에 1일을 가산한 휴가를 준다. 여기서 소수점 단위는 절사하고, 가산휴가를 포함한 총 휴가일수는 25일을 한도로 한다.
- 연차휴가는 직원의 자유의사에 따라 분할하여 사용할 수 있다. 반일 단위(09시 ~ 14시, 14시 ~ 18시)로 분할하여 사용할 수 있으며 반일 연차휴가 2회는 연차휴가 1일로 계산한다.
- 연차휴가를 줄 수 없을 때는 연봉 및 복리후생 관리 규정에 정하는 바에 따라 보상금을 지급한다.

① 15일 ② 16일
③ 17일 ④ 18일
⑤ 19일

02 다음은 중국에 진출한 프랜차이즈 커피전문점에 대해 SWOT 분석을 한 것이다. (가) ~ (라)에 들어갈 전략을 바르게 나열한 것은?

〈커피전문점 SWOT 분석〉

S(Strength)	W(Weakness)
• 풍부한 원두커피의 맛 • 독특한 인테리어 • 브랜드 파워 • 높은 고객 충성도	• 중국 내 낮은 인지도 • 높은 시설비 • 비싼 임대료
O(Opportunity)	**T(Threat)**
• 중국 경제 급성장 • 서구문화에 대한 관심 • 외국인 집중 • 경쟁업체 진출 미비	• 중국의 차 문화 • 유명 상표 위조 • 커피 구매 인구의 감소

(가)	(나)
• 브랜드가 가진 미국 고유문화 고수 • 독특하고 차별화된 인테리어 유지 • 공격적 점포 확장	• 외국인 많은 곳에 점포 개설 • 본사 직영으로 인테리어
(다)	**(라)**
• 고품질 커피로 상위 소수고객에 집중	• 녹차 향 커피 • 개발 상표 도용 감시

	(가)	(나)	(다)	(라)
①	SO전략	ST전략	WO전략	WT전략
②	WT전략	ST전략	WO전략	SO전략
③	SO전략	WO전략	ST전략	WT전략
④	ST전략	WO전략	ST전략	WT전략
⑤	WT전략	WO전략	ST전략	SO전략

03 국내 H금융그룹의 SWOT 분석 결과가 다음과 같을 때, 분석 결과에 대응하는 전략과 그 내용이 바르게 짝지어진 것은?

〈SWOT 분석 결과〉

S(강점)	W(약점)
• 탄탄한 국내시장 지배력 • 뛰어난 위기관리 역량 • 우수한 자산건전성 지표 • 수준 높은 금융 서비스	• 은행과 이자수익에 편중된 수익구조 • 취약한 해외 비즈니스와 글로벌 경쟁력 • 낙하산식 경영진 교체와 관치금융 우려 • 외화 자금 조달 리스크
O(기회)	**T(위협)**
• 해외 금융시장 진출 확대 • 기술 발달에 따른 핀테크의 등장 • IT 인프라를 활용한 새로운 수익 창출 • 계열사 간 협업을 통한 금융서비스	• 새로운 금융서비스의 등장 • 은행의 영향력 약화 가속화 • 글로벌 금융사와의 경쟁 심화 • 비용 합리화에 따른 고객 신뢰 저하

① SO전략 : 해외 비즈니스TF팀 신설로 상반기 해외 금융시장 진출 대비
② ST전략 : 금융서비스를 다방면으로 확대해 글로벌 경쟁사와의 경쟁에서 우위 차지
③ WO전략 : 국내의 탄탄한 시장점유율을 기반으로 핀테크 사업 진출
④ WT전략 : 국내 금융사의 우수한 자산건전성 지표를 홍보하여 고객 신뢰 회복
⑤ WT전략 : 해외 금융시장 진출을 확대하여 안정적인 외화 자금 조달을 통한 위기관리

04 K사의 인력 등급별 임금이 다음과 같을 때, 〈조건〉에 따라 K사가 2주 동안 근무한 근로자에게 지급해야 할 임금의 총액은?

〈인력 등급별 임금〉

구분	초급인력	중급인력	특급인력
시간당 기본임금	45,000원	70,000원	95,000원
주중 초과근무수당	시간당 기본임금의 1.5배		시간당 기본임금의 1.7배

※ 기본 1일 근무시간은 8시간이며, 주말 및 공휴일에는 근무하지 않음

※ 각 근로자가 주중 근무일 동안 결근 없이 근무한 경우, 주당 1일(8시간)의 임금에 해당하는 금액을 주휴수당으로 각 근로자에게 추가로 지급함

※ 주중에 근로자가 기본 근무시간을 초과로 근무하는 경우, 초과한 근무한 시간에 대하여 시간당 주중 초과근무수당을 지급함

〈조건〉

- 모든 인력은 결근 없이 근무하였다.
- K사는 초급인력 5명, 중급인력 3명, 특급인력 2명을 고용하였다.
- 초급인력 1명, 중급인력 2명, 특급인력 1명은 근무기간 동안 2일은 2시간씩 초과로 근무하였다.
- K사는 1개월 전 월요일부터 그다음 주 일요일까지 2주 동안 모든 인력을 투입하였으며, 근무기간 동안 공휴일은 없다.

① 47,800,000원
② 55,010,500원
③ 61,756,000원
④ 71,080,000원
⑤ 81,020,000원

05 K사의 항공교육팀은 항공보안실을 대상으로 다음과 같은 항공보안교육 계획을 세웠다. 다음 〈보기〉 중 항공보안교육을 반드시 이수해야 하는 팀을 모두 고르면?

〈2025 항공보안교육 계획〉

구분	과정명	비고
보안검색감독자	보안검색감독자 초기 / 정기	필수
보안검색요원	보안검색요원 초기 / 정기	필수
	보안검색요원 인증평가	필수
	보안검색요원 재교육	필요시
폭발물처리요원	폭발물 처리요원 직무	필요시
	폭발물 처리요원 정기	필요시
	폭발물위협분석관 초기 / 정기	필요시
장비유지보수요원	항공보안장비유지보수 초기 / 정기	필수

〈보기〉

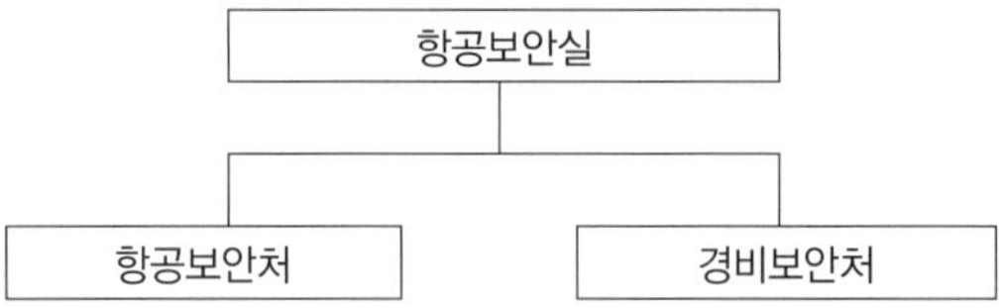

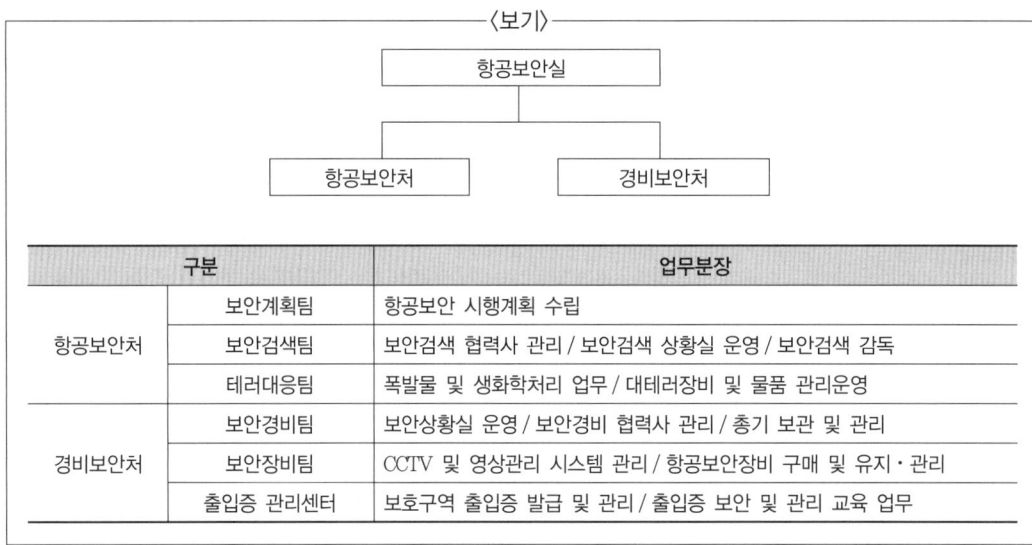

구분		업무분장
항공보안처	보안계획팀	항공보안 시행계획 수립
	보안검색팀	보안검색 협력사 관리 / 보안검색 상황실 운영 / 보안검색 감독
	테러대응팀	폭발물 및 생화학처리 업무 / 대테러장비 및 물품 관리운영
경비보안처	보안경비팀	보안상황실 운영 / 보안경비 협력사 관리 / 총기 보관 및 관리
	보안장비팀	CCTV 및 영상관리 시스템 관리 / 항공보안장비 구매 및 유지 · 관리
	출입증 관리센터	보호구역 출입증 발급 및 관리 / 출입증 보안 및 관리 교육 업무

① 보안계획팀, 보안검색팀
② 보안계획팀, 테러대응팀
③ 보안검색팀, 보안경비팀
④ 보안검색팀, 보안장비팀
⑤ 보안계획팀, 보안경비팀

06 다음은 미성년자(만 19세 미만)의 전자금융서비스 신규 · 변경 · 해지 신청에 필요한 서류와 관련된 자료이다. 이를 이해한 내용으로 가장 적절한 것은?

<table>
<tr><th>구분</th><th>미성년자 본인 신청
(만 14세 이상)</th><th>법정대리인 신청
(만 14세 미만은 필수)</th></tr>
<tr><td rowspan="2">신청서류</td><td>• 미성년자 실명확인증표
• 법정대리인(부모) 각각의 동의서
• 법정대리인 각각의 인감증명서
• 미성년자의 가족관계증명서
• 출금계좌통장, 통장인감(서명)</td><td>• 미성년자의 기본증명서
• 법정대리인(부모) 각각의 동의서
• 내방 법정대리인 실명확인증표
• 미내방 법정대리인 인감증명서
• 미성년자의 가족관계증명서
• 출금계좌통장, 통장인감</td></tr>
<tr><td colspan="2">※ 유의사항
① 미성년자 실명확인증표 : 학생증(성명 · 주민등록번호 · 사진 포함), 청소년증, 주민등록증, 여권 등(단, 학생증에 주민등록번호가 포함되지 않은 경우 미성년자의 기본증명서 추가 필요)
② 전자금융서비스 이용신청을 위한 법정대리인 동의서 법정대리인 미방문 시 인감 날인(단, 한부모가정인 경우 친권자 동의서 필요 – 친권자 확인 서류 : 미성년자의 기본증명서)
③ 법정대리인이 자녀와 함께 방문한 경우 법정대리인의 실명확인증표로 인감증명서 대체 가능
※ 법정대리인 동의서 양식은 '홈페이지 → 고객센터 → 약관 · 설명서 · 서식 → 서식자료' 중 '전자금융게시' 내용 참고</td></tr>
</table>

① 만 13세인 희수가 전자금융서비스를 해지하려면 반드시 법정대리인이 신청해야 한다.

② 법정대리인이 자녀와 함께 방문하여 신청할 경우, 반드시 인감증명서가 필요하다.

③ 올해로 만 18세인 지성이가 전자금융서비스를 변경하려면 신청서류로 이름과 사진이 포함된 학생증과 법정대리인 동의서가 필요하다.

④ 법정대리인 신청 시 동의서는 부모 중 한 명만 있으면 된다.

⑤ 법정대리인 동의서 양식은 지점 방문 시 각 창구에 갖춰져 있다.

07 4개의 상자 A ~ D 중 어느 하나에 2개의 진짜 열쇠가 들어있고, 다른 어느 한 상자에 2개의 가짜 열쇠가 들어있다. 또한 각 상자에는 다음과 같이 2개의 안내문이 쓰여있다. 각 상자의 안내문 중 하나는 참이고 다른 하나는 거짓일 때, 항상 옳은 것은?

> • A상자 – 어떤 진짜 열쇠도 순금으로 되어있지 않다.
>   – C상자에 진짜 열쇠가 들어있다.
> • B상자 – 가짜 열쇠는 이 상자에 들어있지 않다.
>   – A상자에는 진짜 열쇠가 들어있다.
> • C상자 – 이 상자에 진짜 열쇠가 들어있다.
>   – 어떤 가짜 열쇠도 구리로 되어있지 않다.
> • D상자 – 이 상자에 진짜 열쇠가 들어있다.
>   – 가짜 열쇠 중 어떤 것은 구리로 되어있다.

① B상자에 가짜 열쇠가 들어있지 않다.
② C상자에 진짜 열쇠가 들어있지 않다.
③ D상자의 첫 번째 안내문은 거짓이다.
④ 모든 가짜 열쇠는 구리로 되어있다.
⑤ 어떤 진짜 열쇠는 순금으로 되어 있다.

08 다음 A ~ E 다섯 명 중 한 명만 거짓말을 할 때, 항상 옳은 것은?(단, 한 층에 한 명만 내린다)

> • A : B는 1층에서 내렸다.
> • B : C는 1층에서 내렸다.
> • C : D는 적어도 3층에서 내리지 않았다.
> • D : A는 4층에서 내렸다.
> • E : A는 4층에서 내리고 나는 5층에 내렸다.

① C는 1층에서 내렸다.
② A는 4층에서 내리지 않았다.
③ D는 3층에서 내렸다.
④ C는 B보다 높은 층에서 내렸다.
⑤ A는 D보다 높은 층에서 내렸다.

※ 다음 명제가 모두 참일 때, 빈칸에 들어갈 명제로 가장 적절한 것을 고르시오. [9~11]

09

- 창의적인 문제해결을 하기 위해서는 브레인스토밍을 해야 한다.
- 브레인스토밍을 하기 위해서는 상대방의 아이디어를 비판해서는 안 된다.
- ____________________

① 상대방의 아이디어를 비판하지 않으면 창의적인 문제해결이 가능하다.
② 상대방의 아이디어를 비판하지 않으면 브레인스토밍을 할 수 있다.
③ 브레인스토밍을 하면 창의적인 문제해결이 가능하다.
④ 창의적인 문제해결을 하기 위해서는 상대방의 아이디어를 비판해서는 안 된다.
⑤ 브레인스토밍을 하지 않으면 상대방의 아이디어를 비판하게 된다.

10

- 어휘력이 좋지 않으면 책을 많이 읽지 않은 것이다.
- 글쓰기 능력이 좋지 않으면 어휘력이 좋지 않은 것이다.
- ____________________

① 책을 많이 읽지 않으면 어휘력이 좋지 않은 것이다.
② 글쓰기 능력이 좋으면 어휘력이 좋은 것이다.
③ 어휘력이 좋지 않으면 글쓰기 능력이 좋지 않은 것이다.
④ 책을 많이 읽으면 어휘력이 좋은 것이다.
⑤ 글쓰기 능력이 좋지 않으면 책을 많이 읽지 않은 것이다.

11

- 밤에 잠을 잘 못자면 낮에 피곤하다.
- ____________________
- 업무효율이 떨어지면 성과급을 받지 못한다.
- 밤에 잠을 잘 못자면 성과급을 받지 못한다.

① 업무효율이 떨어지면 밤에 잠을 잘 못 잔다.
② 낮에 피곤하면 업무효율이 떨어진다.
③ 성과급을 받으면 밤에 잠을 잘 못 잔다.
④ 밤에 잠을 잘 자면 성과급을 받는다.
⑤ 성과급을 받지 못하면 낮에 피곤하다.

12 다음은 200명의 시민을 대상으로 A, B, C회사에서 생산한 자동차의 소유 현황을 조사한 결과이다. 조사 대상자 중, 세 회사에서 생산된 어떤 자동차도 가지고 있지 않은 사람의 수는?

- 자동차를 2대 이상 가진 사람은 없다.
- A사 자동차를 가진 사람은 B사 자동차를 가진 사람보다 10명 많다.
- B사 자동차를 가진 사람은 C사 자동차를 가진 사람보다 20명 많다.
- A사 자동차를 가진 사람 수는 C사 자동차를 가진 사람 수의 2배이다.

① 20명
② 40명
③ 60명
④ 80명
⑤ 100명

13 운동선수 A ~ D 4명은 각자 하는 운동이 모두 다르다. 농구를 하는 사람은 항상 진실을, 축구를 하는 선수는 항상 거짓을, 야구와 배구를 하는 사람은 진실과 거짓을 한 개씩 말한다. 이들이 다음과 같이 진술했을 때, 선수와 운동이 바르게 짝지어진 것은?

- A : C는 농구를 하고, B는 야구를 한다.
- B : C는 야구, D는 배구를 한다.
- C : A는 농구, D는 배구를 한다.
- D : B는 야구, A는 축구를 한다.

① A – 야구
② A – 배구
③ B – 축구
④ C – 농구
⑤ D – 배구

14 K병원에는 현재 A ~ E 5명의 심리상담사가 근무 중이다. 얼마 전 시행한 감사 결과, 1명이 근무시간에 자리를 비운 것이 확인되었다. 이들 중 3명이 진실을, 2명이 거짓을 말한다고 할 때, 거짓을 말하고 있는 심리상담사끼리 바르게 짝지어진 것은?

- A : B는 진실을 말하고 있어요.
- B : 제가 근무시간에 C를 찾아갔을 때, C는 자리에 없었어요.
- C : 근무시간에 자리를 비운 사람은 A입니다.
- D : 저는 C가 근무시간에 밖으로 나가는 것을 봤어요.
- E : D는 어제도 근무시간에 자리를 비웠어요.

① A, B
② A, D
③ B, C
④ B, D
⑤ C, E

15 진실마을 사람은 진실만을 말하고, 거짓마을 사람은 거짓만을 말한다. 주형이와 윤희는 각각 진실마을과 거짓마을 중 한 곳에서 사는데, 다음 윤희가 한 말을 통해 두 사람이 각각 어느 마을에 사는지 바르게 유추한 것은?

윤희 : "적어도 우리 둘 중에 한 사람은 거짓마을 사람이다."

① 윤희는 거짓마을 사람이고, 주형이는 진실마을 사람이다.
② 윤희는 진실마을 사람이고, 주형이는 거짓마을 사람이다.
③ 윤희와 주형이 모두 진실마을 사람이다.
④ 윤희와 주형이 모두 거짓마을 사람이다.
⑤ 윤희의 말만으로는 알 수 없다.

※ 다음 〈조건〉이 모두 참일 때, 추론할 수 있는 내용으로 가장 적절한 것을 고르시오. **[16~17]**

16

〈조건〉

- 재현이가 춤을 추면 서현이나 지훈이가 춤을 춘다.
- 재현이가 춤을 추지 않으면 종열이가 춤을 춘다.
- 종열이가 춤을 추지 않으면 지훈이도 춤을 추지 않는다.
- 종열이는 춤을 추지 않았다.

① 재현이만 춤을 추었다.
② 서현이만 춤을 추었다.
③ 지훈이만 춤을 추었다.
④ 재현이와 서현이 모두 춤을 추었다.
⑤ 아무도 춤을 추지 않았다.

17

〈조건〉

- 냉면을 좋아하는 사람은 여름을 좋아한다.
- 호빵을 좋아하는 사람은 여름을 좋아하지 않는다.

① 호빵을 좋아하는 사람은 냉면을 좋아한다.
② 여름을 좋아하는 사람은 냉면을 좋아한다.
③ 냉면을 좋아하는 사람은 호빵을 좋아한다.
④ 호빵을 좋아하는 사람은 냉면을 좋아하지 않는다.
⑤ 호빵을 좋아하지 않는 사람은 냉면을 좋아하지 않는다.

※ 다음 〈조건〉이 모두 참일 때, 추론할 수 없는 내용으로 가장 적절한 것을 고르시오. **[18~20]**

18

〈조건〉

- 정리정돈을 잘하는 사람은 집중력이 좋다.
- 주변이 조용할수록 집중력이 좋다
- 깔끔한 사람은 정리정돈을 잘한다.
- 집중력이 좋으면 성과 효율이 높다.

① 깔끔한 사람은 집중력이 좋다.
② 주변이 조용할수록 성과 효율이 높다.
③ 깔끔한 사람은 성과 효율이 높다.
④ 성과 효율이 높지 않은 사람은 주변이 조용하지 않다.
⑤ 깔끔한 사람은 주변이 조용하다.

19

〈조건〉

- 적극적인 사람은 활동량이 많다.
- 잘 다치지 않는 사람은 활동량이 많지 않다.
- 활동량이 많으면 면역력이 강화된다.
- 적극적이지 않은 사람은 영양제를 챙겨먹는다.

① 적극적인 사람은 잘 다친다.
② 적극적인 사람은 면역력이 강화된다.
③ 잘 다치지 않는 사람은 영양제를 챙겨먹는다.
④ 영양제를 챙겨먹으면 면역력이 강화된다.
⑤ 잘 다치지 않는 사람은 적극적이지 않은 사람이다.

20

〈조건〉

- 딸기를 좋아하는 사람은 가지를 싫어한다.
- 바나나를 좋아하는 사람은 가지를 좋아한다.
- 가지를 싫어하는 사람은 감자를 좋아한다.

① 감자를 좋아하는 사람은 바나나를 싫어한다.
② 가지를 좋아하는 사람은 딸기를 싫어한다.
③ 감자를 싫어하는 사람은 딸기를 싫어한다.
④ 바나나를 좋아하는 사람은 딸기를 싫어한다.
⑤ 딸기를 좋아하는 사람은 감자를 좋아한다.

21 K사는 직원 A ~ E 5명 중 일부를 지방으로 발령하고자 한다. 다음 〈조건〉에 따라 A의 지방 발령이 결정되었다고 할 때, 지방으로 발령되지 않는 직원은 총 몇 명인가?

〈조건〉

- K사는 B와 D의 지방 발령에 대하여 같은 결정을 한다.
- K사는 C와 E의 지방 발령에 대하여 다른 결정을 한다.
- D를 지방으로 발령한다면, E는 지방으로 발령하지 않는다.
- E를 지방으로 발령하지 않는다면, A도 지방으로 발령하지 않는다.

① 1명
② 2명
③ 3명
④ 4명
⑤ 5명

22 H주민센터 재무과에서는 7월 주민세(재산분) 신고 및 납부안내에 대해 고지하였다. 이와 관련해서 문의한 고객에게 안내할 내용으로 옳은 것은?

- 기간 : 2025. 7. 1. ~ 7. 31.
- 대상 : 7월 1일 기준 사업장 연면적 330m^2 초과하여 운영하는 사업주(개인 및 법인)
- 세율 : 1m^2당 250원(오염물질 배출사업소 중 부적합 사업소 2배 중과)
- 가산세적용
  - 무신고 가산세 : 7월 31일까지 신고가 없는 경우 본세의 20% 가산
  - 납부불성실 가산세 : (무신고세액 또는 부족세액의 지연일수)×3÷10,000
- 신고 및 납부 방법
  - 방문접수 : 신고서 제출 후 납부서 수령 후 인터넷 또는 금융기관 납부
  - 우편·팩스 : 등기우편 또는 팩스로 신고서 제출 후 수기납부서 납부
  - 전자신고 : 위택스(www.wetax.go.kr) 가입 후 신고·납부
- 제출서류 : 주민세(재산분) 신고서, 임대차 계약서, 건축물사용 내역서

① 오염물질 배출 사업소 중 부적합 사업소의 경우 1m^2 당 500원의 세율이 부과됩니다.
② 7월 15일 기준 사업장 연면적이 330m^2를 초과하는 법인 사업주는 신고를 해야 합니다.
③ 주민세 신고서, 임대차 계약서, 건축물 명세서를 작성하여 제출해주세요.
④ 7월 31일까지 접수를 하지 않을 경우 무신고 가산세가 20% 감산되어 적용됩니다.
⑤ 위택스에 가입 후 신고한 다음 금융기관에서 납부하시면 됩니다.

23 다음은 외래 진료 시 환자가 부담하는 비용에 대한 자료이다. 〈보기〉에 제시된 금액이 요양급여비용 총액이라고 할 때, 세 사람의 총 본인부담금은?(단, 모든 지역은 의약분업을 실시하고 있다)

〈외래 진료 시 본인부담금〉

<table>
<tr><th colspan="2">구분</th><th>본인부담금 비율</th></tr>
<tr><td rowspan="5">의료
급여기관</td><td>상급종합병원</td><td>(진찰료 총액)+(나머지 진료비의 60%)</td></tr>
<tr><td>종합병원</td><td>요양급여비용 총액의 45%(읍, 면지역), 50%(동지역)</td></tr>
<tr><td>일반병원</td><td>요양급여비용 총액의 35%(읍, 면지역), 40%(동지역)</td></tr>
<tr><td>의원</td><td>요양급여비용 총액의 30%</td></tr>
<tr><td colspan="2">※ 단, 65세 이상인 경우(의약분업 실시 지역)
- 요양급여비용 총액이 25,000원 초과인 경우, 요양급여비용 총액의 30%를 부담
- 요양급여비용 총액이 20,000원 초과 25,000원 이하인 경우, 요양급여비용 총액의 20%를 부담
- 요양급여비용 총액이 15,000원 초과 20,000원 이하인 경우, 요양급여비용 총액의 10%를 부담
- 요양급여비용 총액이 15,000원 이하인 경우, 1,500원 부담</td></tr>
<tr><td rowspan="2">약국</td><td colspan="2">요양급여비용 총액의 30%</td></tr>
<tr><td colspan="2">※ 단, 65세 이상인 경우(처방전에 의한 의약품조제 시)
- 요양급여비용 총액이 12,000원 초과인 경우, 요양급여비용 총액의 30%를 부담
- 요양급여비용 총액이 10,000원 초과 12,000원 이하인 경우, 요양급여비용 총액의 20%를 부담
- 요양급여비용 총액이 10,000원 이하인 경우, 1,000원 부담</td></tr>
</table>

※ 요양급여비용이란 다음 범위에 해당하는 요양 서비스의 비용을 말함

1. 진찰・검사
2. 약제(藥劑)・치료재료의 지급
3. 처치・수술 및 그 밖의 치료
4. 예방・재활
5. 입원
6. 간호
7. 이송(移送)

〈보기〉

ㄱ. Q동에서 살고 있는 67세 이○○씨는 종합병원에서 재활을 받고, 진료비 21,500원이 나왔다.

ㄴ. P읍에 사는 34세 김□□씨는 의원에서 진찰비 12,000원이 나오고, 처방전을 받아 약국에서 총액은 10,000원이 나왔다.

ㄷ. 60세 최△△씨는 M면 지역 일반병원에 방문하여 진료비 25,000원과 약국에서 처방전에 따라 총액 60,000원이 나왔다.

① 39,650원

② 38,600원

③ 37,650원

④ 36,600원

⑤ 35,650원

24 K항공사는 현재 신입사원을 모집하고 있으며, 지원자격은 다음과 같다. 〈보기〉의 지원자 중 K항공사 지원 자격에 부합하는 사람은 모두 몇 명인가?

〈K항공사 대졸공채 신입사원 지원자격〉

- 4년제 정규대학 모집대상 전공 중 학사학위 이상 소지한 자(졸업예정자 지원 불가)
- TOEIC 750점 이상인 자(국내 응시 시험에 한함)
- 병역필 또는 면제자로 학업성적이 우수하고, 해외여행에 결격사유가 없는 자

※ 공인회계사, 외국어 능통자, 통계 전문가, 전공 관련 자격 보유자 및 장교 출신 지원자 우대

모집분야		대상 전공
일반직	일반관리	• 상경, 법정 계열 • 통계 / 수학, 산업공학, 신문방송, 식품공학(식품 관련 학과) • 중국어, 러시아어, 영어, 일어, 불어, 독어, 서반아어, 포르투갈어, 아랍어
	운항관리	• 항공교통, 천문기상 등 기상 관련 학과 – 운항관리사, 항공교통관제사 등 관련 자격증 소지자 우대
전산직		• 컴퓨터공학, 전산학 등 IT 관련 학과
시설직		• 전기부문 : 전기공학 등 관련 전공 – 전기기사, 전기공사기사, 소방설비기사(전기) 관련 자격증 소지자 우대 • 기계부문 : 기계학과, 건축설비학과 등 관련 전공 – 소방설비기사(기계), 전산응용기계제도기사, 건축설비기사, 공조냉동기사, 건설기계기사, 일반기계기사 등 관련 자격증 소지자 우대 • 건축부문 : 건축공학 관련 전공(현장 경력자 우대)

〈보기〉

지원자	지원분야	학력	전공	병역사항	TOEIC 점수	참고사항
A	전산직	대졸	컴퓨터공학	병역필	820점	• 중국어, 일본어 능통자이다. • 해외 비자가 발급되지 않는 상태이다.
B	시설직 (건축부문)	대졸	식품공학	면제	930점	• 건축현장 경력이 있다. • 전기기사 자격증을 소지하고 있다.
C	일반직 (운항관리)	대재	항공교통학	병역필	810점	• 전기공사기사 자격증을 소지하고 있다. • 학업 성적이 우수하다.
D	시설직 (기계부문)	대졸	기계공학	병역필	745점	• 건축설비기사 자격증을 소지하고 있다. • 장교 출신 지원자이다.
E	일반직 (일반관리)	대졸	신문방송학	미필	830점	• 소방설비기사 자격증을 소지하고 있다. • 포르투갈어 능통자이다.

① 1명 ② 2명

③ 3명 ④ 4명

⑤ 없음

25 **다음은 H은행의 전세자금대출 관련 설명서의 일부이다. 홈페이지의 Q&A 담당인 A사원이 게시판에 올라온 질문에 잘못 답변한 것은?**

ⅰ) **대출대상자** 부동산중개업소를 통해 임대차계약(임차보증금이 있는 월세계약 포함)을 체결하고 5% 이상의 계약금을 지급한 임차인으로 다음 요건을 모두 충족하는 고객 [임대인이 주택사업자(법인 임대사업자 포함)인 경우에는 부동산중개업소를 통하지 않은 자체계약서 인정 가능] • 대출신청일 현재 만 19세 이상인 고객 • 대출신청일 현재 임대차계약 기간이 1년 이상 남은 고객 • 임차보증금이 수도권(서울특별시 포함) 4억 원, 그 외 지역의 경우 3억 원 이하여야 함[단, 임대인이 주택사업자(법인 임대사업자 포함)인 경우 임차보증금 제한 없음] • 임차권의 대항력 및 우선변제권을 확보한 고객 또는 확보할 수 있는 고객 • 외국인 및 재외국민이 아닌 고객 ⅱ) **대상주택** 전 지역 소재 주택으로서 다음의 조건을 모두 갖추어야 함 • 임대인에 따라 다음 주택을 대상으로 함 – 임대인이 개인인 경우 : 아파트(주상복합아파트 포함), 연립주택, 다세대주택, 단독주택, 다가구주택, 주거용 오피스텔 – 임대인이 주택사업자(법인 임대사업자 포함)인 경우 : 아파트(주상복합아파트 포함), 연립주택, 주거용 오피스텔 • 소유권에 대한 권리침해 사항(경매신청, 압류, 가압류, 가처분, 가등기 등)이 없어야 함 • 전입세대열람내역 확인 시 타 세대의 전입내역이 없을 것(단, 단독주택 및 다가구주택은 여러 세대가 공동 거주하므로 다른 세대의 전입내역이 있는 경우에도 취급 가능) • 미등기 건물 또는 건축물대장상 위반건축물이 아닌 경우 • 선순위채권이 존재하는 경우 주택가격의 60% 이내일 것 • 임대인이 외국인, 해외거주자인 경우 취급할 수 없음

① Q : 아직 계약금을 내지 않았는데, 전세자금대출을 받아 계약금을 먼저 내고 싶습니다.
A : 부동산중개업소를 통해 임대차계약(임차보증금이 있는 월세계약 포함)을 체결하고 5% 이상의 계약금을 지급하여야만 대출을 진행할 수 있습니다.

② Q : 내년에 입주 예정인 만 18세 예비 대학생입니다. 올해 대출을 받아 내년에 입주하고 싶은데, 가능한가요?
A : 대출신청일 현재 만 19세 이상이셔야 합니다.

③ Q : 다음 달이 전세계약 만기라 대출을 받고 싶습니다.
A : 대출 신청일 현재 임대차계약기간이 1년 이상 남아야 합니다.

④ Q : 최근 준공 완료한 건물이라 아직 등기부등본에 조회가 안 되는 것 같습니다. 대출부터 진행할 수 있나요?
A : 미등기 건물은 대출이 불가합니다.

⑤ Q : 필리핀에서 한국으로 귀화한 지 2년이 지났습니다. 다른 조건을 만족하면 대출이 가능한가요?
A : 외국인인 경우 대출이 불가합니다.

01 **K은행에 근무 중인 B차장은 새로운 사업을 실행하기에 앞서 설문조사를 하려고 한다. 다음과 같은 방법을 이용하려고 할 때, 설문조사 순서를 바르게 나열한 것은?**

> 델파이 기법은 전문가들의 의견을 종합하기 위해 고안된 기법으로 불확실한 상황을 예측하고자 할 경우 사용하는 인문사회과학 분석기법 중 하나이다. 설문지로만 이루어지기 때문에 전문가들의 익명성이 보장되고, 반복적인 설문을 통해 얻은 반응을 수집·요약해 특정한 주제에 대한 전문가 집단의 합의를 도출하는 방식으로 진행된다.

① 설문지 제작 – 발송 – 회수 – 검토 후 결론 도출 – 결론 통보
② 설문지 제작 – 1차 대면 토론 – 중간 분석 – 2차 대면 토론 – 합의 도출
③ 설문지 제작 – 발송 – 회수 – 중간 분석 – 대면 토론 – 합의 도출
④ 설문지 제작 – 발송 – 회수 – 중간 분석 – 재발송 – 회수 – 합의 도출
⑤ 설문지 제작 – 1차 대면 토론 – 검토 후 결론 도출 – 합의 도출

02 **K은행에서 근무한 지 1년이 지난 귀하는 최근 영업실적 저조로 인하여 고민이 많다. 이를 극복하기 위해 영업실적이 좋기로 유명한 M대리에게 상담을 요청하여 적립식 예금 영업에 대한 노하우를 배웠다. 다음 중 M대리의 조언으로 적절하지 않은 것은?**

① 자유적립식 예금이 상대적으로 입출금이 자유로운 통장보다 이자가 높고, 수시로 입금하거나 중도인출이 가능하다는 점을 강조하여 권유한다.
② 기준금리가 떨어지고 있을 때, 서둘러 적립식 예금을 가입해야 조금이라도 높은 금리로 이자를 수령할 수 있음을 강조하여 가입을 권유한다.
③ 고객의 직업군에 특화된 금융 상품을 추천하는 등 상품별 특징을 잘 살펴 고객에게 적합한 생애주기별 특화 상품을 추천한다.
④ 적립식 예금의 경우 월 저축금을 약정한 납입일보다 지연하면 소정의 입금지연이자가 차감되므로 자동이체를 통해 정기 적립되도록 권유한다.
⑤ 한도 소진 시 판매가 중단되는 특판 적립식예금을 절판 마케팅으로 적극 권유한다.

03 **다음은 최팀장이 김사원에게 남긴 음성메시지이다. 김사원이 가장 먼저 처리해야 할 일로 옳은 것은?**

지금 업무 때문에 밖에 나와 있는데, 전화를 안 받아서 음성메시지 남겨요. 내가 중요한 서류를 안 가져왔어요. 미안한데 점심시간에 서류 좀 갖다 줄 수 있어요? 아, 그리고 이팀장한테 퇴근 전에 전화 좀 달라고 해줘요. 급한 건 아닌데 확인할 게 있어서 그래요. 나는 오늘 여기서 퇴근할 거니까 회사로 연락 오는 거 있으면 정리해서 오후에 알려주고, 오전에 박과장이 문의 사항이 있어서 방문하기로 했으니까 응대 잘할 수 있도록 해요. 박과장이 문의한 사항은 관련 서류 정리해서 내 책상에 두었으니까 미리 읽어 보고, 궁금한 사항 있으면 연락해 주세요.

① 박과장 응대하기
② 최팀장에게 서류 갖다 주기
③ 회사로 온 연락 최팀장에게 알려 주기
④ 최팀장 책상의 서류 읽어 보기
⑤ 최팀장이 있는 곳으로 가기

04 **다음은 집단 간 관계에 대한 직원들의 대화 내용이다. 이에 대하여 바르게 설명한 직원끼리 짝지어진 것은?**

A대리 : 영업팀 간 경쟁이 치열해지고 있네요. 이런 집단 간 경쟁의 원인은 주로 조직 내 자원을 더 많이 가져가려고 해서 발생하는 것 같아요. B차장 : 맞아. 조직 내 집단들이 서로 상반되는 목표를 추구할 때도 경쟁이 발생하기도 하지. C주임 : 그런데 오히려 각 영업팀들이 내부적으로는 더 결속되는 것 같아요. 역시 경쟁은 치열할수록 조직에 이로운 것 같습니다. D주임 : 그래도 너무 치열해지면 오히려 조직 전반에 비능률을 초래해.

① A대리
② C주임
③ B차장, C주임
④ A대리, B차장, C주임
⑤ A대리, B차장, D주임

05 다음 중 경영의 대표적인 구성요소인 4요소로 가장 적절한 것은?

① 경영목적, 인적자원, 자금, 마케팅
② 자금, 전략, 마케팅, 회계
③ 인적자원, 마케팅, 회계, 자금
④ 경영목적, 인적자원, 자금, 전략
⑤ 마케팅, 인적자원, 자금, 전략

06 소비자들이 자발적으로 메시지를 전달하게 하여 상품에 대한 긍정적인 입소문을 내게 하는 마케팅 전략은?

① 바이럴 마케팅
② 니치 마케팅
③ 프리 마케팅
④ 버즈 마케팅
⑤ 스텔스 마케팅

07 다음 IPO(Initial Public Offering)에 대한 설명 중 옳지 않은 것은?

① 주식공개나 기업공개를 의미한다.
② IPO 가격이 낮아지면 투자자의 투자수익이 줄어 자본조달 여건이 나빠진다.
③ 소유권 분산으로 경영에 주주들의 압력이 가해질 수 있다.
④ 발행회사는 주식 발행가격이 높을수록 IPO 가격도 높아진다.
⑤ 재무내용을 불특정 다수에게 공시하는 것이다.

08 경영참가제도는 자본참가, 성과참가, 의사결정참가 유형으로 구분된다. 다음 중 '자본참가' 유형의 사례로 가장 적절한 것은?

① 임직원들에게 저렴한 가격으로 일정 수량의 주식을 매입할 수 있게 권리를 부여한다.
② 위원회제도를 활용하여 근로자의 경영 참여와 개선된 생산의 판매 가치를 기초로 성과를 배분한다.
③ 부가가치의 증대를 목표로 하여 이를 노사협력체제를 통해 달성하고, 이에 따라 증가된 생산성 향상분을 노사 간에 배분한다.
④ 천재지변의 대응, 생산성 하락, 경영성과 전달 등과 같이 단체교섭에서 결정되지 않은 사항에 대하여 노사가 서로 협력할 수 있도록 한다.
⑤ 노동자 또는 노동조합의 대표가 기업의 최고결정기관에 직접 참가해서 기업경영의 여러 문제를 노사 공동으로 결정한다.

09 조직의 유지와 발전에 책임을 지는 조직의 경영자는 다양한 역할을 수행해야 한다. 다음 중 조직 경영자의 역할로 적절하지 않은 것은?

① 대외적으로 조직을 대표한다.
② 대외적 협상을 주도한다.
③ 조직 내에서 발생하는 분쟁을 조정한다.
④ 외부 변화에 대한 정보를 기밀로 한다.
⑤ 조직 내에서 자원을 배분한다.

10 다음 중 맥킨지의 3S 기법 가운데 Situation에 해당하는 것은?

① 죄송하지만 저도 현재 업무가 많아 그 부탁은 들어드리기 힘들 것 같습니다.
② 그 일을 도와드릴 수 있는 다른 사람을 추천해 드리겠습니다.
③ 다음 달에는 가능할 것 같은데 괜찮으신가요?
④ 힘드시지 않으세요? 저도 겪어봐서 그 마음 잘 알고 있습니다.
⑤ 오늘 제가 반차이기 때문에 오후에 도와드리기는 어렵습니다. 죄송합니다.

11 귀하는 6개월간의 인턴 기간을 마치고 정규직 채용 면접에 참가했다. 인턴을 하는 동안 우리 조직에 대해서 알게 된 것을 말해보라는 면접관의 질문에 답변할 내용으로 적절하지 않은 것은?

① 조직의 구조
② 주요 업무 내용
③ 사무실의 구조
④ 업무 환경
⑤ 팀워크

12 다음 중 K사원에게 해줄 수 있는 조언으로 가장 적절한 것은?

> K사원은 팀장으로부터 업무성과를 높이기 위한 방안을 보고하라는 지시를 받았고, 다음 날 팀장에게 보고서를 제출하였다. 보고서를 본 팀장은 K사원에게 다음과 같이 말했다.
> "K씨, 보고서에 있는 방법은 우리 회사에서는 적용할 수가 없습니다. 노사규정상 근무시간을 늘릴 수 없게 되어 있어요. 근무시간을 늘려서 업무 성과를 높이자는 건 바람직한 해결책이 아니군요."

① 자신의 능력 범위 안에서 가능한 목표를 설정해야 한다.
② 조직의 구조, 문화, 규칙 등의 체제 요소를 고려해야 한다.
③ 조직의 목표 달성을 위해서는 조직 응집력이 중요하다.
④ 새로운 자원을 발굴하고, 도전하는 것을 중시해야 한다.
⑤ 기존의 틀에서 벗어나는 도전적인 사고를 가져야 한다.

13 귀하는 K은행의 프라이빗뱅킹(PB) 서비스를 제공하는 업무를 담당하고 있다. 최근 팀 내의 실적이 감소하고 있는 추세에 대해 근본적인 원인을 파악하기 위해서 여러 가지 떠오르는 생각들을 순서대로 기술하였다. 이를 체계적으로 분석하여 팀 회의에서 보고하려 하는데, 다음 원인들의 인과관계를 따져보고 귀하가 택할 가장 근본적인 원인은 무엇인가?

> • 재무설계 제안서의 미흡
> • 절대적인 고객 수 감소
> • 고객과의 PB 서비스 계약 감소
> • 고객정보의 수집 부족
> • 금융상품의 다양성 부족

① 고객과의 PB 서비스 계약 감소
② 절대적인 고객 수 감소
③ 고객정보의 수집 부족
④ 금융상품의 다양성 부족
⑤ 재무설계 제안서의 미흡

14 K은행 △△지점 직원들은 이번 달 금융상품 홍보 방안을 모색하기 위해 한 자리에 모여서 회의를 하고 있다. 다음 중 회의에 임하는 태도로 적절하지 않은 직원은?

> O계장 : 이번 달 실적을 향상시키기 위한 홍보 방안으로는 뭐가 있을까요? 의견이 있으면 주저하지 말고 뭐든지 말씀해 주세요.
> J사원 : 저는 조금은 파격적인 이벤트 같은 게 있었으면 좋겠어요. 예를 들면 곧 할로윈이니까, 지점 내부를 할로윈 분위기로 꾸민 다음에 가면이나 가발 같은 걸 비치해 두고, 고객들이 인증샷을 찍으면 예금이나 환전 추가 혜택을 주는 건 어떨까 싶어요.
> D주임 : 그건 좀 실현 가능성이 없지 싶은데요. 그보다는 SNS로 이벤트 응모를 받아서 기프티콘 사은품을 주는 이벤트가 더 현실적이겠어요.
> C과장 : 가능성 여부를 떠나서 아이디어는 많을수록 좋으니 반박하지 말고 이야기하세요.
> H사원 : 의견 주시면 제가 전부 받아 적었다가 한꺼번에 정리하도록 할게요.

① O계장
② J사원
③ D주임
④ C과장
⑤ H사원

15 다음은 K가구회사의 시장 조사 결과 보고서이다. 〈보기〉에서 회사가 마련해야 할 마케팅 전략으로 적절한 것을 모두 고르면?

> • 조사 기간 : 2025. 07. 11 ~ 2025. 07. 21
> • 조사 품목 : ○○돌침대
> • 조사 대상 : 주부 1,000명
> • 조사 결과
> – 소비자의 건강에 대한 관심 증대
> – 소비자는 가격보다 제품의 기능을 우선적으로 고려
> – 취급 점포가 너무 많아서 점포 관리가 체계적이지 못함
> – 자사 제품의 가격이 낮아서 품질도 떨어지는 것으로 인식됨

〈보기〉

> ㄱ. 유통 경로를 늘린다.
> ㄴ. 고급화 전략을 추진한다.
> ㄷ. 박리다매 전략을 이용한다.
> ㄹ. 전속적 또는 선택적 유통 전략을 도입한다.

① ㄱ, ㄴ
② ㄱ, ㄷ
③ ㄴ, ㄷ
④ ㄴ, ㄹ
⑤ ㄷ, ㄹ

16 다음 〈보기〉에서 직무수행교육(OJT; On the Job Training)의 네 가지 단계를 순서대로 바르게 나열한 것은?

〈보기〉

㉠ 시켜보고 잘못을 시정한다. 시켜보면서 작업을 설명하도록 한다. 다시 한 번 시켜보면서 핵심을 말하도록 한다. 완전히 이해할 때까지 확인한다.
㉡ 편안하게 한다. 어떤 작업을 하는지 말한다. 그 작업에 대해서 어느 정도 알고 있는지 확인한다. 작업을 배우고 싶은 기분이 되도록 한다. 올바른 위치에 자세를 취하도록 한다.
㉢ 중요한 스텝(Step)을 하나씩 말해서 들려주고, 해 보이고, 기록해 보인다. 핵심을 강조한다. 확실하게, 빠짐없이, 끈기 있게, 이해하는 능력 이상으로 하지 않는다.
㉣ 작업에 종사시킨다. 모를 때에 답변할 사람을 지정해 둔다. 몇 번이고 조사한다. 질문하도록 작용한다. 차츰 지도를 줄인다.

① ㉠－㉢－㉡－㉣
② ㉡－㉠－㉢－㉣
③ ㉡－㉢－㉠－㉣
④ ㉢－㉠－㉣－㉡
⑤ ㉢－㉡－㉠－㉣

17 다음 체크리스트의 성격을 볼 때, (가)에 추가적으로 들어갈 내용으로 가장 적절한 것은?

No.	항목	현재 능력				
		매우 낮음	낮음	보통	높음	매우 높음
1	경쟁국 업체의 주요 현황을 알고 있다.	①	②	③	④	⑤
2	다른 나라의 문화적 차이를 인정하고 이에 대해 개방적인 태도를 견지하고 있다.	①	②	③	④	⑤
3	현재 세계의 정치적 이슈가 무엇인지 잘 알고 있다.	①	②	③	④	⑤
4	업무와 관련된 최근 국제 이슈를 잘 알고 있다.	①	②	③	④	⑤
5	(가)	①	②	③	④	⑤

① 분기별로 고객 구매 데이터를 분석하고 있다.
② 업무와 관련된 국제적인 법규를 이해하고 있다.
③ 인사 관련 경영 자료의 내용을 파악하고 있다.
④ 자신의 연봉과 연차수당을 계산할 수 있다.
⑤ 제품의 특성을 논리적으로 정리하고 있다.

18 **조직의 목적이나 규모에 따라 업무는 다양하게 구성될 수 있다. 다음 중 조직 내의 업무 종류에 대한 설명으로 적절하지 않은 것은?**

① 총무부 : 주주총회 및 이사회개최 관련 업무, 의전 및 비서업무, 집기비품 및 소모품의 구매와 관리, 사무실 임차 및 관리 등

② 인사부 : 조직기구의 개편 및 조정, 업무분장 및 조정, 인력수급계획 및 관리, 직무 및 정원의 조정 종합, 노사관리 등

③ 기획부 : 교육체계 수립 및 관리, 임금제도, 복리후생제도 및 지원업무, 복무 관리, 퇴직 관리 등

④ 회계부 : 재무상태 및 경영실적 보고, 결산 관련 업무, 재무제표 분석 및 보고 등

⑤ 영업부 : 판매계획, 판매예산의 편성, 시장조사, 광고 · 선전, 견적 및 계약 등

19 **다음 중 부하를 조직 내 · 외부의 변화에 대해 적응력을 높여주고 적응해 나가도록 지원하는 데 중점을 두고 있는 리더십은?**

① 참여적 리더십
② 후원적 리더십
③ 지시적 리더십
④ 변혁적 리더십
⑤ 카리스마 리더십

20 **다음 중 ERG이론에 대한 설명으로 옳지 않은 것은?**

① 앨더퍼에 의해 주장된 욕구 단계이론이다.
② 상위 욕구가 행위에 영향을 미치기 전에 하위 욕구가 먼저 충족되어야 한다.
③ 매슬로의 욕구 단계이론이 직면했던 문제점을 극복하고자 제시되었다.
④ 하위 욕구가 충족될수록 상위 욕구에 대한 욕망이 커진다고 주장하였다.
⑤ 인간의 욕구를 존재 욕구, 관계 욕구, 성장 욕구의 3가지 범주로 나누었다.

21 다음은 H은행의 DC/IRP 가입자를 위한 포트폴리오이다. 이를 보고 〈보기〉과 같은 성향을 보인 사람에게 추천할 상품으로 가장 적절한 것은?

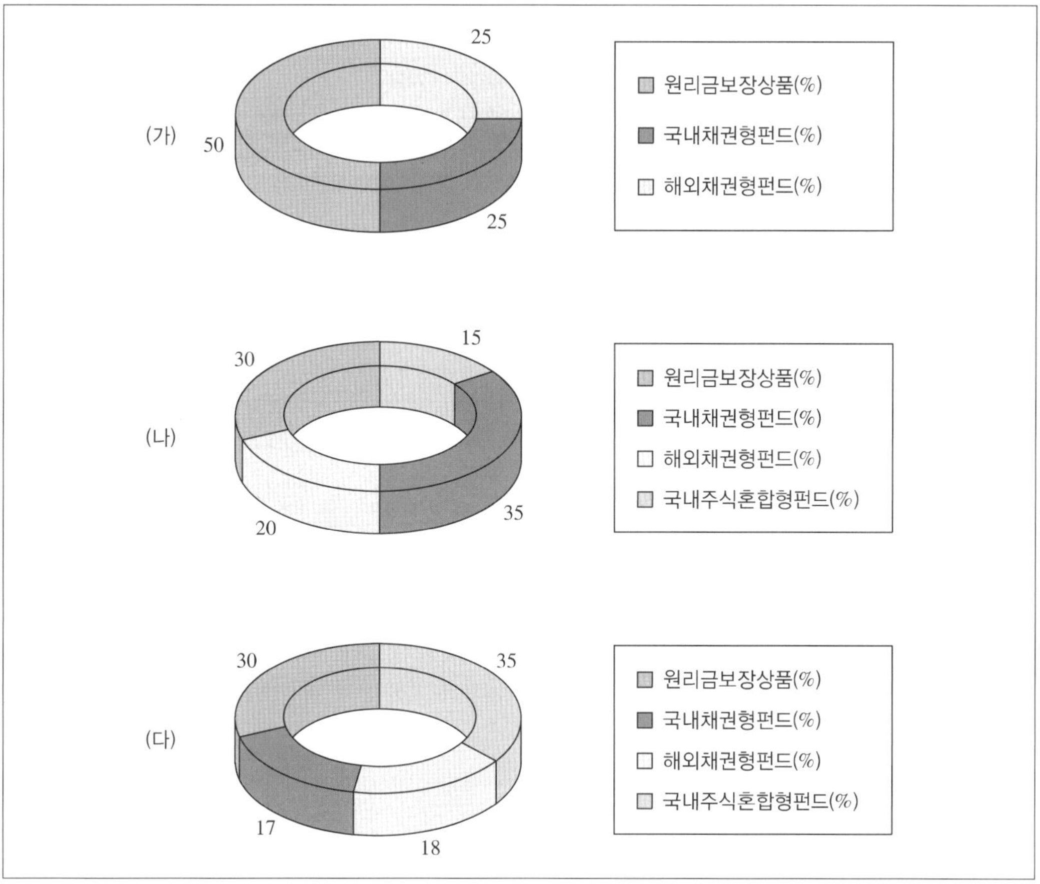

〈보기〉

고객 A : 보수적인 투자성향으로 투자원금의 손실을 최소화하고, 이자소득이나 배당소득 수준의 안정적인 투자를 목표로 합니다. 다만, 예·적금보다 높은 수익을 위해 수익증권을 편입하되 상대적으로 안전자산인 국내외 채권형 상품만으로 구성된 수익증권을 편입합니다.

고객 B : 수익성과 안정성 모두를 고려하여 어느 한쪽에 치우치지 않도록 일정수준의 위험자산을 편입하여 운용합니다. 투자에 따르는 위험을 다소 감수하더라도 예·적금보다 높은 수익을 목표로 합니다.

고객 C : 투자자금의 상당 부분을 주식형 펀드 등의 위험자산에 투자하여, 투자원금의 보전보다는 위험을 감내하더라도 높은 수준의 투자수익 실현을 추구합니다.

	(가)	(나)	(다)
①	고객 A	고객 B	고객 C
②	고객 A	고객 C	고객 B
③	고객 B	고객 A	고객 C
④	고객 B	고객 C	고객 A
⑤	고객 C	고객 A	고객 B

※ 다음은 K회사의 회의록이다. 이어지는 질문에 답하시오. **[22~23]**

〈회의록〉

회의일시	2025년 7월 12일	부서	생산팀, 연구팀, 마케팅팀	작성자	이○○
참석자	생산팀 팀장・차장, 연구팀 팀장・차장, 마케팅팀 팀장・차장				
회의안건	제품에서 악취가 난다는 고객 불만에 따른 원인 조사 및 대책방안				
회의내용	주문 폭주로 인한 물량 증가로 잉크가 덜 마른 포장 상자를 사용해 냄새가 제품에 스며든 것으로 추측				
결정사항	[생산팀] 내부 비닐 포장, 외부 종이상자 포장이었던 기존방식에서 내부 2중 비닐 포장, 외부 종이상자 포장으로 교체 [마케팅팀] 1. 주문량이 급격히 증가했던 일주일 동안 생산된 제품 전격 회수 2. 제품을 공급한 매장에 사과문 발송 및 100% 환불・보상 공지 [연구팀] 포장 재질 및 인쇄된 잉크의 유해 성분 조사				

22 위 회의록을 통해 알 수 있는 내용으로 가장 적절한 것은?

① 이 조직은 6명으로 이루어져 있다.

② 회의 참석자는 총 3명이다.

③ 연구팀에서 제품을 전격 회수해 포장 재질 및 인쇄된 잉크의 유해 성분을 조사하기로 했다.

④ 주문량이 많아 잉크가 덜 마른 포장 상자를 사용한 것이 문제 발생의 원인으로 추측된다.

⑤ 회의록은 마케팅팀에서 작성하였다.

23 위 회의록을 참고할 때, 회의 후 가장 먼저 해야 할 일로 가장 적절한 것은?

① 해당 브랜드의 전 제품 회수

② 포장 재질 및 인쇄된 잉크 유해 성분 조사

③ 새로 도입하는 포장방식 홍보

④ 주문량이 급격히 증가한 일주일 동안 생산된 제품 파악

⑤ 문제가 생긴 고객들에게 금일 내로 전액 환불

※ K기업은 새로 출시할 화장품과 관련하여 회의를 하였다. 이어지는 질문에 답하시오. [24~25]

〈신제품 홍보 콘셉트 기획 1차 미팅〉

참여자	• 제품 개발팀 : A과장, B대리 • 기획팀 : C과장, D대리, E사원 • 온라인 홍보팀 : F대리, G사원
회의 목적	• 신제품 홍보 방안 수립 • 제품명 개발

〈제품 특성〉

1. 여드름 치료에 적합한 화장품
2. 성분이 순하고 향이 없음
3. 이용하기 좋은 튜브형 용기로 제작
4. 타사 여드름 관련 화장품보다 가격이 저렴함

〈회의 결과〉

• 제품 개발팀 : 제품의 특성을 분석
• 기획팀 : 특성에 맞고 소비자의 흥미를 유발하는 제품명 개발
• 온라인 홍보팀 : 현재 출시된 타사 제품에 대한 소비자 반응 확인, 온라인 설문조사 실시

24 다음 회의까지 해야 할 일로 적절하지 않은 것은?

① A과장 : 우리 제품 원료에 대해서 알아보고 정리해야겠어.
② B대리 : 우리 제품이 피부자극이 적은 성분을 사용했다는 것을 성분표로 작성해 확인해 봐야겠어.
③ C과장 : 여드름 치료 화장품이니 주로 청소년층이 우리 제품을 구매할 가능성이 커. 그러니 청소년층에게 흥미를 일으킬 수 있는 이름을 고려해야겠어.
④ D대리 : 현재 판매되고 있는 타사 여드름 치료 화장품의 이름을 조사해야지.
⑤ F대리 : 화장품과 관련된 커뮤니티에서 타사의 여드름 치료 화장품에 대한 반응을 확인해야겠다.

25 온라인 홍보팀 G사원은 온라인에서 타사의 여드름 치료 화장품에 대한 소비자의 반응을 조사해 추후 회의에 가져갈 생각이다. 다음 중 회의에 가져갈 반응으로 적절하지 않은 것은?

① A응답자 : 여드름 치료 화장품에 들어간 알코올 성분 때문에 얼굴이 화끈거리고 따가워요.
② B응답자 : 화장품이 유리용기에 담겨있어 쓰기에 불편해요.
③ C응답자 : 향이 강한 제품이 많아 거부감이 들어요.
④ D응답자 : 여드름 치료 화장품을 판매하는 매장이 적어 구매하기가 불편해요.
⑤ E응답자 : 타사의 화장품보다 비싸서 구매하기 어려워요.

2권

제2회
한국수출입은행 필기전형

NCS 직업기초능력평가 모의고사

〈문항 수 및 시험시간〉

영역	문항 수	시험시간	모바일 OMR 답안채점 / 성적분석
의사소통능력	25문항	100분	
수리능력	25문항		
문제해결능력	25문항		
조직이해능력	25문항		

한국수출입은행 필기전형

제2회 모의고사

문항 수 : 100문항
시험시간 : 100분

제1영역 의사소통능력

01 다음 중 빈칸에 공통으로 들어갈 어휘로 적절한 것은?

- 벼슬길에 (   ).
- 사전에 (   ).
- 기차에 (   ).

① 타다
② 오르다
③ 뛰어들다
④ 나서다
⑤ 실리다

02 다음 중 밑줄 친 부분의 높임 표현이 적절하지 않은 것은?

① (이대리가 한과장에게) 과장님, 넥타이가 잘 <u>어울리십니다</u>.
② (이대리가 김부장에게) 부장님, 한과장님은 회의에 <u>가셨습니다</u>.
③ (이대리가 한과장에게) 지난 업무 실적을 <u>보고하겠습니다</u>.
④ (이대리가 회사 전 직원에게) 이어서 사장님 말씀이 <u>계시겠습니다</u>.
⑤ (한과장이 이대리에게) 이대리, 그럼 <u>수고하게나</u>.

03 다음 글의 제목으로 가장 적절한 것은?

우리는 처음 만난 사람의 외모를 보고, 그를 어떤 방식으로 대우해야 할지 결정할 때가 많다. 그가 여자인지 남자인지, 얼굴색이 흰지 검은지, 나이가 많은지 적은지 혹은 그의 스타일이 조금은 상류층의 모습을 띠고 있는지 아니면 너무나 흔해서 별 특징이 드러나 보이지 않는 외모를 하고 있는지 등을 통해 그들과 나의 차이를 재빨리 감지한다. 일단 차이가 감지 되면 우리는 둘 사이의 지위 차이를 인식하고 우리가 알고 있는 방식으로 그를 대하게 된다. 한 개인이 특정 집단에 속한다는 것은 단순히 다른 집단의 사람과 다르다는 것뿐만 아니라, 그 집단이 다른 집단보다는 지위가 높거나 우월하다는 믿음을 갖게 한다. 모든 인간은 평등하다는 우리의 신념에도 불구하고 왜 인간들 사이의 이러한 위계화(位階化)는 당연한 것으로 받아들여질까? 위계화란 특정 부류의 사람들은 자원과 권력을 소유하고 다른 부류의 사람들은 낮은 사회적 지위를 갖게 되는 사회적이며 문화적인 체계이다. 다음에서 우리는 이러한 불평등이 어떠한 방식으로 경험되고 조직화되는지를 살펴보기로 하자.

인간이 불평등을 경험하게 되는 방식은 여러 측면으로 나눌 수 있다. 산업 사회에서의 불평등은 계층과 계급의 차이를 통해서 정당화되는데, 이는 재산, 생산 수단의 소유 여부, 학력, 집안 배경 등의 요소들의 결합에 의해 사람들 사이의 위계를 만들어 낸다. 또한 모든 사회에서 인간은 태어날 때부터 얻게 되는 인종, 성, 종족 등의 생득적 특성과 나이를 통해 불평등을 경험한다. 이러한 특성들은 단순히 생물학적인 차이를 지칭하는 것이 아니라, 개인의 열등성과 우등성을 가늠하게 만드는 사회적 개념이 되곤 한다.

한편 불평등이 재생산되는 다양한 사회적 기제들이 때로는 관습이나 전통이라는 이름 아래 특정 사회의 본질적인 문화적 특성으로 간주되고 당연시되는 경우가 많다. 불평등은 체계적으로 조직되고 개인에 의해 경험됨으로써 문화의 주요 부분이 되었고, 그 결과 같은 문화권 내의 구성원들 사이에 권력 차이와 그에 따른 폭력이나 비인간적인 행위들이 자연스럽게 수용될 때가 많다.

문화 인류학자들은 사회 집단의 차이와 불평등, 사회의 관습 또는 전통이라고 얘기되는 문화 현상에 대해 어떤 입장을 취해야 할지 고민을 한다. 문화 인류학자가 이러한 문화 현상은 고유한 역사적 산물이므로 나름대로 가치를 지닌다는 입장만을 반복하거나 단순히 관찰자로서의 입장에 안주한다면, 이러한 차별의 형태를 제거하는 데 도움을 줄 수 없다. 실제로 문화 인류학 연구는 기존의 권력관계를 유지시켜주는 다양한 문화적 이데올로기를 분석하고, 인간 간의 차이가 우등성과 열등성을 구분하는 지표가 아니라 동등한 다름일 뿐이라는 것을 일깨우는 데 기여해 왔다.

① 차이와 불평등
② 차이의 감지 능력
③ 문화 인류학의 역사
④ 위계화의 개념과 구조
⑤ 관습과 전통의 계승과 창조

04 다음 글의 결론으로 가장 적절한 것은?

경제 활동 주체들은 이윤이 극대화될 수 있는 지점을 찾아 입지하려는 경향을 지닌다. 이를 설명하는 이론이 '산업입지론'인데, 고전적인 산업입지 이론으로는 '최소비용입지론'과 '최대수요입지론'이 있다.
최소비용입지론은 산업의 입지에 관계없이 수요는 고정되어 있고 수입은 일정하다고 가정한다. 다른 비용들이 동일하다면 운송비가 최소화되는 지점이 최적 입지가 되며, 최소 운송비 지점을 바탕으로 다른 비용 요소들을 고려한다. 운송비는 원료 등 생산투입요소를 공장까지 운송하는 데 소요되는 '원료 운송비'와 생산한 제품을 시장까지 운송하는 데 소요되는 '제품 운송비'로 구성된다. 최소비용입지론에서는 원료지수(MI)를 도입하여 사용된 원료의 무게와 생산된 제품의 무게를 따진다. 그 결과 원료 산지와 시장 중 어느 쪽으로 가까이 입지할 때 운송비가 유리해지는가를 기준으로 산업의 입지를 판단한다.

원료지수(MI)=사용된 원료의 무게÷생산된 제품의 무게

MI>1일 때는 시장까지 운송해야 하는 제품의 무게에 비해 사용되는 원료의 무게가 더 큰 경우로, 공정 과정에서 원료의 무게가 줄어든다. 이런 상황에서는 가능하면 원료산지에 가깝게 입지할수록 운송비의 부담을 줄일 수 있어 원료 지향적 입지가 이루어진다. 반대로 MI<1인 경우는 산지에서 운송해 온 재료 외에 생산 공정 과정에서 재료가 더해져 제품의 무게가 늘어나는 경우인데, 이때는 제품 운송비의 부담이 더 크므로 시장에 가까이 입지할수록 운송비 부담이 줄게 되어 시장 지향적인 입지 선택을 하게 된다. MI=1인 경우는 원료 산지와 시장 사이 어느 지점에 입지하든 운송비에 차이는 없게 된다.
최대수요입지론은 산업입지와 상관없이 비용은 고정되어 있다고 가정한다. 이 이론에서는 경쟁 업체와 가격 변동을 고려하여 수요가 극대화되는 입지를 선정한다. 최초로 입지를 선정하는 업체는 시장의 어디든 입지할 수 있으나 소비자의 이동 거리를 최소화하기 위하여 시장의 중심에 입지한다. 그 다음 입지를 선정해야 하는 경쟁 업체는 가격 변화에 따라 수요가 변하는 정도가 크지 않은 경우, 시장의 중심에서 멀어질수록 시장을 뺏기게 되므로 경쟁 업체가 있더라도 가능한 중심에 가깝게 입지하려고 한다. 하지만 가격 변화에 따라 수요가 크게 변하는 경우, 두 경쟁자는 서로 적절히 떨어져 입지하여 보다 낮은 가격으로 제품을 공급하려고 한다.

① 소비자의 수요는 가격보다 업체의 서비스에 의해 결정된다.
② 업체끼리 서로 경쟁하기보다는 상생하는 것이 더 중요하다.
③ 경제활동 주체가 언제나 합리적인 선택을 할 수 없다.
④ 시장의 경쟁자가 많지 않은 상황에서는 효과적인 입지 선정이 힘들다.
⑤ 여러 요소를 감안하더라도 최적의 입지 선택을 위해서는 거리에 따른 경제적 효과를 고려해야 된다.

05 다음 글의 주장에 대한 반박으로 가장 적절한 것은?

> 스피노자의 윤리학을 이해하기 위해서는 코나투스(Conatus)라는 개념이 필요하다. 스피노자에 따르면 실존하는 모든 사물은 자신의 존재를 유지하기 위해 노력하는데, 이것이 바로 그 사물의 본질인 코나투스라는 것이다. 정신과 신체를 서로 다른 것이 아니라 하나로 보았던 그는 정신과 신체에 관계되는 코나투스를 충동이라 부르고, 다른 사물들과 같이 인간도 자신을 보존하고자 하는 충동을 갖고 있다고 보았다. 특히 인간은 자신의 충동을 의식할 수 있다는 점에서 동물과 차이가 있다며 인간의 충동을 욕망이라고 하였다. 즉, 인간에게 코나투스란 삶을 지속하고자 하는 욕망을 의미한다.
> 스피노자는 선악의 개념도 코나투스와 연결 짓는다. 그는 사물이 다른 사물과 어떤 관계를 맺느냐에 따라 선이 되기도 하고 악이 되기도 한다고 말한다. 코나투스의 관점에서 보면 선이란 자신의 신체적 활동 능력을 증가시키는 것이며, 악은 자신의 신체적 활동 능력을 감소시키는 것이다. 이를 정서의 차원에서 설명하면 선은 자신에게 기쁨을 주는 모든 것이며, 악은 자신에게 슬픔을 주는 모든 것이다. 한마디로 인간의 선악에 대한 판단은 자신의 감정에 따라 결정된다는 것을 의미한다.
> 이러한 생각을 토대로 스피노자는 코나투스인 욕망을 긍정하고 욕망에 따라 행동하라고 이야기한다. 슬픔은 거부하고 기쁨을 지향하라는 것, 그것이 곧 선의 추구라는 것이다. 그리고 코나투스는 타자와의 관계에 영향을 받으므로 인간에게는 타자와 함께 자신의 기쁨을 증가시킬 수 있는 공동체가 필요하다고 말한다. 그 안에서 자신과 타자 모두의 코나투스를 증가시킬 수 있는 기쁨의 관계를 형성하라는 것이 스피노자의 윤리학이 우리에게 하는 당부이다.

① 자신의 힘을 능동적으로 발휘하여 욕망을 성취할 수 있을 때 비로소 진정한 자유의 기쁨을 누릴 수 있다.

② 인간의 모든 행동은 욕망에 의해 생겨나며, 욕망이 없다면 무기력한 존재가 될 수밖에 없다.

③ 인간을 포함한 모든 동물은 삶에 대한 본능적 의지인 코나투스를 가지고 있다.

④ 욕망은 채우고 채워도 완전히 충족될 수 없으므로 욕망의 결핍이 주는 고통으로부터 벗어나기 위해 욕망을 절제해야 한다.

⑤ 타자와의 관계 속에서 촉발되는 감정에 휘둘릴 수 있으므로 자신의 욕망에 대한 주체적 태도를 지녀야 한다.

06 다음 글의 주장에 대한 비판으로 가장 적절한 것은?

사회 현상을 볼 때는 돋보기로 세밀하게, 그리고 때로는 멀리 떨어져서 전체 속에 어떻게 위치하고 있는가를 동시에 봐야 한다. 숲과 나무는 서로 다르지만 따로 떼어 생각할 수 없기 때문이다. 현대 사회 현상의 최대 쟁점인 과학 기술에 대해 평가할 때도 마찬가지이다. 로봇 탄생의 숲을 보면, 그 로봇 개발에 투자한 사람과 로봇을 개발한 사람들의 의도가 드러난다. 그리고 나무인 로봇을 세밀히 보면, 그 로봇이 생산에 이용되는지 아니면 감옥의 죄수들을 감시하기 위한 것인지 그 용도를 알 수가 있다. 이 광범한 기술의 성격을 객관적이고 물질적이어서 가치관이 없다고 쉽게 생각하면 로봇에 당하기 십상이다.
자동화는 자본주의의 실업을 늘려 실업자에 대해 생계의 위협을 가하는 측면뿐 아니라, 기존 근로자에 대한 감시를 더욱 효율적으로 해내는 역할도 수행한다. 자동화를 적용하는 기업 측에서는 자동화가 인간의 삶을 증대시키는 이미지로 일반 사람들에게 인식되기를 바란다. 그래야 자동화 도입에 대한 노동자의 반발을 무마하고 기업가의 구상을 관철시킬 수 있기 때문이다. 그러나 자동화나 기계화 도입으로 인해 실업을 두려워하고, 업무 내용이 바뀌는 것을 탐탁해 하지 않았던 유럽의 노동자들은 자동화 도입에 대해 극렬히 반대했던 경험들을 갖고 있다.
지금도 자동화·기계화는 좋은 것이라는 고정관념을 가진 사람들이 많고, 현실에서 이러한 고정관념이 가져오는 파급 효과는 의외로 크다. 예를 들어 은행에 현금을 자동으로 세는 기계가 등장하면 은행원들이 현금을 세는 작업량은 줄어든다. 손님들도 기계가 현금을 재빨리 세는 것을 보고 감탄해 하면서 행원이 세는 것보다 더 많은 신뢰를 보낸다. 그러나 현금 세는 기계의 도입에는 이익 추구라는 의도가 숨어 있다. 현금 세는 기계는 행원의 수고를 덜어 준다. 그러나 현금 세는 기계를 들여옴으로써 실업자가 생기고 만다. 사람이 잘만 이용하면 잘 써먹을 수 있을 것만 같은 기계가 엄청나게 혹독한 성품을 지닌 프랑켄슈타인으로 돌변하는 것이다.
자동화와 정보화를 추진하는 핵심 조직이 기업이란 것에서도 알 수 있듯이 기업은 이윤 추구에 도움이 되지 않는 행위는 무가치하다고 판단한다. 그러므로 자동화는 그 계획 단계에서부터 기업의 의도가 스며들어가 탄생된다. 또한 그 의도대로 자동화나 정보화가 진행되면, 다른 한편으로 의도하지 않은 결과를 초래한다. 자동화와 같은 과학 기술이 풍요를 생산하는 수단이라고 생각하는 것은 하나의 고정관념에 불과하다.
채플린이 제작한 영화 〈모던 타임즈〉에 나타난 것처럼 초기 산업화 시대에는 기계에 종속된 인간의 모습이 가시적으로 드러날 수밖에 없었다. 그래서 이러한 종속에 저항하고자 하는 인간의 노력도 적극적인 모습을 보였다. 그러나 현대의 자동화기기는 그 첨병이 정보 통신기기로 바뀌면서 문제는 질적으로 달라진다. 무인 생산까지 진전된 자동화나 정보 통신화는 인간에게 단순 노동을 반복시키는 그런 모습을 보이지 않는다. 그래서인지는 몰라도 정보 통신은 별 무리 없이 어느 나라에서나 급격하게 개발·보급되고 보편화되어 있다. 그런데 문제는 이 자동화기기가 생산에만 이용되는 것이 아니라, 노동자를 감시하거나 관리하는 데도 이용될 수 있다는 것이다. 오히려 정보 통신의 발달로 이전보다 사람들은 더 많은 감시와 통제를 받게 되었다.

① 기업의 이윤 추구가 사회 복지 증진과 직결될 수 있음을 간과하고 있어.
② 기계화·정보화가 인간의 삶의 질 개선에 기여하고 있음을 경시하고 있어.
③ 기계화를 비판하는 주장만 되풀이할 뿐, 구체적인 근거를 제시하지 않고 있어.
④ 화제의 부분적 측면에 관계된 이론을 소개하여 편향적 시각을 갖게 하고 있어.
⑤ 현대의 기술 문명이 가져다 줄 수 있는 긍정적인 측면을 과장하여 강조하고 있어.

07 다음 글에서 쓰임이 적절하지 않은 단어의 개수는?

> 프랑스 리옹대학 심리학과 스테파니 마차 교수팀은 학습 시간 사이에 잠을 자면 복습 시간이 줄어들고 더 오랜동안 기억할 수 있다는 점을 발명했다고 발표했다. 마차 교수팀은 성인 40명을 두 집단으로 나누어 단어 학습과 기억력을 검사했는데, 한 집단은 오전에 1차 학습을 한 후 오후에 복습을 시켰고 다른 한 집단은 저녁에 1차 학습을 한 후 잠을 자고 다음 날 오전 복습을 시킨 결과 수면 집단이 비수면 집단에 비해 획기적으로 학습 효과가 올라간 것을 볼 수 있었다. 이는 수면 집단이 상대적으로 짧은 시간에 좋은 성과를 얻은 것으로 '수면이 기억을 어떤 방식으로인가 전환한 것으로 보인다.'고 설명했다. 학령기 자녀를 둔 부모라면 수면과 학습 효과의 상관성을 더욱 관심 있게 지켜봐야 할 것 같다.

① 0개
② 1개
③ 2개
④ 3개
⑤ 4개

08 다음 글의 밑줄 친 ㉠~㉣ 중 어법상 옳지 않은 것은?

> 훈민정음은 크게 '예의'와 '해례'로 ㉠ <u>나뉘어져</u> 있다. 예의는 세종이 직접 지었는데 한글을 만든 이유와 한글의 사용법을 간략하게 설명한 글이다. 해례는 집현전 학사들이 한글의 자음과 모음을 만든 원리와 용법을 상세하게 설명한 글이다.
> 서문을 포함한 예의 부분은 무척 간략해 『세종실록』과 『월인석보』 등에도 실리며 전해져 왔지만, 한글 창제 원리가 ㉡ <u>밝혀져</u> 있는 해례는 전혀 알려져 있지 않았다. 그런데 예의와 해례가 모두 실려 있는 훈민정음 정본이 1940년에야 ㉢ <u>발견됐다</u>. 그것이 『훈민정음 해례본』이다. 그러나 이 『훈민정음 해례본』이 대중에게, 그리고 한글학회 간부들에게 공개된 것은 해방 후에 이르러서였다.
> 하나의 나라, 하나의 민족정신을 담는 그릇은 바로 그들의 언어이다. 언어가 사라진다는 것은 세계를 바라보는 방법, 즉 세계관이 사라진다는 것과 ㉣ <u>진배없다</u>. 일제강점기 일제의 민족말살정책에서 가장 악랄했던 것 중 하나가 바로 우리말과 글에 대한 탄압이었다. 일제는 진정으로 우리말과 글이 사라지길 바랐다. 18세기 조선의 실학 연구자들은 중국의 중화사관에서 ㉤ <u>탈피하여</u> 우리 고유의 문물과 사상에 대한 연구를 본격화했다. 이때 실학자들의 학문적 성과가 바로 훈민정음 해례를 한글로 풀어쓴 언해본의 발견이었다. 일제는 그것을 18세기에 만들어진 위작이라는 등 허구로 몰아갔고, 해례본을 찾느라 혈안이 되어 있었다. 해례본을 없앤다면 세종의 한글 창제를 완벽히 허구화할 수 있기 때문이었다.

① ㉠
② ㉡
③ ㉢
④ ㉣
⑤ ㉤

※ 다음 글을 읽고 이어지는 질문에 답하시오. [9~10]

가격의 변화가 인간의 주관성에 좌우되지 않고 객관적인 근거를 갖는다는 가설이 정통 경제 이론의 핵심이다. 이러한 정통 경제 이론의 입장에서 증권시장을 설명하는 기본 모델은 주가가 기업의 내재적 가치를 반영한다는 가설로부터 출발한다. 기본 모델에서는 기업이 존재하는 동안 이익을 창출할 수 있는 역량, 즉 기업의 내재적 가치를 자본의 가격으로 본다. 기업가는 이 내재적 가치를 보고 투자를 결정한다. 그런데 투자를 통해 거두어들일 수 있는 총 이익, 즉 기본 가치를 측정하는 일은 매우 어렵다. 따라서 이익의 크기를 예측할 때 신뢰할 만한 계산과 정확한 판단이 중요하다.

증권시장은 바로 이 기본 가치에 대해 믿을 만한 예측을 제시할 수 있기 때문에 사회적 유용성을 갖는다. 증권시장은 주가를 통해 경제계에 필요한 정보를 제공하며 자본의 효율적인 배분을 가능하게 한다. 즉, 투자를 유익한 방향으로 유도해 자본이라는 소중한 자원을 낭비하지 않도록 만들어 경제 전체의 효율성까지 높여 준다. 이런 측면에서 볼 때 증권시장은 실물경제의 충실한 반영일 뿐 어떤 자율성도 갖지 않는다.

이러한 기본 모델의 관점은 대단히 논리적이지만 증권시장을 효율적으로 운영하는 방법에 대한 적절한 분석까지 제공하지는 못한다. 증권시장에서 주식의 가격과 그 기업의 기본 가치가 현격하게 차이가 나는 '투기적 거품 현상'이 발생하는 것을 볼 수 있는데, 이러한 현상은 기본 모델로는 설명할 수 없다. 실제로 증권시장에 종사하는 관계자들은 기본 모델이 이러한 가격 변화를 설명해 주지 못하기 때문에 무엇보다 증권시장 자체에 관심을 기울이고 증권시장을 절대적인 기준으로 삼는다.

여기에서 우리는 자기참조 모델을 생각해 볼 수 있다. 자기참조 모델의 중심 내용은 '사람들은 기업의 미래 가치를 읽을 목적으로 실물경제보다 증권시장에 주목하며 증권시장의 여론 변화를 예측하는 데 초점을 맞춘다.'는 것이다. 기본 모델에서 가격은 증권시장 밖의 객관적인 기준인 기본 가치를 근거로 하여 결정되지만, 자기참조 모델에서 가격은 증권시장에 참여한 사람들의 여론에 의해 결정된다. 따라서 투자자들은 증권시장 밖의 객관적인 기준을 분석하기보다는 다른 사람들의 생각을 꿰뚫어 보려고 안간힘을 다할 뿐이다. 기본 가치를 분석했을 때는 주가가 상승할 객관적인 근거가 없어도 투자자들은 증권시장의 여론에 따라 주식을 사는 것이 합리적이라고 생각한다. 이러한 이상한 합리성을 '모방'이라고 한다. 이런 모방 때문에 주가가 변덕스러운 등락을 보이기 쉽다.

그런데 하나의 의견이 투자자 전체의 관심을 꾸준히 끌 수 있는 기준적 해석으로 부각되면 이 '모방'도 안정을 유지할 수 있다. 모방을 통해서 합리적이라 인정되는 다수의 비전인 '묵계'가 제시되어 객관적 기준의 결여라는 단점을 극복한다.

따라서 사람들은 묵계를 통해 미래를 예측하고, 증권시장은 이러한 묵계를 조성하고 유지해 가면서 단순한 실물경제의 반영이 아닌 경제를 자율적으로 평가할 힘을 가질 수 있다.

09 **다음 중 윗글의 내용 전개 방식으로 가장 적절한 것은?**

① 기업과 증권시장의 관계를 분석하고 있다.

② 증권시장의 개념을 단계적으로 규명하고 있다.

③ 사례 분석을 통해 정통 경제 이론의 한계를 지적하고 있다.

④ 주가 변화의 원리를 중심으로 다른 관점을 대비하고 있다.

⑤ 증권시장의 기능을 설명한 후 구체적 사례에 적용하고 있다.

10 **다음 중 윗글의 내용으로 적절하지 않은 것은?**

① 증권시장은 객관적인 기준이 인간의 주관성보다 합리적임을 입증한다.

② 정통 경제 이론에서는 가격의 변화가 객관적인 근거를 갖는다고 본다.

③ 기본 모델의 관점은 주가가 자본의 효율적인 배분을 가능하게 한다고 본다.

④ 증권시장의 여론을 모방하려는 경향으로 인해 주가가 변덕스러운 등락을 보이기도 한다.

⑤ 기본 모델은 주가를 예측하기 위해 기업의 내재적 가치에 주목하지만, 자기참조 모델은 증권시장의 여론에 주목한다.

※ 다음 글을 읽고 이어지는 질문에 답하시오. [11~12]

(가) 1969년 미국 최초의 대륙 횡단 철도가 개통되었다. 당시 미 대륙 철도역에서 누군가가 현재 시각을 물으면 대답하는 사람은 한참 망설여야 했다. 각기 다른 여러 시간이 ㉠ 공존했기 때문이다. 시간의 혼란은 철도망이 확장될수록 점점 더 심각해졌다. 이에 따라 캐나다 태평양 철도 건설을 진두지휘한 샌퍼드 플레밍은 자신의 고국인 영국에서 철도 시간 때문에 겪었던 불합리한 경험을 토대로 세계 표준시를 정하는 데 온 힘을 쏟았다.

(나) 우리나라는 대한제국 때인 1908년 세계 표준시를 도입했다. 한반도 중심인 동경 127.5도 기준으로, 세계 표준시의 기준인 영국보다 8시간 30분 빨랐다. 하지만 일제강점기인 1912년, 일본의 총독부는 우리의 표준시를 동경 135도를 기준으로 하는 일본 표준시로 변경하였다. 광복 후 1954년에는 주권 회복 차원에서 127.5도로 ㉡ 환원했다가 1961년 박정희 정부 때 다시 국제 교역 문제로 인해 135도로 변경되었다.

(다) 세계 표준시가 정해지기 전 사람들은 태양이 가장 높게 뜬 시간을 정오로 정하고, 이를 해당 지역의 기준 시간으로 삼았다. 그러다 보니 수많은 태양 정오 시간(자오 시간)이 생겨 시간의 통일성을 가질 수 없었고, 다른 지역과 시간을 통일해야 한다는 필요성도 느끼지 못했다. 그러나 이 세계관은 철도의 ㉢ 출연으로 인해 무너졌다.

(라) 워싱턴에서 열린 회의의 주제는 본초자오선, 즉 전 세계 정오의 기준선이 되는 자오선을 어디로 설정해야 하는가에 대한 것이었다. 3주간의 일정으로 시작된 본초자오선 회의는 영국과 프랑스의 대결이었다. 어떻게든 그리니치가 세계 표준시의 기준으로 채택되는 것을 ㉣ 관철하려는 영국, 그리고 이를 막고 파리 본초자오선을 세계 기준으로 삼으려는 프랑스의 외교 전쟁이 불꽃을 튀겼다. 마침내 지루한 회의와 협상 끝에 1884년 10월 13일 그리니치가 세계 표준시로 ㉤ 채택됐다. 지구상의 경도마다 창궐했던 각각의 지역 표준시들이 사라지고 하나의 시간 틀에 인류가 속하게 된 것이다.

(마) 지구를 경도에 따라 15도씩 나눠 15도마다 1시간씩 시간 간격을 두고, 이를 24개 시차 구역으로 구별한 플레밍의 제안은 1884년 미국 전역에 도입되었다. 이는 다시 1884년 10월 워싱턴에서 열린 '국제자오선 회의'로 이어졌고, 각국이 영국 그리니치 천문대를 통과하는 자오선을 본초자오선으로 지정하는 데 동의했다.

11 다음 (가) ~ (마) 문단을 논리적 순서대로 바르게 나열한 것은?

① (가) – (나) – (라) – (마) – (다)
② (가) – (다) – (나) – (마) – (라)
③ (다) – (가) – (마) – (라) – (나)
④ (다) – (나) – (라) – (마) – (가)
⑤ (다) – (마) – (나) – (라) – (가)

12 윗글의 밑줄 친 ㉠ ~ ㉣ 중 쓰임이 옳지 않은 것은?

① ㉠
② ㉡
③ ㉢
④ ㉣
⑤ ㉤

※ 다음 글의 빈칸에 들어갈 내용으로 가장 적절한 것을 고르시오. **[13~14]**

13

1979년 경찰관 출신이자 샌프란시스코 시의원이었던 댄 화이트는 시장과 시의원을 살해했다는 이유로 1급 살인죄로 기소되었다. 화이트의 변호인은 피고인이 스낵을 비롯해 컵케이크, 캔디 등을 과다 섭취해서 당분 과다로 뇌의 화학적 균형이 무너져 정신에 장애가 왔다고 주장하면서 책임 경감을 요구하였다. 재판부는 변호인의 주장을 인정하여 계획 살인죄보다 약한 일반 살인죄를 적용하여 7년 8개월의 금고형을 선고했다. 이 항변은 당시 미국에서 인기 있던 스낵의 이름을 따 '트윙키 항변'이라 불렸고 사건의 사회성이나 의외의 소송 전개 때문에 큰 화제가 되었다.

이를 계기로 1982년 슈엔달러는 교정시설에 수용된 소년범 276명을 대상으로 섭식과 반사회 행동의 상관관계에 대해 실험을 하였다. 기존의 식단에서 각설탕을 꿀로 바꾸어 보고, 설탕이 들어간 음료수에서 천연 과일 주스를 주는 등으로 변화를 주었다. 이처럼 정제한 당의 섭취를 원천적으로 차단한 결과 시설 내 폭행, 절도, 규율 위반, 패싸움 등이 실험 전에 비해 무려 45%나 감소했다는 것을 알게 되었다. 따라서 이 실험을 통해 ________________________

① 과다한 영양 섭취가 범죄 발생에 영향을 미친다는 것을 알 수 있다.
② 과다한 정제당 섭취는 반사회적 행동을 유발할 수 있다는 것을 알 수 있다.
③ 가공 식품의 섭취가 일반적으로 폭력 행위를 증가시킨다는 것을 알 수 있다.
④ 정제당 첨가물로 인한 범죄 행위는 그 책임이 경감되어야 한다는 것을 알 수 있다.
⑤ 범죄 예방을 위해 교정시설 내에 정제당을 제공하지 말아야 한다는 것을 알 수 있다.

14

미세먼지와 황사는 여러모로 비슷하면서도 뚜렷한 차이점을 지니고 있다. 삼국사기에도 기록되어 있는 황사는 중국 내륙 내몽골 사막에 강풍이 불면서 날아오는 모래와 흙먼지를 일컫는데, 장단점이 존재했던 과거와 달리 중국 공업지대를 지난 황사에 미세먼지와 중금속 물질이 더해지며 심각한 환경문제로 대두되었다. 이와 달리 미세먼지는 일반적으로는 대기오염물질이 공기 중에 반응하여 형성된 황산염이나 질산염 등 이온 성분, 석탄·석유 등에서 발생한 탄소화합물과 검댕, 흙먼지 등 금속화합물의 유해성분으로 구성된다.

미세먼지의 경우 통념적으로는 먼지를 미세먼지와 초미세먼지로 구분하고 있지만, 대기환경과 환경 보전을 목적으로 하는 환경정책기본법에서는 미세먼지를 PM(Particulate Matter)이라는 단위로 구분한다. 즉, 미세먼지(PM_{10})의 경우 입자의 크기가 $10\mu m$ 이하인 먼지이고, 미세먼지($PM_{2.5}$)는 입자의 크기가 $2.5\mu m$ 이하인 먼지로 정의하고 있다. 이에 비해 황사는 통념적으로는 입자 크기로 구분하지 않으나 주로 지름 $20\mu m$ 이하의 모래로 구분하고 있다. 때문에 ________________________

① 미세먼지의 역할 또한 분명히 존재함을 기억해야 할 것이다.
② 황사와 미세먼지의 차이를 입자의 크기만으로 구분 짓긴 어렵다.
③ 황사와 미세먼지의 근본적인 구별법은 그 역할에서 찾아야 할 것이다.
④ 황사 문제를 해결하기 위해서는 근본적으로 황사의 발생 자체를 억제할 필요가 있다.
⑤ 초미세먼지를 차단할 수 있는 마스크라 해도 황사와 초미세먼지를 동시에 차단하긴 어렵다.

15 다음 글의 중심 내용으로 가장 적절한 것은?

> 그리스 철학의 집대성자라고도 불리는 철학자 아리스토텔레스는 자연의 모든 물체는 '자연의 사다리'에 의해 계급화되어 있다고 생각했다. 자연의 사다리는 아래서부터 무생물, 식물, 동물, 인간 그리고 신인데, 이러한 계급에 맞춰 각각에 일정한 기준을 부여했다. 18세기 유럽 철학계와 과학계에서는 이러한 자연의 사다리 사상이 크게 유행을 했으며 사다리의 상층인 신과 인간에게는 높은 이성과 가치가 있고, 그 아래인 동물과 식물에게는 인간보다 낮은 가치가 있다고 보기 시작했다.
> 이처럼 서양의 자연관은 인간과 자연을 동일시하던 고대에서 벗어나 인간만이 영혼이 있으며, 이에 따라 인간만이 자연을 지배할 수 있다고 믿는 기독교 중심의 중세시대를 지나, 여러 철학자들을 거쳐 점차 인간이 자연보다 우월한 자연지배관으로 모습이 바뀌기 시작했다. 이러한 자연관을 토대로 서양에서는 자연스럽게 산업혁명 등을 통한 대량소비와 대량생산의 경제성장구조와 가치체계가 발전되어 왔다.
> 동양의 자연관 역시 동양철학과 불교 등의 이념과 함께 고대에서 중세세대를 지나게 되었다. 하지만 서양의 인간중심 철학과 달리 동양철학과 불교에서는 자연과 인간을 동일선상에 놓거나 둘의 조화를 중요시하여 합일론을 주장했다. 이들의 사상은 노자와 장자의 무위자연의 도, 불교의 윤회사상 등에서 살펴볼 수 있다. 대량소비와 대량생산으로 대표되는 자본주의의 한계와 함께 지구온난화, 자원고갈, 생태계 파괴가 대두되는 요즘, 동양의 자연관이 주목받고 있다.

① 서양철학에서 나타나는 부작용
② 자연의 사다리와 산업혁명
③ 철학과 지구온난화의 상관관계
④ 서양의 자연관과 동양의 자연관의 차이
⑤ 서양철학의 문제점과 동양철학을 통한 해결법

16 다음 밑줄 친 단어 중 맞춤법이 옳지 않은 것은?

> 재정 <u>추계</u>는 국민연금 재정수지 상태를 점검하고 제도발전 방향을 논의하기 위해 5년마다 실시하는 법정 제도로, 1998년 도입되어 <u>그간</u> 수차례 수행되어 왔다. 재정 추계를 수행하기 위해서는 보험료 수입과 지출의 흐름이 <u>전제</u>되어야 한다. 이를 산출하기 위해서는 투입되는 주요 변수에 대한 가정이 필요하다. 대표적인 가정 변수로는 인구 가정, 임금, 금리 등과 같은 거시경제변수와 기금운용<u>수익율</u> 그리고 <u>제도</u>변수가 있다.

① 추계
② 그간
③ 전제
④ 수익률
⑤ 제도

※ 다음 글의 전개 방식으로 가장 적절한 것을 고르시오. [17~18]

17

지구가 스스로 빙빙 돈다는 것, 또 그런 상태로 태양 주변을 빙빙 돌고 있다는 것은 선구자들의 연구 덕분에 증명된 사실이다. 하지만 돌고 있는 것은 지구뿐만이 아니다. 물 역시 지구 내에서 끊임없이 돌고 있다. '물이 돌고 있다.'는 의미는 지구처럼 물이 시계방향이나 반시계방향으로 빙빙 돌고 있다는 뜻은 아니다. 지구 내 물의 전체 양은 변하지 않은 채 상태와 존재 위치만 바뀌면서 계속해서 '순환'하고 있음을 말한다.
그러면 '물의 순환'을 과학적으로 어떻게 정의할 수 있을까? 한마디로 물이 기체, 액체, 고체로 그 상태를 바꾸면서 지표면과 지하, 대기 사이를 순환하고, 이 과정에서 비와 눈 같은 여러 가지 기상 현상을 일으킨다고 할 수 있다. 강과 바다에서 물이 증발하면 수증기가 되는데, 수증기가 상공으로 올라가다 보면 기압이 낮아져 팽창하게 된다. 그러면서 에너지를 쓰게 되고 온도가 낮아지다 보면 수증기는 다시 작은 물방울이나 얼음 조각으로 변하는데, 그것이 우리가 알고 있는 구름이다. 구름의 얼음 조각이 커지거나 작은 물방울들이 합해지면 큰 물방울이 눈이나 비가 되어 내리고, 지표 사이로 흘러 들어간 물은 다시 강과 바다로 가게 된다. 이러한 현상은 영원히 반복된다.
이처럼 물의 순환은 열을 흡수하느냐와 방출하느냐에 따라 물의 상태가 변함으로써 발생한다. 쉽게 말해 얼음이 따뜻한 곳에 있으면 물이 되고, 물에 뜨거운 열을 가하면 수증기가 되는 것처럼, '고체 → 액체 → 기체' 혹은 '고체 → 기체'로 변화할 때는 열을 흡수하고, 반대의 경우에는 열을 방출하는 것이다. 흡수된 열에너지는 운동에너지로 전환되어 고체보다는 액체, 액체보다는 기체 상태에서 분자 사이의 움직임을 더 활발하게 만든다.

① 대상에 대한 다양한 관점을 소개하면서 이를 서로 절충하고 있다.
② 전문가의 견해를 토대로 현상의 원인을 분석하고 있다.
③ 비유의 방식을 통해 대상의 속성을 드러내고 있다.
④ 대상의 상태 변화 과정을 통해 현상을 설명하고 있다.
⑤ 묘사를 통해 대상을 구체적으로 설명하고 있다.

18

매체의 발달은 인지 방법을 바꾼다. 문자 중심으로 정보를 수용했던 시대가 영상 중심으로 전환되면서 문자 역시 '읽는 것'에서 '보는 것'으로 바뀌어 가고 있다. 새로운 인지 경험들은 새로운 의미들을 만들어 낸다. 누군가는 이를 특정한 구성원 내에서 의미를 은폐하기 위해 사용하는 은어와 같이 여기기도 한다. 하지만 이것은 새로운 인지 방식을 탄생시킨 매체를 적극적으로 사용한 계층에서 먼저 나타난 현상일 뿐이다. 그렇기 때문에 줄임말, 초성 표기, 이모티콘, 야민정음과 같은 현상들은 이전의 은어나 격이 낮은 비속어와는 맥락이 다르다고 할 수 있다. 즉, 이들은 매체의 발달로 인해 나타난 새로운 인지 경험이 만들어 낸 현상이다. 줄임말은 은어와 같은 역할을 하기도 했지만 매체의 발달로 인해 사용이 확대되었고, 은어로서의 정체성도 희박해졌다. 또한, 음성언어로 진행되던 대화가 채팅을 통해 문자로 진행되면서, 문자의 입력과 인지는 음성언어가 발화되고 수용되는 것만큼의 즉시성을 요구했다. 이로 인해 채팅에서는 문법의 정확성보다 제시된 메시지에 반응하는 시간의 간격을 최소화하는 것이 소통에서 중요한 요소가 되었다.

모바일 디바이스의 경우 초창기에는 전송 용량의 엄격한 제한과 과금 때문에 제한된 환경에서 기의(Signified)를 경제적으로 표현하기 위한 모색의 결과로 다양한 형태의 줄임말들이 나타나게 되었다. 물론 이는 한글뿐만 아니라 알파벳을 비롯한 다양한 문자에서도 동일하게 나타나고 있는 현상이기도 하다.

이와는 다르게 최근의 야민정음과 같은 현상은 한글을 기표(Signifier)로 인식하지 않고 하나의 이미지로 인식하면서 나타난 현상이다. 이는 처음에 문자를 오독하면서 생겨난 현상인데, 사실 오독은 정확한 표현이 아니다. 오독보다는 오히려 착시에 의해 문자를 새롭게 인지하면서 나타나게 된 현상이라고 정의할 수 있다. 착시의 가능성이 있는 문자들을 의도적으로 변용하면서 나타난 현상이 야민정음인 것이다. 특히 기존의 새로운 조어 방식은 이전에 없었던 기의를 만들어 내는 방식이 주를 이루었던 것에 비해, 야민정음은 기존의 기의들은 그대로 둔 채 기표들을 새로운 방식으로 해체하고 재구성하는 방식을 취하고 있다는 것이 특징적이다.

※ 야민정음 : 국내의 한 커뮤니티 사이트에서 만들어진 언어표기 형태로, 글자를 시각적 형태에만 의존하여 다른 글자로 대체하는 것이다. 예 멍멍이 → 댕댕이, 귀여워 → 커여워, 눈물 → 롬곡 등

① 새로운 현상에 대한 원인을 찾고 분석하고 있다.
② 새로운 현상에 대한 해결방안을 제시하고 있다.
③ 새로운 현상을 분류하여 범주를 제시하고 있다.
④ 새로운 현상에 대해 형태를 묘사하고 있다.
⑤ 새로운 현상에 대한 변화과정을 설명하고 있다.

19 다음 글에서 〈보기〉의 문장이 들어갈 위치로 가장 적절한 곳은?

카셰어링이란 차를 빌려 쓰는 방법의 하나로 기존의 방식과는 다르게 시간 또는 분 단위로 필요한 만큼만 자동차를 빌려 사용할 수 있다. (가) 이러한 카셰어링은 비용 절감 효과와 더불어 환경적·사회적 측면에서 현재 세계적으로 주목받고 있는 사업 모델이다.
호주 멜버른시의 조사 자료에 따르면, 카셰어링 차 한 대당 도로상의 개인 소유 차량 9대를 줄이는 효과가 있으며, 실제 카셰어링을 이용하는 사람은 해당 서비스 가입 이후 자동차 사용을 50%까지 줄였다고 한다. 또한 자동차 이용량이 줄어들면 주차 문제를 해결할 수 있으며, 카셰어링 업체에서 제공하는 친환경 차량을 통해 온실가스의 배출을 감소시키는 효과도 기대할 수 있다. (나) 호주 카셰어링 업체 차량의 60% 정도는 경차 또는 하이브리드 차량인 것으로 조사되었다.
호주의 카셰어링 시장규모는 8,360만 호주 달러로 지난 5년간 연평균 21.7%의 급격한 성장률을 보이고 있다. (다) 전문가들은 호주 카셰어링 시장이 앞으로도 가파르게 성장해 5년 후에는 현재보다 약 2.5배 증가한 2억 1,920만 호주 달러에 이를 것이며, 이용자 수도 10년 안에 150만 명까지 폭발적으로 늘어날 것이라고 예측한다. (라) 호주에서 차량을 소유할 경우 주유비, 서비스비, 보험료, 주차비 등의 부담이 크기 때문이다. 발표 자료에 의하면 차량 2대를 소유한 가족이 구매 금액을 비롯하여 차량 유지비에만 쓰는 비용은 연간 12,000 ~ 18,000 호주 달러에 이른다고 한다.
호주 자동차 산업에서 경제적·환경적·사회적인 변화에 따라 호주 카셰어링 시장이 폭발적인 성장세를 보이는 것에 주목할 필요가 있다. 전문가들은 카셰어링으로 인해 자동차 산업에 나타나는 변화의 정도를 '위험한 속도'로까지 비유하기도 한다. (마) 카셰어링 차량의 주차공간을 마련하기 위해서 정부의 역할이 매우 중요한 만큼 호주는 정부 차원에서도 카셰어링 서비스를 지원하는 데 적극적으로 움직이고 있다. 호주는 카셰어링 서비스가 발달한 미국, 캐나다, 유럽 대도시에 비하면 아직 뒤처져 있지만, 성장 가능성이 높아 국내기업에서도 차별화된 서비스와 플랫폼을 개발한다면 진출을 시도해 볼 수 있다.

〈보기〉

이처럼 호주에서 카셰어링 서비스가 많은 회원을 확보하며 급격한 성장세를 나타내는 데는 비용 측면의 이유가 가장 크다고 볼 수 있다.

① (가)
② (나)
③ (다)
④ (라)
⑤ (마)

※ 다음 글을 통해 추론할 수 있는 내용으로 적절하지 않은 것을 고르시오. [20~21]

20

> 파리기후변화협약은 2020년 만료 예정인 교토의정서를 대체하여 2021년부터의 기후변화 대응을 담은 국제협약으로, 2015년 12월 프랑스 파리에서 열린 제21차 유엔기후변화협약(UNFCCC) 당사국총회(COP21)에서 채택되었다.
> 파리기후변화협약에서는 산업화 이전 대비 지구의 평균기온 상승을 2°C보다 상당히 낮은 수준으로 유지하고, 1.5°C 이하로 제한하기 위한 노력을 추구하기로 하였다. 또 국가별 온실가스 감축량은 각국이 제출한 자발적 감축 목표를 인정하되, 5년마다 상향된 목표를 제출하도록 하였다. 차별적인 책임 원칙에 따라 선진국의 감축 목표 유형은 절대량 방식을 유지하며, 개발도상국은 자국 여건을 고려해 절대량 방식과 배출 전망치 대비 방식 중 채택하도록 하였다. 미국은 2030년까지 온실가스 배출량을 2005년 대비 26 ~ 65%까지 감축하겠다고 약속했고, 우리나라도 2030년 배출 전망치 대비 37%를 줄이겠다는 내용의 감축 목표를 제출했다. 이 밖에도 온실가스 배출량을 꾸준히 감소시켜 21세기 후반에는 이산화탄소의 순 배출량을 0으로 만든다는 내용에 합의하고, 선진국들은 2020년부터 개발도상국 등의 기후변화 대처를 돕는 데 매년 최소 1,000억 달러(약 118조 원)를 지원하기로 했다.
> 파리기후변화협약은 사실상 거의 모든 국가가 이 협약에 서명했을 뿐만 아니라 환경 보존에 대한 의무를 전 세계의 국가들이 함께 부담하도록 하였다. 즉, 온실가스 감축 의무가 선진국에만 있었던 교토의정서와 달리 195개의 당사국 모두에게 구속력 있는 보편적인 첫 기후 합의인 것이다.
> 그런데 2017년 6월, 미국의 트럼프 대통령은 환경 보호를 위한 미국의 부담을 언급하며 파리기후변화협약 탈퇴를 유엔에 공식 통보하였다. 그러나 발효된 협약은 3년간 탈퇴를 금지하고 있어 2019년 11월 3일까지는 탈퇴 통보가 불가능하였다. 이에 따라 미국은 다음날인 11월 4일 유엔에 협약 탈퇴를 통보했으며, 통보일로부터 1년이 지난 뒤인 2020년 11월 4일 파리기후변화협약에서 공식 탈퇴했다. 서명국 중에서 탈퇴한 국가는 미국이 유일하다.

① 교토의정서는 2020년 12월에 만료된다.
② 파리기후변화협약은 2015년 12월 3일 발효되었다.
③ 파리기후변화협약에서 우리나라는 개발도상국에 해당한다.
④ 현재 미국을 제외한 194개국이 파리기후변화협약에 합의한 상태이다.
⑤ 파리기후변화협약에 따라 선진국과 개발도상국 모두에게 온실가스 감축 의무가 발생하였다.

21

스마트폰, 태블릿 등의 각종 스마트기기가 우리 생활 속으로 들어옴에 따라 회사에 굳이 출근하지 않아도 업무 수행이 가능해졌다. 이에 따라 기업들은 일하는 시간과 공간에 제약이 없는 유연근무제를 통해 업무 생산성을 향상시켜 경쟁력을 키워가고 있다. 유연근무제는 근로자와 사용자가 근로시간이나 근로 장소 등을 선택·조정하여 일과 생활을 조화롭게(Work-Life Balance) 하고, 인력 활용의 효율성을 높일 수 있는 제도를 말한다.
젊은 인재들은 승진이나 금전적 보상과 같은 전통적인 동기부여 요소보다 조직으로부터의 인정, 성장 기회, 업무에 대한 자기 주도성, 일과 삶의 균형 등에서 더 큰 몰입과 충성도를 느낀다. 결국 유연근무제는 그 자체만으로도 큰 유인 요소로 작용할 수 있다.
유연근무제는 시차출퇴근제, 선택근무제, 재량근무제, 원격근무제, 재택근무제 등의 다양한 형태로 운영될 수 있다. 시차출퇴근제는 주5일, 1일 8시간, 주당 40시간이라는 기존의 소정근로시간을 준수하면서 출퇴근 시간을 조정할 수 있다. 선택근무제 역시 출퇴근 시간을 근로자가 자유롭게 선택할 수 있으나, 시차출퇴근제와 달리 1일 8시간이라는 근로시간에 구애받지 않고 주당 40시간의 범위 내에서 1일 근무시간을 자율적으로 조정할 수 있다. 선택근무제는 기업 상황과 여건에 따라 연구직, 일반 사무관리직, 생산직 등 다양한 직무에 도입할 수 있으나, 근로시간이나 근로일에 따라 업무량의 편차가 발생할 수 있으므로 업무 조율이 가능한 소프트웨어 개발, 사무관리, 연구, 디자인, 설계 등의 직무에 적용이 용이하다.
재량근무제는 근로시간 및 업무수행 방식을 근로자 스스로 결정하여 근무하는 형태로, 고도의 전문 지식과 기술이 필요하여 업무수행 방법이나 시간 배분을 업무수행자의 재량에 맡길 필요가 있는 분야에 적합하다. 재량근무제 적용이 가능한 업무는 신기술의 연구개발이나 방송 프로그램·영화 등의 감독 업무 등 법으로 규정되어 있으므로 그 외의 업무는 근로자와 합의하여도 재량근무제를 실시할 수 없다.
원격근무제는 주1일 이상 원격근무용 사무실이나 사무실이 아닌 장소에서 모바일 기기를 이용하여 근무하는 형태로, 크게 위성 사무실형 원격근무와 이동형 원격근무 두 가지 유형으로 구분할 수 있다. 위성 사무실형 원격근무는 주거지, 출장지 등과 가까운 원격근무용 사무실에 출근하여 근무하는 형태로, 출퇴근 거리 감소와 업무 효율성 증진의 효과를 얻을 수 있다. 이동형 원격근무는 사무실이 아닌 장소에서 모바일 기기를 이용하여 장소적 제약 없이 근무하는 형태로, 현장 업무를 신속하게 처리하고 메일이나 결재 처리를 단축시킬 수 있다는 장점이 있다. 원격근무제는 재량근무제와 달리 적용 가능한 직무의 제한을 두지 않으나, 위성 사무실형 원격근무는 개별적·독립적으로 업무수행이 가능한 직무에, 이동형 원격근무는 물리적 작업공간이 필요하지 않는 직무에 용이하다.
마지막으로 재택근무제는 근로자가 정보통신기술을 활용하여 자택에 업무공간을 마련하고, 업무와 필요한 시설과 장비를 구축한 환경에서 근무하는 형태로, 대부분의 근무를 재택으로 하는 상시형 재택근무와 일주일 중 일부만 재택근무를 하는 수시형 재택근무로 구분할 수 있다.

① 시차출퇴근제는 반드시 하루 8시간의 근무 형태로 운영되어야 한다.
② 선택근무제는 반드시 주5일의 근무 형태로 운영되어야 한다.
③ 일반 사무 업무에서는 근로자와 사용자가 합의하여도 재량근무제를 운영할 수 없다.
④ 현장에서 직접 처리해야 하는 업무가 많은 직무라면 이동형 원격근무제를 운영할 수 있다.
⑤ 근로자를 일주일 중 며칠만 자택에서 근무하게 하더라도 재택근무를 운영하고 있다고 볼 수 있다.

22 다음 글의 내용으로 가장 적절한 것은?

> 가계부채는 규모에 있어 2000 ~ 2003년 동안 폭발적인 증가세를 경험한 이후 신용카드버블 붕괴에 따른 일시적인 조정기를 가졌으나 2004년 이후로도 연평균 10.6%의 빠른 증가세를 보여왔다. 이러한 증가세는 GDP, 개인처분가능소득, 개인소비 등의 변수에 비해 훨씬 빠른 것으로 가계부채부담이 가중되고 있음을 확인시켜 주고 있다.
> 한편 외환위기 이후 가계 소득과 부채의 상관관계는 2000년 이후로 다시 강화되는 모습이 보이면서 경제능력(Affordability)에 기초한 채무부담이 이루어지고 있음을 시사하고 있다. 또한 금융자산과 부채의 상관관계도 지속적으로 증가하면서 유동성 충격에 대한 가계의 대응 능력이 다소 강화되었다. 하지만 부동산과 부채의 상관관계가 급격히 증가하면서, 가계대출에 의존한 부동산 투자 편중 심화라는 측면에서 우려의 소지가 있다. 특히 가계 보유자산의 80%에 이르는 부동산 비중은 과도한 부동산 투자가 부채증가의 한 배경일 가능성을 제시하고 있다.
> 물론 신용카드 버블기에 해당하는 2000 ~ 2003년 사이에는 과도한 소비현상이 발생했던 것으로 보인다. 다만 같은 기간 주택가격 역시 빠르게 상승하였고 주택담보대출 역시 빠르게 증가하였다는 점에서 부동산에 대한 과도한 투자의 가능성을 배제하지 못하며, 특히 2003년 이후 지금까지 평균소비성향이 장기추세선 아래에 위치해 있음을 감안하면, 이후 기간의 연 10.6% 가계신용증가는 부동산 투자에 몰렸을 가능성이 높아 보인다. 이런 맥락에서 주택가격 상승과 주택담보대출 증가는 상호 작용을 통해 서로를 강화하는 방향으로 작용하였고 이 과정에서 가계소비의 빠른 증가세가 실현된 것으로 이해된다.
> 이러한 상황에서 단기・일시상환 방식, 변동금리부의 현 주택담보대출시스템은 금리 및 주택가격 충격에 취약하며, 차환위험과 소득충격간의 상호작용에 민감한 반응을 보이는 것으로 보인다. 지금까지의 주택금융시장의 구조적 개선은 LTV(Loan To Value ratio; 주택을 담보로 돈을 빌릴 때 인정되는 자산가치의 비율) 상한을 적용하여 주택 가격 충격의 영향을, DTI(Debt To Income; 금융부채 상환능력을 소득으로 따져서 대출한도를 정하는 계산비율) 상한을 적용하여 소득 충격의 영향을, 고정금리의 확대를 통해 금리충격의 영향을 줄이는 방향으로 진행되어 왔다. 그럼에도 여전히 주택경기의 침체 가능성에 대한 가계 및 금융부분의 대응능력은 여전히 낮은 수준에 머무른 것으로 보인다. 일례로 주택대출 시장의 만기가 DTI 규제 도입 이후 장기화되었다고는 하나, 거치기간을 길게 두는 '무늬만 장기 대출'인 경우가 많은 것으로 알려져 있다. 이런 맥락에서 금융감독당국은 DTI 상한의 유지와 함께 주택담보대출의 만기 및 상환조건별(금리 변동 및 원리금 분할상환 여부) 대출비중과 연체율의 추이에 관해 항시적인 주의를 기울일 필요가 있어 보인다.

① 가계부채는 매년 꾸준한 증가세를 보여 왔다.
② 금융자산에 따른 부채의 상관관계가 증가하는 것은 유동성 충격에 대한 가계의 대응 능력이 약화되었음을 의미한다.
③ 주택가격 상승과 주택담보대출 증가의 상황 속에서 가계소비는 아무런 영향을 받지 않았다.
④ 현재의 주택담보대출시스템은 고정금리를 사용해 주택 가격 충격에 취약하다.
⑤ 주택담보인정비율을 통해 주택 가격 충격의 영향을 줄일 수 있다.

※ 다음 글을 논리적 순서대로 바르게 나열한 것을 고르시오. [23~25]

23

(가) 이때 보험금에 대한 기댓값은 사고가 발생할 확률에 사고 발생 시 수령할 보험금을 곱한 값이다. 보험금에 대한 보험료의 비율(보험료/보험)을 보험료율이라 하는데, 보험료율이 사고 발생 확률보다 높으면 구성원 전체의 보험료 총액이 보험금 총액보다 더 많고, 그 반대의 경우에는 구성원 전체의 보험료 총액이 보험금 총액보다 더 적게 된다. 따라서 공정한 보험에서는 보험료율과 사고 발생 확률이 같아야 한다.

(나) 위험 공동체의 구성원이 납부하는 보험료와 지급받는 보험금은 그 위험 공동체의 사고 발생 확률을 근거로 산정된다. 특정 사고가 발생할 확률은 정확히 알 수 없지만, 그동안 발생된 사고를 바탕으로 그 확률을 예측한다면 관찰 대상이 많아짐에 따라 실제 사고 발생 확률에 근접하게 된다.

(다) 본래 보험 가입의 목적은 금전적 이득을 취하는 데 있는 것이 아니라 장래의 경제적 손실을 보상받는 데 있으므로, 위험 공동체의 구성원은 자신이 속한 위험 공동체의 위험에 상응하는 보험료를 납부하는 것이 공정할 것이다.

(라) 따라서 공정한 보험에서는 구성원 각자가 납부하는 보험료와 그가 지급받을 보험금에 대한 기댓값이 일치해야 하며 구성원 전체의 보험료 총액과 보험금 총액이 일치해야 한다.

① (가) – (라) – (나) – (다)
② (가) – (나) – (다) – (라)
③ (가) – (다) – (나) – (라)
④ (나) – (다) – (라) – (가)
⑤ (나) – (라) – (다) – (가)

24

(가) 밥상에 오르는 곡물이나 채소가 국내산이라고 하면 보통 그 종자도 우리나라의 것이라고 생각하기 쉽다.

(나) 또한 청양고추 종자는 우리나라에서 개발했음에도 현재는 외국 기업이 그 소유권을 가지고 있으며, 국내 채소 종자 시장의 경우 종자 매출액의 50%가량을 외국 기업이 차지하고 있다는 조사 결과도 있다.

(다) 하지만 실상은 많은 작물의 종자를 수입하고 있으며, 양파, 토마토, 배 등의 종자 자급률은 약 16%, 포도는 약 1%에 불과할 정도로 그 자급률이 매우 낮다.

(라) 이런 상황이 지속될 경우, 우리 종자를 심고 키우기 어려워질 것이고 종자를 수입하거나 로열티를 지급하는 데 지금보다 훨씬 많은 비용이 들어가는 상황이 발생할 수도 있다.

① (가) – (라) – (나) – (다)
② (가) – (나) – (다) – (라)
③ (가) – (다) – (나) – (라)
④ (나) – (다) – (라) – (가)
⑤ (나) – (라) – (다) – (가)

25

> (가) 대부분의 반딧불이는 빛을 사랑의 도구로 사용하지만, 어떤 반딧불이는 번식 목적이 아닌 적대적 목적으로 사용하기도 한다. 포투루스(Photurus)라는 반딧불이의 암컷은 아무렇지 않게 상대 반딧불이를 잡아먹는다. 이 무시무시한 작업을 벌이기 위해 암컷 포투루스는 포티너스(Photinus) 암컷의 불빛을 흉내 낸다. 이를 자신과 같은 종으로 생각한 수컷 포티너스가 사랑이 가득 찬 마음으로 암컷 포투루스에게 달려들지만, 정체를 알았을 때는 이미 너무 늦었다는 것을 알게 된다.
>
> (나) 먼저 땅에 사는 반딧불이 한 마리가 60마리 정도의 다른 반딧불이들과 함께 일렬로 빛을 내뿜는 경우가 있다. 수많은 반딧불이가 기차처럼 한 줄을 지어 마치 리더의 지시에 따르듯 한 반딧불이의 섬광을 따라 불빛을 내는 모습은 마치 작은 번개처럼 보인다. 이처럼 반딧불이는 집단으로 멋진 작품을 연출하는데 그중 가장 유명한 것은 동남아시아에 서식하는 반딧불이다. 이들은 공동으로 동시에 그리고 완벽하게 발광함으로써 크리스마스트리의 불빛을 연상시키기도 한다. 그러다 암컷을 발견한 반딧불이는 무리에서 빠져나와 암컷을 향해 직접 빛을 번쩍거리기도 한다.
>
> (다) 이렇게 다른 종의 불빛을 흉내 내는 반딧불이는 북아메리카에서 흔히 찾아볼 수 있다. 그러므로 짝을 찾아 헤매는 수컷 반딧불이에게 황혼이 찾아드는 하늘은 유혹의 무대인 동시에 위험한 장소이기도 하다. 성욕을 채우려 연인을 찾다 그만 식욕만 왕성한 암컷을 만나게 되는 비운을 맞을 수 있기 때문이다.
>
> (라) 사랑과 관련하여 반딧불이의 섬광은 여러 가지 형태의 신호가 있으며, 빛 색깔의 다양성, 밝기, 빛을 내는 빈도, 빛의 지속성 등에서 반딧불이 자신만의 특징을 가지기도 한다. 예를 들어 황혼 무렵에 사랑을 나누고 싶어 하는 반딧불이는 오렌지색을 선호하며, 그래도 역시 사랑엔 깊은 밤이 최고라는 반딧불이는 초록계열의 색을 선호한다. 발광 장소도 땅이나 공중, 식물 등 그 선호도가 다양하다. 반딧불이는 이런 모든 요소를 결합하여 다양한 모습을 보여주는데 이런 다양성이 조화를 이루거나 또는 동시에 이루어지게 되면 말 그대로 장관을 이루게 된다.
>
> (마) 이처럼 혼자 행동하기를 좋아하는 반딧불이는 빛을 번쩍거리면서 서식지를 홀로 돌아다니기도 한다. 대표적인 뉴기니 지역의 반딧불이는 짝을 찾아 좁은 해안선과 근처 숲 사이를 반복적으로 왔다 갔다 한다. 반딧불이 역시 달이 빛나고 파도가 철썩이는 해변을 사랑을 나누기에 최적인 로맨틱한 장소로 여기는 것이다.

① (가) – (나) – (다) – (라) – (마)
② (가) – (다) – (라) – (나) – (마)
③ (라) – (가) – (다) – (마) – (나)
④ (라) – (나) – (마) – (가) – (다)
⑤ (라) – (다) – (가) – (나) – (마)

제2영역 수리능력

01 K대리는 집에서 거리가 14km 떨어진 회사에 출근할 때 자전거를 이용해 1시간 30분 동안 이동하고, 퇴근할 때는 회사에서 6.8km 떨어진 가죽공방에 들러 취미활동 후 10km 거리를 이동하여 집에 도착한다. 퇴근할 때 회사에서 가죽공방까지 18분, 가죽공방에서 집까지 1시간이 걸린다면 K대리가 출퇴근할 때 평균 속력은 몇 km/h인가?

① 10km/h
② 11km/h
③ 12km/h
④ 13km/h
⑤ 14km/h

02 어느 과수원에서 작년에 생산된 사과와 배의 개수를 모두 합하면 500개였다. 올해는 작년보다 사과의 생산량은 절반으로 감소하고 배의 생산량은 두 배로 증가하였다. 올해 사과와 배의 개수를 합하여 모두 700개를 생산했을 때, 올해 생산한 사과의 개수는?

① 100개
② 200개
③ 300개
④ 400개
⑤ 500개

03 다음과 같은 이등변삼각형의 둘레는?

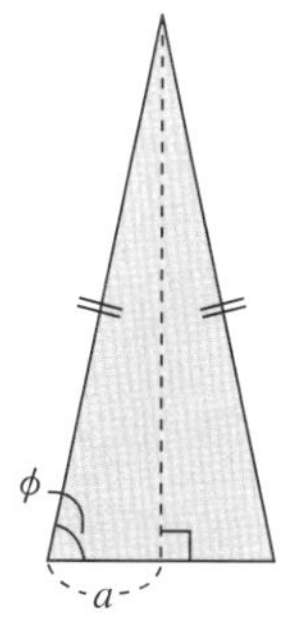

① $a\left(1+\frac{1}{\sin\phi}\right)$
② $a\left(1+\frac{1}{\cos\phi}\right)$
③ $2a\left(1+\frac{1}{\sin\phi}\right)$
④ $2a\left(1+\frac{1}{\cos\phi}\right)$
⑤ $3a\left(1+\frac{1}{\cos\phi}\right)$

04 아시안 게임에 참가한 어느 종목의 선수들을 A, B, C등급으로 분류하여 전체 4,500만 원의 포상금을 지급하려고 한다. A등급인 선수는 B등급보다 2배, B등급은 C등급보다 $\frac{3}{2}$ 배의 포상금을 지급하려고 한다. A등급은 5명, B등급은 10명, C등급은 15명이라면, A등급을 받은 선수 한 명에게 지급될 금액은?

① 300만 원
② 400만 원
③ 450만 원
④ 500만 원
⑤ 550만 원

05 K씨는 100억 원을 주식 A와 B에 분산투자하려고 한다. A의 수익률은 10%, B의 수익률은 6%일 때 7억 원의 수익을 내기 위해서 A에 투자할 금액은?

① 23억 원
② 24억 원
③ 25억 원
④ 26억 원
⑤ 27억 원

06 500개의 상자를 접는 데 갑은 5일, 을은 13일이 소요된다. 2,500개 상자 접기를 갑과 을이 같이 시작하여 중간에 을이 그만두고, 갑이 혼자서 남은 상자를 다 접었다고 한다. 총소요시간은 20일이었을 때, 갑과 을이 같이 일을 한 날은 며칠인가?

① 12일
② 13일
③ 14일
④ 15일
⑤ 16일

07 4년 전 김대리의 나이는 조카 나이의 4배였고, 3년 후에는 김대리의 나이가 조카 나이의 2배보다 7살이 많다고 한다. 현재 김대리의 조카는 몇 살인가?

① 11살
② 12살
③ 13살
④ 14살
⑤ 15살

08 K회사는 주 5일 평일에만 근무를 하는 것이 원칙이며, 재작년의 휴일 수는 105일이었다. 작년은 재작년과 같은 날만큼 쉬었으며 윤년이었다고 한다. 올해 K회사의 휴일 수는 며칠인가?(단, 휴일은 주말을 뜻한다)

① 103일　② 104일
③ 105일　④ 106일
⑤ 107일

09 A씨는 25% 농도의 코코아 700mL를 즐겨 마신다. A씨가 마시는 코코아에 들어간 코코아 분말의 양은 얼마인가?(단, 1mL=1g이다)

① 170g　② 175g
③ 180g　④ 185g
⑤ 190g

10 동전을 연속해서 세 번 던질 경우 두 번째와 세 번째에 모두 앞면이 나올 확률은?

① $\frac{1}{2}$　② $\frac{1}{3}$
③ $\frac{1}{4}$　④ $\frac{1}{6}$
⑤ $\frac{1}{7}$

11 서로 다른 6명의 사람이 원탁에 둘러앉을 때, 자리를 배치하는 경우의 수는?

① 60가지　② 96가지
③ 105가지　④ 120가지
⑤ 130가지

12 일정한 규칙으로 수를 나열할 때, B÷A의 값은?

2　12　(A)　26　30　(B)

① $\frac{8}{5}$　② 2

③ $\frac{12}{5}$　④ $\frac{14}{5}$

⑤ 3

※ 일정한 규칙으로 수를 나열할 때, 빈칸에 들어갈 수로 알맞은 것을 고르시오. **[13~14]**

13

$2\frac{3}{4}$　$4\frac{7}{26}$　(　)　$8\frac{15}{118}$　$10\frac{19}{188}$　$12\frac{23}{274}$　$14\frac{27}{376}$

① $6\frac{11}{90}$　② $6\frac{11}{80}$

③ $6\frac{11}{72}$　④ $6\frac{11}{64}$

⑤ $6\frac{11}{60}$

14

5	3	3	7
4			4
6			(　)
3	8	2	5

① 2　② 4

③ 8　④ 16

⑤ 18

15 다음은 전자인증서 인증수단 방법 중 선호도를 조사한 자료이다. 이에 대한 설명으로 옳지 않은 것은?(단, 평균점수는 소수점 첫째 자리에서 반올림한다)

〈전자인증서 인증수단별 선호도 현황〉

(단위 : 점)

구분	실용성	보안성	간편성	유효기간
공인인증서 방식	16	( )	14	1년
ID/PW 방식	18	10	16	없음
OTP 방식	15	18	14	1년 6개월
이메일 및 SNS 방식	18	8	10	없음
생체인증 방식	20	19	18	없음
i-PIN 방식	16	17	15	2년

※ 선호도는 실용성, 보안성, 간편성 점수를 합한 값임
※ 유효기간이 1년 이하인 방식은 보안성 점수에 3점을 가산함

① 생체인증 방식의 선호도는 OTP 방식과 i-PIN 방식 합보다 38점 낮다.
② 실용성 전체 평균점수보다 높은 방식은 총 4가지이다.
③ 유효기간이 '없음'인 인증수단 방식의 간편성 평균점수는 15점이다.
④ 공인인증서 방식의 선호도가 51점일 때, 빈칸에 들어갈 값은 18점이다.
⑤ ID/PW 방식은 i-PIN 방식보다 선호도 점수가 높다.

16 다음은 8개국 무역수지에 대한 국제통계 자료이다. 이에 대한 설명으로 옳지 않은 것은?

〈8개국 무역수지〉

(단위 : 백만 USD)

구분	한국	그리스	노르웨이	뉴질랜드	대만	독일	러시아	미국
7월	40,882	2,490	7,040	2,825	24,092	106,308	22,462	125,208
8월	40,125	2,145	7,109	2,445	24,629	107,910	23,196	116,218
9월	40,846	2,656	7,067	2,534	22,553	118,736	25,432	122,933
10월	41,983	2,596	8,005	2,809	26,736	111,981	24,904	125,142
11월	45,309	2,409	8,257	2,754	25,330	116,569	26,648	128,722
12월	45,069	2,426	8,472	3,088	25,696	102,742	31,128	123,557

① 한국 무역수지의 전월 대비 증가량이 가장 많았던 달은 11월이다.
② 뉴질랜드의 무역수지는 8월 이후 지속해서 증가하였다.
③ 그리스의 12월 무역수지의 전월 대비 증가율은 약 0.7%이다.
④ 10월부터 12월 사이 한국의 무역수지 변화 추이와 같은 양상을 보이는 나라는 2개국이다.
⑤ 노르웨이와 대만의 7월부터 9월 무역수지 변화 추이는 같은 양상을 보인다.

17 다음은 K금융지주회사 유형자산 현황에 대한 자료이다. 〈보기〉 중 이에 대한 설명으로 옳지 않은 것을 모두 고르면?

〈K금융지주회사 유형자산 현황〉

(단위 : 백만 원)

구분	2023년 2분기	2023년 3분기	2023년 4분기	2024년 1분기	2024년 2분기	2024년 3분기
유형자산 합계	9,855	10,459	11,114	12,925	12,802	11,986
감가상각누계액 등	−2,902	−3,126	−3,334	−3,539	−3,773	−3,999
토지	0	0	0	0	0	0
건물	833	975	1,056	1,071	1,101	1,119
기구비품	4,133	4,262	4,330	4,521	4,904	4,959
건설 중인 자산	7,452	8,009	8,723	8,942	8,849	8,412
기타 유형자산	339	339	339	1,930	1,721	1,496

〈보기〉

ㄱ. 2023년부터 2024년까지 토지 자산을 보유한 분기는 한 번도 없었다.
ㄴ. 2023년 3분기부터 2024년 3분기까지 직전분기 대비 자산규모가 매분기 증가한 유형자산의 유형은 2가지이다.
ㄷ. 2024년 2분기는 전년 동기 대비 유형자산 총액이 20% 이상 증가하였다.
ㄹ. 2023년 4분기부터 2024년 3분기까지 건물 자산과 건설 중인 자산의 직전분기 대비 증감 추이는 동일하다.

① ㄱ, ㄴ
② ㄱ, ㄷ
③ ㄴ, ㄹ
④ ㄷ, ㄹ
⑤ ㄱ, ㄴ, ㄹ

18 다음은 A~D사의 남녀 직원 비율을 나타낸 자료이다. 이에 대한 설명으로 옳지 않은 것은?

〈회사별 남녀 직원 비율〉

(단위 : %)

구분	A사	B사	C사	D사
남	54	48	42	40
여	46	52	58	60

① 여직원 대비 남직원 비율이 가장 높은 회사는 A이며, 가장 낮은 회사는 D이다.
② B, C, D사의 여직원 수의 합은 남직원 수의 합보다 크다.
③ A사의 남직원이 B사의 여직원보다 많다.
④ A, B사의 전체 직원 중 남직원이 차지하는 비율이 52%라면 A사의 전체 직원 수는 B사 전체 직원 수의 2배이다.
⑤ A, B, C사의 전체 직원 수가 같다면 A, C사 여직원 수의 합은 B사 여직원 수의 2배이다.

19 다음은 학교 급별 급식학교 수와 급식인력(영양사, 조리사, 조리보조원)의 현황을 나타낸 자료이다. 이에 대한 설명으로 옳지 않은 것은?

〈학교 급별 급식학교 수와 급식인력 현황〉

(단위 : 개, 명)

구분	급식학교 수	직종					
		영양사			조리사	조리보조원	총계
		정규직	비정규직	소계			
초등학교	5,417	3,377	579	3,956	4,955	25,273	34,184
중학교	2,492	626	801	1,427	1,299	10,147	12,873
고등학교	1,951	1,097	603	1,700	1,544	12,485	15,729
특수학교	129	107	6	113	135	211	459
전체	9,989	5,207	1,989	7,196	7,933	48,116	63,245

① 급식인력은 4개의 학교 중 초등학교가 가장 많다.
② 4개의 학교 모두 급식인력(영양사, 조리사, 조리보조원) 중 조리보조원이 차지하는 비율이 가장 높다.
③ 중학교 정규직 영양사는 고등학교 비정규직 영양사보다 23명 더 많다.
④ 특수학교는 4개의 학교 중 유일하게 정규직 영양사보다 비정규직 영양사가 더 적다.
⑤ 중학교의 급식 학교 수는 고등학교보다 높지만, 조리보조원의 수가 고등학교보다 적다.

20 다음은 개정된 종합부동산세율과 세금 납부자에 대한 정보이다. 이를 참고할 때, 세금 납부자 가～다의 개정 전 세금과 개정 후 세금의 차이의 총합은 얼마인가?(단, 제시된 자료 외의 부동산은 없다)

〈종합부동산세율〉

(단위 : %)

구분	2주택 이하		3주택 이상 (단, 조정대상지역의 경우 2주택)	
	개정 전	개정 후	개정 전	개정 후
3억 원 이하	0.5	0.6	0.6	1.2
3억 원 초과 6억 원 이하	0.7	0.8	0.9	1.6
6억 원 초과 12억 원 이하	1.0	1.2	1.3	2.2
12억 원 초과 50억 원 이하	1.4	1.6	1.8	3.6
50억 원 초과 94억 원 이하	2.0	2.2	2.5	5.0
94억 원 초과	2.7	3.0	3.2	6.0

〈세금 납부자 정보〉

- 가 : 일반 지역의 2주택 소유자로, 주택의 공시가격은 각각 8억 원과 9억 원이다.
- 나 : 조정대상지역의 1주택 소유자로, 주택의 공시가격은 12억 원이다.
- 다 : 일반 지역의 3주택 소유자로, 주택의 공시가격은 각각 12억 원, 27억 원, 15억 원이다.

① 131,300,000원
② 136,500,000원
③ 140,800,000원
④ 145,400,000원
⑤ 150,458,000원

21 다음은 여러 통화의 원화 환율을 나타낸 자료이다. 〈보기〉의 A ~ D가 외화 환전으로 얻은 이익 중 최대 이익과 최소 이익의 차는?

〈통화 원화 환율〉

(단위 : 원)

구분	1월 1일	3월 23일	6월 12일
1달러	1,180	1,215	1,190
1유로	1,310	1,370	1,340
1위안	165	175	181
100엔	1,090	1,105	1,085

〈보기〉

- A는 1월 1일에 원화를 300달러로 환전하였고, 이 중에서 100달러를 3월 23일에, 나머지 200달러를 6월 12일에 다시 원화로 환전하였다.
- B는 1월 1일에 원화를 3,000엔으로 환전하였고, 이 중에서 1,000엔을 3월 23일에, 나머지 2,000엔을 6월 12일에 원화로 환전하였다.
- C는 1월 1일에 원화를 1,000위안으로 환전하였고, 이 중에서 300위안을 3월 23일에, 나머지 700위안을 6월 12일에 원화로 환전하였다.
- D는 1월 1일에 원화를 400유로로 환전하였고, 이 중에서 200유로를 3월 23일에, 나머지 200유로를 6월 12일에 원화로 환전하였다.

① 16,450원
② 17,500원
③ 17,750원
④ 17,950원
⑤ 18,450원

22 다음은 연도별 총국세액을 나타낸 자료이다. 2018년 대비 2021년 총국세액의 비율은?(단, 소수점 셋째 자리에서 반올림한다)

〈총국세액 추이〉

(단위 : 억 원)

구분	2014년	2015년	2016년	2017년	2018년	2019년	2020년	2021년	2022년
총국세액	567,745	649,602	699,277	677,977	756,580	929,347	957,928	1,039,678	1,146,642

① 137.41%
② 137.42%
③ 137.43%
④ 137.44%
⑤ 137.45%

23 다음은 온라인 쇼핑몰 거래액 자료와 이를 보고 나눈 대화이다. 〈보기〉 중 옳게 분석한 사람을 모두 고르면?

〈온라인 쇼핑몰 거래액 동향〉

(단위 : 억 원, %)

구분		2022년 5월		2023년 5월		2024년 5월	
		거래액	비중	거래액	비중	거래액	비중
계		42,355	100	52,595	100	62,980	100
취급상품 범위	종합몰	32,507	76.7	41,334	78.6	49,642	78.8
	전문몰	9,848	23.3	11,260	21.4	13,338	21.2
운영형태	온라인몰	26,915	63.5	32,358	61.5	38,374	60.9
	온·오프라인 병행몰	15,440	36.5	20,236	38.5	24,606	39.1

〈보기〉

경준 : 지금까지의 추세를 봤을 때, 모든 상품을 종합적으로 취급하는 쇼핑몰이 특정 품목만 전문적으로 취급하는 쇼핑몰보다 앞으로도 더 크게 성장할 것으로 보여.

희수 : 온라인 쇼핑몰 창업을 생각하는 사람들은 온·오프라인 병행몰보다는 온라인몰쪽으로 생각하는 게 좋겠어. 최근 2년간의 증감 추이가 이어진다면 2025년 5월경에도 온라인몰의 거래액이 온·오프라인 병행몰 거래액의 1.5배 정도는 차지할 것으로 보이거든.

현지 : 전체 온라인 쇼핑몰 거래액이 이런 추세로만 계속 증가한다면 2025년 5월에는 2022년 5월 거래액 규모의 2배를 넘을 것으로 예상돼.

① 경준
② 희수
③ 경준, 희수
④ 희수, 현지
⑤ 경준, 현지

※ 다음은 영업팀 B사원이 외근 시 고려해야 할 자료이다. 이어지는 질문에 답하시오. **[24~25]**

〈목적지별 거리와 차종별 연비〉

목적지	거리	차종	연비
본사 – A사	25km	001	20km/L
A사 – B사	30km	002	15km/L
B사 – C사	25km	003	15km/L
C사 – D사	40km	004	10km/L
D사 – E사	30km	005	10km/L
E사 – F사	50km	006	25km/L

※ (유류비)=(총 주행거리)÷(차종별 연비)×(분기별 연료 공급가)

〈분기별 연료 공급가〉

(단위 : 원)

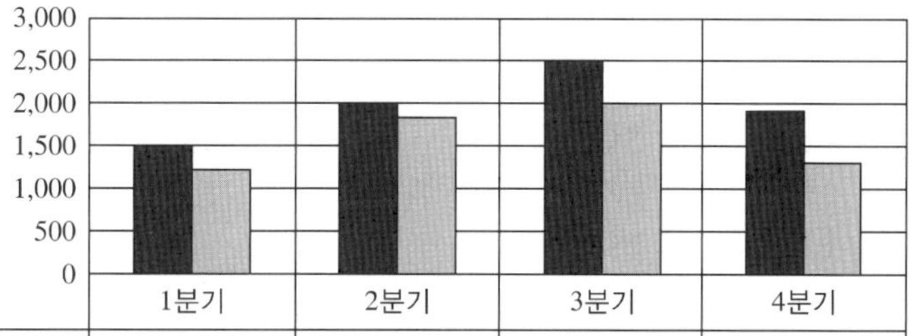

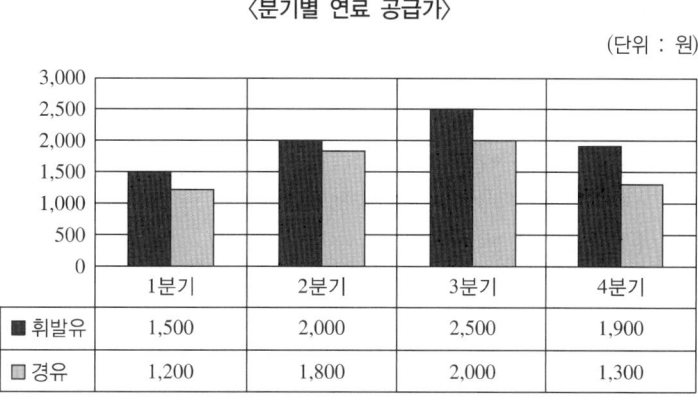

	1분기	2분기	3분기	4분기
■ 휘발유	1,500	2,000	2,500	1,900
□ 경유	1,200	1,800	2,000	1,300

24 B사원이 1분기에 본사에서 F사까지 차례대로 순회할 때 003 휘발유 차종을 이용했다면 유류비는 얼마인가?

① 12,000원
② 15,000원
③ 17,000원
④ 20,000원
⑤ 21,000원

25 B사원이 3분기에 경유 차종으로 거래처를 순회한다면 10만 원의 예산으로 주행할 수 있는 총 주행가능거리는 몇 km인가?

① 1,220km
② 1,230km
③ 1,240km
④ 1,250km
⑤ 1,260km

01 창고의 물품 내역에 대해 작성한 재고량 조사표의 올바른 수정 사항을 〈보기〉에서 모두 고르면?

〈창고의 물품 내역〉

- A열 : LCD 모니터 3대, 스캐너 2대, 마우스 2대
- B열 : 스피커 5대, USB 메모리 15개, 키보드 10대
- C열 : 레이저 프린터 3대, 광디스크 4개

〈재고량 조사표〉

구분	입력 장치	출력 장치	저장 장치
수량(개)	14	15	19

〈보기〉

ㄱ. 입력 장치의 수량을 12개로 한다.
ㄴ. 출력 장치의 수량을 11개로 한다.
ㄷ. 저장 장치의 수량을 16개로 한다.

① ㄱ
② ㄴ
③ ㄱ, ㄷ
④ ㄴ, ㄷ
⑤ ㄱ, ㄴ, ㄷ

02 다음은 K은행의 중기근로자우대적금 상품에 대한 정보 및 O사 직원들의 가입 시점 근속연수에 대한 자료이다. O사 직원 모두 중기근로자우대적금에 가입하였을 때, O사 직원들의 만기 시 평균 적용 금리는?(단, 모든 직원은 K은행 급여이체 실적을 충족하였고, 만기 때까지 중도해지는 없었으며, 소수점 셋째 자리에서 반올림한다.)

〈중기근로자우대적금〉

구분	내용
계약기간	1년
고시금리	연 3.5%
이자지급방식	만기일시지급식, 단리식
가입대상	실명의 개인(개인사업자 제외) 1인 1계좌
적립한도	월 1만 원 이상 100만 원 이하(만 원 단위)
적립방법	자유적립
우대금리	계약기간 동안 아래 조건을 충족하고 만기해지 시 우대금리 제공 ① 중소기업 근로자로 확인된 경우, 가입 시점 근속연수에 따라 차등 적용 – 5년 미만 : 연 0.5%p – 5년 이상 10년 미만 : 연 0.8%p – 10년 이상 15년 미만 : 연 1%p – 15년 이상 : 연 1.2%p ② 당행 급여이체 실적(월 50만 원 이상) 6개월 이상인 경우 : 연 1%p

〈O사 직원 가입 시점 근속연수〉

직원	근속연수	직원	근속연수
A	4년	G	8년
B	17년	H	8년
C	9년	I	20년
D	25년	J	1년
E	3년	K	13년
F	1년	L	12년

① 5.15%
② 5.21%
③ 5.27%
④ 5.33%
⑤ 5.34%

03 다음은 K공사에 대한 SWOT 분석 결과이다. 이를 바탕으로 할 때, 적절한 전략을 〈보기〉에서 모두 고르면?

〈SWOT 분석 결과〉

강점(Strength)	약점(Weakness)
• 공공기관으로서의 신뢰성 • 국토의 종합적 이용·개발	• 국토개발로 인한 환경파괴 • 정부 통제 및 보수적 조직문화
기회(Opportunity)	**위협(Threat)**
• 정부의 해외 개발 사업 추진 • 환경친화적 디지털 신도시에 대한 관심 확대	• 환경보호 단체, 시민 단체와의 충돌 • 건설 경기 위축 및 침체

〈보기〉

㉠ 공공기관으로서의 높은 신뢰도를 바탕으로 정부의 해외 개발 사업에 적극적으로 참여한다.
㉡ 침체된 건설 경기를 회복하기 위해 비교적 개발이 진행되지 않은 산림, 해안지역 등의 개발을 추진한다.
㉢ 환경파괴를 최소화하면서도 국토를 효율적으로 이용할 수 있는 환경친화적 신도시를 개발한다.
㉣ 환경보호 단체나 시민 단체에 대한 규제 강화를 통해 공공기관으로서의 역할을 수행한다.

① ㉠, ㉡
② ㉠, ㉢
③ ㉡, ㉢
④ ㉡, ㉣
⑤ ㉢, ㉣

04 A씨는 해외에서 1개당 1,000달러인 시계를 2개를 구매하여 세관신고 없이 밀반입하려고 하였으나 결국 걸리고 말았다. 다음은 이와 같이 밀반입하려는 사람들을 방지하기 위해 마련된 정책 변경 기사이다. 이를 읽고 추론한 내용으로 옳지 않은 것은?

올해부터 해외에서 600달러 이상 신용카드로 물건을 사거나 현금을 인출하면, 그 내역이 세관에 실시간으로 통보된다. 여행객 등이 600달러 이상의 구매 한도를 넘기게 되면, 국내 입국을 하면서 세관에 자진 신고를 해야 한다.
기존의 관세청은 분기별로 5,000달러 이상 물품을 해외에서 구매한 경우, 여신전문금융업법에 따라 신용카드업자·여신전문금융업협회가 매년 1월 31일, 4월 30일, 7월 31일, 10월 31일 국세청에 그 내역을 제출해 왔다.
그러나 올해부터는 관세청이 분기마다 통보를 받지 않고, 실시간으로 구매 내역을 넘겨받을 수 있다. 신용카드 결제뿐 아니라 해외에 머물며 600달러 이상 현금을 인출하는 것도 마찬가지로 통보 대상에 해당한다. 관세청은 이러한 제도를 오는 4월부터 적용할 계획이다.

① A씨가 인출하지 않고 가져간 현금으로만 물건을 결제하였다면, 세관에 신고하지 않아도 되는군.
② 해외에서 구매한 총금액이 600달러보다 낮으면 세관 신고할 필요가 없겠군.
③ A씨가 5월에 해외에 체류하며 신용카드로 같은 소비를 했다면 관세청에 실시간으로 통보되겠군.
④ 3월에 해외에서 5,000달러 이상을 신용카드로 사용한다면 4월에 국세청에 내역이 넘어가겠군.
⑤ 10월 31일에 해외에서 600달러 이상 현금을 인출하게 된다면 관세청에 직접 내역을 제출하지 않아도 되는 군.

05 다음은 농민·농촌을 사업 근거로 하는 특수은행인 N은행의 SWOT 분석 결과를 정리한 것이다. ㉠~㉤ 중 SWOT 분석에 들어갈 내용으로 적절하지 않은 것은?

〈SWOT 분석 결과〉

강점 (Strength)	• 공적 기능을 수행하는 농민·농촌의 은행이라는 위상은 대체 불가능함 • 전국에 걸친 국내 최대의 영업망을 기반으로 안정적인 사업 기반 및 수도권 이외의 지역에서 우수한 사업 지위를 확보함 • 지자체 시금고 예치금 등 공공금고 예수금은 안정적인 수신 기반으로 작용함 • ㉠ 은행권 최초로 보이스피싱 차단을 위해 24시간 '대포통장 의심 계좌 모니터링' 도입 • BIS자기자본비율, 고정이하여신비율, 고정이하여신 대비 충당금커버리지비율 등 자산 건전성 지표가 우수함 • 디지털 전환(DT)을 위한 중장기 전략을 이행 중이며, 메타버스·인공지능(AI)을 활용한 개인 맞춤형 상품 등 혁신 서비스 도입 추진
약점 (Weakness)	• ㉡ 수수료 수익 등 비이자 이익의 감소 및 이자 이익에 편중된 수익 구조 • N중앙회에 매년 지급하는 농업지원 사업비와 상존하는 대손 부담으로 인해 시중은행보다 수익성이 낮음 • ㉢ 인터넷전문은행의 활성화 및 빅테크의 금융업 진출 확대 추세 • 금리 상승, 인플레이션, 경기 둔화 등의 영향으로 차주의 상환 부담이 높아짐에 따라 일정 수준의 부실여신비율 상승이 불가피할 것으로 예상
기회 (Opportunity)	• ㉣ 마이데이터(Mydata)로 제공할 수 있는 정보 범위의 확대 및 암호화폐 시장의 성장 • 2023년 홍콩, 중국, 호주, 인도에서 최종 인가를 획득하는 등 해외 영업망 확충 • 금융 당국의 유동성 지원 정책과 정책자금 대출을 기반으로 유동성 관리가 우수함 • 법률에 의거해 농업금융채권의 원리금 상환을 국가가 전액 보증하는 등 유사시 정부의 지원 가능성이 높음 • 귀농·귀촌 인구의 증가 및 농촌에 대한 소비자의 인식 변화로 새로운 사업 발굴 가능
위협 (Threat)	• 자산관리 시장에서의 경쟁 심화 • 사이버 위협에 대응해 개인정보 보안 대책 및 시스템 마련 시급 • 이자 이익 의존도가 높은 은행의 수익 구조에 대한 비판 여론 • 금리 및 물가 상승 영향에 따른 자산 건전성 저하 가능성 존재 • 주택 시장 침체, 고금리 지속 등으로 가계여신 수요 감소 전망 • ㉤ 경기 침체, 투자 심리 위축으로 기업여신 대출 수요 감소 전망 • 보험사, 증권사, 카드사 등의 은행업(지급 결제, 예금·대출) 진입 가능성 • 은행에 있던 예금·적금을 인출해 주식·채권으로 이동하는 머니무브의 본격화 조짐

① ㉠
② ㉡
③ ㉢
④ ㉣
⑤ ㉤

06 K회사는 창립 10주년을 맞이하여 전 직원 단합대회를 준비하고 있다. 이를 위해 여행 상품 중 한 가지를 선정하려 하는데, 직원 투표 결과를 통해 결정하려고 한다. 직원 투표 결과와 여행지별 1인당 경비가 다음 표와 같이 주어져 있으며, 추가로 행사를 위한 부서별 고려사항을 참고하여 선택할 경우 〈보기〉에서 적절한 것을 모두 고르면?

〈직원 투표 결과〉

상품내용		투표 결과					
여행상품	1인당 비용(원)	총무팀	영업팀	개발팀	홍보팀	공장1	공장2
A	500,000	2	1	2	0	15	6
B	750,000	1	2	1	1	20	5
C	600,000	3	1	0	1	10	4
D	1,000,000	3	4	2	1	30	10
E	850,000	1	2	0	2	5	5

〈여행 상품별 혜택 정리〉

상품명	날짜	장소	식사제공	차량지원	편의시설	체험시설
A	5/10 ~ 5/11	해변	○	○	×	×
B	5/10 ~ 5/11	해변	○	○	○	×
C	6/7 ~ 6/8	호수	○	○	○	×
D	6/15 ~ 6/17	도심	○	×	○	○
E	7/10 ~ 7/13	해변	○	○	○	×

〈부서별 고려사항〉

- 총무팀 : 행사 시 차량 지원 가능함
- 영업팀 : 6월 초순에 해외 바이어와 가격 협상 회의 일정
- 공장1 : 3일 연속 공장 비가동시 품질 저하 예상됨
- 공장2 : 7월 중순 공장 이전 계획 있음

〈보기〉

㉠ 필요한 여행 상품 비용은 총 1억 500만 원이 필요하다.
㉡ 투표 결과, 가장 인기가 좋은 여행 상품은 B이다.
㉢ 공장1의 A, B 투표결과가 바뀐다면 여행 상품 선택은 변경된다.

① ㉠
② ㉡
③ ㉠, ㉡
④ ㉠, ㉢
⑤ ㉡, ㉢

07 **다음 글에 대한 분석으로 타당한 것을 〈보기〉에서 모두 고르면?**

> 식탁을 만드는 데에는 노동과 자본만 투입된다고 가정하자. 노동자 1명의 시간당 임금은 8,000원이고, 노동자는 1명이 투입되어 A기계 또는 B기계를 사용하여 식탁을 생산한다. A기계를 사용하면 10시간이 걸리고, B기계를 사용하면 7시간이 걸린다. 이때, 식탁 1개의 시장가격은 100,000원이고, 식탁 1개를 생산하는 데 드는 임대료는 A기계의 경우 10,000원, B기계의 경우 20,000원이다.
> 만약 A, B기계 중 어떤 것을 사용해도 생산된 식탁의 품질은 같다고 한다면, 기업은 어떤 기계를 사용할 것인가?(단, 작업 환경·물류비 등 다른 조건은 고려하지 않는다)

〈보기〉

㉠ 기업은 B기계보다는 A기계를 선택할 것이다.
㉡ '어떻게 생산할 것인가?'와 관련된 경제 문제이다.
㉢ 합리적인 선택을 했다면, 식탁 1개당 24,000원의 이윤을 기대할 수 있다.
㉣ A기계를 선택하는 경우 식탁 1개를 만드는 데 드는 비용은 70,000원이다.

① ㉠, ㉡
② ㉠, ㉢
③ ㉡, ㉢
④ ㉡, ㉣
⑤ ㉢, ㉣

08 **K기업 직원들은 대전에서 열리는 세미나에 참석하기 위해 출장을 가게 되었다. 다음 〈조건〉에 따라 출장을 갈 인원들이 결정된다고 할 때, 출장을 가게 될 직원의 조합으로 옳지 않은 것은?**

〈조건〉

- 지역·산업별 지원국은 지역지원부, 산업지원부, 컨소시엄지원부로 구성되어 있다. 이 중 출장이 가능한 인원은 지역지원부에서는 A팀장, B대리, C주임, 산업지원부에서는 D대리, E대리, F사원, 컨소시엄지원부에서는 G주임, H사원이다.
- 출장을 가는 지역·산업별 지원국 직원은 총 4명이다.
- 반드시 1명 이상의 팀장이 출장에 참여하여야 한다.
- 사원들은 함께 출장을 갈 수 없다.
- 대리는 최대 2명까지만 출장에 참여가능하며, 주임은 출장을 가게 될 경우 반드시 2명 이상이 함께 출장에 참여하여야 한다.
- 컨소시엄지원부는 단기적 인력부족으로 인해 1명의 직원만 출장이 가능하다.
- 팀장이 출장에 참여하는 경우, 동일한 부의 직원이 1명 이상 동행하여야 한다.
- 모든 부에서 1명 이상 출장에 참여하여야 한다.

① A팀장, B대리, D대리, H사원
② A팀장, B대리, E대리, H사원
③ A팀장, B대리, D대리, G주임
④ A팀장, C주임, D대리, G주임
⑤ A팀장, C주임, D대리, E대리

※ K공단이 운영하는 대학장학회에서는 매년 10명씩 선정하여 장학금과 함께 부상으로 문화상품권을 준다. 다음은 문화상품권 구매처와 각 장학금 종류에 따른 부상내역에 대한 자료이다. 이어지는 질문에 답하시오. **[9~10]**

〈문화상품권 구매처별 현황〉

구분	종류	할인율	비고
A업체	만 원권, 오만 원권	100만 원 이상 구입 시 8% 할인 및 포장비 무료	• 택배비 4천 원 • 포장비 개당 5백 원
B업체	오천 원권, 만 원권, 십만 원권	50만 원 이상 구입 시 50만 원 단위로 6%할인	• 택배비 4천 원 • 포장비 개당 7백 원
C업체	오만 원권, 십만 원권	100만 원 이상 구입 시 5% 할인	• 직접 방문 구매 • 봉투만 무료 지급
D업체	만 원권, 오만 원권	100만 원 이상 구입 시 100만 원 단위로 4% 할인 및 포장비 무료	• 택배비 5천 원 • 포장비 개당 5백 원

※ 택배비는 한 번만 계산하며, 포장비는 인원만큼 계산함

〈장학금 및 부상내역〉

구분	장학금	인원	부상
성적 우수 장학금	450만 원	4명	문화상품권 30만 원
근로 장학금	450만 원	4명	문화상품권 30만 원
이공계 장학금	500만 원	2명	문화상품권 40만 원

※ 장학금 및 부상은 한 명당 받는 금액임

09 문화상품권 종류에 상관없이 가장 저렴하게 구입할 때, 대학장학회에서 장학금과 부상에 사용한 총액은 얼마인가?(단, 택배비 및 포장비도 포함한다)

① 48,948,000원
② 48,938,000원
③ 48,928,000원
④ 48,918,000원
⑤ 48,908,000원

10 다음 조건에 맞는 문화상품권 구매처에서 할인받을 수 있는 금액은 얼마인가?(단, 택배비 및 포장비는 제외한다)

〈조건〉

- 오만 원권 또는 십만 원권으로 구매하려고 한다.
- 직접 방문하여 구매하기가 어렵다.
- 최소한의 비용으로 구매한다.

① 120,000원
② 180,000원
③ 206,000원
④ 256,000원
⑤ 301,000원

11 다음 기사에 나타난 문제 유형을 바르게 나열한 것은?

> 도색이 완전히 벗겨진 차선과 지워지기 직전의 흐릿한 차선이 서울 강남의 도로 여기저기서 발견되고 있다. 알고 보니 규격 미달의 불량 도료 때문이었다. 시공 능력이 없는 업체들이 서울시가 발주한 도색 공사를 따낸 뒤, 브로커를 통해 전문 업체에 공사를 넘겼고, 이 과정에서 수수료를 떼인 전문 업체들은 손해를 만회하기 위해 값싼 도료를 사용한 것이다. 차선용 도료에 값싼 일반용 도료를 섞다 보니 야간에 차선이 잘 보이도록 하는 유리알이 제대로 붙어있지 못해 차선 마모는 더욱 심해졌다. 지난 4년간 서울 전역에서는 74건의 부실 시공이 이뤄졌고, 총 공사 대금은 183억 원에 달하는 것으로 밝혀졌다.

① 발생형 문제로, 일탈 문제에 해당한다.
② 발생형 문제로, 미달 문제에 해당한다.
③ 탐색형 문제로, 잠재 문제에 해당한다.
④ 탐색형 문제로, 예측 문제에 해당한다.
⑤ 탐색형 문제로, 미달 문제에 해당한다.

12 다음은 N공단의 2023 ~ 2025년 경영목표 중 전략방향 및 전략과제이다. 빈칸에 들어갈 과제로 알맞게 짝지어진 것은?

전략방향	신뢰받는 공기업 위상 정립	가스산업 경쟁력 확보	성과중심 경영시스템 정착
전략과제	사회적 책임 강화	해외사업 성공적 수행	(C)
	(A)	Global Provider로 성장	기술가치 제고
	고객중심 가치창출	(B)	활기찬 조직문화 확립

	(A)	(B)	(C)
①	안전·안정적 설비 운영	신규수요 창출	재무구조 안정성 제고
②	신규수요 창출	안전·안정적 설비 운영	재무구조 안정성 제고
③	재무구조 안정성 제고	안전·안정적 설비 운영	신규수요 창출
④	재무구조 안정성 제고	신규수요 창출	안전·안정적 설비 운영
⑤	안전·안정적 설비 운영	재무구조 안정성 제고	신규수요 창출

13 다음은 H은행의 고객의 소리 운영 규정의 일부이다. 고객서비스 업무를 담당하고 있는 1년 차 사원인 K씨는 7월 18일 월요일에 어느 한 고객으로부터 질의 민원을 접수받았다. 그러나 부득이한 사유로 기간 내 처리가 불가능할 것으로 보여 본사 총괄부서장의 승인을 받고 지연하였다. 해당 민원은 늦어도 언제까지 처리가 완료되어야 하는가?

> **제1조(목적)**
> 이 규정은 H은행에서 고객의 소리 운영에 필요한 사항에 대하여 규정함을 목적으로 한다.
>
> **제2조(정의)**
> "고객의 소리(Voice Of Customer)"라 함은 S공사 직무와 관련된 행정 처리에 대한 이의신청, 진정 등 민원과 S공사의 제도, 서비스 등에 대하여 불만이나 불편사항, 건의·단순 질의 등 모든 고객의 의견을 말한다.
>
> **제7조(처리기간)**
> ① 고객의 소리는 다른 업무에 우선하여 처리하여야 하며 처리기간이 남아있음 등의 이유로 처리를 지연시켜서는 아니 된다.
> ② 고객의 소리 처리기간은 24시간으로 한다. 다만, 서식민원은 별도로 한다.
>
> **제8조(처리기간의 연장)**
> ① 부득이한 사유로 기간 내에 처리하기 곤란한 경우 중간 답변을 하여야 하며, 이 경우 처리기간은 48시간으로 한다.
> ② 중간 답변을 하였음에도 기간 내에 처리하기 어려운 사항은 1회에 한하여 본사 총괄부서장의 승인을 받고 추가로 연장할 수 있다. 이 경우 추가되는 연장시간은 48시간으로 한다.
> ③ 업무의 성격이나 중요도, 본사 총괄부서의 처리시간에 임박한 재배정 등으로 제1항 내지 제2항의 기간 내에 처리할 수 없는 사항은 부서장 또는 소속장이 본사 총괄부서장에게 특별 기간연장을 요구할 수 있다.

① 7월 19일
② 7월 20일
③ 7월 21일
④ 7월 22일
⑤ 7월 23일

14 다음은 기후변화협약에 대한 국가군과 특정의무에 대한 자료이다. 이에 대한 내용으로 옳지 않은 것은?

〈국가군과 특정의무〉

구분	부속서 Ⅰ(Annex Ⅰ) 국가	부속서 Ⅱ(Annex Ⅱ) 국가	비부속서 Ⅰ(Non-Annex Ⅰ) 국가
국가	협약체결 당시 OECD 24개국, EU와 동구권 국가 등 40개국	Annex Ⅰ 국가에서 동구권 국가가 제외된 OECD 24개국 및 EU	우리나라 등
의무	온실가스 배출량을 1990년 수준으로 감축 노력, 강제성을 부여하지 않음	개발도상국에 재정지원 및 기술이전 의무를 가짐	국가 보고서 제출 등의 협약상 일반적 의무만 수행

부속서 Ⅰ	오스트레일리아, 오스트리아, 벨라루스, 벨기에, 불가리아, 캐나다, 크로아티아, 덴마크, 에스토니아, 핀란드, 프랑스, 독일, 그리스, 헝가리, 아이슬란드, 아일랜드, 일본, 라트비아, 리투아니아, 룩셈부르크, 네덜란드, 뉴질랜드, 노르웨이, 폴란드, 포르투갈, 루마니아, 러시아, 슬로바키아, 슬로베니아, 스페인, 스웨덴, 튀르키예, 우크라이나, 영국, 미국, 모나코, 리히텐슈타인 등
부속서 Ⅱ	오스트레일리아, 오스트리아, 벨기에, 캐나다, 덴마크, 핀란드, 프랑스, 독일, 그리스, 아이슬란드, 아일랜드, 이탈리아, 일본, 룩셈부르크, 네덜란드, 뉴질랜드, 노르웨이, 포르투갈, 스페인, 스웨덴, 스위스, 영국, 미국 등

① 우리나라는 비부속서 Ⅰ 국가에 속해 협약상 일반적 의무만 수행하면 된다.

② 아일랜드와 노르웨이는 개발도상국에 재정지원 및 기술이전 의무가 있다.

③ 리투아니아와 모나코는 온실가스 배출량을 1990년 수준으로 감축하도록 노력해야 한다.

④ 부속서 Ⅰ에 속하는 국가가 의무를 지키지 않을 시 그에 상응하는 벌금을 내야 한다.

⑤ 비부속서 Ⅰ 국가가 자발적으로 온실가스 배출량을 감축할 수 있다.

15 다음은 트리즈의 3가지 분리 원칙이다. 이를 참고할 때, 〈보기〉와 같은 원칙을 적용한 것은?

〈트리즈의 3가지 분리 원칙〉

트리즈는 하나의 특성이 서로 상충되는 상태를 요구받는 물리적 모순이 발생할 경우 이를 극복하기 위한 방법으로 다음의 3가지 분리 원칙을 개발하였다.
1) 시간에 의한 분리
2) 공간에 의한 분리
3) 전체와 부분에 의한 분리
즉, 트리즈는 모순되는 요구를 시간, 공간, 전체와 부분에 따라 분리함으로써 상반되는 요구를 모두 만족시키고자 하였다.

〈보기〉

군사용 레이더 장치를 제작하는 A사는 수신전용 안테나를 납품하기 위해 정부의 입찰에 참여했다. 안테나를 설치할 지역은 기온이 영하 20도 이하로 내려가는 추운 지역인 데다가 바람도 거센 곳이었다. 따라서 안테나는 별도의 사후 노력 없이도 강풍과 추위에 견딜 수 있을 만큼 단단해야 했다. 또한, 전략적 요충지에 설치되어야 하기에 도보로 운반할 수 있을 정도의 가벼운 무게를 지녀야 했다.
A사는 정부의 입찰 계약을 따내는 데 성공했고, 이는 회사의 엔지니어들이 기존과 다른 새로운 해결 방법을 고안했기에 가능했다. 이들은 안테나 전체가 아닌 안테나 기둥을 단단하게 만들고자 안테나 기둥의 표면을 거칠게 만들어 눈이 내리면 기둥에 눈이 쉽게 달라붙도록 하였고, 추운 날씨에 눈이 기둥에 얼어붙어 자동적으로 지지대를 보강하게 한 것이다. 이러한 방법은 별도의 장치를 추가할 필요가 없었으므로 안테나의 무게를 늘리지 않고도 지지대를 강화할 수 있었다.

① 튼튼하면서도 유연함을 유지해야 하는 자전거 체인
② 이・착륙 시 사용했다가 이륙 이후 접어 넣는 비행기 바퀴
③ 고층 건물 내 일정한 층을 분리하여 설치한 엘리베이터
④ 배가 지나갈 때, 다리의 한쪽이나 양쪽을 들어 올려 배의 통행을 가능하게 한 다리
⑤ 도로 위에 설치되어 사람의 통행을 가능하게 한 육교

16 다음 명제가 모두 참일 때, 반드시 참인 것은?

- 서울에 있는 어떤 공원은 사람이 많지 않다.
- 분위기가 있지 않으면 사람이 많지 않다.
- 모든 공원은 분위기가 있다.

① 분위기가 있지 않은 서울의 모든 공원은 사람이 많다.
② 분위기가 있는 서울의 어떤 공원은 사람이 많지 않다.
③ 분위기가 있는 서울의 모든 공원은 사람이 많지 않다.
④ 분위기가 있지 않은 서울의 어떤 공원은 사람이 많지 않다.
⑤ 분위기가 있지 않은 서울의 어떤 공원은 사람이 많다.

17 H은행에 근무 중인 A ~ E 5명은 사내 교육 프로그램 일정에 따라 요일별로 하나의 프로그램에 참가한다. 다음 〈조건〉에 따를 때, 항상 참인 것은?

〈사내 교육 프로그램 일정〉

월	화	수	목	금
필수 1	필수 2	선택 1	선택 2	선택 3

〈조건〉

- A는 선택 프로그램에 참가한다.
- C는 필수 프로그램에 참가한다.
- D는 C보다 나중에 프로그램에 참가한다.
- E는 A보다 나중에 프로그램에 참가한다.

① D는 반드시 필수 프로그램에 참가한다.
② B가 필수 프로그램에 참가하면 C는 화요일 프로그램에 참가한다.
③ C가 화요일 프로그램에 참가하면 E는 선택 2 프로그램에 참가한다.
④ A가 목요일 프로그램에 참가하면 E는 선택 3 프로그램에 참가한다.
⑤ E는 반드시 목요일 프로그램에 참가한다.

※ 제시된 명제가 모두 참일 때, 빈칸에 들어갈 명제로 가장 적절한 것을 고르시오. [18~19]

18

- 오늘이 수요일이나 목요일이면 아침에 커피를 마신다.
- ____________________
- 아침에 커피를 마시지 않은 날은 회사에서 회의를 한다.

① 회사에서 회의를 하면 수요일이다.
② 수요일에 회사에서 회의하면 목요일은 회의하지 않는다.
③ 회사에서 회의를 하지 않으면 아침에 커피를 마시지 않는다.
④ 수요일 아침에 커피를 마시면 목요일 아침에 커피를 마시지 않는다.
⑤ 회사에서 회의를 하지 않으면 수요일이나 목요일이다.

19

- 저녁에 일찍 자면 상쾌하게 일어날 수 있다.
- ____________________
- 자기 전 휴대폰을 보면 저녁에 일찍 잘 수 없다.

① 저녁에 일찍 자면 자기 전 휴대폰을 본 것이다.
② 저녁에 일찍 잘 수 없으면 상쾌하게 일어나지 않은 것이다.
③ 자기 전 휴대폰을 보면 상쾌하게 일어날 수 없다.
④ 저녁에 일찍 자면 자기 전 휴대폰을 보지 않은 것이다.
⑤ 상쾌하게 일어나면 저녁에 일찍 잔 것이다.

※ 제시된 명제가 모두 참일 때, 다음 중 바르게 유추한 것을 고르시오. [20~21]

20

- 강아지를 좋아하는 사람은 자연을 좋아한다.
- 편의점을 좋아하는 사람은 자연을 좋아하지 않는다.

① 편의점을 좋아하지 않는 사람은 강아지를 좋아한다.
② 자연을 좋아하는 사람은 강아지를 좋아한다.
③ 강아지를 좋아하는 사람은 편의점을 좋아한다.
④ 편의점을 좋아하는 사람은 강아지를 좋아하지 않는다.
⑤ 강아지를 좋아하지 않는 사람은 자연을 좋아하지 않는다.

21

- 달리기를 못하면 건강하지 않다.
- 홍삼을 먹으면 건강하다.
- 달리기를 잘하면 다리가 길다.

① 건강하지 않으면 다리가 길다.
② 홍삼을 먹으면 달리기를 못한다.
③ 달리기를 잘하면 홍삼을 먹는다.
④ 다리가 길면 홍삼을 먹는다.
⑤ 다리가 길지 않으면 홍삼을 먹지 않는다.

22 제시된 〈조건〉을 바탕으로 내린 A, B의 결론에 대한 판단으로 항상 옳은 것은?

〈조건〉

- 승원, 연호, 민선, 누리는 각각 키가 다르다.
- 네 명의 키의 평균은 170cm이다.
- 연호는 민선이보다 키가 크다.
- 민선이의 키는 175cm이다.
- 승원이는 누리보다 키가 작다.
- 누리의 키는 170cm이다.

A : 승원이의 키는 160cm보다 작다.
B : 연호가 가장 키가 크다.

① A만 옳다.
② B만 옳다.
③ A, B 모두 옳다.
④ A, B 모두 틀리다.
⑤ A, B 모두 옳은지 틀린지 판단할 수 없다.

23 아프리카의 어느 나라에 A ~ E 다섯 부족이 있다. A부족은 매우 호전적이어서 기회만 있으면 다른 부족을 침공하려고 한다. 다음 〈조건〉을 바탕으로 A부족이 침공할 부족을 모두 고르면?

- A부족은 E부족을 침공하지 않는다.
- A부족이 D부족을 침공하지 않는다면 B부족을 침공한다.
- A부족은 C부족을 침공하거나 E부족을 침공한다.
- A부족이 C부족을 침공한다면 D부족은 침공하지 않는다.

① B부족
② C부족
③ B부족과 C부족
④ B부족과 D부족
⑤ D부족과 E부족

24 낮 12시경 준표네 집에 도둑이 들었다. 목격자에 의하면 도둑은 한 명이다. 이 사건의 용의자로는 A ~ E 5명이 있고, 다음에는 이들의 진술 내용이 기록되어 있다. 이들 중 오직 두 명만이 거짓말을 하고 있으며, 거짓말을 하는 두 명 중 한 명이 범인이라면, 누가 범인인가?

- A : 나는 사건이 일어난 낮 12시에 학교에 있었다.
- B : 그날 낮 12시에 나는 A, C와 함께 있었다.
- C : B는 그날 낮 12시에 A와 부산에 있었다.
- D : B의 진술은 참이다.
- E : C는 그날 낮 12시에 나와 단 둘이 함께 있었다.

① A
② B
③ C
④ D
⑤ E

25 H공사 사원 A ~ D는 올해 중국, 일본, 프랑스, 독일 지역 중 각기 다른 지역 한 곳에 해외 파견을 떠나게 되었다. 이들은 영어, 중국어, 일본어, 프랑스어, 독일어 중 1개 이상의 외국어를 능통하게 할 수 있다. 해외 파견이 다음 〈조건〉을 따를 때 알 수 있는 내용으로 적절한 것은?

〈조건〉

- 일본, 독일, 프랑스 지역에 해외 파견을 떠나는 사원은 해당 국가의 언어를 능통하게 한다.
- 중국, 프랑스, 지역에 해외 파견을 떠나는 사원은 영어도 능통하게 한다.
- 일본어, 프랑스어, 독일어를 능통하게 하는 사원은 각각 1명이다.
- 사원 4명 중 영어가 능통한 사원은 3명이며, 중국어가 능통한 사원은 2명이다.
- A는 영어와 독일어를 능통하게 한다.
- C가 능통하게 할 수 있는 외국어는 중국어와 일본어뿐이다.
- B가 능통하게 할 수 있는 외국어 중 한 개는 C와 겹친다.

① A는 세 개의 외국어를 능통하게 할 수 있다.
② B는 두 개의 외국어를 능통하게 할 수 있다.
③ C는 중국에 파견 근무를 떠난다.
④ D는 어느 국가로 파견 근무를 떠나는지 알 수 없다.
⑤ A와 C가 능통하게 할 수 있는 외국어 중 한 개는 동일하다.

01 다음 〈보기〉 중 조직문화 모형인 7S모형에 대한 설명으로 옳지 않은 것을 모두 고르면?

〈보기〉

ㄱ. 7S모형에 제시된 조직문화 구성요소는 공유가치, 리더십 스타일, 구성원, 제도・절차, 구조, 전략, 스킬을 가리킨다.
ㄴ. '리더십 스타일'이란 조직구성원들의 행동이나 사고를 특정 방향으로 이끌어 가는 원칙이나 기준을 의미한다.
ㄷ. '구조'는 조직의 전략을 수행하는 데 필요한 틀로서 구성원의 역할과 그들 간의 상호관계를 지배하는 공식요소를 가리킨다.
ㄹ. '전략'은 조직의 장기적인 목적과 계획 그리고 이를 달성하기 위한 장기적인 행동지침을 가리킨다.

① ㄱ
② ㄴ
③ ㄱ, ㄷ
④ ㄴ, ㄹ
⑤ ㄷ, ㄹ

02 마이클 포터는 경쟁우위 전략으로 차별화 전략, 집중화 전략, 원가우위 전략을 제시하였다. 다음 사례에 나타난 전략의 특징으로 옳은 것은?

A사는 일반적으로 경쟁사에 비해 제품의 가격이 비싸다. 하지만 소비자들은 A사 제품의 품질, 디자인, 브랜드 이미지에 대해 비싼 가격을 지불하고 제품을 구매하기 때문에 경쟁사들보다 영업이익률이 높다.

① 제품을 더 저렴하게 제공하는 경쟁사가 등장하면 고객을 잃게 된다.
② 급격한 기술 변화가 이전의 시설이나 노하우를 필요 없게 만들 수 있다.
③ 한정된 영역에 경영자원을 집중한다.
④ 브랜드 이미지를 위해 광고가 경쟁의 수단으로 작용한다.
⑤ 특정 시장의 소비자들의 충성도를 확보한다.

03 다음 〈보기〉 중 은행 직원의 업무로 옳은 것은 모두 몇 개인가?

〈보기〉

ㄱ. 신용카드 이용 한도 증액
ㄴ. 사기업 주식 직접 구매
ㄷ. 교통카드 기능이 포함된 카드 발급
ㄹ. 보험 상품 설계
ㅁ. 부동산 관련 투자
ㅂ. 공과금 감면 상담

① 1개
② 2개
③ 3개
④ 4개
⑤ 5개

04 다음 상황에서 K사가 해외 시장 개척을 앞두고 기존의 조직구조를 개편할 경우, K사가 추가해야 할 조직으로 보기 어려운 것은?

K사는 몇 년 전부터 자체 기술로 개발한 제품의 판매 호조로 인해 기대 이상의 수익을 창출하게 되었다. 경쟁업체들이 모방할 수 없는 독보적인 기술력을 앞세워 국내 시장을 공략한 결과, 이미 더 이상의 국내 시장 경쟁자들은 없다고 할 만큼 탄탄한 시장 점유율을 확보하였다. 이러한 K사의 사장은 올 초부터 해외 시장 진출의 꿈을 갖고 필요한 자료를 수집하기 시작하였다. 충분한 자금력을 확보한 K사는 우선 해외 부품 공장을 인수한 후 현지에 생산 기지를 건설하여 국내에서 생산되는 물량의 절반 정도를 현지로 이전하여 생산하고, 이를 통한 물류비 절감으로 주변국들부터 시장을 넓혀가겠다는 야심찬 계획을 가지고 있다. 한국 본사에서는 내년까지 4 ~ 5곳의 해외 거래처를 더 확보하여 지속적인 해외 시장 개척에 매진한다는 중장기 목표를 대내외에 천명해 둔 상태다.

① 해외관리팀
② 기업회계팀
③ 외환업무팀
④ 국제법무팀
⑤ 국제기획팀

05 다음 상황에서 K주임이 처리해야 할 업무 순서로 가장 적절한 것은?

> 안녕하세요, K주임님. 언론홍보팀 L대리입니다. 다름이 아니라 이번에 공사에서 진행하는 '소셜벤처 성장지원사업'에 관한 보도 자료를 작성하려고 하는데, 디지털소통팀의 업무 협조가 필요하여 연락드렸습니다. 디지털소통팀 P팀장님께 K주임님이 협조해주신다는 이야기를 전해 들었습니다. 자세한 요청 사항은 회의를 통해서 말씀드리도록 하겠습니다. 혹시 내일 오전 10시에 회의를 진행해도 괜찮을까요? 일정 확인하시고 오늘 내로 답변 주시면 감사하겠습니다. 일단 회의 전에 알아두시면 좋을 것 같은 자료는 메일로 발송하였습니다. 회의 전에 미리 확인하셔서 관련 사항 숙지하시고 회의에 참석해주시면 좋을 것 같습니다. 아! 그리고 오늘 2시에 홍보실 각 팀 팀장 회의가 있다고 하니, P팀장님께 꼭 전해주세요.

① 팀장 회의 참석 – 익일 업무 일정 확인 – 메일 확인 – 회의 일정 답변 전달
② 팀장 회의 참석 – 메일 확인 – 익일 업무 일정 확인 – 회의 일정 답변 전달
③ 팀장 회의 일정 전달 – 메일 확인 – 회의 일정 답변 전달 – 익일 업무 일정 확인
④ 팀장 회의 일정 전달 – 익일 업무 일정 확인 – 회의 일정 답변 전달 – 메일 확인
⑤ 팀장 회의 일정 전달 – 익일 업무 일정 확인 – 메일 확인 – 회의 일정 답변 전달

06 경제 상식에 대한 다음 대화 내용 중 적절하지 않은 말을 한 사람은?

> A사원 : 주식을 볼 때 미국은 나스닥, 일본은 자스닥, 한국은 코스닥을 운영하고 있던가?
> B사원 : 응, 국가마다 기준이 다른데 MSCI 지수를 통해 상호 비교할 수 있어.
> C사원 : 그렇지. 그리고 요즘 기축통화에 대해 들었어? 한국의 결제나 금융거래에서 기본이 되는 화폐인데 이제 그 가치가 더 상승한대.
> D사원 : 그래? 고도의 경제성장률을 보이는 이머징마켓에 속한 국가들 때문에 그런가?

① A사원
② B사원
③ C사원
④ D사원
⑤ 모두 옳다.

07 다음은 K공사의 해외시장 진출 및 지원 확대를 위한 전략과제의 필요성을 제시한 자료이다. 이를 통해 도출된 과제의 추진방향으로 적절하지 않은 것은?

> 〈전략과제 필요성〉
>
> • 해외시장에서 기관이 수주할 수 있는 산업 발굴
> • 국제사업 수행을 통한 경험축적 및 컨소시엄을 통한 기술·노하우 습득
> • 해당 산업 관련 민간기업의 해외진출 활성화를 위한 실질적 지원

① 국제기관의 다양한 자금을 활용하여 사업을 발굴하고, 해당 사업의 해외진출을 위한 기술역량을 강화한다.

② 해외봉사활동 등과 연계하여 기관 이미지 제고 및 사업에 대한 사전조사, 시장조사를 통한 선제적 마케팅 활동을 추진한다.

③ 국제경쟁입찰의 과열 경쟁 심화와 컨소시엄 구성 시 민간기업과 업무배분, 이윤추구성향 조율에 어려움이 예상된다.

④ 해당 산업 민간(중소)기업을 대상으로 입찰 정보제공, 사업전략 상담, 동반 진출 등을 통한 실질적 지원을 확대한다.

⑤ 국제사업에 참여하여 경험을 축적시키고, 컨소시엄을 통해 습득한 기술 등을 재활용할 수 있는 사업을 구상하고 연구진을 지원한다.

08 다음 중 제시된 협상 대화에서 가장 바르게 대답한 사람은?

> S사 : 안녕하세요. 다름이 아니라 현재 단가로는 더 이상 귀사에 납품하는 것이 어려울 것 같아 자재의 단가를 조금 올리고 싶어서요. 이에 대해 어떻게 생각하시나요?
>
> 대답 : ______________________

〈보기〉

> • A : 지난 달 자재의 불량률이 너무 높은데 단가를 더 낮춰야 할 것 같습니다.
> • B : 저희도 이정도 가격은 꼭 받아야 해서요. 단가를 지금 이상 드리는 것은 불가능합니다.
> • C : 불량률을 3% 아래로 낮춰서 납품해 주시면 단가를 조금 올리도록 하겠습니다.
> • D : 단가를 올리면 저희 쪽에서 주문하는 수량이 줄어들 텐데, 귀사에서 괜찮을까요?
> • E : 단가에 대한 협상은 귀사의 사장님과 해 봐야 할 것 같네요.

① A
② B
③ C
④ D
⑤ E

09 M&A에 쓰이는 전략 중 아무도 눈치 채지 못하도록 대상 기업의 주식 상당량을 미리 매입해 놓았다가, 어느 날 기습적으로 기업인수 의사를 대상 기업 경영자에게 전달하는 방법은?

① 곰의 포옹
② 새벽의 기습
③ 포이즌 필
④ 황금낙하산
⑤ 그린 메일

10 다음 〈보기〉에서 BCG 매트릭스와 GE－맥킨지 매트릭스에 대한 설명으로 옳은 것을 모두 고르면?

〈보기〉

ㄱ. BCG 매트릭스는 미국의 컨설팅업체인 맥킨지에서 개발한 사업포트폴리오 분석 기법이다.
ㄴ. BCG 매트릭스는 시장성장율과 상대적 시장점유율을 고려하여 사업의 형태를 4개 영역으로 나타낸다.
ㄷ. GE－맥킨지 매트릭스는 산업매력도와 사업경쟁력을 고려하여 사업의 형태를 6개 영역으로 나타낸다.
ㄹ. GE－맥킨지 매트릭스에서의 산업매력도는 시장규모, 경쟁구조, 시장 잠재력 등의 요인에 의해 결정된다.
ㅁ. GE－맥킨지 매트릭스는 BCG 매트릭스의 단점을 보완해 준다.

① ㄱ, ㄴ
② ㄱ, ㄴ, ㄷ
③ ㄴ, ㄷ, ㅁ
④ ㄴ, ㄹ, ㅁ
⑤ ㄷ, ㄹ, ㅁ

11 다음 중 이사원이 처리해야 할 업무 순서가 바르게 나열된 것은?

현재 시각은 10시 30분. 이사원은 30분 후 거래처 직원과의 미팅이 예정되어 있다. 거래처 직원에게는 회사의 제1회의실에서 미팅을 진행하기로 미리 안내하였으나, 오늘 오전 현재 제1회의실 예약이 모두 완료되어 금일 사용이 불가능하다는 연락을 받았다. 또한 이사원은 오후 2시에 김팀장과 면담 예정이었으나, 오늘까지 문서 작업을 완료해달라는 부서장의 요청을 받았다. 이사원은 면담 시간을 미뤄보려 했지만 김팀장은 이사원과의 면담 이후 부서 회의에 참여해야 하므로 면담 시간을 미룰 수 없다고 답변했다.

㉠ 거래처 직원과의 미팅
㉡ 11시에 사용 가능한 회의실 사용 예약
㉢ 거래처 직원에게 미팅 장소 변경 안내
㉣ 김팀장과의 면담
㉤ 부서장이 요청한 문서 작업 완료

① ㉠－㉢－㉡－㉣－㉤
② ㉡－㉢－㉠－㉤－㉣
③ ㉡－㉢－㉠－㉣－㉤
④ ㉢－㉡－㉠－㉤－㉣
⑤ ㉢－㉡－㉤－㉠－㉣

12 다음 그림에서 단계별로 들어갈 개념을 바르게 짝지은 것은?

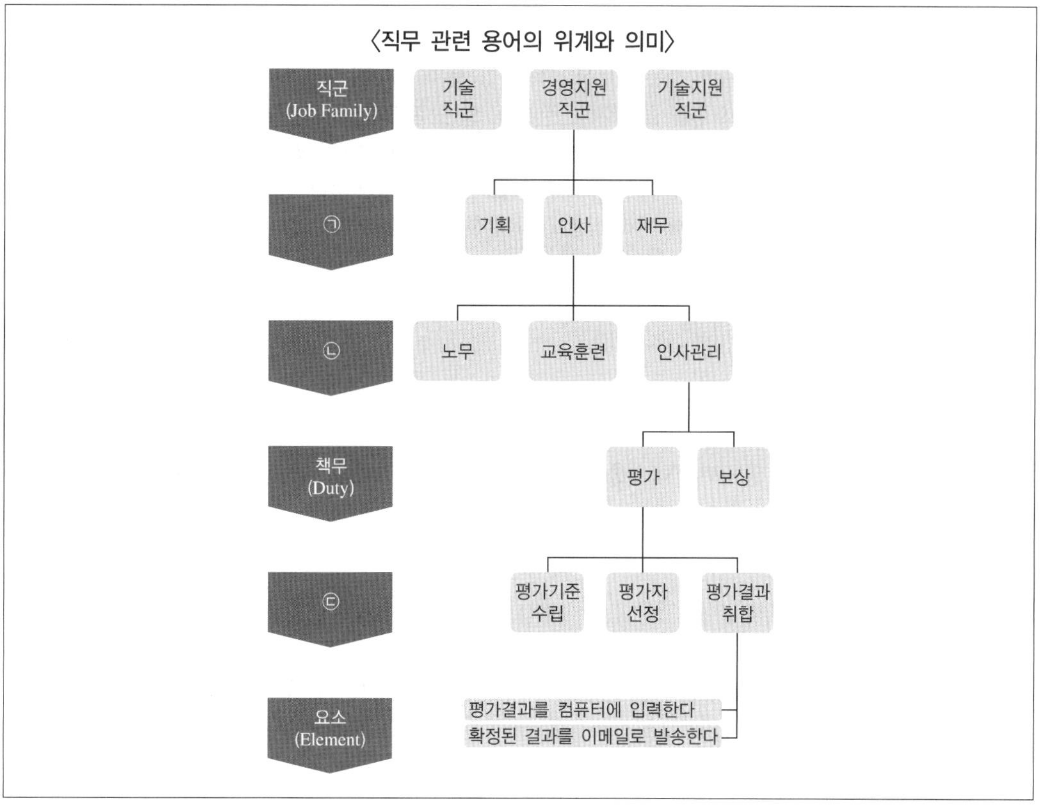

	㉠	㉡	㉢
①	과업	직무	직렬
②	직무	직렬	과업
③	직무	과업	직렬
④	직렬	직무	과업
⑤	직렬	과업	직무

13 다음 상황에서 팀장의 지시를 적절히 수행하기 위하여 오대리가 거쳐야 할 부서명을 순서대로 바르게 나열한 것은?

> 오대리, 내가 내일 출장 준비 때문에 무척 바빠서 그러는데 자네가 좀 도와줘야 할 것 같군. 우선 박비서한테 가서 오후 사장님 회의 자료를 좀 가져다 주게나. 오는 길에 지난주 기자단 간담회 자료 정리가 되었는지 확인해 보고 완료됐으면 한 부 챙겨 오고. 다음 주에 승진자 발표가 있을 것 같은데 우리 팀 승진 대상자 서류가 잘 전달되었는지 그것도 확인 좀 해 줘야겠어. 참, 오후에 바이어가 내방하기로 되어 있는데 공항 픽업 준비는 잘 해 두었지? 배차 예약 상황도 다시 한 번 점검해 봐야 할 거야. 그럼 수고 좀 해 주게.

① 기획팀 – 홍보팀 – 총무팀 – 경영관리팀
② 비서실 – 홍보팀 – 인사팀 – 총무팀
③ 비서실 – 홍보팀 – 총무팀 – 기획팀
④ 비서실 – 법무팀 – 총무팀 – 인사팀
⑤ 비서실 – 경영관리팀 – 인사팀 – 총무팀

14 다음은 K사의 직무전결표의 일부분이다. 이에 따라 문서를 처리한 것 중 바르게 처리되지 못한 것을 〈보기〉에서 모두 고르면?

직무 내용	대표이사	위임전결권자		
		전무	이사	부서장
직원 채용 승인	○			
직원 채용 결과 통보				○
교육훈련 대상자 선정			○	
교육훈련 프로그램 승인		○		
직원 국내 출장 승인			○	
직원 해외 출장 승인		○		
임원 국내 출장 승인		○		
임원 해외 출장 승인	○			

〈보기〉

ㄱ. 전무가 출장 중이어서 교육훈련 프로그램 승인을 위해서 일단 이사 전결로 처리하였다.
ㄴ. 인사부장 명의로 영업부 직원 채용 결과서를 통보하였다.
ㄷ. 영업부 대리의 국내 출장을 승인받기 위해서 이사의 결재를 받았다.
ㄹ. 기획부의 교육 대상자를 선정하기 위해서 기획부장의 결재를 받아 처리하였다.

① ㄱ, ㄴ
② ㄱ, ㄴ, ㄷ
③ ㄱ, ㄴ, ㄹ
④ ㄱ, ㄷ, ㄹ
⑤ ㄴ, ㄷ, ㄹ

15 인사팀 김부장은 신입사원들을 대상으로 '조직'의 의미를 다음과 같이 설명하였다. 김부장의 설명에 근거할 때, '조직'으로 적절하지 않은 것은?

> 조직은 특정한 목적을 추구하기 위하여 의도적으로 구성된 사람들의 집합체로서 외부 환경과 여러 가지 상호 작용을 하는 사회적 단위라고 말할 수 있지. 한데, 이러한 상호 작용이 유기적인 협력체제하에서 행해지면서 조직이 추구하는 목적을 달성하기 위해서는 내부적인 구조가 있어야만 해. 업무와 기능의 분배, 권한과 위임을 통하여 어떤 특정한 조직 구성원들의 공통된 목표를 달성하기 위하여 여러 사람의 활동을 합리적으로 조정한 것이야말로 조직의 정의를 가장 잘 나타내주는 말이라고 할 수 있다네.

① 영화 촬영을 위해 모인 스태프와 배우들
② 주말을 이용해 춘천까지 다녀오기 위해 모인 자전거 동호회원들
③ 열띤 응원을 펼치고 있는 야구장의 관중들
④ 야간자율학습을 하고 있는 G고등학교 3학년 2반 학생들
⑤ 미국까지 가는 비행기 안에 탑승한 기장과 승무원들

16 다음 중 리더십이론에서 리더의 개인적 특성 또는 성격이 리더십의 성공을 좌우한다는 이론은?

① 특성이론
② 행동이론
③ 상황이론
④ 집단이론
⑤ 거래이론

17 다른 사람들은 모르는 좋은 낚시터라는 은유적인 뜻을 가지고 있으며, 대중적인 시장 대신 기존의 시장을 세분화한 틈새시장을 목표로 특정 매니아들의 니즈를 파악하고 이들을 공략하는 이 마케팅 전략은?

① 디마케팅
② 버즈 마케팅
③ 앰부시 마케팅
④ 니치 마케팅
⑤ 뉴로 마케팅

18 다음 중 새로 부임하는 기업의 CEO가 전임자 재임 기간의 누적 손실이나 향후 잠재적 부실요소 등을 회계장부에 반영해, 실적부진의 책임을 전임자에게 넘기고 자신의 공적을 부각시키는 전략은?

① 워터게이트
② 빅 배스
③ 캐시 몹
④ 클리어 캄
⑤ 닷컴버블

19 다음 중 신제품 또는 기업에 대하여 언론이 일반보도로 다루도록 함으로써 결과적으로 무료로 광고효과를 얻게 하는 PR의 한 방법은?

① 애드버커시
② 콩글로머천트
③ 퍼블리시티
④ 멀티스폿
⑤ 트랜드제킹

20 다음 중 세금 절감 목적 때문에 라이베리아, 케이맨 제도, 버진아일랜드 등 세계에 널리 알려진 조세 피난처에 주로 설립하는 회사는?

① 디폴트
② 페이퍼 컴퍼니
③ 모라토리엄
④ 부티크
⑤ 모기지

21 다음은 문화적 커뮤니케이션에 대한 설명이다. 빈칸에 들어갈 단어를 바르게 나열한 것은?

> 직업인이 외국인과 함께 일하는 국제 비즈니스에서는 커뮤니케이션이 매우 중요하다. 직업인은 자신이 속한 조직의 목적을 달성하기 위해 외국인을 설득하거나 이해시켜야 한다. 이와 같이 서로 상이한 문화 간 커뮤니케이션을 ___㉠___이라고 한다. 반면에 ___㉡___은 국가 간의 커뮤니케이션으로 직업인이 자신의 일을 수행하는 가운데 문화배경을 달리하는 사람과 커뮤니케이션을 하는 것은 ___㉠___에 해당된다.
> ___㉠___은 언어적과 비언어적으로 구분된다. 언어적 커뮤니케이션은 의사를 전달할 때 직접적으로 이용되는 것으로 이는 외국어 사용능력과 직결된다. 그러나 국제관계에서는 이러한 언어적 커뮤니케이션 외에 비언어적 커뮤니케이션 때문에 여러 가지 문제를 겪는 경우가 많다. 즉, 아무리 외국어를 유창하게 하는 사람이라고 하더라도 문화적 배경을 잘 모르면 언어에 내포된 의미를 잘못 해석하거나 수용하지 않을 수도 있다. 또한, 대접을 잘 하겠다고 한 행동이 오히려 모욕감이나 당혹감을 주는 행동으로 비춰질 수도 있다. 따라서 국제 사회에서 성공적인 업무 성과를 내기 위해서는 외국어활용능력을 키우는 것뿐만 아니라 상대국의 문화적 배경에 입각한 생활양식, 행동규범, 가치관 등을 사전에 이해하기 위한 노력을 지속적으로 기울여야 한다.

	㉠	㉡
①	비공식적 커뮤니케이션	공식적 커뮤니케이션
②	다문화 커뮤니케이션	국제 커뮤니케이션
③	다문화 커뮤니케이션	공식적 커뮤니케이션
④	이문화 커뮤니케이션	국제 커뮤니케이션
⑤	이문화 커뮤니케이션	공식적 커뮤니케이션

22 다음 〈보기〉의 맥킨지 7S 모델을 소프트웨어적 요소와 하드웨어적 요소로 바르게 구분한 것은?

〈보기〉

㉠ 스타일(Style)	㉡ 구성원(Staff)
㉢ 전략(Strategy)	㉣ 스킬(Skills)
㉤ 구조(Structure)	㉥ 공유가치(Shared Values)
㉦ 시스템(Systems)	

	소프트웨어	하드웨어
①	㉠, ㉡, ㉢, ㉥	㉣, ㉤, ㉦
②	㉠, ㉡, ㉣, ㉥	㉢, ㉤, ㉦
③	㉡, ㉢, ㉥, ㉦	㉠, ㉣, ㉤
④	㉡, ㉣, ㉤, ㉦	㉠, ㉢, ㉥
⑤	㉢, ㉤, ㉥, ㉦	㉠, ㉡, ㉣

23 다음 중 내부 벤치마킹에 대한 설명으로 가장 적절한 것은?

① 벤치마킹 대상의 적대적 태도로 인해 자료 수집에 어려움을 겪을 수 있다.
② 다각화된 우량기업의 경우 효과를 보기 어렵다.
③ 경쟁 기업을 통해 경영 성과와 관련된 정보를 획득할 수 있다.
④ 같은 기업 내의 타 부서 간 유사한 활용을 비교 대상으로 삼을 수 있다.
⑤ 문화 및 제도적인 차이로 발생할 수 있는 효과에 대한 검토가 필요하다.

24 다음 〈보기〉에서 업무배정에 대한 설명으로 옳지 않은 것을 모두 고르면?

〈보기〉

ㄱ. 조직의 업무는 반드시 사전에 직책에 따라 업무분장이 이루어진 대로 수행되어야 한다.
ㄴ. 근속연수는 구성원 개인이 조직 내에서 책임을 수행하고 권한을 행사하는 기반이 된다.
ㄷ. 동시간대에 수행하여야 하는 업무들은 하나의 업무로 통합하여 수행하는 것이 효율적이다.
ㄹ. 직위에 따라 수행해야 할 일정 업무가 할당되고, 그 업무를 수행하는 데 필요한 권한과 책임이 부여된다.

① ㄱ, ㄴ
② ㄱ, ㄷ
③ ㄴ, ㄷ
④ ㄴ, ㄹ
⑤ ㄷ, ㄹ

25 다음 사례에서 K사가 밑줄 친 내용을 통하여 얻을 수 있는 기대효과로 적절한 것을 〈보기〉에서 모두 고르면?

K사는 사원 번호, 사원명, 연락처 등의 사원 데이터 파일을 여러 부서별로 저장하여 관리하다 보니 연락처가 바뀌면 연락처가 저장되어 있는 모든 파일을 수정해야 했다.
또한 사원 데이터 파일에 주소 항목이 추가되는 등 파일의 구조가 변경되면 이전 파일 구조를 사용했던 모든 응용 프로그램도 수정해야 하므로 유지보수 비용이 많이 들었다. 그래서 H공사에서는 <u>이런 문제점을 해결할 수 있는 소프트웨어</u>를 도입하기로 결정하였다.

〈보기〉

㉠ 대용량 동영상 파일을 쉽게 편집할 수 있다.
㉡ 컴퓨터의 시동 및 주변기기의 제어를 쉽게 할 수 있다.
㉢ 응용 프로그램과 데이터 간의 독립성을 향상시킬 수 있다.
㉣ 데이터의 중복이 감소되어 일관성을 높일 수 있다.

① ㉠, ㉡
② ㉠, ㉢
③ ㉠, ㉣
④ ㉡, ㉢
⑤ ㉢, ㉣

3권

제3회
한국수출입은행 필기전형

NCS 직업기초능력평가 모의고사

〈문항 수 및 시험시간〉

영역	문항 수	시험시간	모바일 OMR 답안채점 / 성적분석
의사소통능력	25문항	100분	
수리능력	25문항		
문제해결능력	25문항		
조직이해능력	25문항		

한국수출입은행 필기전형

제3회 모의고사

문항 수 : 100문항
시험시간 : 100분

제1영역 의사소통능력

01 다음 글의 중심 내용으로 적절한 것은?

사피어 – 워프 가설은 어떤 언어를 사용하느냐에 따라 사고의 방식이 정해진다는 이론이다. 이에 따르면 언어는 인간의 사고나 사유를 반영함은 물론이고, 그 언어를 쓰는 사람들의 사고방식에까지 영향을 미친다. 공동체의 언어 습관이 특정한 해석을 선택하도록 하기 때문에 우리는 일반적으로 우리가 행한 대로 보고 듣고 경험한다고 한 사피어의 관점에 영향을 받아, 워프는 언어가 경험을 조직한다고 주장했다. 한 문화의 구성원으로서, 특정한 언어를 사용하는 화자로서, 우리는 언어를 통해 암묵적 분류를 배우고 이 분류가 세계의 정확한 표현이라고 간주한다. 그리고 그 분류는 사회마다 다르므로, 각 문화는 서로 다른 의견을 가질 수 있는 개인들로 구성됨에도 불구하고 독특한 합의를 보여 준다.

가령, 에스키모어에는 눈에 관한 낱말이 많은데 영어로는 한 단어인 '눈(snow)'을 네 가지 다른 단어, 즉 땅 위의 눈(aput), 내리는 눈(quana), 바람에 날리는 눈(piqsirpoq), 바람에 날려 쌓이는 눈(quiumqsuq) 등으로 표현한다는 것이다. 북아프리카 사막의 유목민들은 낙타에 대한 10개 이상의 단어를 가지고 있으며, 우리도 마찬가지다. 영어의 'rice'에 해당하는 우리말은 '모', '벼', '쌀', '밥' 등이 있다.

그렇다면 언어와 사고, 언어와 문화의 관계는 어떻게 볼 수 있을까? 일단 우리는 언어와 정신 활동이 상호 의존성을 갖는다고 말할 수 있을 것이다. 하지만 그들 간의 관계 중 어떤 것이 우월한 것인지를 잘 식별할 수 없는 정도로 인식이 되고 나면, 우리의 생각은 언어 우위 쪽으로 기울기 쉽다.

왜냐하면 언어의 사용에 따라 사고가 달라지는 것이라고 규정하는 것이 사고를 통해 언어가 만들어진다는 것보다 훨씬 더 쉽게 이해되기 때문이다. 이러한 면에서 사피어 – 워프 가설은 언어 우위론적 입장을 보인다고 할 수 있다.

그러나 사피어 – 워프 가설이 언어 우위론의 근거로만 설명되는 것은 아니다. 앞의 에스키모어의 예를 보면, 사람들이 눈을 인지하는 방법이 달라진 것(사고의 변화)으로 인해 언어도 달라지게 되었는지, 반대로 언어 체계가 달라진 것으로 인해 눈을 인지하는 방법이 달라졌는지를 명확하게 설명할 수 없기 때문이다.

① 사피어 – 워프 가설은 언어 우위론으로 입증할 수 있다.
② 사피어 – 워프 가설의 예로 에스키모어가 있다.
③ 사피어 – 워프 가설은 우리의 언어 생활과 밀접한 이론이다.
④ 언어와 사고의 관계에 대한 사피어 – 워프 가설을 증명하기는 쉽지 않다.
⑤ 사피어 – 워프 가설은 학계에서 대체로 인정하는 추세이다.

02 다음 속담을 의미하는 한자성어는?

고생 끝에 낙이 온다.

① 脣亡齒寒
② 堂狗風月
③ 苦盡甘來
④ 朝三暮四
⑤ 學而時習

03 다음 글의 주장에 대한 비판으로 가장 적절한 것은?

> 전통적인 경제학에 따른 통화 정책에서는 정책 금리를 활용하여 물가를 안정시키고 경제 안정을 도모하는 것을 목표로 한다. 중앙은행은 경기가 과열되었을 때 정책 금리 인상을 통해 경기를 진정시키고자 한다. 정책 금리 인상으로 시장 금리도 높아지면 가계 및 기업에 대한 대출 감소로 신용 공급이 축소된다. 신용 공급의 축소는 경제 내 수요를 줄여 물가를 안정시키고 경기를 진정시킨다. 반면 경기가 침체되었을 때는 반대의 과정을 통해 경기를 부양시키고자 한다.
> 금융을 통화 정책의 전달 경로로만 보는 전통적인 경제학에서는 금융감독 정책이 개별 금융 회사의 건전성 확보를 통해 금융 안정을 달성하고자 하는 미시 건전성 정책에 집중해야 한다고 보았다. 이러한 관점은 금융이 직접적인 생산 수단이 아니므로 단기적일 때와는 달리 장기적으로는 경제 성장에 영향을 미치지 못한다는 인식과 자산 시장에서는 가격이 본질적 가치를 초과하여 폭등하는 버블이 존재하지 않는다는 효율적 시장 가설에 기인한다. 미시 건전성 정책은 개별 금융 회사의 건전성에 대한 예방적 규제 성격을 가진 정책 수단을 활용하는데, 그 예로는 향후 손실에 대비하여 금융 회사의 자기자본 하한을 설정하는 최저 자기자본 규제를 들 수 있다.

① 경기가 침체된 상황에서는 처방적 규제보다 예방적 규제에 힘써야 한다.
② 시장의 물가가 지나치게 상승할 경우 국가는 적극적으로 개입하여 물가를 안정시켜야 한다.
③ 중앙은행의 정책이 자산 가격 버블에 따른 금융 불안을 야기하여 경제 안정이 훼손될 수 있다.
④ 금융은 단기적일 때와 달리 장기적으로는 경제 성장에 별다른 영향을 미치지 못한다.
⑤ 금융 회사에 대한 최저 자기자본 규제를 통해 금융 회사의 건전성을 확보할 수 있다.

※ 다음 글의 빈칸에 들어갈 내용으로 가장 적절한 것을 고르시오. [4~5]

04

경기적 실업이란 경기 침체의 영향으로 기업 활동이 위축되고 이로 인해 노동에 대한 수요가 감소하여 고용량이 줄어들어 발생하는 실업이다. 다시 말해 경기적 실업은 노동 시장에서 노동의 수요와 공급이 균형을 이루고 있는 상태라고 가정할 때, 경기가 침체되어 물가가 하락하게 되면 ______________________
경기적 실업은 다른 종류의 실업에 비해 생산량 측면에서 경제적으로 큰 손실을 발생시킬 수 있기에 경제학자들은 이를 해결하기 위한 정부의 역할에 대해 다양한 의견을 제시한다.

① 기업은 생산량을 줄이게 되고 이로 인해 노동에 대한 공급이 감소하여 발생한다.
② 기업은 생산량을 늘리게 되고 이로 인해 노동에 대한 수요가 증가하여 발생한다.
③ 기업은 생산량을 늘리게 되고 이로 인해 노동에 대한 공급이 감소하여 발생한다.
④ 기업은 생산량을 줄이게 되고 이로 인해 노동에 대한 수요가 감소하여 발생한다.
⑤ 기업은 생산량을 줄이게 되고 이로 인해 노동에 대한 수요가 증가하여 발생한다.

05

MZ세대 직장인을 중심으로 '조용한 사직'이 유행하고 있다. '조용한 사직'이라는 신조어는 2022년 7월 한 미국인이 SNS에 소개하면서 큰 호응을 얻은 것으로 실제로 퇴사하진 않지만 최소한의 일만 하는 업무 태도를 말한다. 실제로 MZ세대 직장인은 적당히 하자라는 생각으로 주어진 업무는 하되 더 찾아서 하거나 스트레스 받을 수준으로 많은 일을 맡지 않고, 사내 행사도 꼭 필요할 때만 참여해 일과 삶을 철저히 분리하고 있다. 한 채용플랫폼의 설문조사 결과에 따르면 직장인 10명 중 7명이 '월급받는 만큼만 일하면 끝'이라고 답했고, 20대 응답자 중 78.5%, 30대 응답자 중 77.1%가 '받은 만큼만 일한다.'라고 답했다.
설문조사 결과 연령대가 높아질수록 그 비율은 감소해 젊은 층을 중심으로 이 같은 인식이 확산하고 있음을 짐작할 수 있다.
이러한 인식이 확산하는 데에는 인플레이션으로 인한 임금 감소, '돈을 많이 모아도 집 한 채를 살 수 있을까?' 등 전반적인 경제적 불만이 기저에 있다고 전문가들은 말했다. 또 MZ세대가 '노력에 상응하는 보상을 받고 있는지'에 민감하게 반응하는 특성을 가지고 있는 것도 한몫하고 있다.
문제점은 이러한 '조용한 사직' 분위기가 기업의 전반적인 생산성 저하로 이어지고 있는 것이다. 이에 맞서 기업도 '조용한 사직'으로 대응해 게으른 직원에게 업무를 주지 않는 '조용한 해고'를 하는 상황이 발생하고 있다. 이에 전문가들은 MZ세대 직장인을 나태하다고 구분 짓는 사고방식은 잘못되었다고 지적하며, 기업 차원에서는 "______________________"이, 개인 차원에서는 "스스로 일과 삶을 잘 조율하는 현명함을 만드는 것"이 필요하다고 언급했다.

① 직원이 일한 만큼 급여를 올려주는 것
② 직원이 스트레스를 받지 않게 적당량의 업무를 배당하는 것
③ 젊은 세대의 채용을 신중히 하는 것
④ 젊은 세대의 특성을 이해하고 온전히 받아들이는 것
⑤ 젊은 세대가 함께할 수 있도록 분위기를 만드는 것

06 다음 글을 읽고 추론한 내용으로 가장 적절한 것은?

> 사람과 동물처럼 우리 몸을 구성하는 세포도 자의적으로 죽음을 선택하기도 한다. 그렇다면 왜 세포는 죽음을 선택할까? 소위 '진화'의 관점으로 본다면 개별 세포도 살기 위해 발버둥 쳐야 마땅한데 스스로 죽기로 결정한다니 역설적인 이야기처럼 들린다. 세포가 죽음을 선택하는 이유는 자신이 죽는 것이 전체 개체에 유익하기 때문이다. 도대체 '자의적'이란 말을 붙일 수 있는 세포의 죽음은 어떤 것일까?
> 세포의 '자의적' 죽음이 있다는 말은 '타의적' 죽음도 있다는 말일 것이다. 타의적인 죽음은 네크로시스(Necrosis), 자의적인 죽음은 아포토시스(Apoptosis)라고 부른다. 이 두 죽음은 그 과정과 형태에서 분명한 차이를 보인다. 타의적인 죽음인 네크로시스는 세포가 손상돼 어쩔 수 없이 죽음에 이르는 과정을 말한다. 세포 안팎의 삼투압 차이가 수만 배까지 나면 세포 밖의 물이 세포 안으로 급격하게 유입돼 세포가 터져 죽는다. 마치 풍선에 바람을 계속 불어넣으면 '펑!' 하고 터지듯이 말이다. 이때 세포의 내용물이 쏟아져 나와 염증 반응을 일으킨다. 이러한 네크로시스는 정상적인 발생 과정에서는 나타나지 않고 또한 유전자의 발현이나 새로운 단백질의 생산도 필요 없다.
> 반면 자의적인 죽음인 아포토시스는 유전자가 작동해 단백질을 만들어 내면 세포가 스스로 죽기로 결정하고 생체 에너지인 ATP를 적극적으로 소모하면서 죽음에 이르는 과정을 말한다. 네크로시스와는 정반대로 세포는 쪼그라들고, 세포 내의 DNA는 규칙적으로 절단된다. 그 다음 쪼그라들어 단편화된 세포 조각들을 주변의 식세포가 시체 처리하듯 잡아먹는 것으로 과정이 종료된다.
> 인체 내에서 아포토시스가 일어나는 경우는 크게 두 가지다. 하나는 발생과 분화의 과정 중에 불필요한 부분을 없애기 위해서 일어난다. 사람은 태아의 손이 발생할 때 몸통에서 주걱 모양으로 손이 먼저 나온 후에 손가락 위치가 아닌 나머지 부분의 세포들이 사멸해서 우리가 보는 일반적인 손 모양을 만든다. 이들은 이미 죽음이 예정돼 있다고 해서 이런 과정을 PCD(Programed Cell Death)라고 부른다.
> 다른 하나는 세포가 심각하게 훼손돼 암세포로 변할 가능성이 있을 때 전체 개체를 보호하기 위해 세포는 죽음을 선택한다. 즉, 방사선, 화학 약품, 바이러스 감염 등으로 유전자 변형이 일어나면 세포는 이를 감지하고 자신이 암세포로 변해 전체 개체에 피해를 입히기 전에 스스로 죽음을 결정한다. 이때 아포토시스 과정에 문제가 있는 세포는 죽지 못하고 암세포로 변한다. 과학자들은 이와 같은 아포토시스와 암의 관계를 알게 되자 암세포의 죽음을 유발하는 물질을 이용해 항암제를 개발하려는 연구를 진행하고 있다.
> 흥미로운 것은 외부로부터 침입한 세균 등을 죽이는 역할의 T-면역 세포(Tk Cell)도 아포토시스를 이용한다는 사실이다. 세균이 몸 안에 침입하면 T-면역 세포는 세균에 달라붙어서 세균의 세포벽에 구멍을 뚫고 아포토시스를 유발하는 물질을 집어넣는다. 그러면 세균은 원치 않는 죽음을 맞이하게 되는 것이다.

① 손에 난 상처가 회복되는 것은 네크로시스와 관련이 있겠군.

② 우리 몸이 일정한 형태를 갖추게 된 것은 아포토시스와 관련이 있겠군.

③ 아포토시스를 이용한 항암제는 세포의 유전자 변형을 막는 역할을 하겠군.

④ 화학 약품은 네크로시스를 일으켜 암세포로 진행되는 것을 막는 역할을 하겠군.

⑤ T-면역 세포가 아포토시스를 통해 세균을 죽이는 과정에서 염증을 발생시키겠군.

※ 다음 글의 내용으로 가장 적절한 것을 고르시오. [7~8]

07

> 인류가 남긴 수많은 미술 작품을 살펴보다 보면 다양한 동물들이 등장하고 있음을 알 수 있다. 미술 작품 속에 등장하는 동물에는 일상에서 흔히 접할 수 있는 개나 고양이, 꾀꼬리 등도 있지만 해태나 봉황 등 인간의 상상에서 나온 동물도 적지 않음을 알 수 있다.
> 미술 작품에 등장하는 동물은 그 성격에 따라 나누어 보면 종교적・주술적인 동물, 신을 위한 동물, 인간을 위한 동물로 구분할 수 있다. 물론 이 구분은 엄격한 것이 아니므로 서로의 개념을 넘나들기도 하며, 여러 뜻을 동시에 갖기도 한다.
> 종교적・주술적인 성격의 동물은 가장 오랜 연원을 가진 것으로, 사냥 미술가들의 미술에 등장하거나 신앙을 목적으로 형성된 토템 등에서 확인할 수 있다. 여기에 등장하는 동물들은 대개 초자연적인 강대한 힘을 가지고 인간 세계를 지배하거나 수호하는 신적인 존재이다. 인간의 이지가 발달함에 따라 이들의 신적인 기능은 점차 감소하여, 결국 이들은 인간에게 봉사하는 존재로 전락하고 만다.
> 동물은 절대적인 힘을 가진 신의 위엄을 뒷받침하고 신을 도와 치세(治世)의 일부를 분담하기 위해 이용되기도 한다. 이 동물들 역시 현실 이상의 힘을 가지며 신성시되는 것이 보통이지만, 이는 어디까지나 신의 권위를 강조하기 위한 것에 지나지 않는다. 이들은 신에게 봉사하기 위해서 많은 동물 중에서 특별히 선택된 것들이다. 그리하여 그 신분에 알맞은 모습으로 조형화되었다.

① 미술 작품 속에는 일상에서 흔히 접할 수 있는 개나 고양이, 꾀꼬리 등이 주로 등장하고, 해태나 봉황 등은 찾아보기 어렵다.

② 미술 작품에 등장하는 동물은 성격에 따라 종교적・주술적인 동물, 신을 위한 동물, 인간을 위한 동물로 엄격하게 구분한다.

③ 종교적・주술적 성격의 동물은 초자연적인 강대한 힘으로 인간 세계를 지배하거나 수호하는 신적인 존재로 나타난다.

④ 인간의 이지가 발달함에 따라 신적인 기능이 감소한 종교적・주술적 동물은 신에게 봉사하는 존재로 전락한다.

⑤ 신의 위엄을 뒷받침하고 신을 도와 치세의 일부를 분담하기 위해 이용되는 동물은 별다른 힘을 지니지 않는다.

08

마스크 5부제는 코로나가 유행하던 2020년 3월 5일 대한민국 정부가 내놓은 '마스크 수급 안정화 대책'에 포함된 내용으로, 원활하지 않은 마스크의 공급으로 인해 구매가 어려워지자, 지정된 날에만 공적 마스크를 인당 최대 2개까지만 구입할 수 있도록 제한한 것이다. 2020년 4월 27일부터는 1장이 증가하여 총 3장까지 구매가 가능했다. 이는 코로나바이러스감염증19 확진자 증가로 마스크 수요가 급증함에도 수급이 불안정한 상황에 따른 대책으로, 2020년 3월 9일부터 5월 31일까지 시행되었다. 마스크를 구매하기 위해서는 주민등록증이나 운전면허증, 여권 등 법정신분증이 필요했으며, 함께 사는 만 10살 이하 아이, 80세 이상 어르신의 몫을 대신 구매하려면 본인의 신분증과 주민등록등본 혹은 가족관계증명서를 함께 제시해야 했다. 장기요양 수급자의 경우 대리구매 시 장기요양인증서, 장애인은 장애인등록증을 지참하면 되었다. 외국인이라면 건강보험증과 외국인등록증을 함께 보여줘야 했다. 구매 후에는 전산에 별도 등록되어, 구매한 주에는 중복 구매가 불가능하며 다음 주에 구매가 가능했다. 미성년자의 경우 부모의 신분증과 주민등록등본을 지참하여 부모가 동행해서 구매하거나 여권, 청소년증, 혹은 학생증과 주민등록등본을 제시해야 했고, 미성년자가 본인 확인이 불가능하다면 마스크를 혼자 구매할 수 없었다. 임신부의 경우 대리구매자의 신분증과 주민등록등본, 임신확인서를 제시해 대리구매를 할 수 있었다.

① 4월 27일부터는 날짜에 관계없이 인당 3개의 마스크를 구매할 수 있었다.
② 7살인 자녀의 마스크를 구매하기 위해선 가족관계증명서만 지참하면 됐다.
③ 마스크를 이미 구매했더라도 대리구매를 통해 추가로 마스크 구매가 가능했다.
④ 외국인이 마스크를 구매하기 위해선 외국인 등록증과 건강보험증을 제시해야 했다.
⑤ 임신부가 사용할 마스크를 대리 구매하기 위해선 총 2개의 증명서를 지참해야 했다.

09 다음 글을 읽고 답을 찾을 수 없는 질문은?

> 생물학에서 반사란 '특정 자극에 대해 기계적으로 일어난 국소적인 반응'을 의미한다. 파블로프는 '벨과 먹이' 실험을 통해 동물의 행동에는 두 종류의 반사 행동, 즉 무조건 반사와 조건 반사가 존재한다는 결론을 내렸다. 뜨거운 것에 닿으면 손을 빼내는 것이나, 고깃덩이를 씹는 순간 침이 흘러나오는 것은 자극에 의한 무조건 반사이다. 하지만 모든 자극이 반사 행동을 일으키는 것은 아니다. 생명체의 반사 행동을 유발하지 않는 자극을 중립 자극이라고 한다.
> 중립 자극도 무조건 자극과 짝지어지게 되면 생명체에게 반사 행동을 일으키는 조건 자극이 될 수 있다. 그것이 바로 조건 반사인 것이다. 예를 들어 벨 소리는 개에게 중립 자극이기 때문에 처음에 개는 벨 소리에 반응하지 않는다. 개는 오직 벨 소리 뒤에 주어지는 먹이를 보며 침을 흘릴 뿐이다. 하지만 벨 소리 뒤에 먹이를 주는 행동을 반복하다 보면 벨 소리는 먹이가 나온다는 신호로 인식되며, 이에 대한 반응을 일으키는 조건 자극이 되는 것이다. 이처럼 중립 자극을 무조건 자극과 연결시켜 조건 반사를 일으키는 과정을 '고전적 조건 형성'이라 한다. 그렇다면 이러한 조건 형성 반응은 왜 생겨나는 것일까? 이는 대뇌 피질이 '학습'을 할 수 있기 때문이다.
> 어떠한 의미 없는 자극이라 할지라도 그것이 의미 있는 자극과 결합되어 제시되면 대뇌 피질은 둘 사이에 연관성이 있다는 것을 파악하고 이를 기억하여 반응을 일으킨다. 하지만 대뇌 피질은 한번 연결되었다고 항상 유지되지는 않는다. 예를 들어 '벨 소리 – 먹이' 조건 반사가 수립된 개에게 벨 소리만 들려주고 먹이를 주지 않는 실험을 계속하다 보면 개는 벨 소리에 더 이상 반응하지 않게 되는 조건 반사의 '소거' 현상이 일어난다.
> 소거는 조건 자극이 무조건 자극 없이 충분히 자주 제시될 경우 조건 반사가 사라지는 현상을 말한다. 때문에 소거는 바람직하지 않은 조건 반사를 수정하는 방법으로 사용된다. 하지만 조건 반사는 통제할 수 있는 것이 아니기 때문에, 제거 역시 자연스럽게 이루어지지 않는다. 또한, 소거가 일어나는 속도가 예측 불가능하고, 소거되었을 때조차도 자발적 회복을 통해 조건 반사가 다시 나타날 수 있다는 점에서 소거는 조건 반사를 제거하기 위한 수단으로 한계가 있다.
> 이때 바람직하지 않은 조건 반사를 수정하는 또 다른 방법으로 사용되는 것이 '역조건 형성'이다. 이는 기존의 조건 반사와 양립할 수 없는 새로운 반응을 유발하여 이전 조건 형성의 원치 않는 효과를 제거하는 것으로, 자발적 회복이 잘 일어나지 않는다. 예를 들어 토끼를 무서워하는 아이가 사탕을 먹을 때 처음에는 토끼를 아이로부터 멀리 위치시킨다. 아이는 사탕을 먹는 즐거움 때문에 토끼에 대한 공포를 덜 느끼게 된다. 다음날에도 마찬가지로 아이에게 사탕을 먹게 한 후 토끼를 전날보다 좀 더 가까이 오게 한다. 이러한 절차를 여러 번 반복하면 토끼가 아주 가까이에 있어도 아이는 더 이상 토끼를 무서워하지 않게 된다.

① 소거에는 어떤 것들이 있는가?
② 고전적 조건 형성이란 무엇인가?
③ 동물의 반사 행동에는 어떤 것이 있는가?
④ 조건 형성 반응이 일어나는 이유는 무엇인가?
⑤ 바람직하지 않은 조건 반사를 수정하는 방법에는 무엇이 있는가?

10 다음 글의 내용으로 적절하지 않은 것은?

> 경제학에서는 가격이 한계 비용과 일치할 때를 가장 이상적인 상태라고 본다. '한계 비용'이란 재화의 생산량을 한 단위 증가시킬 때 추가되는 비용을 말한다. 한계 비용 곡선과 수요 곡선이 만나는 점에서 가격이 정해지면 재화의 생산 과정에 들어가는 자원이 낭비 없이 효율적으로 배분되며, 이때 사회 전체의 만족도가 가장 커진다. 가격이 한계 비용보다 높아지면 상대적으로 높은 가격으로 인해 수요량이 줄면서 거래량이 따라 줄고, 결과적으로 생산량도 감소한다. 이는 사회 전체의 관점에서 볼 때 자원이 효율적으로 배분되지 못하는 상황이므로 사회 전체의 만족도가 떨어지는 결과를 낳는다.
> 위에서 설명한 일반 재화와 마찬가지로 수도, 전기, 철도와 같은 공익 서비스도 자원배분의 효율성을 생각하면 한계 비용 수준으로 가격(=공공요금)을 결정하는 것이 바람직하다. 대부분의 공익 서비스는 초기 시설 투자비용은 막대한 반면 한계 비용은 매우 적다. 이러한 경우, 한계 비용으로 공공요금을 결정하면 공익 서비스를 제공하는 기업은 손실을 볼 수 있다.
> 예컨대 초기 시설 투자비용이 6억 달러이고, 톤당 1달러의 한계 비용으로 수돗물을 생산하는 상수도 서비스를 가정해보자. 이때 수돗물 생산량을 '1톤, 2톤, 3톤, …'으로 늘리면 총비용은 '6억 1달러, 6억 2달러, 6억 3달러, …'로 늘어나고, 톤당 평균 비용은 '6억 1달러, 3억 1달러, 2억 1달러, …'로 지속적으로 줄어든다. 그렇지만 평균 비용이 계속 줄어들더라도 한계 비용 아래로는 결코 내려가지 않는다. 따라서 한계 비용으로 수도 요금을 결정하면 총비용보다 총수입이 적으므로 수도 사업자는 손실을 보게 된다.
> 이를 해결하는 방법에는 크게 두 가지가 있다. 하나는 정부가 공익 서비스 제공 기업에 손실분만큼 보조금을 주는 것이고, 다른 하나는 공공요금을 평균 비용 수준으로 정하는 것이다. 전자의 경우 보조금을 세금으로 충당한다면 다른 부문에 들어갈 재원이 줄어드는 문제가 있다. 평균 비용 곡선과 수요 곡선이 교차하는 점에서 요금을 정하는 후자의 경우에는 총수입과 총비용이 같아져 기업이 손실을 보지는 않는다. 그러나 요금이 한계 비용보다 높기 때문에 사회 전체의 관점에서 자원의 효율적 배분에 문제가 생긴다.

① 자원이 효율적으로 배분될 때 사회 전체의 만족도가 극대화된다.
② 가격이 한계 비용보다 높은 경우에는 한계 비용과 같은 경우에 비해 결국 그 재화의 생산량이 줄어든다.
③ 공익 서비스와 일반 재화의 생산 과정에서 자원을 효율적으로 배분하기 위한 조건은 서로 같다.
④ 정부는 공공요금을 한계 비용 수준으로 유지하기 위하여 보조금 정책을 펼 수 있다.
⑤ 평균 비용이 한계 비용보다 큰 경우, 공공요금을 평균 비용 수준에서 결정하면 자원의 낭비를 방지할 수 있다.

※ 다음 글에서 〈보기〉의 문장이 들어갈 위치로 가장 적절한 곳을 고르시오. **[11~12]**

11

(가) 알렉산더 그레이엄 벨은 전화를 처음 발명한 사람으로 알려져 있다. 1876년 2월 14일 벨은 설계도와 설명서를 바탕으로 전화에 대한 특허를 신청했고, 같은 날 그레이도 전화에 대한 특허 신청서를 제출했다. 1876년 3월 7일 미국 특허청은 벨에게 전화에 대한 특허를 부여했다. (나) 하지만 벨이 특허를 받은 이후 누가 먼저 전화를 발명했는지에 대해 치열한 소송전이 이어졌다. 여기에는 그레이를 비롯하여 안토니오 무치 등 많은 사람이 관련되어 있었다. 특히 무치는 1871년 전화에 대한 임시 특허를 신청하였지만, 돈이 없어 정식 특허로 신청하지 못했다. 2002년 미국 하원 의회에서는 무치가 10달러의 돈만 있었다면 벨에게 특허가 부여되지 않았을 것이라며 무치의 업적을 인정하기도 했다. (다) 그레이와 벨의 특허 소송에서도 벨은 모두 무혐의 처분을 받았고, 1887년 재판에서 전화의 최초 발명자는 벨이라는 판결이 났다. 그레이가 전화의 가능성을 처음 인지한 것은 사실이지만, 전화를 완성하기 위한 후속 조치를 취하지 않았다는 것이었다. (라) 사실 19세기 중엽은 전화 발명으로 무르익은 시기였고, 전화 발명에 많은 사람이 도전했다고 볼 수 있다. 한 개인이 전화를 발명했다기보다 여러 사람이 전화 탄생에 기여했다는 이야기로 이어질 수 있다. (마) 하지만 결국 최초의 공식 특허를 받은 사람은 벨이며, 벨이 만들어낸 전화 시스템은 지금도 세계 통신망에 단단히 뿌리를 내리고 있다.

〈보기〉

그러나 벨의 특허와 관련된 수많은 소송은 무치의 죽음, 벨의 특허권 만료와 함께 종료되었다.

① (가)
② (나)
③ (다)
④ (라)
⑤ (마)

12

게임 중독세는 세금 징수의 당위성이 인정되지 않는다. 세금으로 특별 목적 기금을 조성하려면 검증을 통해 그 당위성을 인정할 수 있어야 한다. (가) 담배에 건강 증진 기금을 위한 세금을 부과하는 것은 담배가 건강에 유해한 요소들로 이루어져 있다는 것이 의학적으로 증명되어 세금 징수의 당위성이 인정되기 때문이다. (나) 하지만 게임은 유해한 요소들로 이루어져 있다는 것이 의학적으로 증명되지 않았다.

게임 중독세는 게임 업체에 조세 부담을 과도하게 지우는 것이다. 게임 업체는 이미 매출에 상응하는 세금을 납부하고 있는데, 여기에 게임 중독세까지 내도록 하는 것은 지나치다. (다) 또한 스마트폰 사용 중독 등에 대해서는 세금을 부과하지 않는데, 유독 게임 중독에 대해서만 세금을 부과하는 것은 형평성에 맞지 않는다.

게임 중독세는 게임에 대한 편견을 강화하여 게임 업체에 대한 부정적 이미지만을 공식화한다. 게임 중독은 게임 이용자의 특성이나 생활환경 등이 원인이 되어 발생하는 것이지 게임 자체에서 비롯되는 것은 아니다. (라) 게임 중독이 이용자 개인의 책임이 큰 문제임에도 불구하고 게임 업체에 징벌적 세금을 물리는 것은 게임을 사회악으로 규정하고 게임 업체에 사회 문제를 조장하는 기업이라는 낙인을 찍는 것이다. (마)

〈보기〉

카지노, 복권 등 사행 산업을 대상으로 연 매출의 일부를 세금으로 추가 징수하는 경우가 있긴 하지만, 게임 산업은 문화 콘텐츠 산업이지 사행 산업이 아니다.

① (가)
② (나)
③ (다)
④ (라)
⑤ (마)

13 다음 글에서 〈보기〉의 각 문장이 들어갈 위치로 가장 적절한 것은?

문화가 발전하려면 저작자의 권리 보호와 저작물의 공정 이용이 균형을 이루어야 한다. 저작물의 공정 이용이란 저작권자의 권리를 일부 제한하여 저작권자의 허락이 없어도 저작물을 자유롭게 이용하는 것을 말한다. 비영리적인 사적 복제를 허용하는 것이 그 예이다. (가) 우리나라의 저작권법에서는 오래전부터 공정 이용으로 볼 수 있는 저작권 제한 규정을 두었다. 그런데 디지털 환경에서 저작물의 공정 이용은 여러 장애에 부딪혔다. 디지털 환경에서는 저작물을 원본과 동일하게 복제할 수 있고 용이하게 개작할 수 있다. (나) 그 결과 디지털화된 저작물의 이용 행위가 공정 이용의 범주에 드는 것인지 가늠하기가 더 어려워졌고 그에 따른 처벌 위험도 커졌다. (다) 이러한 문제를 해소하기 위한 시도의 하나로 포괄적으로 적용할 수 있는 '저작물의 공정한 이용' 규정이 저작권법에 별도로 신설되었다. 그리하여 저작권자의 동의가 없어도 저작물을 공정하게 이용할 수 있는 영역이 확장되었다. 그러나 공정 이용 여부에 대한 시비가 자율적으로 해소되지 않으면 예나 지금이나 법적인 절차를 밟아 갈등을 해소해야 한다. (라) 저작물 이용의 영리성과 비영리성, 목적과 종류, 비중, 시장 가치 등이 법적인 판단의 기준이 된다. 저작물 이용자들이 처벌에 대한 불안감을 여전히 느낀다는 점에서 저작물의 자유 이용 허락 제도와 같은 '저작물의 공유' 캠페인이 주목을 받고 있다. 이 캠페인은 저작권자들이 자신의 저작물에 일정한 이용 허락 조건을 표시해서 이용자들에게 무료로 개방하는 것을 말한다. 누구의 저작물이든 개별적인 저작권을 인정하지 않고 모두가 공동으로 소유하자고 주장하는 사람들과 달리, 이 캠페인을 펼치는 사람들은 기본적으로 자신과 타인의 저작권을 존중한다. 캠페인 참여자들은 저작권자와 이용자들의 자발적인 참여를 통해 자유롭게 활용할 수 있는 저작물의 양과 범위를 확대하려고 노력한다. (마) 그러나 캠페인에 참여한 저작물을 이용할 때 허용된 범위를 벗어난 경우 법적 책임을 질 수 있다.

〈보기〉

㉠ 따라서 저작물이 개작되더라도 그것이 원래 창작물인지 이차적 저작물인지 알기 어렵다.

㉡ 이들은 저작물의 공유가 확산되면 디지털 저작물의 이용이 활성화되고 그 결과 인터넷이 더욱 창의적이고 풍성한 정보 교류의 장(場)이 될 것이라고 본다.

	㉠	㉡
①	(가)	(나)
②	(나)	(다)
③	(나)	(라)
④	(나)	(마)
⑤	(다)	(마)

14 다음 글의 전개 방식으로 가장 적절한 것은?

녹차와 홍차는 모두 카멜리아 시넨시스(Camellia Sinensis)라는 식물에서 나오는 찻잎으로 만든다. 공정 과정에 따라 녹차와 홍차로 나뉘며, 재배지 품종에 따라서도 종류가 달라진다. 이처럼 같은 잎에서 만든 차일지라도 녹차와 홍차가 가지고 있는 특성에는 차이가 있다.
녹차와 홍차는 발효 방법에 따라 구분된다. 녹차는 발효 과정을 거치지 않은 것이며, 반쯤 발효시킨 것은 우롱차, 완전히 발효시킨 것은 홍차가 된다. 녹차는 찻잎을 따서 바로 솥에 넣거나 증기로 쪄서 만드는 반면, 홍차는 찻잎을 먼저 햇볕이나 그늘에서 시들게 한 후 천천히 발효시켜 만든다. 녹차가 녹색을 유지하는 반면에 홍차가 붉은색을 띠는 것은 녹차와 달리 높은 발효 과정을 거치기 때문이다.
이러한 녹차와 홍차에는 긴장감을 풀어주고 마음을 진정시키는 L-테아닌(L-theanine)이라는 아미노산이 들어있는데, 이는 커피에 들어 있지 않은 성분으로 진정효과와 더불어 가슴 두근거림 등의 카페인(Caffeine) 각성 증상을 완화하는 역할을 한다. 또한 항산화 효과가 강력한 폴리페놀(Polyphenol)이 들어 있어 심장 질환 위험을 줄일 수 있다는 장점도 있다. 한 연구에 따르면, 녹차는 콜레스테롤 수치를 낮춰 심장병과 뇌졸중으로 사망할 위험을 줄이는 것으로 나타났다. 이 연구 결과에 따르면 홍차 역시 하루 두 잔 이상 마실 경우 심장 발작 위험을 44% 정도 낮추는 효과를 보였다.
한편, 홍차와 녹차 모두에 폴리페놀 성분이 들어 있지만 그 종류는 다르다. 녹차는 카테킨(Catechin)이 많이 들어 있는 것으로 유명하지만, 홍차는 발효 과정에서 카테킨의 함량이 어느 정도 감소한다. 카테킨에는 EGCG(Epigallo-catechin-3-gallate)가 많이 들어 있어 혈중 콜레스테롤 수치를 낮춰 동맥경화 예방을 돕고, 신진대사의 활성화와 지방 배출에 효과적이다. 홍차의 발효 과정에서 생성된 테아플라빈(Theaflavin) 역시 혈관 기능을 개선하며, 혈당 수치를 감소시키는 것으로 알려져 있다. 연구에 따르면 홍차에 든 테아플라빈 성분이 인슐린과 유사한 작용을 보여 당뇨병을 예방하는 효과를 보이는 것으로 나타났다.
만약 카페인에 민감한 경우라면 홍차보다 녹차를 선택하는 것이 좋다. 카페인의 각성 효과를 완화하는 L-테아닌이 녹차에 더 많기 때문이다. 녹차에도 카페인이 들어 있지만, 커피와 달리 심신의 안정 효과와 스트레스 해소에 도움을 줄 수 있는 것은 이 때문이다. 또한 녹차의 떫은맛을 내는 카테킨 성분은 카페인을 해독하고 흡수량을 억제하기 때문에 실제 카페인의 섭취량보다 흡수되는 양이 적다.

① 대상의 장단점을 분석하고 있다.
② 대상을 하위 항목으로 구분하여 항목별로 설명하고 있다.
③ 대상에 대한 여러 가지 견해를 소개하고 이를 비교・평가하고 있다.
④ 두 대상을 비교하여 공통점과 차이점을 부각하고 있다.
⑤ 연구 결과에 따른 구체적인 수치를 제시하며 내용을 전개하고 있다.

15 다음 글의 서술상 특징으로 적절하지 않은 것은?

> 소비자의 권익을 위하여 국가가 집행하는 경쟁 정책은 본래 독점이나 담합 등과 같은 반경쟁적 행위를 국가가 규제함으로써 시장에서 경쟁이 활발하게 이루어지도록 하는 데 중점을 둔다. 이러한 경쟁 정책은 결과적으로 소비자에게 이익이 되므로, 소비자 권익을 보호하는 데 유효한 정책으로 인정된다. 경쟁 정책이 소비자 권익에 기여하는 모습은 생산적 효율과 배분적 효율의 두 측면에서 살펴볼 수 있다.
> 먼저, 생산적 효율은 주어진 자원으로 낭비 없이 더 많은 생산을 하는 것으로서, 같은 비용이면 더 많이 생산할수록, 같은 생산량이면 비용이 적을수록 생산적 효율이 높아진다. 시장이 경쟁적이면 개별 기업은 생존을 위해 비용 절감과 같은 생산적 효율을 추구하게 되고, 거기서 창출된 여력은 소비자의 선택을 받고자 품질을 향상시키거나 가격을 인하하는 데 활용될 것이다. 그리하여 경쟁 정책이 유발한 생산적 효율은 소비자 권익에 기여하게 된다. 물론 비용 절감의 측면에서는 독점 기업이 더 성과를 낼 수도 있겠지만, 꼭 이것이 가격 인하와 같은 소비자의 이익으로 이어지지는 않는다. 따라서 독점에 대한 감시와 규제는 지속적으로 필요하다.
> 다음으로 배분적 효율은 사람들의 만족이 더 커지도록 자원이 배분되는 것을 말한다. 시장이 독점 상태에 놓이면 영리 극대화를 추구하는 독점 기업은 생산을 충분히 하지 않은 채 가격을 올림으로써 배분적 비효율을 발생시킬 수 있다. 반면에 경쟁이 활발해지면 생산량 증가와 가격 인하가 수반되어 소비자의 만족이 더 커지는 배분적 효율이 발생한다. 그러므로 경쟁 정책이 시장의 경쟁을 통하여 유발한 배분적 효율도 소비자의 권익에 기여하게 된다.
> 경쟁 정책은 이처럼 소비자 권익을 위해 중요한 역할을 수행해 왔지만, 이것만으로 소비자 권익이 충분히 실현되지는 않는다. 시장을 아무리 경쟁 상태로 유지하더라도 여전히 남는 문제가 있기 때문이다. 우선, 전체 소비자를 기준으로 볼 때 경쟁 정책이 소비자 이익을 증진하더라도, 일부 소비자에게는 불이익이 되는 경우도 있다. 예를 들어, 경쟁 때문에 시장에서 퇴출된 기업의 제품은 사후 관리가 되지 않아 일부 소비자가 피해를 보는 일이 있다. 그렇다고 해서 경쟁 정책 자체를 포기하면 전체 소비자에게 불리한 결과가 되므로 국가는 경쟁 정책을 유지할 수밖에 없는 것이다. 다음으로 소비자는 기업에 대한 교섭력이 약하고, 상품에 대한 정보도 적으며, 충동구매나 유해 상품에도 쉽게 노출되기 때문에 발생하는 문제가 있다. 이를 해결하기 위해 상품의 원산지 공개나 유해 제품 회수 등의 조치를 생각해 볼 수 있지만 경쟁 정책에서 직접 다루는 사안이 아니다. 이런 문제들 때문에 소비자의 지위를 기업과 대등하게 하고 기업으로부터 입은 피해를 구제하여 소비자를 보호할 수 있는 별도의 정책이 요구되었고, 이 요구에 따라 수립된 것이 소비자 정책이다. 소비자 정책은 주로 기업들이 지켜야 할 소비자 안전 기준의 마련, 상품 정보 공개의 의무화 등의 조치와 같이 소비자 보호와 직접 관련 있는 사안을 대상으로 한다. 또한 충동구매나 유해 상품 구매 등으로 발생하는 소비자 피해를 구제하고, 소비자 교육을 실시하며, 기업과 소비자 간의 분쟁을 직접 해결해 준다는 점에서도 경쟁 정책이 갖는 한계를 보완할 수 있다.

① 문제점을 해결하기 위해 등장한 소비자 정책에 대해 설명한다.
② 소비자 권익을 위한 경쟁 정책과 관련된 다양한 개념을 정의한다.
③ 경쟁 정책이 소비자 권익에 기여하는 바를 두 가지 측면에서 나누어 설명한다.
④ 경쟁 정책의 소비자 권익 실현에 대한 한계를 나열한다.
⑤ 구체적인 수치를 언급하며 경쟁 정책의 문제점을 제시한다.

16 다음 밑줄 친 ㉠~㉤ 중 어법상 옳지 않은 것은?

> 여행의 재미 가운데 ㉠ 빼놓을 수 없는 것이 자신이 다녀온 곳에 대한 기억을 평생의 추억으로 바꿔 주는 사진 찍기라고 할 수 있다. 사진을 찍을 때 가장 중요한 것은 어떤 카메라로 찍느냐보다는 ㉡ 어떻게 찍느냐 하는 것이다. 으리으리한 카메라 장비를 ㉢ 둘러메고 다니며 사진을 찍는 사람을 보면서 기가 죽을 필요는 없다. 아무리 변변찮은 카메라도 약간의 방법만 익히면 무엇을 ㉣ 찍던지 생각 이상으로 멋진 작품을 ㉤ 만들 수 있다.

① ㉠
② ㉡
③ ㉢
④ ㉣
⑤ ㉤

17 다음 중 밑줄 친 부분의 맞춤법이 옳지 않은 것은?

① 너는 참 개구쟁이 같아.
② 남부지방에 비가 올 확률이 60%나 된다더라.
③ 지나친 음주는 삼가해 주세요.
④ 오늘 스포츠난의 기사를 읽어 보았니?
⑤ 너는 학생으로서 공부해야 한다.

18 다음 글에서 밑줄 친 부분의 맞춤법이 옳지 않은 것은?

> 어젯밤 꿈에서 돌아가신 할머니를 만났다. 할머니는 숨겨둔 비밀을 밝힐 때가 됐다며, 꿈에서 깨면 본인이 사용했던 화장대의 첫 번째 서랍을 열어보라고 하셨다. 나는 할머니의 비밀이 도대체 무엇인지 여러 차례 물었지만 돌아오는 것은 할머니의 미소뿐이었다. 꿈에서 깨어나 보니 할머니는 더이상 보이질 않았고, 방안은 고요한 적막만 흘렀다. 나는 왠지 모르게 그동안 나를 덥쳤던 온갖 불행들이 사라진 것 같은 기분이 들었다.

① 숨겨둔
② 첫 번째
③ 미소뿐이었다
④ 덥쳤던
⑤ 들었다.

※ 다음 글을 읽고 이어지는 질문에 답하시오. [19~20]

(가) 클라우스 슈밥은 "1차 산업혁명부터 수많은 진보가 수백만 개의 일자리를 파괴하고 창조해왔다."면서 "기술 발전을 모든 사람의 이익으로 만들 수 있는 경제적 · 사회적 제도가 ㉠ <u>뒷받침</u>되어야 한다."고 강조했다.

(나) 물론 새로운 일자리 역시 생길 것이다. 한국산업기술진흥원과 한국산업연구원이 발표한 예측 결과, 이른바 '12대 신산업'에서 45 ~ 58만 개의 일자리가 필요할 것으로 ㉡ <u>추산되었다</u>. 12대 신산업이란 미래형 자동차, 친환경 선박, 유기발광다이오드(OLED), 시스템반도체, 첨단신소재, 사물인터넷(IoT) 가전, 로봇, 고급소비재, 에너지 신산업, 바이오 · 헬스, 항공 드론, 증강현실(AR) · 가상현실 등을 말한다. 전체 제조업에서 신산업 분야 취업자 비중은 2015년 기준 4.5%에서 2025년 기준 11.5%까지 확대될 전망이다.

(다) 4차 산업혁명이 본격화될 경우 대량 실업 사태가 발생할 수 있다는 논의는 꾸준히 제기되어 왔다. 인공지능이 계산원을 대신하는 '아마존 고(Amazon Go)' 기술이 전국 대형마트에 도입된다고만 생각해도 그 파급력을 ㉢ <u>금새</u> 알 수 있다.

(라) 4차 산업혁명으로 미래에는 없어질 직업군의 목록이 언론 보도를 통해 제기되기도 했다. 계산원이나 텔레마케터, 은행 창구 직원 등은 로봇기술에 의해 대체될 가능성이 높다고 한다. 관세사 · 회계사 · 세무사 등의 직업군까지 대체 가능성이 ㉣ <u>대두된다</u>. 일각에서는 법조인과 의사까지도 인공지능 로봇에 의해 대체되는 것이 아니냐는 우려도 있다. 그러나 흔히 말하는 '윤리적 사명' 때문에 쉽지는 않을 ㉤ <u>전망이다</u>.

19 다음 중 (가) ~ (라) 문단을 논리적 순서대로 바르게 나열한 것은?

① (가) – (나) – (다) – (라)
② (가) – (다) – (나) – (라)
③ (다) – (나) – (라) – (가)
④ (다) – (라) – (가) – (나)
⑤ (다) – (라) – (나) – (가)

20 윗글의 밑줄 친 ㉠ ~ ㉤ 중 맞춤법이 옳지 않은 것은?

① ㉠
② ㉡
③ ㉢
④ ㉣
⑤ ㉤

※ 다음 글을 읽고 이어지는 질문에 답하시오. **[21~23]**

많은 사람이 리더가 되고 싶어 한다. 그러나 하고 싶다고 누구나 리더가 되는 것은 아니다. 리더가 되려면 리더십을 갖춰야 한다.

(가) 모든 것을 직접 체험하여 지식을 얻고 정보를 습득하면 좋겠지만, 현실적으로 불가능한 만큼 타인의 경험이 담긴 책을 통해 보다 다양한 지식과 정보를 간접적으로 얻는 노력이 있어야 한다. 물론, 지식과 정보를 습득하는 것 못지않게, 지식과 정보를 어떻게 활용할 것이며, 지식과 정보의 옥석(玉石)을 구별할 수 있는 안목과 혜안을 독서를 통해 길러야 한다. 글로벌 시대에 걸맞은 리더가 되려면 외국어 구사능력도 반드시 갖춰야 한다.

(나) 리더십이 없는 리더가 조직의 수장이 되면 조직은 망할 수밖에 없다. 그래서 리더가 되고자 한다면 리더십을 키우는 연습과 훈련은 필수이다. 우선, 리더가 되기 위해서는 명확한 목표를 설정해야 한다. 다름 아닌 꿈이 있어야 한다는 것이다. 사랑도, 희망도, 삶의 목표도 꿈을 꾸면서 시작된다. 더 중요하고 분명한 것은 꿈을 가진 사람이, 꿈을 꾸지 않은 사람보다 더 열심히 더 즐겁게 인생을 살아간다는 사실이다. 꿈은 오늘을 새롭게 하고, 미래를 아름답게 만드는 활력소이다. 반기문 전 유엔사무총장이나 빌 클린턴 미국 전 대통령의 공통점은 학창시절 우수학생으로 뽑혀 케네디 대통령을 만나면서 외교관과 정치가의 꿈을 꾸었다는 것이다. 명확한 목표를 설정하고, 그것을 이루기 위해 최선을 다했기 때문에 두 사람은 꿈을 현실화시킨 리더로 평가받고 있다.

(다) 누구든지 나약해질 수 있고, 절망의 나락으로 떨어질 수 있다. 그런 위기와 시련에 직면했을 때 어떤 생각을 하고 사고하며, 어떤 마음으로 접근하느냐에 따라 인생의 항로가 바뀔 수 있다. 부정의 시각으로 생각하는 사람은 생각의 끝에서 절망을 선택할 것이며, 긍정의 시각으로 생각한 사람은 생각의 끝에서 희망으로 방향을 유턴하게 될 것이다. 세상은 긍정적이고 낙천적 사고의 소유자들에 의해 변화와 발전을 거듭해왔음을 직시해야 한다. 세계적인 커피체인점 스타벅스의 하워드 슐츠 회장이 리더는 항상 낙관적이어야 한다며 긍정적 사고를 강조한 것도 같은 맥락이다. 진정한 리더가 되고 싶다면, 앞에서 강조한 것을 선택과 집중의 관점에서 하나하나 실천해야 한다.

(라) 또한, 리더가 되기 위해서는 원만한 대인관계를 구축해야 한다. 혼자 살 수 없는 세상에서 얽히고설키는 관계(關係)라는 말처럼 중요한 것도 없을 것이다. 그래서 사람과 사람을 이어주고, 소통시켜주는 원만한 대인관계야말로 성공을 향한 더없이 소중한 밑거름이다. 미국인들로부터 가장 성공한 사람으로 추앙받는 벤자민 프랭클린도 "아무에게도 적이 되지 말라."며 대인관계의 중요성을 역설했다. 나와 관계없는 백만 명의 사람보다 나와 관계를 맺은 한 사람을 더 소중하고 귀하게 여길 때 원만한 대인관계를 형성할 수 있고, 성공을 향한 발걸음도 한결 가벼워질 것이다. 리더에게 독서는 필수요소이다. 지식이 힘이고, 정보가 경쟁력인 지식정보화시대를 슬기롭게 헤쳐 나가기 위해서는 다독(多讀)이 필요하다.

(마) 특히, 영어는 단순한 외국어가 아니라 지구촌 사회와 의사소통을 가능하게 해주는 하나의 약속이 되고 있다. 모국어 하나로 살아갈 수도 있지만, 결국 우물 안 개구리로 전락할 수밖에 없다. 외국어를 구사하지 못하면 일류가 될 수 없고, 일류가 될 수 없다는 것은 결국 성공할 기회가 그만큼 희박해진다는 것을 의미한다. 네덜란드, 덴마크, 스위스, 오스트리아 등 유럽의 나라들이 규모에 비해 강소국의 반열에 올라설 수 있게 된 것도 국민의 외국어 구사 능력이 출중하기 때문이라는 것은 시사하는 바가 매우 크다. 덧붙여, 리더가 되고자 하는 사람은 긍정적이고 낙천적인 유연한 사고를 지녀야 한다.

21 윗글을 읽은 H은행 직원의 반응으로 적절하지 않은 것은?

① 김대리 : 리더십이 없는 리더가 조직의 수장이 되면 조직은 망할 수밖에 없지.
② 유과장 : 리더가 되기 위해서는 꿈을 가지는 것이 중요해.
③ 강차장 : 원만한 대인관계의 구축 또한 리더의 중요한 덕목 중 하나야.
④ 곽사원 : 리더가 되기 위해선 위기와 시련을 마주했을 때 낙관적으로 볼 수 있는 긍정적인 자세가 중요해.
⑤ 정부장 : 글로벌 시대에 맞는 외국어 구사능력도 중요하지만, 우리 고유의 전통을 지키는 것이 우선이야.

22 윗글에서 확인할 수 있는 '리더의 덕목'과 무관한 것은?

① 리더십 함양
② 독서를 통한 지식의 확충
③ 낙관적 사고
④ 주변 사람들에게 아낌없이 베풀기
⑤ 외국어 구사능력

23 제시된 첫 문장 뒤에 이어질 문단을 논리적 순서대로 바르게 나열한 것은?

① (가) – (나) – (라) – (마) – (다)
② (가) – (다) – (마) – (라) – (나)
③ (나) – (가) – (다) – (라) – (마)
④ (나) – (라) – (가) – (마) – (다)
⑤ (다) – (나) – (가) – (라) – (마)

※ 다음 글을 읽고 이어지는 질문에 답하시오. **[24~25]**

독일의 발명가 루돌프 디젤이 새로운 엔진에 대한 아이디어를 내고 특허를 얻은 것은 1892년의 일이었다. 1876년 오토가 발명한 가솔린 엔진의 효율은 당시에 무척 떨어졌으며, 널리 사용된 증기 기관의 효율 역시 10%에 불과했고, 가동 비용도 많이 드는 단점이 있었다. 디젤의 목표는 고효율의 엔진을 만드는 것이었고, 그의 아이디어는 훨씬 더 높은 압축 비율로 연료를 연소시키는 것이었다.
일반적으로 가솔린 엔진은 기화기에서 공기와 연료를 먼저 혼합하고, 그 혼합 기체를 실린더 안으로 흡입하여 압축한 후, 점화 플러그로 스파크를 일으켜 동력을 얻는다. 이러한 과정에서 문제는 압축 정도가 제한된다는 것이다. 만일 기화된 가솔린에 너무 큰 압력을 가하면 멋대로 점화되어 버리는데, 이것이 엔진의 노킹 현상이다.
공기를 압축하면 뜨거워진다는 것은 알려져 있던 사실이다. 디젤 엔진의 기본 원리는 실린더 안으로 공기만을 흡입하여 피스톤으로 강하게 압축시킨 다음, 그 압축 공기에 연료를 분사하여 저절로 점화가 되도록 하는 것이다. 따라서 디젤 엔진에는 점화 플러그가 필요 없는 대신, 연료 분사기가 장착되어 있다. 또 압축 과정에서 공기와 연료가 혼합되지 않기 때문에 디젤 엔진은 최대 12 : 1의 압축 비율을 갖는 가솔린 엔진보다 훨씬 더 높은 25 : 1 정도의 압축 비율을 갖는다. 압축 비율이 높다는 것은 그만큼 효율이 높다는 것을 의미한다.
사용하는 연료의 특성도 다르다. 디젤 연료인 경유는 가솔린보다 훨씬 무겁고 점성이 강하며 증발하는 속도도 느리다. 왜냐하면 경유는 가솔린보다 훨씬 더 많은 탄소 원자가 길게 연결되어 있기 때문이다. 일반적으로 가솔린은 5 ~ 10개, 경유는 16 ~ 20개의 탄소를 가진 탄화수소들의 혼합물이다. 탄소가 많이 연결된 탄화수소물에 고온의 열을 가하면 탄소 수가 적은 탄화수소물로 분해된다. 한편, 경유는 가솔린보다 에너지 밀도가 높다. 1갤런의 경유는 약 1억 5,500만 줄의 에너지를 가지고 있지만, 가솔린은 1억 3,200만 줄을 가지고 있다. 이러한 연료의 특성들이 디젤 엔진의 높은 효율과 결합되면서, 디젤 엔진은 가솔린 엔진보다 좋은 연비를 내게 되는 것이다.
발명가 디젤은 디젤 엔진이 작고 경제적인 엔진이 되어야 한다고 생각했지만, 그의 생전에는 크고 육중한 것만 만들어졌다. 하지만 그 후 디젤의 기술적 유산은 이 발명가가 꿈꾼 대로 널리 보급되었다. 디젤 엔진은 원리상 가솔린 엔진보다 더 튼튼하고 고장도 덜 난다. 디젤 엔진은 연료의 품질에 민감하지 않고 연료의 소비 면에서도 경제성이 뛰어나 오늘날 자동차 엔진용으로 확고한 자리를 잡았다. 환경론자들이 걱정하는 디젤 엔진의 분진 배출 문제도 필터 기술이 나아지면서 점차 극복되고 있다.

24 다음 중 윗글을 읽고 추론한 내용으로 가장 적절한 것은?

① 손으로 만지면 경유보다는 가솔린이 더 끈적끈적할 것이다.
② 가솔린과 경유를 섞으면 가솔린이 경유 아래로 가라앉을 것이다.
③ 특별한 공정을 거치면 경유를 가솔린으로 변화시킬 수 있을 것이다.
④ 주유할 때 차체에 연료가 묻으면 경유가 가솔린보다 더 빨리 증발할 것이다.
⑤ 같은 양의 연료를 태우면 가솔린이 경유보다 더 큰 에너지를 발생시킬 것이다.

25 다음 중 윗글에 대한 내용으로 가장 적절한 것은?

① 디젤 엔진은 가솔린 엔진보다 내구성이 뛰어나다.
② 디젤 엔진은 가솔린 엔진보다 먼저 개발되었다.
③ 가솔린 엔진은 디젤 엔진보다 분진을 많이 배출한다.
④ 디젤 엔진은 가솔린 엔진보다 연료의 품질에 민감하다.
⑤ 가솔린 엔진은 디젤 엔진보다 높은 압축 비율을 가진다.

제 2 영역 수리능력

01 K씨는 가격이 250만 원인 컴퓨터를 이달 초에 먼저 50만 원을 지불하고 남은 금액은 12개월 할부로 구매하고자 한다. 이자는 월이율 0.5%로 1개월마다 복리로 적용할 때 남은 금액을 한 달 후부터 일정한 금액으로 갚는다면, 매달 얼마씩 갚아야 하는가?(단, $1.005^{12}=1.062$로 계산하고, 십 원 단위 이하는 반올림한다)

① 147,600원　② 153,500원
③ 162,800원　④ 171,300원
⑤ 183,200원

02 다음은 2024년 9월과 2024년 12월의 원/달러 환율이다. 2024년 9월에 100만 원을 달러로 환전하고 2024년 12월에 다시 원화로 환전했을 때, 손해를 보는 금액은?(단, 환전수수료는 고려하지 않는다)

〈원/달러 환율〉

연도 / 월	2024년 9월	2024년 12월
환율	1,327원/달러	1,302원/달러

※ 단, 원화에서 달러로 환전할 때에는 소수점 둘째 자리에서 반올림하고, 달러에서 원화로 환전할 때에는 백의 자리에서 반올림함

① 17,000원　② 19,000원
③ 21,000원　④ 23,000원
⑤ 25,000원

03 어느 큰 물통에 물을 넣고자 한다. A호스와 B호스로 5분 동안 물을 채운 후 A호스로만 3분 동안 채우면 물통을 가득 채울 수 있고, A호스와 B호스로 4분 동안 물을 채운 후 B호스로만 6분 동안 채우면 물통을 가득 채울 수 있다고 한다. 이때, A호스로만 물통을 가득 채우는 데 걸리는 시간은?

① 10분　② 12분
③ 14분　④ 16분
⑤ 18분

04 8%의 설탕물 300g에서 설탕물을 조금 퍼내고 퍼낸 설탕물만큼의 물을 부은 후 4%의 설탕물을 섞어 6%의 설탕물 400g을 만들었다. 처음 퍼낸 설탕물의 양은?

① 35g　② 40g
③ 45g　④ 50g
⑤ 55g

05 다음은 일정한 규칙으로 나열한 수열이다. A+B의 값은?

12 10 15 7	15 13 8 16	A 15 18 B
11	13	15

① −17
② −7
③ 23
④ 27
⑤ 30

06 다음은 일정한 규칙으로 나열한 수열이다. 빈칸에 들어갈 수로 알맞은 것은?

−3	−6	−1	−2	( )	6	11

① 5
② 3
③ −5
④ −3
⑤ −1

07 K공사에서 새로운 역을 건설하려고 한다. 출발역과 도착역 간의 거리는 1,120km이며, 출발역, 350km, 840km 지점에 각각 역을 만들고, 도착역에도 역을 건설할 계획이다. 또한 모든 역 사이의 구간마다 일정한 간격으로 새로 역을 만든다고 할 때, 역은 최소 몇 개인가?

① 16개
② 17개
③ 20개
④ 23개
⑤ 25개

08 왕복 거리가 2km인 곳을 20분 동안 30m/min의 속력으로 갔다. 1시간 안에 다시 돌아가려면 20분 후에 얼마의 속력으로 가야 하는가?

① 25m/min
② 30m/min
③ 35m/min
④ 40m/min
⑤ 45m/min

09 다음 중 서로 다른 3개의 주사위를 동시에 던졌을 때, 나온 숫자의 합이 6이 되는 확률은?

① $\frac{5}{108}$
② $\frac{1}{18}$
③ $\frac{11}{216}$
④ $\frac{7}{108}$
⑤ $\frac{5}{103}$

10 50원, 100원, 500원짜리 동전으로 900원을 지불하는 경우의 수는?(단, 각 동전은 8개씩 가지고 있다)

① 6가지
② 7가지
③ 8가지
④ 9가지
⑤ 11가지

11 K사에서는 A상품을 생산하는 데 모두 10억 원의 생산비용이 발생하며, A상품의 개당 원가는 200원, 정가는 300원이다. 생산한 A상품을 정가에서 25% 할인하여 판매했을 때 손해를 보지 않으려면 몇 개 이상 생산해야 하는가?(단, 이외의 비용은 생각하지 않고 생산한 A상품은 모두 판매되며 원가에는 생산비용이 포함되어 있지 않다)

① 3천만 개
② 4천만 개
③ 5천만 개
④ 6천만 개
⑤ 7천만 개

12 A ~ C 세 회사의 올해 신입사원 모집에 지원한 인원은 1,820명이다. 올해 신입사원 모집은 작년 신입사원 모집에 비해 각각 20%, 30%, 40%씩 증가했고, 세 회사의 지원자 증가수의 비는 1 : 3 : 2라고 할 때, 올해 C회사의 지원자는 몇 명인가?

① 370명
② 410명
③ 450명
④ 490명
⑤ 520명

13 김사원은 S은행에서 판매하는 적금 또는 펀드 상품에 가입하려고 한다. 다음은 S은행에서 추천하는 5개의 상품별 만족도와 상품의 평점 적용 기준이다. 그런데 김 사원이 상품 정보를 알아보던 중 기본 금리와 우대 금리의 만족도를 바꿔 기록하였다고 할 때, 원래의 순위보다 순위가 올라간 상품은?(단, 평점은 만족도에 가중치를 적용한 값이다)

〈상품별 항목 만족도〉

(단위 : 점)

구분	기본금리	우대금리	계약기간	납입금액
A적금	4	3	2	2
B적금	2	2	3	4
C펀드	5	1	2	3
D펀드	3	4	2	3
E적금	2	1	4	3

〈중요 항목 순위 및 가중치〉

구분	첫 번째	두 번째	세 번째	네 번째
가중치	50	30	15	5
항목 순위	기본금리	납입금액	우대금리	계약기간

※ 중요 항목 순위 및 가중치는 주요 고객 천 명을 대상으로 조사하였음

① A적금, B적금
② C펀드, D펀드
③ B적금, D펀드
④ D펀드, E적금
⑤ C펀드, E적금

14 이탈리아에서 쇼핑을 한 갑돌이는 한국에 돌아와서 사용한 내역서를 확인해 보았더니 다음과 같았다. 카드 결제 수수료율과 ATM 인출 수수료는 얼마인가?(단, 원화환산금액은 수수료가 포함된 금액이다)

조건 1 : 갑돌이는 총 3번의 인출, 신용카드 1번을 사용하였으며 그 내역은 다음과 같다.

구분	날짜	금액(유로)	원화환산(원)
인출 1	2024-12-09	650	850,200
인출 2		450	590,200
인출 3		550	720,200
카드 결제 1		400	521,040

조건 2 : 동일날짜에 결제된 인출 및 카드 금액은 모두 동일 환율로 적용된다.

조건 3 : ATM 인출 수수료(유로)는 매번 돈을 뽑을 때마다 일정금액이 부과되며, 신용카드는 결제 시 수수료가 부과된다. 이 밖의 다른 기타 환전 수수료는 고려하지 않는다.

① 0.2%, 2유로
② 0.3%, 3유로
③ 0.3%, 4유로
④ 0.2%, 4유로
⑤ 0.3%, 5유로

15 다음은 과일의 종류별 무게에 따른 가격표이다. 종류별 무게를 가중치로 적용하여 가격에 대한 가중평균을 구하면 42만 원일 때, 빈칸에 들어갈 가격으로 옳은 것은?

〈과일 종류별 가격 및 무게〉

(단위 : 만 원, kg)

구분	가	나	다	라
가격	25	40	60	( )
무게	40	15	25	20

① 40만 원
② 45만 원
③ 50만 원
④ 55만 원
⑤ 60만 원

16 청년 K씨는 주택 마련 목돈을 만들기 위해 다양한 예금상품을 살펴보고 있으며 다음은 예금상품에 따른 세부사항이다. 제시된 예금상품 중 세 번째로 높은 금액을 받을 수 있는 상품은 무엇이며, 그 금액의 현재가치는 얼마인가?(단, 세금은 고려하지 않으며 인플레이션 비율은 매년 5%이며, 최종 금액은 현재가치로 계산한다. $1.03^3=1.1$, $0.95^2=0.9$, $0.95^3=0.85$이다)

〈예금상품별 세부사항〉

예금상품	예치금액	가입기간	기본금리
갑	2,000만 원	12개월	연 5%(단리)
을	3,000만 원	24개월	연 2%(단리)
병	2,000만 원	12개월	연 3%(단리)
정	3,000만 원	24개월	연 3%(연 복리)
무	2,000만 원	36개월	연 3%(연 복리)

	예금상품	현재가치 금액
①	갑	1,890만 원
②	무	1,870만 원
③	갑	1,870만 원
④	병	1,890만 원
⑤	을	1,820만 원

17 다음은 A～E 임차인의 전·월세 전환 현황에 대한 자료이다. 이에 대한 〈보기〉의 설명 중 옳은 것을 모두 고르면?

〈A～E 임차인의 전·월세 전환 현황〉

(단위 : 만 원)

구분	전세금	월세보증금	월세
A임차인	(　　)	25,000	50
B임차인	42,000	30,000	60
C임차인	60,000	(　　)	70
D임차인	38,000	30,000	80
E임차인	58,000	53,000	(　　)

※ 전·월세 전환율(%)$=\frac{(\text{월세}\times 12)}{(\text{전세금}-\text{월세보증금})}\times 100$

〈보기〉

ㄱ. 임차인의 전·월세 전환율이 6%라면, 전세금은 3억 5천만 원이다.
ㄴ. 임차인의 전·월세 전환율은 10%이다.
ㄷ. 임차인의 전·월세 전환율이 3%라면, 월세보증금은 3억 6천만 원이다.
ㄹ. 임차인의 전·월세 전환율이 12%라면, 월세는 50만 원이다.

① ㄱ, ㄷ
② ㄱ, ㄹ
③ ㄴ, ㄷ
④ ㄴ, ㄹ
⑤ ㄷ, ㄹ

18 다음은 K시의 가구주의 연령 및 가구유형별 가구추계를 나타낸 자료이다. 이를 토대로 2035년 가구추계를 예측한 값으로 옳은 것은?(단, 가구 수는 소수점 이하에서, 증가율은 소수점 둘째 자리에서 반올림한다)

〈K시의 가구 추계〉

(단위 : 가구)

구분	2005년			2015년			2025년		
	계	1인 가구	2인 가구	계	1인 가구	2인 가구	계	1인 가구	2인 가구
19세 이하	794	498	223	649	596	45	588	563	22
20 ~ 29세	13,550	6,962	3,935	12,962	8,915	2,410	13,761	10,401	2,200
30 ~ 39세	36,925	6,480	5,451	32,975	9,581	6,528	26,921	9,886	6,466
40 ~ 49세	44,368	4,814	5,083	45,559	8,505	7,149	38,467	9,327	7,378
50 ~ 59세	30,065	3,692	6,841	45,539	8,673	11,752	47,191	11,046	13,409
60 ~ 69세	21,024	4,278	8,171	27,943	6,606	11,485	44,445	11,185	18,909
70 ~ 79세	11,097	3,931	4,623	18,000	5,879	7,889	24,874	8,564	10,633
80세 이상	2,566	1,201	909	6,501	3,041	2,281	13,889	6,032	5,048
합계	160,389	31,856	35,236	190,128	51,796	49,539	210,136	67,004	64,065

〈2035년 K시의 가구 추계 예측〉

- 전체 가구 수의 증가율(%)은 2015년 대비 2025년 전체 가구 수 증가율(%)의 $\frac{2}{3}$이다.
- 2025년 대비 1인 가구 수 증가량은 2005년 대비 2015년과 2015년 대비 2025년의 1인 가구 수 증가량의 평균과 같다.
- 3인 이상 가구 수는 2005년 3인 이상 가구 수의 80%로 감소한다.
- 2025년 이후부터는 가구주 연령이 70세 이상인 가구의 전입이나 전출은 없을 것이며, 2025년을 기준으로 가구주 연령이 80세 이상이었던 가구 중 40%, 70 ~ 79세였던 가구 중 30%가 2035년 이전에 사망할 것이다.

	1인 가구	2인 가구	가구주가 80세 이상인 가구
①	79,210	64,243	25,745
②	84,578	69,289	23,597
③	84,578	65,630	23,597
④	84,578	65,630	25,745
⑤	84,578	69,289	23,597

19 다음은 2024년 공항철도를 이용한 월별 여객 수송실적이다. 이를 보고 빈칸 (A), (B), (C)에 들어갈 수를 바르게 연결한 것을 고르면?

〈공항철도 이용 여객 현황〉

(단위 : 명)

구분	수송인원	승차인원	유입인원
1월	287,923	117,532	170,391
2월	299,876	(A)	179,743
3월	285,200	131,250	153,950
4월	272,345	152,370	119,975
5월	(B)	188,524	75,796
6월	268,785	203,557	65,228
7월	334,168	234,617	99,551
8월	326,394	215,890	110,504
9월	332,329	216,866	115,463
10월	312,208	224,644	(C)

※ 유입인원은 환승한 인원임

※ (승차인원)=(수송인원)−(유입인원)

	(A)	(B)	(C)
①	120,133	251,310	97,633
②	120,133	264,320	87,564
③	102,211	251,310	97,633
④	102,211	264,320	97,633
⑤	102,211	263,320	87,564

20 다음은 2024년도 기준으로 국내 총생산 상위 20위에 해당하는 국가들의 2022년부터 3년간 국내총생산에 대한 추이를 보여주는 자료이다. 2023년 대비 2024년의 독일의 국내총생산 증가율을 구하면?(단, 소수점 셋째 자리에서 반올림한다)

〈주요 20개국의 국내총생산〉

(단위 : 10억 USD)

구분	2022년	2023년	2024년
미국	17,348.1	17,947.0	18,569.1
중국	10,351.1	10,866.4	11,199.1
일본	4,596.2	4,123.3	4,939.0
독일	3,868.3	3,355.8	3,466.0
영국	2,990.2	2,848.8	2,618.8
프랑스	2,829.2	2,421.7	2,462.1
인도	2,042.4	2,073.5	2,263.5
이탈리아	2,138.5	1,814.8	1,849.7
브라질	2,417.0	1,774.7	1,796.1
캐나다	1,783.8	1,550.5	1,529.8
대한민국	1,411.0	1,377.5	1,411.2
러시아	2,031.0	1,326.0	1,283.1
스페인	1,381.3	1,199.1	1,232.1
호주	1,454.7	1,339.5	1,204.6
멕시코	1,297.8	1,144.3	1,045.9
인도네시아	890.5	861.9	932.2
튀르키예	798.8	718.2	857.7
네덜란드	879.3	752.5	770.8
스위스	701.0	664.7	659.8
사우디아라비아	753.8	646.0	646.4

① 2.04%
② 2.57%
③ 2.96%
④ 3.28%
⑤ 3.32%

※ 다음은 A ~ E국의 건설시장에 대한 자료이다. 이어지는 질문에 답하시오. **[21~22]**

〈2024년 건설시장의 부문별 시장규모 구성비〉

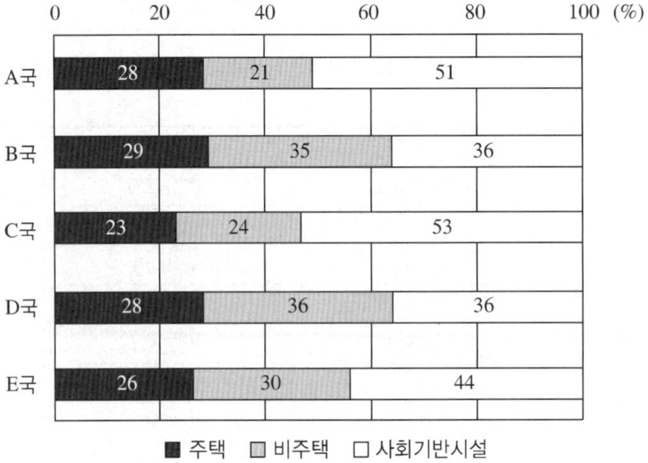

〈2024년 건설시장의 주택부문에서 층수별 시장규모 구성비〉

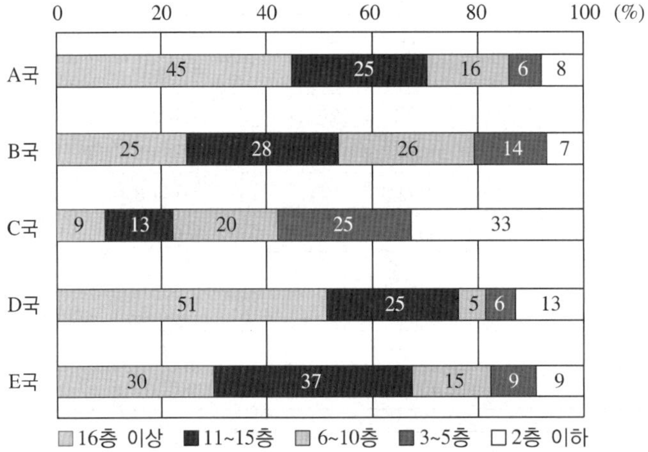

〈건설시장의 주택부문에서 16층 이상 시장규모 비율〉

(단위 : %)

구분	A국	B국	C국	D국	E국
2020년	20	20	8	15	37
2021년	27	22	10	23	35
2022년	33	27	11	33	32
2023년	37	28	10	45	31
2024년	45	25	9	51	30

〈2024년 건설시장의 시장규모〉

(단위 : 조 원)

구분	A국	B국	C국	D국	E국
시장규모	50	150	100	200	250

21 다음 중 2024년 A ~ E국 건설시장의 주택부문 시장규모를 순서대로 나열할 때 가장 큰 국가와 A ~ E국의 건설시장 주택부문 중 16층 이상 시장규모를 순서대로 나열할 때 두 번째로 작은 국가를 순서대로 바르게 나열한 것은?

① B국, C국
② D국, A국
③ D국, C국
④ E국, A국
⑤ D국, E국

22 다음 〈보기〉 중 위 자료에 대한 설명으로 옳은 것을 모두 고르면?

〈보기〉

ㄱ. 2024년 A국은 건설시장에서 주택부문 시장규모 비율이 가장 낮다.
ㄴ. 2024년 C국의 건설시장 시장규모에서 주택부문이 차지하는 비율은 23%이고, D국의 건설시장의 주택부문 층수별 시장규모에서 16층 이상이 차지하는 비율은 51%이다.
ㄷ. 건설시장의 주택부문에서 16층 이상 시장규모 비율이 매년 증가한 국가 수는 2개이다.
ㄹ. 2024년 건설시장의 주택부문에서 3 ~ 10층 시장규모를 순서대로 나열할 때 시장규모가 가장 큰 국가는 B국이다.

① ㄱ, ㄴ
② ㄴ, ㄷ
③ ㄱ, ㄴ, ㄷ
④ ㄱ, ㄷ, ㄹ
⑤ ㄴ, ㄷ, ㄹ

23 H회사에서는 업무효율을 높이기 위해 근무여건 개선방안에 대하여 논의하고자 한다. 귀하는 논의 자료를 위하여 전 사원의 야간근무 현황을 조사하였다. 다음 중 조사 내용으로 올바르지 않은 것은?

〈야간근무 현황(주 단위)〉

(단위 : 일, 시간)

구 분	임 원	부 장	과 장	대 리	사 원
평균 야근 빈도	1.2	2.2	2.4	1.8	1.4
평균 야근 시간	1.8	3.3	4.8	6.3	4.2

※ 60분의 3분의 2 이상을 채울 시 1시간으로 야근 수당을 계산한다.

① 과장급 사원은 한 주에 평균적으로 2.4일 정도 야간근무를 한다.
② 전 사원의 주 평균 야근 빈도는 1.8일이다.
③ 평사원은 한 주 동안 평균 4시간 12분 정도 야간근무를 하고 있다.
④ 1회 야간근무 시 평균적으로 가장 긴 시간 동안 일하는 사원은 대리급 사원이다.
⑤ 야근수당이 시간당 10,000원이라면 과장급 사원은 주 평균 50,000원을 받는다.

24 다음은 2019년부터 2024년까지 우리나라 인구성장률과 합계출산율에 대한 자료이다. 이에 대한 설명으로 옳지 않은 것은?

〈인구성장률〉

(단위 : %)

구 분	2019년	2020년	2021년	2022년	2023년	2024년
인구성장률	0.53	0.46	0.63	0.53	0.45	0.39

〈합계출산율〉

(단위 : 명)

구 분	2019년	2020년	2021년	2022년	2023년	2024년
합계출산율	1.297	1.187	1.205	1.239	1.172	1.052

※ 합계출산율: 가임여성 1명이 평생 낳을 것으로 예상하는 평균 출생아 수

① 우리나라 인구성장률은 2021년 이후로 계속해서 감소하고 있다.
② 2019년부터 2024년까지 인구성장률이 가장 낮았던 해는 합계출산율도 가장 낮았다.
③ 2020년부터 2021년까지 합계출산율과 인구성장률의 전년 대비 증감추세는 동일하다.
④ 2019년부터 2024년까지 인구성장률과 합계출산율이 두 번째로 높은 해는 2022년이다.
⑤ 2024년 인구성장률은 2021년 대비 40% 이상 감소하였다.

25 다음은 산업별 경기전망지수를 나타낸 자료이다. A ~ D에 들어갈 산업이 바르게 연결된 것은?

〈산업별 경기전망지수〉

(단위 : 점)

구분	2020년	2021년	2022년	2023년	2024년
A	45.8	48.9	52.2	52.5	54.4
B	37.2	39.8	38.7	41.9	46.3
도소매업	38.7	41.4	38.3	41.7	46.2
C	36.1	40.6	44.0	37.1	39.7
D	39.3	41.1	40.2	44.9	48.7

㉠ 2020년부터 2024년까지 보건업의 경기전망지수가 40점 이상인 해는 2개이다.
㉡ 2022년 조선업과 제조업의 경기전망지수는 전년 대비 증가하였다.
㉢ 전년 대비 2021년 해운업의 경기전망지수의 증가율은 5개의 산업 중 가장 낮다.
㉣ 제조업은 매년 5개의 산업 중 경기전망지수가 가장 높다.

	A	B	C	D
①	조선업	보건업	제조업	해운업
②	제조업	조선업	보건업	해운업
③	조선업	제조업	보건업	해운업
④	제조업	보건업	조선업	해운업
⑤	보건업	조선업	제조업	해운업

01 K동에서는 임신한 주민에게 출산장려금을 지원하고자 한다. 출산장려금 지급 기준 및 K동에 거주하는 임산부에 대한 정보가 다음과 같을 때, 출산장려금을 가장 먼저 받을 수 있는 사람은?

〈K동 출산장려금 지급 기준〉

- 출산장려금 지급액은 모두 같으나, 지급 시기는 모두 다르다.
- 지급 순서 기준은 임신일, 자녀 수, 소득 수준 순서이다.
- 임신일이 길수록, 자녀가 많을수록, 소득 수준이 낮을수록 먼저 받는다(단, 자녀는 만 19세 미만의 아동 및 청소년으로 제한한다).
- 임신일, 자녀 수, 소득 수준이 모두 같으면 같은 날에 지급한다.

〈K동 거주 임산부 정보〉

임산부	임신일	자녀	소득 수준
A	150일	만 1세	하
B	200일	만 3세	상
C	100일	만 10세, 만 6세, 만 5세, 만 4세	상
D	200일	만 7세, 만 5세, 만 3세	중
E	200일	만 20세, 만 16세, 만 14세, 만 10세	상

① A임산부　② B임산부
③ C임산부　④ D임산부
⑤ E임산부

02 1박 2일로 출장을 갔다 온 김 대리의 사용 경비가 다음과 같을 때, 〈조건〉에 따라 인정되는 김 대리의 외근비용의 합계는?

- 출장 첫 날 오전 10시에 무료 셔틀버스를 타고 출장지로 이동하였다.
- 출장지에서 도보 5분 거리에 있는 A호텔에서 숙박하였다.
- A호텔의 숙박비는 250,000원이고, 식비는 조식 12,000원, 중식 18,000원, 석식 22,000원이다.
- 출장 첫 날의 중식과 석식 및 그다음 날 조식을 A호텔에서 먹었다.
- 출장 마지막 날 중식을 K식당에서 먹고 15,000원을 지불하였다.
- 본사로 복귀할 때 시외버스로 이동하였으며 좌석 비용으로 35,000원을 지불하였다.

〈조건〉

- 본사에서 출발할 때부터 본사로 복귀할 때까지 지출한 모든 교통비, 숙박비는 외근비용으로 인정한다.
- 본사에서 출발할 때부터 본사로 복귀할 때까지 지출한 식비는 조식, 중식, 석식에 한하여 최대 15,000원까지 인정한다. 이를 초과한 금액이거나 조식, 중식, 석식 외 지출한 식비는 인정하지 아니한다.

① 315,000원
② 342,000원
③ 367,000원
④ 384,000원
⑤ 392,000원

03 다음 글과 상황을 근거로 판단할 때, 출장을 함께 갈 수 있는 직원들의 조합은?

K병원 B부서에서는 3월 11일 회계감사 관련 서류 제출을 위해 본점으로 출장을 가야 한다. 오전 8시 정각 출발이 확정되어 있으며, 출발 후 B지점에 복귀하기까지 총 8시간이 소요된다. 단, 비가 오는 경우 1시간이 추가로 소요된다.

- 출장인원 중 한 명이 직접 운전하여야 하며, '운전면허 1종 보통' 소지자만 운전할 수 있다.
- 출장시간에 사내 업무가 겹치는 경우에는 출장을 갈 수 없다.
- 출장인원 중 부상자가 포함되어 있는 경우, 서류 박스 운반 지연으로 인해 30분이 추가로 소요된다.
- 차장은 책임자로서 출장인원에 적어도 한 명은 포함되어야 한다.
- 주어진 조건 외에는 고려하지 않는다.

〈상황〉

- 3월 11일은 하루 종일 비가 온다.
- 3월 11일 당직 근무는 17시 10분에 시작한다.

구분	직급	운전면허	건강상태	출장 당일 사내 업무
갑	차장	1종 보통	부상	없음
을	차장	2종 보통	건강	17시 15분 계약업체 면담
병	과장	없음	건강	17시 35분 고객 상담
정	과장	1종 보통	건강	당직 근무
무	대리	2종 보통	건강	없음

① 갑, 을, 병　　② 갑, 병, 정
③ 을, 병, 무　　④ 을, 정, 무
⑤ 병, 정, 무

04 다음 글을 근거로 판단할 때, K학자의 언어체계에서 표기와 그 의미를 연결한 내용으로 적절하지 않은 것은?

K학자는 존재하는 모든 사물들을 자연적인 질서에 따라 나열하고 그것들의 지위와 본질을 표현하는 적절한 기호를 부여하면 보편언어를 만들 수 있다고 생각했다.
이를 위해 K학자는 우선 세상의 모든 사물을 40개의 '속(屬)'으로 나누고, 속을 다시 '차이(差異)'로 세분했다. 예를 들어 8번째 속인 돌은 순서대로 다음과 같이 6개의 차이로 분류된다.
(1) 가치 없는 돌
(2) 중간 가치의 돌
(3) 덜 투명한 가치 있는 돌
(4) 더 투명한 가치 있는 돌
(5) 물에 녹는 지구의 응결물
(6) 물에 녹지 않는 지구의 응결물
이 차이는 다시 '종(種)'으로 세분화되었다. 예를 들어 '가치 없는 돌'은 그 크기, 용도에 따라서 8개의 종으로 분류되었다.
이렇게 사물을 전부 분류한 다음에 K학자는 속, 차이, 종에 문자를 대응시키고 표기하였다.
예를 들어 7번째 속부터 10번째 속까지는 다음과 같이 표기된다.
(7) 원소 : de
(8) 돌 : di
(9) 금속 : do
(10) 잎 : gw
차이를 나타내는 표기는 첫 번째 차이부터 순서대로 b, d, g, p, t, c, z, s, n을 사용했고, 종은 순서대로 w, a, e, i, o, u, y, yi, yu를 사용했다. 따라서 'di'는 돌을 의미하고 'dib'는 가치 없는 돌을 의미하며, 'diba'는 가치 없는 돌의 두 번째 종을 의미한다.

① dipu – 더 투명한 가치 있는 돌의 여섯 번째 종
② gwpyi – 잎의 네 번째 차이의 네 번째 종
③ dige – 덜 투명한 가치 있는 돌의 세 번째 종
④ deda – 원소의 두 번째 차이의 두 번째 종
⑤ dice – 덜 투명한 가치 있는 돌의 세 번째 종

05 K공사에 근무하는 S사원은 부서 워크숍을 진행하기 위하여 다음과 같이 워크숍 장소를 선정하였다. 주어진 〈조건〉을 참고할 때, 워크숍 장소로 가장 적절한 곳은?

〈K공사 워크숍 장소 후보〉

후보	거리(공사 기준)	수용 가능 인원	대관료	이동 시간(편도)
A호텔	40km	100명	40만 원/일	1시간 30분
B연수원	40km	80명	50만 원/일	2시간
C세미나	20km	40명	30만 원/일	1시간
D리조트	60km	80명	80만 원/일	2시간 30분
E호텔	100km	120명	100만 원/일	3시간 30분

〈조건〉

- 워크숍은 1박 2일로 진행한다.
- S사원이 속한 부서의 직원은 모두 80명이며 전원 참석한다.
- 거리는 공사 기준 60km 이하인 곳으로 선정한다.
- 대관료는 100만 원 이하인 곳으로 선정한다.
- 이동 시간은 왕복으로 3시간 이하인 곳으로 선정한다.

① A호텔
② B연수원
③ C세미나
④ D리조트
⑤ E호텔

06 다음은 K은행의 계좌번호 생성 방법이다. 이를 참고할 때, 적절하지 않은 것은?

〈계좌번호 생성 방법〉

000 − 00 − 000000

- 1 ~ 3번째 자리 : 지점번호
- 4 ~ 5번째 자리 : 계정과목
- 6 ~ 10번째 자리 : 일련번호(지점 내 발급 순서)
- 11번째 자리 : 체크기호(난수)

[지점번호]

지점	번호	지점	번호	지점	번호
국회	736	영등포	123	동대문	427
당산	486	삼성역	318	종로	553
여의도	583	신사동	271	보광동	110
신길동	954	청담동	152	신용산	294

[계정과목]

계정과목	보통예금	저축예금	적금	당좌예금	가계종합	기업자유
번호	01	02	04	05	06	07

① 271−04−540616 : K은행의 신사동지점에서 발행된 계좌번호이다.
② 553−01−480157 : 입금과 인출을 자유롭게 할 수 있는 통장을 개설하였다.
③ 954−04−126541 : 일정한 금액을 주기적으로 불입하는 조건으로 개설했다.
④ 294−05−004325 : 신용산 지점에서 4,325번째 개설된 당좌예금이다.
⑤ 110−04−052626 : K은행의 보광동 지점에서 5,262번째 개설된 적금이다.

07 남성 정장 제조 전문회사에서 20대를 위한 캐주얼 SPA 브랜드에 신규 진출하려고 한다. 귀하는 3C 분석 방법을 취하여 다양한 자료를 조사했으며, 다음과 같은 분석내용을 도출하였다. 자사에서 추진하려는 신규 사업 계획의 타당성에 대해 옳게 설명한 것은?

3C	상황분석
고객(Customer)	• 40대 중년 남성을 대상으로 한 정장 시장은 정체 및 감소 추세 • 20대 캐주얼 및 SPA 시장은 매년 급성장
경쟁사(Competitor)	• 20대 캐주얼 SPA 시장에 진출할 경우, 경쟁사는 글로벌 및 토종 SPA 기업, 캐주얼 전문기업 외에도 비즈니스 캐주얼, 아웃도어 의류 기업도 포함 • 경쟁사들은 브랜드 인지도, 유통망, 생산 등에서 차별화된 경쟁력을 가짐 • 경쟁사 중 상위 업체는 하위 업체와의 격차 확대를 위해 파격적 가격 정책과 20대 지향 디지털 마케팅 전략을 구사
자사(Company)	• 신규 시장 진출 시 막대한 마케팅 비용 발생 • 낮은 브랜드 인지도 • 기존 신사 정장 이미지 고착 • 유통 및 생산 노하우 부족 • 디지털마케팅 역량 미흡

① 20대 SPA 시장이 급성장하고, 경쟁이 치열해지고 있지만, 자사의 유통 및 생산 노하우로 가격경쟁력을 확보할 수 있으므로 신규 사업을 추진하는 것이 바람직하다.

② 40대 중년 정장 시장은 감소 추세에 있으므로 새로운 수요발굴이 필요하며, 기존의 신사 정장 이미지를 벗어나 20대 지향 디지털마케팅 전략을 구사하면 신규 시장의 진입이 가능하므로 신규 사업을 진행하는 것이 바람직하다.

③ 20대 SPA 시장이 급성장하고 있지만, 하위 업체의 파격적인 가격정책을 이겨 내기에 막대한 비용이 발생하므로 신규 사업 진출은 적절하지 못하다.

④ 20대 SPA 시장은 계속해서 성장하고 매력적이지만, 경쟁이 치열하고 경쟁자의 전략이 막강하다. 이에 비해 자사의 자원과 역량은 부족하여 신규 사업 진출은 하지 않는 것이 바람직하다.

⑤ 20대 SPA 시장은 감소 추세에 들어갈 예정으로 비교우위에 있는 브랜드 인지도와 유통망을 가진 경쟁사들과의 지나친 경쟁은 바람직하지 못하다.

08 다음은 K공사에 대한 SWOT 분석 결과이다. 〈보기〉 중 SWOT 분석 내용으로 적절한 것을 모두 고르면?

〈SWOT 분석 결과〉

구분	분석 결과
강점(Strength)	• 해외 가스공급기관 대비 높은 LNG 구매력 • 세계적으로 우수한 배관 인프라
약점(Weakness)	• 타 연료 대비 높은 단가
기회(Opportunity)	• 북아시아 가스관 사업 추진 논의 지속 • 수소 자원 개발 고도화 추진중
위협(Threat)	• 천연가스에 대한 수요 감소 추세 • 원전 재가동 확대 전망에 따른 에너지 점유율 감소 가능성

〈보기〉

㉠ 해외 기관 대비 LNG 확보가 용이하다는 점을 근거로 북아시아 가스관 사업 추진 시 우수한 효율을 이용하는 것은 SO전략에 해당한다.
㉡ 지속적으로 감소할 것으로 전망되는 천연가스 수요를 북아시아 가스관 사업을 통해 확보하는 것은 ST전략에 해당한다.
㉢ 수소 자원 개발을 고도화하여 다른 연료 대비 상대적으로 높았던 공급단가를 낮추려는 R&D 사업 추진은 WO전략에 해당한다.
㉣ 높은 LNG 확보 능력을 이용해 상대적으로 높은 가스 공급단가가 더욱 상승하는 것을 방지하는 것은 WT전략에 해당한다.

① ㉠, ㉡
② ㉠, ㉢
③ ㉡, ㉢
④ ㉡, ㉣
⑤ ㉢, ㉣

09 다음은 K기업이 부대시설 건축을 위해 A건축회사와 맺은 계약서이다. 이를 보고 건축시설처의 L대리가 파악할 수 있는 내용으로 적절한 것은?

〈공사도급계약서〉

제10조 [상세시공도면 작성]

(1) '을'은 건축법 제24조 제4항에 따라 공사감리자로부터 상세시공도면의 작성을 요청받은 경우에는 상세시공도면을 작성하여 공사감리자의 확인을 받아야 하며, 이에 따라 공사를 하여야 한다.

(2) '갑'은 상세시공도면의 작성범위에 관한 사항을 설계자 및 공사감리자의 의견과 공사의 특성을 감안하여 계약서상의 시방에 명시하고, 상세시공도면의 작성비용을 공사비에 반영한다.

제11조 [안전관리 및 재해보상]

(1) '을'은 산업재해를 예방하기 위하여 안전시설의 설치 및 보험의 가입 등 적정한 조치를 하여야 한다. 이때 '갑'은 계약금액의 안전관리비 및 보험료 상당액을 계상하여야 한다.

(2) 공사현장에서 발생한 산업재해에 대한 책임은 '을'에게 있다. 다만, 설계상의 하자 또는 '갑'의 요구에 의한 작업으로 인한 재해에 대하여는 그렇지 아니하다.

제12조 [응급조치]

(1) '을'은 재해방지를 위하여 특히 필요하다고 인정될 때에는 미리 긴급조치를 취하고 즉시 이를 '갑'에게 통지하여야 한다.

(2) '갑'은 재해방지 및 기타 공사의 시공상 긴급・부득이하다고 인정할 때에는 '을'에게 긴급조치를 요구할 수 있다.

(3) 제1항 및 제2항의 응급조치에 소요된 경비에 대하여는 제16조 제2항의 규정을 준용한다.

① 응급조치에 소요된 비용은 '갑'이 부담한다.

② '을'은 산업재해를 예방하기 위한 조치를 해야 하고, '갑'은 계약금액에 이와 관련한 금액을 책정해야 한다.

③ '을'은 재해방지를 위하여 미리 긴급조치를 취할 수 있고, 이를 '갑'에게 알릴 의무는 없다.

④ 공사현장에서 발생한 모든 산업재해에 대한 책임은 '을'에게 있다.

⑤ '을'은 상세시공도면의 작성을 했을 시 '갑'에게 확인을 받고 공사를 하여야 한다.

10 다음은 K교통카드의 환불방법에 대한 자료이다. 자료를 통해 K교통카드에서 근무하고 있는 C사원은 고객들에게 환불규정을 설명한다고 할 때, 이에 대한 설명으로 적절하지 않은 것은?

〈K교통카드 정상카드 잔액환불 안내〉

<table>
<tr><th colspan="2">환불처</th><th>환불금액</th><th>환불방법</th><th>환불수수료</th><th>비고</th></tr>
<tr><td rowspan="5">편의점</td><td>A편의점</td><td>2만 원 이하</td><td rowspan="5">환불처에 방문하여 환불수수료를 제외한 카드잔액 전액을 현금으로 환불받음</td><td rowspan="5">500원</td><td rowspan="14">카드값 환불 불가</td></tr>
<tr><td>B편의점</td><td rowspan="4">3만 원 이하</td></tr>
<tr><td>C편의점</td></tr>
<tr><td>D편의점</td></tr>
<tr><td>E편의점</td></tr>
<tr><td>지하철</td><td>역사 내 K교통카드 서비스센터</td><td>5만 원 이하</td><td>환불처에 방문하여 환불수수료를 제외한 카드잔액 전액 또는 일부 금액을 현금으로 환불받음
※ 한 카드당 한 달에 최대 50만 원까지 환불 가능</td><td>500원
※ 기본운임료(1,250원) 미만 잔액은 수수료 없음</td></tr>
<tr><td rowspan="6">은행 ATM</td><td>A은행</td><td>20만 원 이하</td><td rowspan="6">• 본인 명의의 해당은행 계좌로 환불수수료를 제외한 잔액 이체
※ 환불 불가카드 : 모바일 K교통카드, Y사 플러스카드</td><td rowspan="6">500원</td></tr>
<tr><td>B은행</td><td rowspan="5">50만 원 이하</td></tr>
<tr><td>C은행</td></tr>
<tr><td>D은행</td></tr>
<tr><td>E은행</td></tr>
<tr><td>F은행</td></tr>
<tr><td colspan="2">모바일
(P사, Q사, R사)</td><td rowspan="2">50만 원 이하</td><td>• 1인 월 3회, 최대 50만 원까지 환불 가능 : 10만 원 초과 환불은 월 1회, 연 5회 가능
※ App에서 환불신청 가능하며 고객명의 계좌로 환불수수료를 제외한 금액이 입금</td><td>500원
※ 기본운임료(1,250원) 미만 잔액은 수수료 없음</td></tr>
<tr><td colspan="2">K교통카드 본사</td><td>• 1인 1일 최대 50만 원까지 환불 가능
• 5만 원 이상 환불 요청 시 신분확인 (이름, 생년월일, 연락처)
※ 10만 원 이상 고액 환불의 경우 내방 당일 카드잔액 차감 후 익일 18시 이후 계좌로 입금 (주말, 공휴일 제외)
※ 지참서류 : 통장사본, 신분증</td><td>월 누적 50만 원까지 수수료 없음
(50만 원 초과 시 수수료 1%)</td></tr>
</table>

※ 잔액이 5만 원을 초과하는 경우 K교통카드 본사로 내방하시거나, K교통카드 잔액환불 기능이 있는 ATM에서 해당은행 계좌로 환불이 가능합니다(단, 모바일 K교통카드, Y사 플러스카드는 ATM에서 환불이 불가능합니다).
※ ATM 환불은 주민번호 기준으로 월 50만 원까지 가능하며, 환불금액은 해당은행의 본인명의 계좌로 입금됩니다.
 – 환불접수처 : K교통카드 본사, 지하철 역사 내 K교통카드 서비스센터, 은행 ATM, 편의점 등
 단, 부분환불 서비스는 K교통카드 본사, 지하철 역사 내 K교통카드 서비스센터에서만 가능합니다.
 – 부분환불 금액 제한 : 부분환불 요청금액 1만 원 이상 ~ 5만 원 이하만 가능(이용 건당 수수료는 500원입니다)

① 카드 잔액이 4만 원이고 환불요청금액이 2만 원일 경우 지하철 역사 내 K교통카드 서비스센터에서 환불이 가능하다.

② 모바일에서 환불 시 카드 잔액이 40만 원일 경우 399,500원을 환불받을 수 있다.

③ 카드 잔액 30만 원을 환불할 경우 A은행을 제외한 은행 ATM에서 299,500원 환불받을 수 있다.

④ 카드 잔액 17만 원을 K교통카드 본사에 방문해 환불한다면 당일 카드잔액을 차감하고 즉시 계좌로 이체받을 수 있다.

⑤ 역사 내 K 교통카드 서비스 센터에 방문하여 카드 잔액이 50만 원일 시 49,500원을 환불받을 수 있다.

11 갑은 다음과 같은 규칙에 따라 알파벳 단어를 숫자로 변환하고자 한다. 규칙 적용 사례인 〈보기〉의 각 알파벳 단어에서 알파벳 Z에 해당하는 자연수들을 모두 더한 값은?

〈규칙〉

① 알파벳 'A'부터 'Z'까지 순서대로 자연수를 부여한다.
예 A=2라고 하면 B=3, C=4, D=5이다.

② 단어의 음절에 같은 알파벳이 연속되는 경우 ①에서 부여한 숫자를 알파벳이 연속되는 횟수만큼 거듭제곱한다.
예 A=2이고 단어가 'AABB'이면 AA는 '2^2'이고, BB는 '3^2'이므로 '49'로 적는다.

〈보기〉

ㄱ. AAABBCC는 10000001020110404로 변환된다.
ㄴ. CDFE는 3465로 변환된다.
ㄷ. PJJYZZ는 1712126729로 변환된다.
ㄹ. QQTSR은 625282726으로 변환된다.

① 154
② 176
③ 199
④ 212
⑤ 223

12 H금융기업에 지원하여 최종 면접을 앞둔 K씨는 성공적인 PT 면접을 위해 회사에 대한 정보를 파악하고 그에 따른 효과적인 전략을 알아보고자 한다. K씨가 분석한 SWOT 결과가 다음과 같을 때, 분석 결과에 대응하기 위한 전략과 그 내용의 연결이 적절하지 않은 것은?

〈SWOT 분석 결과〉

강점(Strength)	약점(Weakness)
• 우수한 역량의 인적자원 보유 • 글로벌 네트워크 보유 • 축적된 풍부한 거래 실적	• 고객 니즈 대응에 필요한 특정 분야별 전문성 미흡 • 신흥시장 진출 증가에 따른 경영 리스크
기회(Opportunity)	**위협(Threat)**
• 융·복합화를 통한 정부의 일자리 창출 사업 • 해외사업을 위한 협업 수요 확대 • 수요자 맞춤식 서비스 요구 증대	• 타사와의 경쟁 심화 • 정부의 예산 지원 감소 • 금융시장에 대한 일부 부정적 인식 존재

① SO전략 : 우수한 인적자원을 활용한 융·복합 사업 추진
② WO전략 : 분야별 전문 인력 충원을 통한 고객 맞춤형 서비스 제공 확대
③ ST전략 : 글로벌 네트워크를 통한 해외시장 진출
④ ST전략 : 풍부한 거래 실적을 바탕으로 시장에서의 경쟁력 확보
⑤ WT전략 : 리스크 관리를 통한 안정적 재무역량 확충

13 갑은 효율적인 월급 관리를 위해 A ~ D펀드 중에 하나를 골라 가입하려고 한다. 안정적이고 우수한 펀드에 가입하기 위해 〈조건〉에 따라 비교하여 다음과 같은 결과를 얻었다고 할 때, 〈보기〉에서 옳은 것만을 모두 고르면?

〈조건〉

- 둘을 비교하여 우열을 가릴 수 있으면 우수한 쪽에는 5점, 아닌 쪽에는 2점을 부여한다.
- 둘을 비교하여 어느 한 쪽이 우수하다고 말할 수 없는 경우에는 둘 다 0점을 부여한다.
- 각 펀드는 다른 펀드 중 두 개를 골라 총 4번의 비교를 했다.
- 총합의 점수로는 우열을 가릴 수 없으며 각 펀드와의 비교를 통해서만 우열을 가릴 수 있다.

〈결과〉

A펀드	B펀드	C펀드	D펀드
7점	7점	4점	10점

〈보기〉

ㄱ. D펀드는 C펀드보다 우수하다.
ㄴ. B펀드가 D펀드보다 우수하다고 말할 수 없다.
ㄷ. A펀드와 B펀드의 우열을 가릴 수 있으면 A ~ D까지의 우열순위를 매길 수 있다.

① ㄱ
② ㄱ, ㄴ
③ ㄱ, ㄷ
④ ㄱ, ㄴ, ㄷ
⑤ ㄴ, ㄷ

14 다음은 K섬유회사에 대한 SWOT 분석 자료이다. 이에 따른 대응 전략으로 적절한 것을 〈보기〉에서 모두 고르면?

S 강점	W 약점
• 첨단 신소재 관련 특허 다수 보유	• 신규 생산 설비 투자 미흡 • 브랜드의 인지도 부족
O 기회	**T 위협**
• 고기능성 제품에 대한 수요 증가 • 정부 주도의 문화 콘텐츠 사업 지원	• 중저가 의류용 제품의 공급 과잉 • 저임금의 개발도상국과 경쟁 심화

〈보기〉

ㄱ. SO전략으로 첨단 신소재를 적용한 고기능성 제품을 개발한다.
ㄴ. ST전략으로 첨단 신소재 관련 특허를 개발도상국의 경쟁업체에 무상 이전한다.
ㄷ. WO전략으로 문화 콘텐츠와 디자인을 접목한 신규 브랜드 개발을 통해 적극적 마케팅을 한다.
ㄹ. WT전략으로 기존 설비에 대한 재투자를 통해 대량생산 체제로 전환한다.

① ㄱ, ㄷ
② ㄱ, ㄹ
③ ㄴ, ㄷ
④ ㄱ, ㄴ, ㄹ
⑤ ㄴ, ㄷ, ㄹ

15 김주임은 해외 주택청약 사례와 관련된 세미나를 준비하기 위해 서울 지부에서 부산 본사로 출장을 갈 예정이다. 제시된 자료와 김 주임의 세미나 일정을 참고할 때, 부산 본사 출장 이후 서울 지부로 다시 돌아오기까지의 교통비와 물품 구입비의 합으로 옳은 것은?

〈김주임의 세미나 일정〉

- 세미나는 6월 24일 오후 2시에 시작하여 오후 6시에 끝나며, 김주임은 당일 내려갔다 당일 세미나가 종료된 직후 서울 지부로 복귀한다(교통비는 가능한 최소화한다).
- 김주임은 세미나 시작 2시간 전에 부산 본사에 도착할 예정이다.
- 김주임은 필요한 물품을 구입하여 부산으로 출발한다.
- 서울 지부와 김포공항 간에는 택시를 이용하며, 소요 시간은 30분, 비용은 2만 원이다(부산 본사와 김해공항 간에도 동일한 시간과 요금이 소요된다)

〈김포공항 – 김해공항 항공편〉

항공편	출발일	출발시간	도착시간	요금(편도)
AX381	6월 24일	09:30	10:40	38,500원
TA335	6월 24일	10:40	11:40	33,000원
AC491	6월 24일	11:30	12:50	45,000원
BU701	6월 24일	12:20	13:30	29,000원

〈김해공항 – 김포공항 항공편〉

항공편	출발일	출발시간	도착시간	요금(편도)
TC830	6월 24일	18:20	19:40	44,800원
YI830	6월 24일	18:30	20:00	48,000원

〈필요 물품 수량 및 비용〉

구분	필요 수량	개당 가격
유리잔	2개	5,000원
파일	4권	1,000원
유성매직	1자루	2,000원
테이프	2개	1,500원

① 125,500원
② 148,000원
③ 165,000원
④ 185,500원
⑤ 213,000원

※ 제시된 명제가 모두 참일 때, 다음 빈칸에 들어갈 명제로 가장 적절한 것을 고르시오. [16~18]

16

- 세미나에 참여한 사람은 모두 봉사활동에 지원하였다.
- 신입사원은 세미나에 참여하지 않았다.
- ______________________

① 신입사원은 모두 봉사활동에 지원하지 않았다.
② 신입사원은 모두 봉사활동에 지원하였다.
③ 신입사원은 봉사활동에 지원하였을 수도, 하지 않았을 수도 있다.
④ 봉사활동에 지원한 사람은 모두 세미나에 참여한 사람이다.
⑤ 세미나에 참여하지 않으면 모두 신입사원이다.

17

- 회계팀의 팀원은 모두 회계 관련 자격증을 가지고 있다.
- ______________________
- 돈 계산이 빠르지 않은 사람은 회계팀이 아니다.

① 회계팀이 아닌 사람은 돈 계산이 빠르다.
② 돈 계산이 빠른 사람은 회계 관련 자격증을 가지고 있다.
③ 회계팀이 아닌 사람은 회계 관련 자격증을 가지고 있지 않다.
④ 돈 계산이 빠르지 않은 사람은 회계 관련 자격증을 가지고 있다.
⑤ 돈 계산이 빠르지 않은 사람은 회계 관련 자격증을 가지고 있지 않다.

18

- 광물은 매우 규칙적인 원자 배열을 가지고 있다.
- 다이아몬드는 광물이다.
- ______________________

① 다이아몬드는 매우 규칙적인 원자 배열을 가지고 있다.
② 광물이 아니면 규칙적인 원자 배열을 가지고 있지 않다.
③ 다이아몬드가 아니면 광물이 아니다.
④ 광물은 다이아몬드이다.
⑤ 광물이 아니면 다이아몬드이다.

19 H은행 1층의 ○○커피숍에서는 모든 음료를 주문할 때마다 음료의 수에 따라 쿠폰에 도장을 찍어준다. 10개의 도장을 모두 채울 경우 한 잔의 음료를 무료로 받을 수 있다고 할 때, 다음을 읽고 바르게 추론한 것은?(단, 서로 다른 2장의 쿠폰은 1장의 쿠폰으로 합칠 수 있으며, 음료를 무료로 받을 때 쿠폰은 반납해야 한다)

- A사원은 B사원보다 2개의 도장을 더 모았다.
- C사원은 A사원보다 1개의 도장을 더 모았으나, 무료 음료를 받기엔 2개의 도장이 모자라다.
- D사원은 오늘 무료 음료 한 잔을 포함하여 총 3잔을 주문하였다.
- E사원은 D사원보다 6개의 도장을 더 모았다.

① A사원의 쿠폰과 D사원의 쿠폰을 합치면 무료 음료 한 잔을 받을 수 있다.

② A사원은 4개의 도장을 더 모아야 무료 음료 한 잔을 받을 수 있다.

③ C사원과 E사원이 모은 도장 개수는 서로 같다.

④ D사원이 오늘 모은 도장 개수는 B사원보다 많다.

⑤ 도장을 많이 모은 순서대로 나열하면 'C－E－A－B－D'이다.

20 H은행의 기획부에는 4명의 사원 A～D와 3명의 대리 E～G가 소속되어 있으며, 이들 중 4명이 해외 진출 사업을 진행하기 위해 베트남으로 출장을 갈 예정이다. 다음 〈조건〉에 따를 때, 항상 참인 것은?

〈조건〉

- 사원 중 적어도 한 사람은 출장을 간다.
- 대리 중 적어도 한 사람은 출장을 가지 않는다.
- A사원과 B사원 중 적어도 한 사람이 출장을 가면, D사원은 출장을 간다.
- C사원이 출장을 가면, E대리와 F대리는 출장을 가지 않는다.
- D사원이 출장을 가면, G대리도 출장을 간다.
- G대리가 출장을 가면, E대리도 출장을 간다.

① A사원은 출장을 간다.

② B사원은 출장을 간다.

③ C사원은 출장을 가지 않는다.

④ D사원은 출장을 가지 않는다.

⑤ G대리는 출장을 가지 않는다.

21 H건설은 지방정부종합청사 건설사업과 관련한 입찰부정 의혹사건으로 감사원의 집중감사를 받았다. 감사원에서는 이 사건에 연루된 윤부장, 이과장, 김대리, 박대리, 입찰담당자 강주임을 조사하여 최종적으로 다음과 같은 결론을 내렸다. 〈조건〉이 사실이라면 이 중에서 입찰부정에 실제로 가담한 사람은?

〈조건〉

- 입찰부정에 가담한 사람은 정확히 두 명이다.
- 이과장과 김 대리는 함께 가담했거나 혹은 가담하지 않았다.
- 윤부장이 가담하지 않았다면, 이과장과 입찰담당자 강주임도 가담하지 않았다.
- 박대리가 가담하지 않았다면 김대리도 가담하지 않았다.
- 박대리가 가담하였다면 입찰담당자 강주임도 분명히 가담하였다.

① 윤부장, 이과장
② 이과장, 김대리
③ 김대리, 박대리
④ 윤부장, 강주임
⑤ 이과장, 박대리

22 H은행의 가, 나, 다, 라 직원 4명은 동그란 탁자에 둘러앉아 인턴사원 교육 관련 회의를 진행하고 있다. 직원들은 각자 인턴 A, B, C, D를 한 명씩 맡아 교육하고 있다. 아래에 제시된 〈조건〉에 따라, 직원과 인턴이 알맞게 짝지어진 한 쌍은?

〈조건〉

- B인턴을 맡은 직원은 다 직원의 왼편에 앉아 있다.
- A인턴을 맡은 직원의 맞은편에는 B인턴을 맡은 직원이 앉아 있다.
- 라 직원은 다 직원 옆에 앉아 있지 않으나, A인턴을 맡은 직원 옆에 앉아 있다.
- 나 직원은 가 직원 맞은편에 앉아있으며, 나 직원의 오른편에는 라 직원이 앉아 있다.
- 시계 6시 방향에는 다 직원이 앉아있으며, 맞은편에는 D인턴을 맡은 사원이 있다.

① 가 직원 – A인턴
② 나 직원 – D인턴
③ 다 직원 – C인턴
④ 라 직원 – A인턴
⑤ 라 직원 – B인턴

23 세미나에 참석한 A사원, B사원, C주임, D주임, E대리는 각자 숙소를 배정받았다. A사원, D주임은 여자이고, B사원, C주임, E대리는 남자이다. 제시된 〈조건〉과 같이 숙소가 배정되었을 때, 다음 중 항상 옳지 않은 것은?

〈조건〉

- 숙소는 5층이며 각 층마다 1명씩 배정한다.
- E대리의 숙소는 D주임의 숙소보다 위층이다.
- 1층에는 주임을 배정한다.
- 1층과 3층에는 남직원을 배정한다.
- 5층에는 사원을 배정한다.

① D주임은 2층에 배정된다.
② 5층에 A사원이 배정되면 4층에 B사원이 배정된다.
③ 5층에 B사원이 배정되면 4층에 A사원이 배정된다.
④ C주임은 1층에 배정된다.
⑤ 5층에 B사원이 배정되면 3층에 E대리가 배정된다.

24 A ~ D가 키우는 동물의 종류에 대해서 다음 〈조건〉과 같은 사실이 알려져 있다. 이에 대한 추론으로 옳은 것은?

〈조건〉

- A는 개, C는 고양이, D는 닭을 키운다.
- B는 토끼를 키우지 않는다.
- A가 키우는 종류의 동물은 B도 키운다.
- A와 C는 같은 종류의 동물을 키우지 않는다.
- A, B, C, D 각각은 2종류 이상의 동물을 키운다.
- A, B, C, D는 개, 고양이, 토끼, 닭 이외의 동물은 키우지 않는다.

① B는 개를 키우지 않는다.
② B와 C가 공통으로 키우는 종류의 동물이 있다.
③ C는 키우지 않지만 D가 키우는 종류의 동물이 있다.
④ 3명이 공통으로 키우는 종류의 동물은 없다.
⑤ 3가지 종류의 동물을 키우는 사람은 없다.

25 L전자는 3일 동안 진행되는 국제 전자제품 박람회에 참가하여 휴대폰, 가전, PC 총 3개의 부스를 마련하였다. 〈조건〉에 따라 근무한다고 할 때, 다음 중 옳지 않은 것은?

〈조건〉

- 마케팅팀 K과장, T대리, Y사원, P사원과 개발팀 S과장, D대리, O대리, C사원이 부스에 들어갈 수 있다.
- 부스에는 마케팅팀 1명과 개발팀 1명이 들어가는데, 각 부스 근무자는 매일 바뀐다.
- 모든 직원은 3일 중 2일을 근무해야 한다.
- 같은 직급끼리 한 부스에 근무하지 않으며, 한번 근무한 부스는 다시 근무하지 않는다.
- T대리는 1일 차에 가전 부스에서 근무한다.
- S과장은 2일 차에 휴대폰 부스에서 근무한다.
- PC 부스는 2일 차와 3일 차 연속으로 개발팀 근무자가 대리이다.
- 3일 차에 과장들은 출장을 가기 때문에 어느 부스에서도 근무하지 않는다.
- 휴대폰 부스는 장비 문제로 1일 차에는 운영하지 않는다.

① 1일 차에 근무하는 마케팅팀 사원은 없다.
② 개발팀 대리들은 휴대폰 부스에 근무하지 않는다.
③ 3일 차에 P사원이 가전 부스에 근무하면 Y사원은 PC 부스에 근무한다.
④ PC 부스는 과장이 근무하지 않는다.
⑤ 가전 부스는 마케팅팀 과장과 개발팀 과장이 모두 근무한다.

제4영역 조직이해능력

01 다음은 H은행의 신제품 관련 회의가 끝난 후 작성된 회의록이다. 회의록을 이해한 내용으로 적절하지 않은 것은?

회의일시	2025.6.20	부서	홍보팀, 영업팀, 기획팀
참석자	홍보팀 팀장, 영업팀 팀장, 기획팀 팀장		
회의안건	신제품 홍보 및 판매 방안		
회의내용	– 경쟁 업체와 차별화된 마케팅 전략 필요 – 적극적인 홍보 및 판매 전략 필요 – 대리점 실적 파악 및 소비자 반응 파악 필요 – 홍보팀 업무 증가에 따라 팀원 보충 필요		
회의결과	– 홍보용 보도 자료 작성 및 홍보용 사은품 구매 요청 – 대리점별 신제품 판매량 조사 실시 – 마케팅 기획안 작성 및 공유 – 홍보팀 경력직 채용 공고		

① 이번 회의안건은 여러 팀의 협업이 필요한 사안이다.

② 기획팀은 마케팅 기획안을 작성하고, 이를 다른 팀과 공유해야 한다.

③ 홍보팀 팀장은 경력직 채용 공고와 관련하여 인사팀에 업무협조를 요청해야 한다.

④ 대리점의 신제품 판매량 조사는 소비자들의 반응을 파악하기 위한 것이다.

⑤ 영업팀은 홍보용 보도 자료를 작성하고, 홍보용 사은품을 구매해야 한다.

02 다음은 경영전략 추진과정을 나타낸 내용이다. (가)에 대한 사례 중 그 성격이 다른 것은?

〈경영전략 추진과정〉

전략목표 설정 → (가) → 경영전략 도출 → 경영전략 실행 → 평가 및 피드백

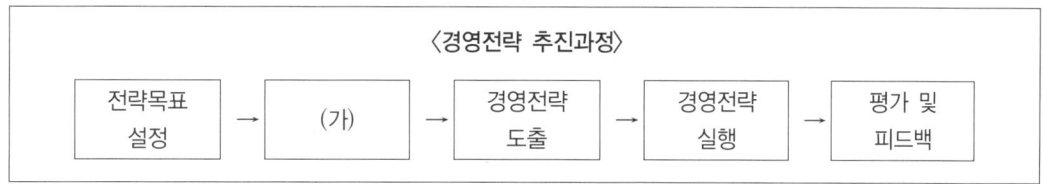

① 제품 개발을 위해 우리가 가진 예산의 현황을 파악해야 해.

② 우리 제품의 시장 개척을 위해 법적으로 문제가 없는지 확인해 봐야겠군.

③ 이번에 발표된 정부의 정책으로 우리 제품이 어떠한 영향을 받을 수 있는지 확인해 볼 필요가 있어.

④ 신제품 출시를 위해 경쟁사들의 동향을 파악해 봐야겠어.

⑤ 우리가 공급받고 있는 원재료들의 원가를 확인해 보자.

03 **다음 중 타인을 평가할 때 범하기 쉬운 오류의 하나인 현혹효과에 대한 설명으로 옳지 않은 것은?**

① 한 분야에 있어서 어떤 사람에 대한 인상이 다른 분야에 있어서의 그 사람에 대한 평가에 영향을 주는 것을 말한다.

② 어떤 사람에 대한 전반적인 인상을, 구체적 특질로 평가하여 일반화시키는 오류를 말한다.

③ 인사고과에 평가행동을 연결시키는 경우에 이러한 오류가 발생된다.

④ 심리학 용어로서 광배효과라고도 한다.

⑤ 논리효과는 관련 없는 정보를 기반으로 판단하는 반면, 현혹효과는 관련 있는 정보를 과도하게 일반화하는 특징을 가진다.

04 **다음은 A편집팀의 새로운 도서분야 시장진입을 위한 신간회의 내용이다. 의사결정 방법 중 하나인 '브레인스토밍'을 활용했다고 할 때, 이에 적절하지 않은 발언을 한 사람을 모두 고르면?**

> A사원 : 신문 기사를 보니, 세분화된 취향을 만족시키는 잡지들이 주목받고 있다고 하던데, 저희 팀에서도 소수의 취향을 주제로 한 잡지를 만들어 보는 건 어떨까요?
> B대리 : 그건 수익성은 생각하지 않은 발언인 것 같네요.
> C과장 : 아이디어는 많으면 많을수록 좋죠, 더 이야기해 봐요.
> D주임 : 요새 직장생활에 관한 이야기를 주제로 독자의 공감을 이끌어 내는 도서들이 많이 출간되고 있습니다. '연봉'과 관련한 실용서를 만들어 보는 건 어떨까요? 신선하고 공감을 자아내는 글귀와 제목, 유쾌한 일러스트를 표지에 실어서 눈에 띄게 만들어 보는 것도 좋을 것 같습니다.
> E차장 : 위 두 아이디어 모두 신선하네요, '잡지'의 형식으로 가면서 직장인과 관련된 키워드를 매달 주제로 해 발간해 보면 어떨까요? 창간호 키워드는 '연봉'이 좋겠군요.

① A사원
② B대리
③ B대리, C과장
④ B대리, E차장
⑤ E차장

05 **다음 중 경영전략 추진과정을 바르게 나열한 것은?**

① 경영전략 도출 → 환경분석 → 전략목표 설정 → 경영전략 실행 → 평가 및 피드백

② 경영전략 도출 → 경영전략 실행 → 전략목표 설정 → 환경분석 → 평가 및 피드백

③ 전략목표 설정 → 환경분석 → 경영전략 도출 → 경영전략 실행 → 평가 및 피드백

④ 전략목표 설정 → 경영전략 도출 → 경영전략 실행 → 환경분석 → 평가 및 피드백

⑤ 전략목표 설정 → 경영전략 도출 → 환경 분석 → 경영전략 실행→ 평가 및 피드백

06 다음은 세계적 기업인 맥킨지(McKinsey)에 의해서 개발된 7S 모형이다. ㉠, ㉡에 들어갈 요소로 옳은 것은?

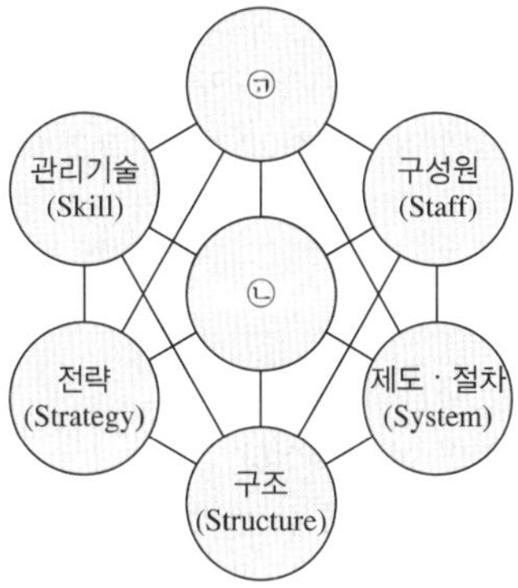

	㉠	㉡
①	스타일	공유가치
②	최고경영자	기술혁신
③	최고경영자	공유가치
④	기술혁신	스타일
⑤	기술혁신	공유가치

07 사람이 모이면 그 안에는 문화가 생긴다. 즉, 조직을 이루는 구성원 사이에서 공유된 생활양식이나 가치를 '조직문화'라고 한다. 다음 중 조직문화가 갖는 특징으로 적절하지 않은 것은?

① 구성 요소에는 리더십 스타일, 제도 및 절차, 구성원, 구조 등이 있다.
② 조직 구성원들에게 일체감과 정체성을 준다.
③ 조직의 안정성을 유지하는 데 기여한다.
④ 조직 몰입도를 향상시킨다.
⑤ 구성원들 개개인의 다양성을 강화해준다.

08 다음 글의 밑줄 친 '마케팅 기법'에 대한 〈보기〉의 설명 중 옳은 것을 모두 고르면?

> 기업들이 신제품을 출시하면서 한정된 수량만 제작 판매하는 한정판 제품을 잇따라 내놓고 있다. 이번 기회가 아니면 더 이상 구입할 수 없다는 메시지를 끊임없이 던지며 소비자의 호기심을 자극하는 마케팅 기법이다. ○○자동차 회사는 가죽 시트와 일부 외형이 기존 제품과 다른 모델을 8,000대 한정 판매하였는데, 단기간에 매진을 기록하였다.

〈보기〉

ㄱ. 소비자의 충동 구매를 유발하기 쉽다.
ㄴ. 이윤 증대를 위한 경영 혁신의 한 사례이다.
ㄷ. 의도적으로 공급의 가격탄력성을 크게 하는 방법이다.
ㄹ. 소장 가치가 높은 상품을 대상으로 하면 더 효과적이다.

① ㄱ, ㄴ
② ㄱ, ㄷ
③ ㄴ, ㄹ
④ ㄱ, ㄴ, ㄹ
⑤ ㄴ, ㄷ, ㄹ

09 다음 상황에서 업무를 처리하기 위해 연락해야 하는 부서로 적절한 것은?

> H은행의 신입사원인 귀하는 공단의 SNS 채널에 새로운 콘텐츠를 업로드하고 관련 내용을 공단 홈페이지에 홍보하려고 했으나, 계속되는 홈페이지 접속 오류로 업로드에 실패하였다.

① 고객지원실
② 인사혁신실
③ 정보화본부
④ 기금운용본부
⑤ 시설관리센터

10 다음은 조직목표의 특징을 나타낸 것이다. 제시된 5가지 특징 중 옳지 않은 내용은 몇 가지인가?

〈조직목표의 특징〉

- 공식적 목표와 실제적 목표가 다를 수 있다.
- 다수의 조직목표를 추구할 수 있다.
- 조직목표 간에는 수평적 상호관계가 있다.
- 불변적 속성을 가진다.
- 조직의 구성 요소와 상호관계를 가진다.

① 1가지
② 2가지
③ 3가지
④ 4가지
⑤ 5가지

11 다음은 카메론(Cameron)과 퀸(Quinn)이 개발한 조직문화 진단 척도 중 일부이다. 다음 ㉠~㉣의 기준에 부합하는 (가)에 들어갈 기준척도를 추론한 것으로 옳은 것은?

	(가)	점수
㉠	우리 회사는 인적자원개발을 중요시하며, 높은 신뢰도, 개방성, 참여도를 강조한다.	
㉡	우리 회사는 새로운 자원을 발굴하고, 도전하는 것을 중시하여 새로운 시도와 기회창조를 높이 평가한다.	
㉢	우리 회사는 경쟁과 성과를 중시하여 시장에서 목표달성과 경쟁에서 이기는 것을 강조한다.	
㉣	우리 회사는 영속성과 안정성을 강조한다. 효율성, 통제, 원활한 운영이 중요하다.	
총점		100

① 전략적 강조점
② 조직의 응집력
③ 성공의 기준
④ 조직의 리더십
⑤ 조직의 안정성

12 다음 중 금융 및 증권업계에서 자산 유동화를 위해 설립한 페이퍼 컴퍼니로, 특별한 목적을 수행하기 위해 일시적으로 만든 회사는?

① AMC(Asset Management Company)
② PFV(Project Financing Vehicle)
③ SPV(Special Purpose Vehicle)
④ PEF(Private Equity Fund)
⑤ DTI(Debt-to-Income Ratio)

13 **H은행은 경영진과 직원의 자유로운 소통, 부서 간 화합 등을 통해 참여와 열린 소통의 조직문화를 조성하고자 노력한다. 이러한 조직문화는 조직의 방향을 결정하고 조직을 존속하게 하는 데 중요한 요인 중의 하나이다. 다음 중 조직문화에 대한 설명으로 적절하지 않은 것은?**

① 조직구성원들에게 일체감과 정체성을 부여하고, 결속력을 강화시킨다.
② 조직구성원들의 조직몰입을 높여준다.
③ 조직구성원의 사고방식과 행동양식을 규정한다.
④ 조직구성원들의 생활양식이나 가치를 의미한다.
⑤ 대부분의 조직들은 서로 비슷한 조직문화를 만들기 위해 노력한다.

14 **다음 중 조직수명주기 단계 순서를 바르게 나열한 것은?**

① 창업 단계 – 공식화 단계 – 공동체 단계 – 정교화 단계
② 공동체 단계 – 창업 단계 – 공식화 단계 – 정교화 단계
③ 창업 단계 – 공동체 단계 – 정교화 단계 – 공식화 단계
④ 창업 단계 – 공동체 단계 – 공식화 단계 – 정교화 단계
⑤ 창업 단계 – 정교화 단계 – 공동체 단계 – 공식화 단계

15 **다음 사례의 쟁점과 협상전략이 바르게 연결된 것은?**

대기업 영업부장인 A씨는 기존 재고를 처리할 목적으로 업체 W사와 협상 중이다. 그러나 W사는 자금 부족을 이유로 이를 거절하고 있다. 하지만 A씨는 자신의 회사에서 물품을 제공하지 않으면 W사가 매우 곤란한 지경에 빠진다는 사실을 알고 있다. 그래서 A씨는 앞으로 W사와 거래하지 않을 것이라는 엄포를 놓았다.

① 자금 부족 – 협력전략
② 재고 처리 – 갈등전략
③ 재고 처리 – 경쟁전략(강압전략)
④ 정보 부족 – 양보전략(유화전략)
⑤ 정보 부족 – 경쟁전략(강압전략)

16 어떤 것에 대해 결정을 내릴 때, 혼자 하는 것 못지않게 여럿이 함께 하는 상황도 적지 않다. 팀이나 조직 안에서 의사결정을 하는 것이 그 예이다. 다음 중 집단의사결정의 특징으로 적절하지 않은 것은?

① 한 사람이 가진 지식보다 집단의 지식과 정보가 더 많기 때문에 보다 효과적인 결정을 할 확률이 높다.
② 의사를 결정하는 과정에서 구성원 간 갈등은 불가피하다.
③ 의견이 불일치하는 경우 오히려 특정 구성원에 의해 의사 결정이 독점될 가능성이 있다.
④ 구성원 각자의 시각으로 문제를 바라보기 때문에 다양한 견해를 가지고 접근할 수 있다.
⑤ 여럿의 의견을 일련의 과정을 거쳐 모은 것이기 때문에 결과는 얻을 수 있는 것 중 최선이다.

17 다음 중 기업의 핵심 역량을 연구개발에 집중하는 기술혁신형 중소기업으로 가장 적절한 것은?

① 모듈 기업
② 이노비즈 기업
③ 벤처 기업
④ 가상 기업
⑤ 전문 기업

18 다음 중 주혜정 씨가 가장 마지막에 처리할 업무로 가장 적절한 것은?

> Henry Thomas의 부하직원 주혜정은 Mr. Thomas와 국내 방송사 기자와의 인터뷰 일정을 최종 점검 중이다. 다음은 기자와의 통화 내용이다.
> 주혜정 : 공진호 기자님, 안녕하세요. 저는 Sun Capital의 주혜정입니다. Mr. Thomas와의 인터뷰 일정 확인 차 연락드립니다. 지금 통화 가능하세요?
> 공진호 : 네, 말씀하세요.
> 주혜정 : 인터뷰 예정일이 9월 10일 오후 2시인데 변동사항이 있나 확인하고자 합니다.
> 공진호 : 네, 예정된 일정대로 진행 가능합니다. Sun Capital의 회의실에서 하기로 했죠?
> 주혜정 : 맞습니다. 인터뷰 준비 관련해서 저희 측에서 더 준비해야 하는 사항이 있나요?
> 공진호 : 카메라 기자와 함께 가니 회의실 공간이 좀 넓어야 하겠고, 회의실 배경이 좀 깔끔해야 할 텐데 준비가 가능할까요?

① 총무팀에 연락하여 인터뷰 당일 회의실 예약을 미리 해 놓는다.
② 기자에게 인터뷰의 방영 일자를 확인하여 인터뷰 영상 내용을 자료로 보관하도록 한다.
③ 인터뷰 당일 Mr. Thomas의 점심 식사 약속은 될 수 있는대로 피하도록 한다.
④ 인터뷰 진행 시 통역이 필요한지 아닌지 확인하고, 질문지를 사전에 받아 Mr. Thomas에게 전달한다.
⑤ 인터뷰를 진행할 때 질문을 미리 정리해 놓는다.

19 다음 대화를 읽고 조직목표의 기능과 특징으로 적절하지 않은 것은?

> 이대리 : 박부장님께서 우리 회사의 목표가 무엇인지 생각해 본 적 있냐고 하셨을 때 당황했어. 평소에 딱히 생각하고 지내지 않았던 것 같아.
> 김대리 : 응, 그러기 쉽지. 개인에게 목표가 있어야 그것을 위해서 무언가를 하는 것처럼 당연히 조직에도 목표가 있어야 하는데 조직에 속해 있으면 당연히 알아두어야 한다고 생각해.

① 조직이 존재하는 정당성을 제공한다.
② 의사결정을 할 때뿐만 아니라 하고 나서의 기준으로도 작용한다.
③ 공식적 목표와 실제적 목표는 다를 수 있다.
④ 동시에 여러 개를 추구하는 것보다 하나씩 순차적으로 처리해야 한다.
⑤ 목표 간에는 위계 관계와 상호 관계가 공존한다.

20 다음의 사례와 가장 관계 깊은 마케팅 방법을 바르게 연결한 것은?

> (A) K사는 담뱃갑 포장에 폐암 환자의 폐 사진을 부착했다.
> (B) 2002년 한일 월드컵 때 S텔레콤은 '붉은 악마' 캠페인을 통해 당시 대회 공식 스폰서로 지정된 K회사보다 훨씬 큰 마케팅 효과를 거두었다.

	(A)	(B)
①	디마케팅	앰부시 마케팅
②	디마케팅	터보 마케팅
③	앰부시 마케팅	전환적 마케팅
④	감성 마케팅	터보 마케팅
⑤	터보 마케팅	감성 마케팅

※ 다음은 포터의 산업구조분석기법(5 Force Model)에 대한 자료이다. 이어지는 질문에 답하시오. **[21~22]**

포터의 산업구조분석기법에 따르면 특정 산업의 수익성 및 매력도는 산업의 구조적 특성에 의해 영향을 받으며, 이는 5가지 힘에 의해 결정된다고 보았다.

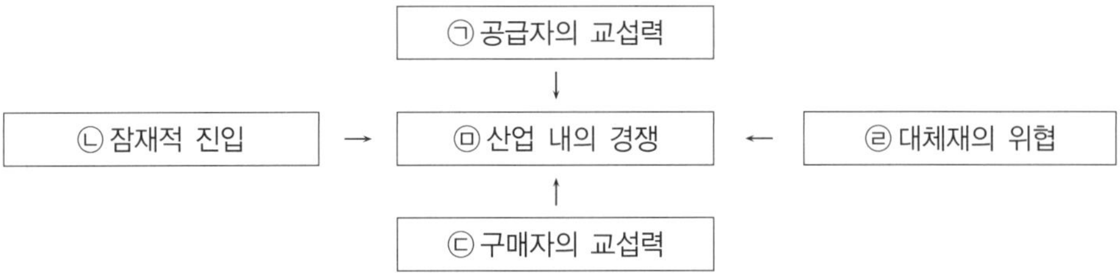

21 **포터의 산업구조분석기법에 따라 반도체산업의 구조를 분석한다고 할 때, ㉠ ~ ㉤ 해당하는 사례로 적절하지 않은 것은?**

① ㉠ : IT 시장의 지속적인 성장에 따라 반도체의 수요가 증가하면서 반도체산업의 수익률도 증가하고 있다.
② ㉡ : 생산설비 하나를 설치하는 데에도 막대한 비용이 발생하는 반도체산업에 투자할 수 있는 기업은 많지 않다.
③ ㉢ : 반도체산업에는 컴퓨터 제조업자와 같은 대형구매자가 존재한다.
④ ㉣ : 메모리형 반도체는 일상재로 품질과 디자인 면에서 어느 회사의 제품이든 별 차이가 없기 때문에 가격 경쟁이 치열하다.
⑤ ㉤ : 비슷한 규모를 가진 세계적인 기업들의 치열한 경쟁이 반도체산업의 수익률을 저하시킨다.

22 **다음 중 구매자의 교섭력이 가장 높은 상황으로 가장 적절한 것은?**

① 구매자의 구매량이 판매자의 규모보다 작을 때
② 시장에 소수 기업의 제품만 존재할 때
③ 구매자가 공급자를 바꾸는 데 전환 비용이 발생할 때
④ 공급자의 제품 차별성이 높을 때
⑤ 구매자가 직접 상품을 생산할 수 있을 때

※ 다음 글을 읽고 이어지는 질문에 답하시오. [23~25]

오토바이용 헬멧 제조업체인 K사는 국내 시장의 한계를 느끼고 미국 시장에 진출해 안전과 가격, 디자인 면에서 호평을 받으며 시장의 최강자가 되었다. 외환위기와 키코 사태*로 인해 위기 상황에 놓인 적도 있었지만 비상장 및 내실 있는 경영으로 은행에 출자 전환하도록 설득하여 기사회생하였다.
미국시장 진출 시 OEM방식을 활용할 수 있었지만 자기 브랜드를 고집한 대표이사의 선택으로 해외에서 개별 도매상들을 상대로 직접 물건을 판매했다. 또한 평판이 좋은 중소규모 도매상을 선정해 유대관계를 강화했다. 한번 계약을 맺은 도매상과는 의리를 지켰고 그 결과 단단한 유통망을 갖출 수 있었다.
유럽 진출 시에는 미국과는 다른 소비자의 특성에 맞춰 고급스런 디자인의 고가 제품을 포지셔닝하여 모토그랑프리를 후원하고 우승자와 광고 전속 계약을 맺었다. 여기에 신제품인 스피드와 레저를 동시에 즐길 수 있는 실용적인 변신 헬멧으로 유럽 소비자들을 공략해 시장 점유율을 높였다.

* 키코 사태(KIKO : Knock In Knock Out) : 환율 변동으로 인한 위험을 줄이기 위해 만들어진 파생상품에 가입한 수출 중소기업들이 2008년 미국발 글로벌 금융위기 여파로 환율이 급등하자 막대한 손실을 보게 된 사건이다.

23 다음 중 K사가 미국시장에 성공적으로 진출할 수 있었던 요인이 아닌 것은?

① OEM방식을 효율적으로 활용했다.
② 자사 브랜드를 알리는 데 주력했다.
③ 평판이 좋은 유통망을 찾아 계약을 맺었다.
④ 안전과 가격, 디자인 모두에 심혈을 기울였다.
⑤ 도매상과 의리를 지키며 안정적인 유통망을 확보했다.

24 다음 중 K사가 유럽시장 진출에서 성공을 거둔 요인으로 볼 수 없는 것은?

① 소비자 특성에 맞춘 고가 제품 포지셔닝
② 모토그랑프리 후원 등 전략적 마케팅 실행
③ 중소규모 도매상과 유대관계 강화
④ 하이브리드가 가능한 실용적 제품 개발
⑤ 미국 진출과는 다른 전략을 취했다.

25 다음 〈보기〉 중 K사가 해외 진출 시 분석을 위해 활용한 요소들을 모두 고르면?

〈보기〉

ㄱ. 현지 시장의 경쟁상황
ㄴ. 경쟁업체
ㄷ. 시장점유율
ㄹ. 제품 가격 및 품질
ㅁ. 공급 능력

① ㄱ, ㄴ, ㄷ
② ㄴ, ㄷ, ㄹ
③ ㄱ, ㄴ, ㄷ, ㄹ
④ ㄴ, ㄷ, ㄹ, ㅁ
⑤ ㄱ, ㄴ, ㄷ, ㄹ, ㅁ

4권

제4회
한국수출입은행 필기전형

NCS 직업기초능력평가 모의고사

〈문항 수 및 시험시간〉

영역	문항 수	시험시간	모바일 OMR 답안채점 / 성적분석
의사소통능력	25문항	100분	
수리능력	25문항		
문제해결능력	25문항		
조직이해능력	25문항		

한국수출입은행 필기전형

제4회 모의고사

문항 수 : 100문항
시험시간 : 100분

제1영역 의사소통능력

※ 다음 문단을 논리적 순서대로 바르게 나열한 것을 고르시오. [1~2]

01

(가) 동아시아의 문명 형성에 가장 큰 영향력을 끼친 책을 꼽을 때, 그중에 『논어』가 빠질 수 없다. 『논어』는 공자(B.C 551 ~ 479)가 제자와 정치인 등을 만나서 나눈 이야기를 담고 있다. 공자의 활동기간으로 따져보면 『논어』는 지금으로부터 대략 2,500년 전에 쓰인 것이다. 지금의 우리는 한나절에 지구 반대편으로 날아다니고, 여름에 겨울 과일을 먹는 그야말로 공자는 상상할 수도 없는 세상에 살고 있다.

(나) 2,500년 전의 공자와 그가 대화한 사람 역시 우리와 마찬가지로 '호모 사피엔스'이기 때문이다. 2,500년 전의 사람도 배고프면 먹고, 졸리면 자고, 좋은 일이 있으면 기뻐하고, 나쁜 일이 있으면 화를 내는 오늘날의 사람과 다름없었다. 불의를 보면 공분하고, 전쟁보다 평화가 지속되기를 바라고, 예술을 보고 들으며 즐거워했는데, 오늘날의 사람도 마찬가지이다.

(다) 물론 2,500년의 시간으로 인해 달라진 점도 많고 시대와 문화에 따라 '사람다움이 무엇인가?'에 대한 답은 다를 수 있지만, 사람은 돌도 아니고 개도 아니고 사자도 아니라 여전히 사람일 뿐인 것이다. 즉 현재의 인간이 과거보다 자연의 힘에 두려워하지 않고 자연을 합리적으로 설명할 수는 있지만, 인간적 약점을 극복하고 신적인 존재가 될 수는 없는 그저 인간일 뿐인 것이다.

(라) 『논어』의 일부는 여성과 아동, 이민족에 대한 당시의 편견을 드러내고 있어 이처럼 달라진 시대의 흐름에 따라 폐기될 수밖에 없지만, 이를 제외한 부분은 '오래된 미래'로서 읽을 가치가 있는 것이다.

(마) 이론의 생명 주기가 짧은 학문의 경우, 2,500년 전의 책은 역사적 가치가 있을지언정 이론으로서는 폐기 처분이 당연시된다. 그런데 왜 21세기의 우리가 2,500년 전의 『논어』를 지금까지도 읽고, 또 읽어야 할 책으로 간주하고 있는 것일까?

① (가) – (마) – (나) – (다) – (라)
② (가) – (마) – (나) – (라) – (다)
③ (가) – (마) – (다) – (나) – (라)
④ (나) – (다) – (가) – (마) – (라)
⑤ (마) – (가) – (나) – (다) – (라)

02

(가) 매년 수백만 톤의 황산이 애팔래치아 산맥에서 오하이오 강으로 흘러들어 간다. 이 황산은 강을 붉게 물들이고 산성으로 변화시킨다. 이렇듯 강이 붉게 물드는 것은 티오바실러스라는 세균으로 인해 생성된 침전물 때문이다. 철2가 이온(Fe^{2+})과 철3가 이온(Fe^{3+})의 용해도가 이러한 침전물의 생성에 중요한 역할을 한다.

(나) 애팔래치아 산맥의 석탄 광산에 있는 황철광에는 이황화철(FeS_2)이 함유되어 있다. 티오바실러스는 이 황철광에 포함된 이황화철(FeS_2)을 산화시켜 철2가 이온(Fe^{2+})과 강한 산인 황산을 만든다. 이 과정에서 티오바실러스는 일차적으로 에너지를 얻는다. 일단 만들어진 철2가 이온(Fe^{2+})은 티오바실러스에 의해 다시 철3가 이온(Fe^{3+})으로 산화되는데, 이 과정에서 또 다시 티오바실러스는 에너지를 이차적으로 얻는다.

(다) 이황화철(FeS_2)의 산화는 다음과 같이 가속된다. 티오바실러스에 의해 생성된 황산은 황철광을 녹이게 된다. 황철광이 녹으면 황철광 안에 들어 있던 이황화철(FeS_2)은 티오바실러스와 공기 중의 산소에 더 노출되어 화학반응이 폭발적으로 증가하게 된다. 티오바실러스의 생장과 번식에는 이와 같이 에너지의 원료가 되는 이황화철(FeS_2)과 산소 그리고 세포 구성에 필요한 무기질이 꼭 필요하다. 이러한 환경조건이 자연적으로 완비된 광산 지역에서는 일반적인 방법으로 티오바실러스의 생장을 억제하기가 힘들다. 이황화철(FeS_2)과 무기질이 다량으로 광산에 있으므로 이 경우 오하이오 강의 오염을 막기 위한 방법은 광산을 밀폐시켜 산소의 공급을 차단하는 것뿐이다.

(라) 철2가 이온(Fe^{2+})은 강한 산(pH 3.0 이하)에서 물에 녹은 상태를 유지한다. 그러한 철2가 이온(Fe^{2+})은 자연 상태에서 pH 4.0 ~ 5.0 사이가 되어야 철3가 이온(Fe^{3+})으로 산화된다. 놀랍게도 티오바실러스는 강한 산에서 잘 자라고 강한 산에 있는 철2가 이온(Fe^{2+})을 적극적으로 산화시켜 철3가 이온(Fe^{3+})을 만든다. 그리고 물에 녹지 않는 철3가 이온(Fe^{3+})은 다른 무기 이온과 결합하여 붉은 침전물을 만든다. 환경에 영향을 미칠 정도로 다량의 붉은 침전물을 만들기 위해서는 엄청난 양의 철2가 이온(Fe^{2+})과 강한 산이 있어야 한다. 이것들은 어떻게 만들어지는 것일까?

① (가) – (나) – (라) – (다)
② (가) – (라) – (나) – (다)
③ (라) – (가) – (다) – (나)
④ (라) – (나) – (가) – (다)
⑤ (라) – (다) – (가) – (나)

03 다음 글에서 밑줄 친 ㉠에 대한 반박으로 가장 적절한 것은?

> 인간은 사회 속에서만 자신을 더 나은 존재로 느낄 수 있기 때문에 자신을 사회화하고자 한다. 인간은 사회 속에서만 자신의 자연적 소질을 실현할 수 있는 것이다. 그러나 인간은 자신을 개별화하거나 고립시키려는 강한 성향도 있다. 이는 자신의 의도에 따라서만 행동하려는 반사회적인 특성을 의미한다. 그리고 저항하려는 성향이 자신뿐만 아니라 다른 사람에게도 있다는 사실을 알기 때문에, 그 자신도 곳곳에서 저항에 부딪히게 되리라 예상한다.
>
> 이러한 저항을 통하여 인간은 모든 능력을 일깨우고, 나태해지려는 성향을 극복하며, 명예욕이나 지배욕・소유욕 등에 따라 행동하게 된다. 그리하여 동시대인들 가운데에서 자신의 위치를 확보하게 된다. 이렇게 하여 인간은 야만의 상태에서 벗어나 문화를 이룩하기 위한 진정한 진보의 첫걸음을 내딛게 된다. 이때부터 모든 능력이 점차 계발되고 아름다움을 판정하는 능력도 형성된다. 나아가 자연적 소질에 의해 도덕성을 어렴풋하게 느끼기만 하던 상태에서 벗어나, 지속적인 계몽을 통하여 구체적인 실천 원리를 명료하게 인식할 수 있는 성숙한 단계로 접어든다. 그 결과 자연적인 감정을 기반으로 결합된 사회를 도덕적인 전체로 바꿀 수 있는 사유 방식이 확립된다.
>
> ㉠ <u>인간에게 이러한 반사회성이 없다면, 인간의 모든 재능은 꽃피지 못하고 만족감과 사랑으로 가득 찬 목가적인 삶 속에서 영원히 묻혀 버리고 말 것이다.</u> 그리고 양처럼 선량한 기질의 사람들은 가축 이상의 가치를 자신의 삶에 부여하기 힘들 것이다. 자연 상태에 머물지 않고 스스로의 목적을 성취하기 위해 자연적 소질을 계발하여 창조의 공백을 메울 때, 인간의 가치는 상승되기 때문이다.
>
> 불화와 시기와 경쟁을 일삼는 허영심, 막힐 줄 모르는 소유욕과 지배욕을 있게 한 자연에 감사하라! 인간은 조화를 원한다. 그러나 자연은 불화를 원한다. 자연은 무엇이 인간을 위해 좋은 것인지를 더 잘 알고 있기 때문이다. 인간은 안락하고 만족스럽게 살고자 한다. 그러나 자연은 인간이 나태와 수동적인 만족감으로부터 벗어나 노동과 고난 속으로 돌진하기를 원한다. 그렇게 함으로써 자연은 인간이 노동과 고난으로부터 현명하게 벗어날 수 있는 방법을 발견하게 한다.
>
> – 칸트, 「세계 시민의 관점에서 본 보편사의 이념」

① 인간의 본성은 변할 수 없다.
② 동물도 사회성을 키울 수 있다.
③ 사회성만으로도 재능이 계발될 수 있다.
④ 반사회성만으로도 재능이 계발될 수 있다.
⑤ 목가적인 삶 속에서도 반사회성이 생겨날 수 있다.

04 다음 글을 읽고, 뒤르켐이 헤겔에게 비판할 수 있는 주장으로 가장 적절한 것은?

> 시민 사회라는 용어는 17세기에 등장했지만 19세기 초에 이를 국가와 구분하여 개념적으로 정교화한 인물이 헤겔이다. 그가 활동하던 시기에 유럽의 후진국인 프러시아에는 절대주의 시대의 잔재가 아직 남아 있었다. 산업 자본주의도 미성숙했던 때여서 산업화를 추진하고 자본가들을 육성하며 심각한 빈부 격차나 계급 갈등 등의 사회문제를 해결해야 하는 시대적 과제가 있었다. 그는 사익의 극대화가 국부를 증대해준다는 점에서 공리주의를 긍정했으나 그것이 시민 사회 내에서 개인들의 무한한 사익 추구가 일으키는 빈부 격차나 계급 갈등을 해결할 수는 없다고 보았다. 그는 시민 사회가 개인들의 사적 욕구를 추구하며 살아가는 생활 영역이자 그 욕구를 사회적 의존 관계 속에서 추구하게 하는 공동체적 윤리성의 영역이어야 한다고 생각했다. 특히 시민 사회 내에서 사익 조정과 공익 실현에 기여하는 직업 단체와 복지 및 치안 문제를 해결하는 복지 행정 조직의 역할을 설정하면서, 이 두 기구가 시민 사회를 이상적인 국가로 이끌 연결 고리가 될 것으로 기대했다. 하지만 빈곤과 계급 갈등은 시민 사회 내에서 근원적으로 해결될 수 없는 것이었다. 따라서 그는 국가를 사회 문제를 해결하고 공적 질서를 확립할 최종 주체로 설정하면서 시민 사회가 국가에 협력해야 한다고 생각했다.
>
> 한편 1789년 프랑스 혁명 이후 프랑스 사회는 혁명을 이끌었던 계몽주의자들의 기대와는 다른 모습을 보이고 있었다. 사회는 사익을 추구하는 파편화된 개인들의 각축장이 되어 있었고 빈부 격차와 계급 갈등은 격화된 상태였다. 이러한 혼란을 극복하기 위해 노동자 단체와 고용주 단체 모두를 불법으로 규정한 르샤폴리에 법이 1791년부터 약 90년간 시행되었으나, 이 법은 분출되는 사익의 추구를 억제하지도 못하면서 오히려 프랑스 시민 사회를 극도로 위축시켰다.
>
> 뒤르켐은 이러한 상황을 아노미, 곧 무규범 상태로 파악하고 최대 다수의 최대 행복을 표방하는 공리주의가 사실은 개인의 이기심을 전제로 하고 있기에 아노미를 조장할 뿐이라고 생각했다. 그는 사익을 조정하고 공익과 공동체적 연대를 실현할 도덕적 개인주의의 규범에 주목하면서, 이를 수행할 주체로서 직업 단체의 역할을 강조하였다. 뒤르켐은 직업 단체가 정치적 중간 집단으로서 구성원의 이해관계를 국가에 전달하는 한편 국가를 견제해야 한다고 보았던 것이다.

① 직업 단체는 정치적 중간집단의 역할로 빈곤과 계급 갈등을 근원적으로 해결하지 못해요.
② 직업 단체와 복지행정조직이 시민 사회를 이상적인 국가로 이끌어줄 열쇠예요.
③ 국가가 주체이기는 하지만 공동체적 연대의 실현을 수행할 중간 집단으로서의 주체가 필요해요.
④ 국가를 최종 주체로 설정한다면 사익을 조정할 수 있고, 공적 질서를 확립할 수 있어요.
⑤ 공리주의는 개인의 이기심을 전제로 하고 있기 때문에 아노미를 조장할 뿐이에요.

05 다음 글의 빈칸에 들어갈 문장을 〈보기〉에서 찾아 순서대로 나열한 것은?

현대 사회에 필요한 자질로 창의성이 언급되고는 한다. 그런데 창의성이 어떻게 만들어지는지에 대해서는 정확하게 알려져 있지 않다. 이에 대해 칙센트미하이가 제시하는 견해에 주목할 만하다. 그는 무의식적 사고를 통해 새로운 아이디어가 생길 수 있으며, 이 아이디어가 사회적 인정을 받아 영향력을 발휘할 때 비로소 창의성이 만들어진다고 본다.

칙센트 미하이는 개인이 새로운 아이디어를 떠올릴 때 무의식적 사고 과정을 꼭 거친다고 말한다. 우리가 의식하지 못하는 사이에도 머릿속에서는 다양한 정보들이 조합을 이루는데, 이 중 잘 들어맞는 조합이 생기면 그 순간에 깨달음을 얻어 새로운 아이디어가 생긴다는 것이다. ______________ 반면, 무의식적 사고는 여러 줄기의 정보들을 동시에 처리하여 사고의 범위가 훨씬 넓기 때문에 예전에는 연관성을 갖지 못했던 정보들도 뜻하지 않게 조합을 이룰 수 있다. 흔히 사람들이 갑자기 아이디어가 떠올라 '아하!' 하고 무릎을 '탁' 치는 순간이 있는데, 이것이 무의식적 사고의 결과인 것이다.

그런데 칙센트미하이는 이렇게 개인이 만들어 낸 아이디어만으로는 창의성이 형성된 것으로 볼 수 없다고 한다. '현장', '영역'과의 상호 작용을 거쳐야만 창의성이 형성된다는 것이다. 개인이 만들어 낸 아이디어는 각 분야의 전문가들로 구성된 사회인 현장의 평가를 받게 된다. 현장은 개인의 아이디어를 평가하고 그중 가치 있는 것을 선택하여 세상에 알리는 역할을 한다. 그리고 현장의 선택을 받은 아이디어는 상징적 지식 체계인 영역으로 편입되어 영역을 새롭게 한다. 이 새로운 영역은 다시 개인과 사회 구성원들에게 영향을 미치게 된다. 이러한 과정을 거칠 때 비로소 창의성이 형성된다는 것이다. ______________

그렇다면 현장의 인정을 받을 수 있는 아이디어를 만들기 위해 우리는 어떤 노력을 해야 할까? 한 가지는 현장의 전문가 집단과 교류하거나 영역의 지식 체계를 이해하려고 노력하는 것이다. 현장과의 교류를 통해 전문가들로부터 새로운 영향을 받을 수 있고, 영역에 대해 호기심을 가지면 새로운 문제 제기도 가능해진다. 다른 한 가지는 무의식적 사고의 활성화이다. ______________ 문제 해결이 어려울 때에 그 문제에 전념하기보다는 일을 잠시 내버려 둔 채 다른 일을 하거나 한가하게 시간을 보내는 것이 도움이 된다.

〈보기〉

㉠ 이는 외부 자극에 주의 집중하는 의식적 작업을 최소화하여 고정된 관점을 버리는 것이다.
㉡ 의식적 사고는 논리적 관계에 따라 정보를 선형적으로 하나씩 처리하여 사고의 범위가 제한적이다.
㉢ 결국 칙센트미하이는 한 개인이 만들어 낸 아이디어가 아무리 새롭다고 해도 현장의 인정을 받아 영역에 편입되지 못하면 창의성이 형성되지 않았다고 본다.

① ㉠, ㉡, ㉢
② ㉠, ㉢, ㉡
③ ㉡, ㉠, ㉢
④ ㉡, ㉢, ㉠
⑤ ㉢, ㉡, ㉠

06 다음 글에서 철학의 여인의 논지를 따를 때, ㉠으로 적절한 것을 〈보기〉에서 모두 고르면?

> 다음은 철학의 여인이 비탄에 잠긴 보에티우스에게 건네는 말이다.
> "나는 이제 네 병의 원인을 알겠구나. 이제 네 병의 원인을 알게 되었으니 ㉠ 너의 건강을 회복할 방법을 찾을 수 있게 되었다. 그 방법은 병의 원인이 되는 잘못된 생각을 바로잡아 주는 것이다. 너는 너의 모든 소유물을 박탈당했다고, 사악한 자들이 행복을 누리게 되었다고, 네 운명의 결과가 불의하게도 제멋대로 바뀌었다는 생각으로 비탄에 빠져 있다. 그런데 그런 생각은 잘못된 전제에서 비롯된 것이다. 네가 눈물을 흘리며 너 자신이 추방당하고 너의 모든 소유물을 박탈당했다고 생각하는 것은 행운이 네게서 떠났다고 슬퍼하는 것과 다름없는데, 그것은 네가 운명의 본모습을 모르기 때문이다. 그리고 사악한 자들이 행복을 가졌다고 생각하는 것이나 사악한 자가 선한 자보다 더 행복을 누린다고 한탄하는 것은 네가 실로 만물의 목적이 무엇인지 모르고 있기 때문이다. 다시 말해 만물의 궁극적인 목적이 선을 지향하는 데 있다는 것을 모르고 있기 때문이다. 또한 너는 세상이 어떤 통치 원리에 의해 다스려지는지 잊어버렸기 때문에 제멋대로 흘러가는 것이라고 믿고 있다. 그러나 만물의 목적에 따르면 악은 결코 선을 이길 수 없으며 사악한 자들이 행복할 수는 없다. 따라서 세상은 결국에는 불의가 아닌 정의에 의해 다스려지게 된다. 그럼에도 불구하고 너는 세상의 통치 원리가 정의와는 거리가 멀다고 믿고 있다. 이는 그저 병의 원인일 뿐 아니라 죽음에 이르는 원인이 되기도 한다. 그러나 다행스럽게도 자연은 너를 완전히 버리지는 않았다. 이제 너의 건강을 회복할 수 있는 작은 불씨가 생명의 불길로 타올랐으니 너는 조금도 두려워할 필요가 없다."

〈보기〉

> (가) 만물의 궁극적인 목적이 선을 지향하는 데 있다는 것을 아는 것
> (나) 세상이 제멋대로 흘러가는 것이 아니라 정의에 의해 다스려진다는 것을 깨닫는 것
> (다) 자신이 박탈당했다고 여기는 모든 것, 즉 재산, 품위, 권좌, 명성 등을 되찾을 방도를 아는 것

① (가)
② (나)
③ (다)
④ (가), (나)
⑤ (나), (다)

07 다음 글의 내용으로 적절한 것을 〈보기〉에서 모두 고르면?

> 유럽 최대의 무역항이자 건축 수도인 로테르담에서는 거대한 말발굽 혹은 연필깎이를 연상시키는 형상의 건축물이 새로운 랜드마크로 각광받고 있다. 길이 120m, 높이 40m에 10만여 m^2 규모로 10년의 건축기간을 거쳐 2014년 준공된 주상복합 전통시장 '마켓홀(Market Hall)'이 바로 그것이다.
> 네덜란드의 건축 그룹 엠베에르데베(MVRDV)가 건물의 전체 설계를 맡은 마켓홀은 터널처럼 파낸 건물 중앙부에는 약 100여 개의 지역 업체가 들어서 있으며, 시장 위를 둘러싸고 있는 건물에는 228가구의 아파트가 자리 잡고 있다. 양쪽 끝은 대형 유리벽을 설치해 자연광을 받을 수 있도록 하였고, 강한 외풍을 막아내기 위해 테니스 라켓 모양으로 디자인한 뒤 유리를 짜 넣어 건물 내외에서 서로를 감상할 수 있도록 하였다.
> 마켓홀의 내부에 들어서면 거대하고 화려한 외관 못지않은 거대한 실내 벽화가 손님들을 맞이한다. 1만 1,000m^2에 달하는 천장벽화 '풍요의 뿔'은 곡식과 과일, 물고기 등 화려한 이미지로 가득한데, 이 벽화를 그린 네덜란드의 예술가 아르노 코넨과 이리스 호스캄은 시장에서 판매되는 먹을거리가 하늘에서 떨어지는 모습을 표현하기 위해 4,500개의 알루미늄 패널을 사용했다. 특히 이 패널은 작은 구멍이 뚫려있어 실내의 소리를 흡수, 소음을 줄여주는 기능적인 면 또한 갖추었다.
> 이처럼 현대의 건축기술과 미술이 접목되어 탄생한 마켓홀이 지닌 가장 큰 강점은 전통시장의 활성화와 인근 주민과의 상생에 성공했다는 점이다. 마켓홀은 전통시장의 상설화는 물론 1,200대 이상의 차량을 주차할 수 있는 규모의 주차장을 구비해 이용객의 접근을 용이하게 하고, 마켓홀을 찾은 이들이 자연스레 주변 5일장이나 인근 쇼핑거리로 향하게 하여 로테르담의 지역경제를 활성화하는 데 성공했다는 평가를 받고 있다.

〈보기〉

ㄱ. 엠베에르데베는 건물 내부에 설치한 4,500개의 알루미늄 패널을 통해 실내의 소리를 흡수하여 소음을 줄일 수 있도록 했다.
ㄴ. 마켓홀은 새로운 랜드마크로 로테르담의 무역 활성화에 크게 기여했다.
ㄷ. 마켓홀의 거대한 천장벽화는 화려한 이미지를 표현한 것은 물론 기능미 또한 갖추었다.
ㄹ. 마켓홀은 이용객들을 유치할 수 있도록 해 로테르담 주민들과의 상생에 성공할 수 있었다.

① ㄱ, ㄴ　　② ㄱ, ㄷ
③ ㄱ, ㄹ　　④ ㄴ, ㄷ
⑤ ㄷ, ㄹ

08 다음 글의 제목으로 가장 적절한 것은?

> '100세 시대' 노인의 큰 고민거리 중 하나는 바로 주변의 도움 없이도 긴 세월을 잘 버텨낼 주거 공간이다. 이미 많은 언론에서 보도되었듯이 우리나라는 '노인이 살기 불편한 나라'인 것이 사실이다. 일본이 고령화 시대의 도시 모델로 의(醫)·직(職)·주(住) 일체형 주거 단지를 도입하고 있는 데 비해 우리나라는 아직 노인을 위한 공용 주택도 변변한 게 없는 실정이다.
>
> 일본은 우리보다 30년 빠르게 고령화 사회에 당면했다. 일본 정부는 개인 주택을 노인 친화적 구조로 개조하도록 전문 컨설턴트를 붙이고 보조금까지 주고 있다. 또한 사회 전반에는 장애 없는 '유니버설 디자인'을 보편화하도록 노력해 왔다. 그 결과 실내에 휠체어 작동 공간이 확보되고, 바닥에는 턱이 없으며, 손잡이와 미끄럼 방지 장치도 기본적으로 설치되었다. 이 같은 준비는 노쇠해 거동이 불편해져도 익숙한 집, 익숙한 마을에서 끝까지 살고 싶다는 노인들의 바람을 존중했기 때문이다. 그러나 이 정책의 이면에는 기하급수적으로 증가하는 사회 복지 비용을 절감하자는 목적도 있다. 고령자 입주시설을 설치하고 운영하는 비용이 재가 복지 비용보다 몇 배나 더 들기 때문이다.
>
> 우리나라의 경우 공동 주택인 아파트를 잘 활용하면 의외로 문제를 쉽게 풀 수 있을 것이다. 대규모 주거 단지의 일부를 고령 친화형으로 설계해서 노인 공유 동(棟)을 의무적으로 공급하는 것이다. 그곳에 식당, 욕실, 스포츠센터, 독서실, 오락실, 세탁실, 요양실, 게스트하우스, 육아 시설 등 노인들이 선호하는 시설을 넣으면 된다. 이러한 공유 공간은 가구당 전용 면적을 줄이고 공유 면적을 넓힘으로써 해결된다. 이와 같은 공유 경제가 확산되면 모든 공동 주택이 작은 공동체로 바뀌어갈 것이다. 공유 공간에서의 삶은 노인들만 모여 사는 실버타운과 달리 활력 또한 높을 것이다.

① 더욱더 빨라지는 고령화 속도를 줄이는 방법
② '유니버설 디자인'의 노인 친화적 주택
③ 노인 주거 문제, 소유에서 공유로 바꿔 해결하자.
④ 증가하는 사회 복지 비용, 그 해결 방안은?
⑤ 일본과 한국의 노인 주거 정책 비교

09 다음 글의 제목으로 적절하지 않은 것은?

> 대・중소기업 간 동반성장을 위한 '상생'이 산업계의 화두로 조명 받고 있다. 4차 산업혁명 시대 도래 등 글로벌 시장에서의 경쟁이 날로 치열해지는 상황에서 대기업과 중소기업이 힘을 합쳐야 살아남을 수 있다는 위기감이 상생의 중요성을 부각하고 있다고 분석한다. 재계 관계자는 "그동안 반도체, 자동차 등 제조업에서 세계적인 경쟁력을 갖출 수 있었던 배경에는 대기업과 협력업체 간 상생의 역할이 컸다."며 "고속 성장기를 지나 지속 가능한 구조로 한 단계 더 도약하기 위해 상생경영이 중요하다."라고 강조했다.
>
> 우리 기업들은 협력사의 경쟁력 향상이 곧 기업의 성장으로 이어질 것으로 보고 2・3차 중소 협력업체들과의 상생경영에 힘쓰고 있다. 단순히 갑을 관계에서 대기업을 서포트 해야 하는 존재가 아니라 상호 발전을 위한 동반자라는 인식이 자리 잡고 있다는 분석이다. 이에 따라 협력사들에 대한 지원도 거래대금 현금 지급 등 1차원적인 지원 방식에서 벗어나 경영 노하우 전수, 기술 이전 등을 통한 '상생 생태계' 구축에 도움을 주는 방향으로 초점이 맞춰지는 추세다.
>
> 특히 최근에는 상생 협력이 대기업이 중소기업에 주는 일시적인 시혜 차원의 문제가 아니라 경쟁에서 살아남기 위한 생존 문제와 직결된다는 인식이 강하다. 협약을 통해 협력업체를 지원해준 대기업이 업체의 기술력 향상으로 더 큰 이득으로 보상받고 이를 통해 우리 산업의 경쟁력이 강화될 것이란 설명이다.
>
> 경제 전문가는 "대・중소기업 간의 상생 협력이 강제 수단이 아니라 문화적으로 자리 잡아야 할 시기"라며 "대기업, 특히 오너 중심의 대기업들도 단기적인 수익이 아닌 장기적인 시각에서 질적 평가를 통해 협력업체의 경쟁력을 키울 방안을 고민해야 한다."라고 강조했다.
>
> 이와 관련해 국내 주요 기업들은 대기업보다 연구개발(R&D) 인력과 관련 노하우가 부족한 협력사들을 위해 각종 노하우를 전수하는 프로그램을 운영 중이다. S전자는 협력사들에 기술 노하우를 전수하기 위해 경영관리 제조 개발 품질 등 해당 전문 분야에서 20년 이상 노하우를 가진 S전자 임원과 부장급 100여 명으로 '상생 컨설팅팀'을 구성했다. 지난해부터는 해외에 진출한 국내 협력사에도 노하우를 전수하고 있다.

① 상생경영, 함께 가야 멀리 간다.
② 동반성장을 위한 상생의 중요성
③ 시혜적 차원에서의 대기업 지원의 중요성
④ 지속 가능한 구조를 위한 상생 협력의 중요성
⑤ 대기업과 중소기업, 상호 발전을 위한 동반자로

10 다음 중 글의 내용으로 가장 적절한 것은?

> 미국의 사회이론가이자 정치학자인 로버트 액셀로드의 저서 '협력의 진화'에서 언급된 팃포탯(Tit for Tat) 전략은 '죄수의 딜레마'를 해결할 가장 유력한 전략으로 더욱 잘 알려져 있는 듯하다.
>
> 죄수의 딜레마는 게임 이론에서 가장 유명한 사례 중 하나로, 두 명의 실험자가 참여하는 비제로섬 게임(Non Zero-sum Game)의 일종이다. 두 명의 실험자는 각각 다른 방에 들어가 심문을 받는데, 둘 중 하나가 배신하여 죄를 자백한다면 자백한 사람은 즉시 석방되는 대신 나머지 한 사람이 10년을 복역하게 된다. 다만 두 사람 모두가 배신하여 죄를 자백할 경우는 5년을 복역하며, 두 사람 모두 죄를 자백하지 않는다면 각각 6개월을 복역하게 된다.
>
> 죄수의 딜레마에서 실험자들은 개인에게 있어 이익이 최대화된다는 가정 아래 움직이기 때문에 결과적으로는 모든 참가자가 배신을 선택하는 결과가 된다. 즉, 자신의 최대 이익을 노리려던 선택이 오히려 둘 모두에게 배신하지 않는 선택보다 나쁜 결과를 불러오는 것이다.
>
> 팃포탯 전략은 1979년 엑셀로드가 죄수의 딜레마를 해결하기 위해 개최한 1・2차 리그 대회에서 우승한 프로그램의 짧고 간단한 핵심전략이다. 캐나다 토론토 대학의 심리학자인 아나톨 라포트 교수가 만든 팃포탯은 상대가 배신한다면 나도 배신을, 상대가 의리를 지킨다면 의리로 대응한다는 내용을 담고 있다. 이 단순한 전략을 통해 팃포탯은 총 200회의 거래에서 유수의 컴퓨터 프로그램을 제치고 우승을 차지할 수 있었다.
>
> 대회가 끝난 후 엑셀로드는 참가한 모든 프로그램들의 전략을 '친절한 전략'과 '비열한 전략'으로 나누었는데, 친절한 전략으로 분류된 팃포탯을 포함해 대체적으로 친절한 전략을 사용한 프로그램들이 좋은 성적을 냈다는 사실을 확인할 수 있었다. 그리고 그중에서도 팃포탯이 두 차례 모두 우승할 수 있었던 것은 비열한 전략을 사용하는 프로그램에게는 마찬가지로 비열한 전략으로 대응했기 때문임을 알게 되었다.

① 엑셀로드가 만든 팃포탯은 죄수의 딜레마에서 우승할 수 있는 가장 유력한 전략이다.

② 죄수의 딜레마에서 자신의 이득이 최대로 나타나는 경우는 죄를 자백하지 않는 것이다.

③ 엑셀로드는 리그 대회를 통해 팃포탯과 같은 대체로 비열한 전략을 사용하는 프로그램이 좋은 성적을 냈다는 사실을 알아냈다.

④ 대회에서 우승한 팃포탯 전략은 비열한 전략을 친절한 전략보다 많이 사용했다.

⑤ 팃포탯 전략이 우승한 것은 비열한 전략에 마찬가지로 비열하게 대응했기 때문이다.

11 다음 중 '자본주의 정신'에 대한 설명으로 적절하지 않은 것은?

『프로테스탄트 윤리와 자본주의 정신(The Protestant Ethic and the Spirit of Capitalism)』은 독일의 경제학자이자 사회학자인 막스 베버의 저서로, 베버의 사망 직후인 1920년 책으로 간행된 이래 현재까지도 자본주의의 발생과 발전을 연구하는 학자들에게 귀한 고전으로 평가받고 있다.
당시 베버는 영국이나 미국, 네덜란드 등 개신교의 영향이 강한 나라에서는 자본주의가 발달하는 반면 이탈리아, 스페인 등 가톨릭의 영향이 강한 나라나 이슬람교, 힌두교, 유교 등의 영향이 강한 나라에서는 자본주의의 발달이 늦는 것을 발견하고 모종의 인과관계를 느꼈다. 『프로테스탄트 윤리와 자본주의 정신』은 바로 그러한 의문에 대한 베버 나름의 해답을 담고 있다.
책에서 베버는 근대 자본주의의 근본이 당시의 통념과는 전혀 다른 것이라고 기술한다. 즉, 끝없이 자신의 이윤만을 추구하는 것은 자본주의는 물론, 자본주의의 정신과는 더더욱 관계가 없으며, 오히려 비합리적인 충동의 억제나 합리적 조절과 동일시할 수 있다는 것이다. 일견 이해가 가지 않는 주장이지만, 개신교, 그중에서도 당시 개인의 생활을 극도로 엄격하고 진지하게 통제하던 칼뱅주의가 득세한 지역에서 근대 자본주의가 유달리 발달했다는 사실을 통해 설득력을 지니게 되었다.
그렇다면 근대 자본주의의 정신을 움직이는 원동력은 무엇인가? 이에 대해 베버는 자본의 증식을 개인의 의무로 여기는 사고방식, 보다 정확하게는 자신의 직업에 엄격한 의무감과 소명의식을 갖고 근면하고 성실하며 정직하게 자본을 늘리고자 하는 정신이라고 대답한다. 현실의 근면한 삶에 종교적 의미를 강하게 부여한 칼뱅주의는 근대 자본주의를 움직이는 근본적인 정신이 된 셈이다.
다만 서구의 근대 자본주의의 정신이 꾸준하게 이어질 수 있는가에 대하여는 베버 또한 부정적인 전망을 내놓기도 했다. 그는 자본주의가 직업적 소명의식과 종교적 청빈함과 근면함과 같은 가치합리적 행위가 없이 재화만을 탐하는 목적합리적 행위만으로 합리성이 굴러가는 것을 경고한 것이다. 직업적 소명의식이나 청렴함과 같은 내용물 없이, 비윤리적이며 불법적인 행위를 해서라도 이윤이라는 껍데기를 탐하는 현대 자본주의를 과연 베버는 어떻게 생각할까?

① 개신교 종파 중에서도 칼뱅주의가 득세한 지역에서 근대 자본주의가 발달한 경향을 보였다는 점에서 자본주의 정신과 칼뱅주의는 밀접하게 연관되어 있다.

② 베버는 당시 자본주의 정신의 근본은 일반적인 사회의 편견과는 다른 것으로, 지나친 탐욕이나 이기주의와는 거리가 멀었다고 생각했다.

③ 베버는 비록 개신교의 정신이 자본주의 정신과 밀접하게 연관이 있을지라도 노력 여하에 따라 다른 종교관을 지닌 지역 또한 근대 자본주의가 발달할 수 있을 것이라고 생각했다.

④ 베버는 자본주의 정신에서 자본의 증식은 일종의 의무이며, 종교적인 직업 소명의식에 의한 일종의 결과물이자 성실함의 증거라고 생각했다.

⑤ 베버는 목적합리적 행위가 가치합리적 행위보다 높게 평가받으며 합리성을 작동하게 하는 것을 경계했다.

12 다음 글의 빈칸에 들어갈 문장을 〈보기〉에서 찾아 순서대로 나열한 것은?

한 조사 기관에 따르면, 해마다 척추 질환으로 병원을 찾은 청소년들이 연평균 5만 명에 이르며 그 수가 지속적으로 증가하고 있다. 청소년의 척추 질환은 성장을 저해하고 학업의 효율성을 저하시킬 수 있다. ________________________ 따라서 청소년 척추 질환의 원인을 알고 예방하기 위한 노력이 필요하다. 전문가들은 앉은 자세에서 척추에 가해지는 하중이 서 있는 자세에 비해 1.4배 정도 크기 때문에 책상 앞에 오래 앉아 있는 청소년들의 경우, 척추 건강에 적신호가 켜질 가능성이 매우 높다고 말한다. 또한 전문가들은 청소년들의 운동 부족도 청소년 척추 질환의 원인이라고 강조한다. 척추 건강을 위해서는 기립근과 장요근 등을 강화하는 근력 운동이 필요하다. 그런데 실제로 질병관리본부의 조사에 따르면, 청소년들 가운데 주 3일 이상 근력 운동을 하고 있다고 응답한 비율은 남성이 약 33%, 여성이 약 9% 정도밖에 되지 않았다. 청소년들이 생활 속에서 비교적 쉽게 척추 질환을 예방할 수 있는 방법은 무엇일까? 첫째, 바른 자세로 책상 앞에 앉아 있는 습관을 들여야 한다. ________________________ 또한 책을 보기 위해 고개를 아래로 많이 숙이는 행동은 목뼈가 받는 부담을 크게 늘려 척추 질환을 유발하므로 책상 높이를 조절하여 목과 허리를 펴고 반듯하게 앉아 책을 보는 것이 좋다. 둘째, 틈틈이 척추 근육을 강화하는 운동을 해 준다. ________________________

그리고 발을 어깨보다 약간 넓게 벌리고 서서 양손을 허리에 대고 상체를 서서히 뒤로 젖혀 준다. 이러한 동작들은 척추를 지지하는 근육과 인대를 강화시켜 척추가 휘어지거나 구부러지는 것을 막아 준다. 따라서 이런 운동은 척추 건강을 위해 반드시 필요하다.

〈보기〉

㉠ 허리를 곧게 펴고 앉아 어깨를 뒤로 젖히고 고개를 들어 하늘을 본다.
㉡ 그렇기 때문에 적절한 대응 방안이 마련되지 않으면 문제가 더욱 심각해질 것이다.
㉢ 의자에 앉아 있을 때는 엉덩이를 의자 끝까지 밀어 넣고 등받이에 반듯하게 상체를 기대 척추를 꼿꼿하게 유지해야 한다.

① ㉠, ㉡, ㉢
② ㉡, ㉠, ㉢
③ ㉡, ㉢, ㉠
④ ㉢, ㉠, ㉡
⑤ ㉢, ㉡, ㉠

※ 다음 글의 주된 내용 전개 방식으로 적절한 것을 고르시오. [13~14]

13

생활 속 보안을 위해 우리들이 가장 먼저 생각해야 하는 것은 무엇일까? 그것은 우리가 무엇을 가지고 있으며, 그 가치가 얼마나 되는지 확인하는 것이다. 그 가치가 얼마인지 정확히 모르겠다면, 그것을 잃어버렸을 때 어떤 일이 벌어질지 생각해보자.

만약 당신이 기업연구소에서 일하고 있고, 몇 년 동안 쌓인 연구 자료가 컴퓨터에 저장되어 있다고 가정해볼 때, 컴퓨터 속에는 구하기 힘든 각종 연구보고서, 논문, 발표자료, 회사의 기밀자료, 도면 등이 저장되어 있을 것이다. 열심히 연구하던 중에 잠깐 메일을 확인하다가 당신의 호기심을 자극하는 제목의 전자메일을 클릭한 뒤, 그 메일의 첨부파일을 열어보는 것만으로도 당신의 컴퓨터는 랜섬웨어에 감염될 수 있다. 몇 년 동안 쌓아두었던 연구자료가 모두 암호화되어서 열어 볼 수 없는 상황이 벌어질 수 있다는 것이다.

또 크리스마스 카드가 도착했다는 문자가 수신된 상황을 가정해 보자. 문자를 보고 흥분되고 기대되는 마음에 문자 속 인터넷주소(URL)를 클릭했더니, 크리스마스 카드를 보려면 앱을 설치하라고 한다. '좀 번거롭기는 하지만, 뭐 어때?'라는 마음으로 그 앱을 설치하면 스마트폰에 있는 당신의 모든 정보는 해커들의 손에 들어갈 수 있다. 당신의 연락처, 동영상, 사진, 통화 내역, 문자 메시지, 인증서 등이 해커의 손에 들어가고, 그 내용 중 공개되어서는 안 될 정보를 가지고 협박한다면 어떻게 되겠는가?

그렇다면 랜섬웨어에 대한 대비책은 무엇일까? 첫째, 철저한 백업이다. 백업이야말로 여러 가지 재난적인 상황에 효과적인 대비책이다. 둘째, 잘 알고 있는 사람이 보낸 메일이 아니라면 첨부파일 다운로드나 실행에 주의한다. 셋째, 인터넷에서 받은 실행 파일은 위변조를 확인한 뒤 설치한다. 그리고 스미싱 문자에 대한 대비책은 문자로 전송된 경로를 클릭하거나 출처가 확인되지 않은 앱을 설치하지 않는 것이다. 문자로 전송된 경로를 클릭하는 것만으로도 악성코드가 스마트폰에 설치되어 해킹을 당할 수 있으므로 문자 속 URL을 클릭하지 말아야 한다.

현재 새로운 해킹 기술들이 계속 나오고 있지만, 간단한 원칙만 실천해도 해킹당할 가능성이 확 낮아진다. 컴퓨터는 정해진 일을 위해서만 쓰는 것. 스마트폰에 남들이 보면 안 되는 사항을 저장해 놓지 않는 것만으로도 우선은 안심이다. 내 것을 지키기 위해서는 내가 무엇을 가지고 있는지 그 가치를 제대로 알고 있어야 한다. 그리고 하지 말라고 주의를 주는 행위를 할 때는 주의를 기울여야 한다.

① 대상에 대한 장점을 부각시켜 상대방을 설득하고 있다.
② 두 가지 상반되는 주장을 비교하여 제시하고 있다.
③ 문제 상황에 대해 사례를 들어 설명하고, 그에 대한 대책 방안을 제시하고 있다.
④ 대상에 대한 옳은 예와 옳지 않은 예를 제시하고 있다.
⑤ 사건이 가지는 역사적 의의와 시사점에 대해 서술하고 있다.

14

> 영화는 특정한 인물이나 집단, 나라 등을 주제로 하는 대중문화로, 작품 내적으로 시대상이나 당시의 유행을 반영한다는 사실은 굳이 평론가의 말을 빌리지 않더라도 모두가 공감하는 사실일 것이다. 하지만 영화가 유행에 따라 작품의 외적인 부분, 그중에서도 제목의 글자 수가 변화한다는 사실을 언급하면 고개를 갸웃하는 이들이 대부분일 것이다.
> 2000년대에는 한국 최초의 블록버스터 영화로 꼽히는 '쉬리'와 '친구'를 비롯해 두 글자의 간결한 영화 제목이 주류를 이뤘지만 그로부터 5년이 지난 2005년에는 두 글자의 짧은 제목의 영화들이 7%로 급격히 감소하고 평균 제목의 글자 수가 5개에 달하게 되었다. 이는 영화를 한 두 줄의 짧은 스토리로 요약할 수 있는 코미디 작품들이 늘어났기 때문이었는데 '나의 결혼 원정기', '미스터 주부 퀴즈왕', '내 생애 가장 아름다운 일주일' 등이 대표적이다.
> 이후 2010년대 영화계에서는 오랜 기간 세 글자 영화 제목이 대세였다고 해도 과언이 아니다. '추격자'를 비롯해 '우리 생애 최고의 순간'을 줄인 '우생순'과 '좋은 놈, 나쁜 놈, 이상한 놈'을 '놈놈놈'으로 줄여 부르기도 했으며 '아저씨', '전우치'나 '해운대', '신세계'를 비롯해 '베테랑', '부산행', '강철비', '곤지암'은 물론 최근 '기생충'에 이르기까지 세 글자 영화들의 대박행진은 계속되고 있다. 이에 반해 2018년에는 제작비 100억을 넘은 두 글자 제목의 한국 영화 네 편이 모두 손익분기점을 넘기지 못하는 초라한 성적표를 받기도 했다.
> 그렇다면 역대 박스오피스에 등재된 한국영화들의 평균 글자 수는 어떻게 될까? 부제와 시리즈 숫자, 줄임 단어로 주로 불린 영화의 원 음절 등을 제외한 2019년까지의 역대 박스오피스 100위까지의 한국영화 제목 글자 수는 평균 4.12였다. 다만 두 글자 영화는 21편, 세 글자 영화는 29편, 네 글자 영화는 21편으로 세 글자 제목의 영화가 역대 박스오피스 TOP 100에 가장 많이 등재된 것으로 나타났다.

① 특정한 이론을 제시한 뒤 그에 반박하는 의견을 제시하여 대비를 이루고 있다.
② 현상을 언급한 뒤 그에 대한 사례를 순서대로 나열하고 있다.
③ 특정한 현상을 분석하여 추려낸 뒤, 해결 방안을 이끌어 내고 있다.
④ 대상을 하위 항목으로 구분하여 논의의 범주를 명시하고 있다.
⑤ 현상의 변천 과정을 고찰한 뒤 앞으로의 발전 방향을 제시하고 있다.

15 다음 빈칸에 들어갈 말로 가장 적절한 것은?

> 기분관리 이론은 사람들의 기분과 선택 행동의 관계에 대해 설명하기 위한 이론이다. 이 이론의 핵심은 사람들이 현재의 기분을 최적 상태로 유지하려고 한다는 것이다. 따라서 기분관리 이론은 흥분 수준이 최적 상태보다 높을 때는 사람들이 이를 낮출 수 있는 수단을 선택한다고 예측한다. 반면에 흥분 수준이 낮을 때는 이를 회복시킬 수 있는 수단을 선택한다고 예측한다. 예를 들어, 음악 선택의 상황에서 전자의 경우에는 차분한 음악을 선택하고 후자의 경우에는 흥겨운 음악을 선택한다는 것이다. 기분조정 이론은 기분관리 이론이 현재 시점에만 초점을 맞추고 있다는 점을 지적하고 이를 보완하고자 한다. 기분조정 이론을 음악 선택의 상황에 적용하면, ______________________ 고 예측할 수 있다.
> 연구자 A는 음악 선택 상황을 통해 기분조정 이론을 검증하기 위한 실험을 했다. 그는 실험 참가자들을 두 집단으로 나누고 집단1에게는 한 시간 후 재미있는 놀이를 하게 된다고 말했고, 집단2에게는 한 시간 후 심각한 과제를 하게 된다고 말했다. 집단1은 최적 상태 수준에서 즐거워했고, 집단2는 최적 상태 수준을 벗어날 정도로 기분이 가라앉았다. 이 때 연구자 A는 참가자들에게 기다리는 동안 음악을 선택하게 했다. 그랬더니 집단1은 다소 즐거운 음악을 선택한 반면, 집단2는 과도하게 흥겨운 음악을 선택했다. 그런데 30분이 지나고 각 집단이 기대하는 일을 하게 될 시간이 다가오자 두 집단 사이에는 뚜렷한 차이가 나타났다. 집단1의 선택에는 큰 변화가 없었으나, 집단2는 기분을 가라앉히는 차분한 음악을 선택하는 쪽으로 변하는 경향을 보인 것이다. 이러한 선택의 변화는 기분조정 이론을 뒷받침하는 것으로 간주되었다.

① 사람들은 현재의 기분을 지속하는 데 도움이 되는 음악을 선택한다.
② 사람들은 다음에 올 상황을 고려해 흥분을 유발할 수 있는 음악을 선택한다.
③ 사람들은 다음에 올 상황에 맞추어 현재의 기분을 조정하는 음악을 선택한다.
④ 사람들은 현재의 기분과는 상관없이 자신이 평소 선호하는 음악을 선택한다.
⑤ 사람들은 현재의 기분이 즐거운 경우에는 그것을 조정하기 위해 그와 반대되는 기분을 자아내는 음악을 선택한다.

16 다음 밑줄 친 단어 중 어법상 옳지 않은 것은?

> 매년 3월 22일은 세계 물의 날로, 인구와 경제 활동의 증가로 수질이 오염되고 먹는 물이 부족해지자 UN이 경각심을 ㉠ 일깨우기 위해 지정한 날이다. 우리나라의 상수도 보급현황은 매우 우수한 편으로 매년 상승하고 있으나, 해가 갈수록 1인당 물 ㉡ 사용량도 늘어나고 있다. 우리나라 수자원량은 '물 스트레스' 국가로 주기적인 물 압박 경험이 있는 수준에 해당된다. 물은 아낄 필요가 있으며, 생활 속에서도 물을 절약하기 위한 여러 방법이 있고 다음과 같은 캠페인도 진행하고 있다.
> • 사용 후 ㉢ 수도꼭지는 꼭 ㉣ 잠궈 주세요.
> • 절수용 샤워기를 사용해 주세요.
> • 레버를 잠그고 양치질을 해 주세요.
> • ㉤ 설거지 할 때는 설거지통을 사용해 주세요.

① ㉠
② ㉡
③ ㉢
④ ㉣
⑤ ㉤

17 다음 중 빈칸에 들어갈 단어로 적절하지 않은 것은?

> • 주가가 떨어져 주식 시장이 ______되었다.
> • 불황으로 자동차의 판매량이 ______되었다.
> • 창고에 재고가 많아 생산량을 ______하였다.
> • 몸무게를 갑자기 ______하면 건강에 이상이 생긴다.
> • 그들은 조직적으로 사건을 ______하고 은폐하려 하였다.

① 감량
② 감소
③ 감축
④ 절감
⑤ 축소

18 다음 중 밑줄 친 어휘의 표기가 옳은 것은?

① 벌써 사흘이 지났건만 그는 콧배기도 내밀지 않는다.
② 힘없이 걸어가는 그의 모습이 가엾어 보였다.
③ 얼마 전에 담근 알타리무 김치가 맛있게 익었어.
④ 짐을 구루마에 실어 옮겨야겠어.
⑤ 우리 집 샷시가 망가졌다.

※ 다음 글을 읽고 이어지는 질문에 답하시오. [19~20]

(가) 1682년, 영국의 엘리아스 에쉬몰(Elias Ashmole)이 자신의 수집품을 대학에 기증하면서 '박물관(Museum)'이라는 용어가 처음 등장하였고, 이후 유럽과 미국에서 박물관은 서로 다른 양상으로 발전하였다. 유럽의 경우 주로 개인이 소장품을 국가에 기증하면 국가는 이를 바탕으로 박물관을 설립하였다. 즉, 국가의 지원과 통제하에 박물관이 설립된 것이다. 반면, 미국의 경우는 민간 차원에서 일반 대중에게 봉사한다는 취지로 미술품 애호가들이나 개인 법인에 의해 박물관이 설립되었다.

(나) 19세기 이전 대부분의 박물관은 종합 박물관의 성격을 띠었으나, 19세기 이후 과학의 진보와 함께 수집품이 증가하고, 이들의 분류·정리가 이루어지면서 전문 박물관이 설립되기 시작했다. 한편, 신흥 도시가 번영의 힘을 과시하기 위해 장식과 기교가 많고 화려한 박물관을 설립하기도 하였다.

(다) 1851년 런던의 대박람회와 1876년 미국 독립 100주년 기념 대박람회는 박물관 사업을 촉진하는 계기가 되었다. 그 결과 뉴욕의 자연사박물관, 메트로폴리탄 박물관, 보스턴미술관 등이 설립되었다. 이 시기의 박물관은 시민의 교육기관이라는 위상을 갖추기 시작했다. 박물관이 학생 교육, 대중의 지식 개발 등 교육에 기여하는 바가 크다는 사실을 인식한 것이다. 또한 자연과학의 발달과 생물학·인류학·고고학 등의 연구가 활발해지면서 전문 박물관도 급진적으로 증가하게 되었다.

(라) 1930 ~ 1940년대 미국에서는 막대한 재력을 가진 개인이 본격적인 후원의 주체가 되는 양상이 나타났다. 재력가들이 미술품 수집에 관심을 보이면서 박물관에 대한 지원이 기업 이윤의 사회 환원이라는 명목으로 이루어졌다. 미국은 미술품을 구입하는 개인이나 법인에 세제상의 혜택을 주어 간접적인 미술의 발전을 도모하였고, 이로 인해 1945년 이후 많은 박물관이 형성되었다. 1876년 약 200여 개였던 미국의 박물관 수는 1940년에는 2,500개, 1965년에는 5,000여 개에 달하였으며, 1974년에는 약 7,000여 개로 집계되었다.

(마) 그러나 경제 대공황기 이후 박물관이 예술 작품을 역사와 무관하게 상품적 가치가 있는 것, 미적인 눈요깃감으로 왜곡시키고 있다는 비판을 받기 시작했다. 이에 따라 동시대의 작품에 많은 관심을 기울여야 한다는 움직임이 활발하게 진행되면서 신흥 재벌의 후원으로 뉴욕의 현대미술관, 워싱턴의 국립미술관 등이 건립되었다. 그들은 보유하고 있는 소장품을 기부하는 방법으로 후원하였으며, 19세기 말 이후의 작품들이 전시됨으로써 현대미술을 일반에게 알리는 데 기여하였다.

19 다음 중 윗글의 내용으로 적절하지 않은 것은?

① 국가 차원에서 설립된 유럽의 박물관은 국가의 지원과 통제를 받았다.
② 19세기 이후 신흥 도시에서는 박물관 설립을 통해 번영의 힘을 과시하기도 하였다.
③ 과학의 발전과 함께 등장한 전문 박물관은 19세기 후반 그 수가 급격하게 증가하였다.
④ 미국의 박물관은 교육의 목적이 아닌 경제적 이윤을 목적으로 한다.
⑤ 뉴욕의 현대미술관과 워싱턴의 국립미술관은 주로 19세기 말 이후의 현대 미술 작품을 전시한다.

20 다음 중 문단별 주제가 바르게 연결된 것은?

① (가) – 박물관의 정의
② (나) – 19세기 이전 박물관의 성격
③ (다) – 전문 박물관의 등장 배경
④ (라) – 1930 ~ 1940년대 미국 박물관의 특징
⑤ (마) – 경제 대공황 이후 박물관의 쇠퇴

※ 다음 글을 읽고 이어지는 질문에 답하시오. [21~22]

공유경제는 한번 생산된 제품을 여럿이 공유해 쓰는 협력 소비를 기본으로 한 경제 방식을 말한다. 이는 유형과 무형을 모두 포함하며, 거래 형태에 따라 크게 셰어링, 물물교환, 협력적 커뮤니티로 분류할 수 있다. 셰어링은 사용자들이 제품 혹은 서비스를 소유하지 않고 사용할 수 있는 방식으로 카셰어링이 대표적이다. 물물교환은 필요하지 않은 제품을 필요한 사람에게 재분배하는 방식으로 주로 중고매매를 말한다. 마지막으로 협력적 커뮤니티는 특정한 커뮤니티 내부의 사용자 사이의 협력을 통한 방식으로 유형과 무형의 자원 전부를 다룬다. 자신의 공간을 여행자에게 제공하는 에어비앤비(AirBnB)나 지식 공유 플랫폼 등이 널리 알려져 있는 협력적 커뮤니티 공유경제이다.
공유경제는 ______________________ 예를 들어, 기존 기업은 제품 판매를 통해 벌어들인 수익과 사회 환원을 별개로 생각한다면, 공유경제에서는 거래 당사자들이 이익을 취할 뿐만 아니라 거래 자체가 자원의 절약과 환경문제 해소로 이어져 사회 전체에 기여한다. 그러나 '공유경제'가 다 좋다고 말하기에는 다소 이른 감이 있다. 아직까지는 그 제도적 기반이 취약하여 실제 거래에 있어 불이익이 발생한다 하더라도 법적 보호를 받기 어렵기 때문이다. 이러한 점들을 면밀히 살피고 개선해 나갈 때 공유경제가 바꿔 놓을 미래의 삶도 기대할 수 있을 것이다.

21 다음 중 공유경제의 사례로 보기 어려운 것은?

① 승객과 자동차를 운행하는 일반인을 매칭시켜 주는 자동차 공유플랫폼
② 집의 남는 방을 여행객에게 제공하는 단기 숙박 서비스
③ 서로 필요한 유아용품이나 아이의 옷을 교환하는 서비스
④ 소규모 회사를 위한 사무공간을 공유하는 공유 오피스 서비스
⑤ 자신의 일상 사진을 업로드하고 일상을 공유하는 소셜네트워크 서비스

22 다음 중 빈칸에 들어갈 내용으로 가장 적절한 것은?

① 세계 경제 위기 속에서 과소비를 줄이고, 합리적인 소비생활을 하도록 돕는다.
② 인터넷 중심의 IT기술과 모바일 산업의 발전을 통해 활성화되었다.
③ 소유자들이 많이 이용하지 않는 물건으로부터 더 많은 수익을 창출할 수 있다.
④ 이용자와 중개자, 사회 전체 모두에게 이익이 되는 윈윈(Win-win) 구조를 지향하고 있다.
⑤ 대량생산·대량소비를 지향하는 자본주의 경제와 달리 거래 판매자가 많은 이익을 얻을 수 없다.

23 다음 글을 바탕으로 추론할 수 있는 내용으로 가장 적절한 것은?

> 바닷속에 서식했던 척추동물의 조상형 동물들은 체와 같은 구조를 이용하여 물속의 미생물을 걸러 먹었다. 이들은 몸집이 아주 작아서 물속에 녹아 있는 산소가 몸 깊숙한 곳까지 자유로이 넘나들 수 있었기 때문에 별도의 호흡계가 필요하지 않았다. 그런데 몸집이 커지면서 먹이를 거르던 체와 같은 구조가 호흡 기능까지 갖게 되어 마침내 아가미 형태로 변형되었다. 즉, 소화계의 일부가 호흡 기능을 담당하게 된 것이다. 그 후 호흡계의 일부가 변형되어 허파로 발달하고, 그 허파는 위장으로 이어지는 식도 아래쪽으로 뻗어 나갔다. 한편, 공기가 드나드는 통로는 콧구멍에서 입천장을 뚫고 들어가 입과 아가미 사이에 자리 잡게 되었다. 이러한 진화 과정을 보여 주는 것이 폐어(肺魚) 단계의 호흡계 구조이다.
> 이후 진화 과정이 거듭되면서 호흡계와 소화계가 접하는 지점이 콧구멍 바로 아래로부터 목 깊숙한 곳으로 이동하였다. 그 결과 머리와 목구멍의 구조가 변형되지 않는 범위 내에서 호흡계와 소화계가 점차 분리되었다. 즉, 처음에는 길게 이어져 있던 호흡계와 소화계의 겹친 부위가 점차 짧아졌고, 마침내 하나의 교차점으로만 남게 된 것이다. 이것이 인간을 포함한 고등 척추동물에서 볼 수 있는 호흡계의 기본 구조이다. 따라서 음식물로 인한 인간의 질식 현상은 척추동물 조상형 단계를 지나 자리 잡게 된 허파의 위치 – 당시에는 최선의 선택이었을 – 때문에 생겨난 진화의 결과라 할 수 있다.

① 진화는 순간순간에 필요한 대응일 뿐 최상의 결과를 내는 과정이 아니다.
② 조상형 동물은 몸집이 커지면서 호흡기능의 중요성이 줄어드는 대신 소화기능이 중요해졌다.
③ 폐어 단계의 호흡계 구조에서 갖고 있던 아가미는 척추동물의 허파로 진화하였다.
④ 지금의 척추동물과는 달리 조상형 동물들은 산소를 필요로 하지 않았다.
⑤ 척추동물로 진화해오면서 호흡계와 소화계는 완전히 분리되었다.

24 다음 글을 바탕으로 밑줄 친 ㉠과 같은 현상이 나타나게 된 이유를 추론해 볼 때 적절하지 않은 것은?

> 고려와 조선은 국가적으로 금속화폐의 통용을 추진한 적이 있다. 화폐 주조권을 장악하여 세금을 효과적으로 징수하고 효율적으로 저장하려는 것이 그 목적이었다. 그러나 물품화폐에 익숙한 농민들은 금속화폐를 불편하게 여겼으므로 금속화폐의 유통 범위는 한정되고 끝내는 삼베를 비롯한 물품화폐에 압도당하고 말았다. ㉠ <u>조선 태종 때와 세종 때에도 동전의 유통을 시도하였지만 실패하였다</u>. 조선 전기 은화(銀貨)는 서울을 중심으로 유통되었는데, 주로 왕실과 관청, 지배층과 상인, 역관(譯官) 등이 이용한 '돈'이었다. 그러나 은화(銀貨)는 고액 화폐였다. 그 때문에 서민의 경제생활에서는 여전히 무명 옷감이 화폐의 기능을 담당하였다. 그러한 가운데서도 농업생산력의 발전과 인구의 증가, 17세기 이후 지방시장의 성장은 금속화폐 통용을 위한 여건이 마련되었음을 뜻하였다. 17세기 전반 이미 개성에서는 모든 거래가 동전으로 이루어지고 있었다. 이러한 여건 아래에서 1678년(숙종 4년)부터 강력한 통용책이 추진되면서 금속화폐가 널리 보급될 수 있었다. 동전인 상평통보 1개는 1푼(分)이었다. 10푼이 1전(錢), 10전이 1냥(兩), 10냥이 1관(貫)이다. 대원군이 집권할 때 주조된 당백전(當百錢)과 1883년 주조된 당오전(當五錢)은 1개가 각각 100푼과 5푼의 가치를 가지는 동전이었다. 동전 주조가 늘면서 그 유통 범위가 경기, 충청지방으로부터 점차 확산되어 18세기 초에는 전국에 미칠 정도였다. 동전을 시전(市廛)에 무이자로 대출하고, 관리의 녹봉을 동전으로 지급하고, 일부 세금을 동전으로 거두어들이는 등의 국가 정책도 동전의 통용을 촉진하였다. 화폐경제의 성장은 상업적 동기를 촉진시키고 경제생활, 나아가 사회생활에 변화를 주었다.
>
> 이러한 가운데 일부 위정자들은 화폐경제로 인한 부작용을 우려했는데 특히 농촌 고리대금업(高利貸金業)의 성행을 가장 심각한 문제로 생각했다. 그래서 동전의 폐지를 주장하는 이도 있었다. 1724년 등극한 영조는 이 주장을 받아들여 동전 주조를 정지하였다. 그런데 당시에 동전은 이미 일상생활로 퍼졌기 때문에 동전의 수요에 비해 공급이 부족한 현상이 일어나 동전주조의 정지는 화폐 유통질서와 상품경제에 타격을 가하였다. 돈이 매우 귀하여 농민과 상인의 교역에 불편을 가져다준 것이다. 또한 소수의 부유한 상인이 동전을 집중적으로 소유하여 고리대금업(高利貸金業) 활동을 강화함에 따라서 오히려 농민 몰락이 조장되었다. 결국 영조 7년 이후 동전은 다시 주조되기 시작했다.

① 화폐가 통용될 시장이 발달하지 않았군.
② 화폐가 주로 일부계층 위주로 통용되었군.
③ 백성들이 화폐보다 물품화폐를 선호하였군.
④ 국가가 화폐수요량에 맞추어 원활하게 공급하지 못했군.
⑤ 화폐가 필요할 만큼 농업생산력이 발전하지 못했군.

25 다음 글을 바탕으로 추론할 수 있는 것을 〈보기〉에서 모두 고르면?

> 박람회의 목적은 여러 가지가 있다. 박람회를 개최하려는 사람들은 우선 경제적인 효과를 따진다. 박람회는 주최하는 도시뿐 아니라 인접 지역, 크게는 국가적인 차원에서 경제 활성화의 자극이 된다. 박람회에서 전시되는 다양한 최신 제품들은 이러한 기회를 이용하여 소비자들에게 훨씬 가깝게 다가가게 되고, 판매에서도 큰 성장을 이룰 수 있다. 그 밖에도 박람회장 자체가 최신 유형의 건축물과 다양한 오락 시설을 설치하여 거의 이상적이면서 완벽한 모델도시를 보여줌으로써 국가적 우월성을 확보할 수 있다.
> 그러나 이러한 실질적이고 명목적인 이유들 외에도 박람회가 가지고 있는 사회적인 효과가 있다. 박람회장이 보여주는 이미지는 바로 '다양성'에 있다. 수많은 다양한 볼거리에서 사람들은 마법에 빠져든다. 그러나 보다 자세하게 그 다양성을 살펴보면 그것에는 결코 다양하지 않은 박람회 주최국가와 도시의 지도이념이 숨어 있음을 확인하게 된다. 박람회의 풍성한 진열품, 다양한 세계의 민족과 인종들은 주최국가의 의도를 표현하고 있다. 그런 의미에서 박람회는 그것이 가지고 있는 다양성에도 불구하고 결국은 주최국가와 도시의 인종관, 국가관, 세계관, 진보관이 하나로 뒤섞여서 나타나는 '이데올로기적 통일성'을 표현하는 또 다른 방식이라고 할 수 있다. 여기서 '이데올로기적 통일성'이라고 사용할 때 특히 의식적으로 나타내려는 바는, 한 국가가 국내외에서 자신의 의지를 표현하려고 할 때 구성하는 주요 성분들이다. 이는 '신념, 가치, 근심, 선입관, 반사작용'의 총합으로서 역사적인 시간에 따라 변동한다. 그러나 중요한 것은 당시의 '사회적 인식'을 기초로 해서 당시의 기득권 사회가 이를 그들의 합법적인 위치의 정당성과 권력을 위해 진행하고 있는 투쟁에서 의식적으로 조작된 정치적 무기로서 조직, 설립, 통제를 위한 수단으로 사용하고 있다는 점이다. 19 ~ 20세기의 박람회는 바로 그런 측면을 고스란히 가지고 있는 가장 대표적인 한 공간이었다.

〈보기〉

ㄱ 글쓴이는 박람회의 경제적 효과뿐만 아니라 사회적 효과에도 주목하고 있다.
ㄴ 정부는 박람회의 유치 및 운영을 통하여 노동, 이민, 인종 등에서 일어나는 불협화음을 조정하는 '헤게모니의 유지'를 관철시키려 한다.
ㄷ 박람회는 한 집단의 사회적인 경험에 합법적인 정당성과 소명의식을 확보하기 위한 장치로서의 '상징적 우주(Symbolic Universe)'라고 할 수 있다.
ㄹ 박람회는 지배계급과 피지배계급 간의 갈등을 다양한 볼거리 속에서 분산시켜, 노동계급에 속하는 사람들을 하나의 개인으로 '타자화(他者化)'하고 정책에 순응하게 하려는 전략의 산물이다.

① ㄱ
② ㄴ, ㄷ
③ ㄱ, ㄴ, ㄷ
④ ㄱ, ㄷ, ㄹ
⑤ ㄴ, ㄷ, ㄹ

제2영역 수리능력

01 현수가 연이율 2.4%인 월복리 적금 상품에 원금 총 2,400만 원을 납입하고자 한다. 2년 만기 적금 상품에 매월 초 100만 원씩 납입할 때 만기 시 원리합계와 1년 만기 적금 상품에 매월 초에 200만 원씩 납입할 때 만기 시 원리합계의 차이는?(단, $1.002^{12}=1.024$, $1.002^{24}=1.049$로 계산하며, 이자 소득에 대한 세금은 고려하지 않는다)

① 50.1만 원
② 50.2만 원
③ 50.3만 원
④ 50.4만 원
⑤ 50.5만 원

02 현재 1,000만 원을 보유한 A씨는 매년 이자가 10%인 ○○예금상품에 3년 동안 전액을 예치하려 한다. 예금방식이 단리식과 복리식이 있을 때, 두 경우의 원리합계의 합은 얼마인가?(단, 연 복리를 적용하고, $1.1^3=1.331$이다)

- 단리예금 : 목돈을 원하는 만큼 맡기고, 원금과 원금에 대해서만 이자를 산정하여 만기 시까지 추가 입금이 불가한 금융상품
- 복리예금 : 원금과 이자에 대한 이자를 받을 수 있고, 만기 시까지 추가 입금이 불가하며, 이자 지급기간에 따라 연 복리, 월 복리, 일 복리로 구분하는 금융상품

① 2,122만 원
② 2,482만 원
③ 2,631만 원
④ 2,896만 원
⑤ 2,956만 원

03 A와 B는 제품을 포장하는 아르바이트를 하고 있다. A는 8일마다 남은 물품의 $\frac{1}{2}$씩 포장하고, B는 2일마다 남은 물품의 $\frac{1}{2}$씩 포장한다. A가 처음 512개의 물품을 받아 포장을 시작했는데 24일 후의 A와 B의 남은 물품의 수가 같았다. B는 처음에 몇 개의 물품을 받았는가?

① 2^{16}개
② 2^{17}개
③ 2^{18}개
④ 2^{19}개
⑤ 2^{20}개

04 다음과 같이 일정한 규칙으로 수를 나열할 때, A÷B의 값은?

(A)	64	32	16	8	(B)

① 128
② 64
③ 32
④ 16
⑤ 12

05 다음은 일정한 규칙에 따라 나열된 수이다. 빈칸에 들어갈 알맞은 쌍의 개수는?

- (6, 2)=[(1, 5), (2, 4), (3, 3)]
- (6, 3)=[(1, 1, 4), (1, 2, 3), (2, 2, 2)]
- (6, 4)=[____]

① 1개
② 2개
③ 3개
④ 4개
⑤ 6개

06 다음 수열의 11번째 항은 얼마인가?

4	5	10	11	22	23	…

① 174
② 178
③ 186
④ 190
⑤ 210

07 민경이는 자신의 집에서 선화네 집으로 3m/s의 속도로 가고 선화는 민경이네 집으로 2m/s의 속도로 간다. 민경이와 선화네 집은 900m 떨어져 있고 선화가 민경이보다 3분 늦게 출발했을 때, 민경이는 집에서 출발한 지 얼마 만에 선화를 만나는가?(단, 민경이 집에서 선화네 집까지는 직선길 한 가지밖에 없다)

① 1분 12초
② 2분 12초
③ 3분 12초
④ 4분 12초
⑤ 5분 12초

08 김대리는 대전으로, 이대리는 부산으로 출장을 간다. 출장에서의 업무가 끝난 후 김대리와 이대리는 K지점에서 만나기로 하였다. 다음 〈조건〉을 참고하여 김대리와 이대리가 같은 시간에 K지점으로 출발했을 때, 이대리는 시속 몇 km로 이동했는가?

〈조건〉

- 대전과 부산의 거리는 500km이다.
- 김대리는 시속 80km로 이동했다.
- 대전에서 200km 떨어진 지점인 K지점에서 만나기로 하였다.
- 이대리의 속력은 김대리보다 빠르다.
- 이대리는 김대리보다 4시간 30분 늦게 K지점에 도착했다.
- 대전, K지점, 부산은 일직선상에 있다.

① 80km
② 90km
③ 100km
④ 110km
⑤ 120km

09 K회사의 사내 운동회에서 홍보부서와 기획부서가 결승에 진출하였다. 결승에서는 7번 경기 중에서 4번을 먼저 이기는 팀이 우승팀이 된다. 홍보부서와 기획부서의 승률이 각각 $\frac{1}{2}$이고 무승부는 없다고 할 때, 홍보부서가 네 번째 또는 다섯 번째 시합에서 결승에 우승할 확률은?

① $\frac{1}{8}$
② $\frac{5}{6}$
③ $\frac{1}{4}$
④ $\frac{5}{16}$
⑤ $\frac{7}{16}$

10 A부터 K까지 11개의 알파벳 중 6개를 뽑으려 할 때, C, F, H, J가 모두 포함되는 경우의 수는?

① 9가지
② 16가지
③ 21가지
④ 32가지
⑤ 36가지

11 K대리는 거래처에서 A제품을 구입하기로 했다. 제품 1개당 가격은 20만 원이고, 200개 미만을 구입할 때의 할인율은 10%, 200개 이상을 구입할 때의 할인율은 15%이다. A제품을 200개 이하로 구입하려고 할 때, 최소 몇 개 이상을 구입하면 200개를 구입하는 것이 더 이익인가?

① 159개
② 169개
③ 179개
④ 189개
⑤ 210개

12 어느 중학교는 3월에 a명의 학생이 있었는데, 10명의 학생이 전학을 가고 남은 학생의 10%에 해당하는 학생이 전학을 왔다. 그래서 4월엔 319명의 학생이 있었다면, a의 값은?

① 290
② 295
③ 300
④ 305
⑤ 312

13 A대학생은 현재 보증금 3천만 원, 월세 50만 원을 지불하면서 B원룸에 거주하고 있다. 다음 해부터는 월세를 낮추기 위해 보증금을 증액하려고 한다. 다음 규정을 보고 A대학생이 월세를 최대로 낮췄을 때의 월세와 보증금으로 올바르게 짝지어진 것은?

〈B원룸 월 임대료 임대보증금 전환 규정〉

- 1년치 임대료의 56%까지 보증금으로 전환 가능
- 연 1회 가능
- 전환이율 6.72%

※ $(\text{환산보증금}) = \dfrac{(\text{전환 대상 금액})}{(\text{전환이율})}$

① 월세 22만 원, 보증금 7천만 원
② 월세 22만 원, 보증금 8천만 원
③ 월세 22만 원, 보증금 9천만 원
④ 월세 30만 원, 보증금 8천만 원
⑤ 월세 32만 원, 보증금 9천만 원

14 직장인 K씨는 12월 31일에 현찰 1,000달러를 N은행에 팔고 계좌에 입금한 다음, 2일 후 N은행에서 1,000달러를 지인에게 송금하려고 한다. 얼마의 금액이 더 필요한가?(단, '전일 대비'란 매매기준율을 기준으로 한 값이며, 1월 1일은 공휴일이므로 전일 대비 산입일에 포함하지 않는다. 계산할 때 환율은 소수점 이하에서 버림한다)

〈N은행 환율 현황〉

(단위 : 원/달러)

날짜	매매기준율	전일 대비	현찰		송금	
			살 때	팔 때	보낼 때	받을 때
12월 31일	(　　)	−1.20	1,236.00	1,106.00	1,226.00	1,116.00
1월 2일	1,222.50	+6.50	1,242.50	1,092.50	1,222.50	1,112.50

※ K씨는 환율 우대로 50% 환전 수수료 할인을 받음
※ 환율 우대는 환전 수수료에만 적용됨
※ 살 때의 환율은 매매기준율에 환전 수수료를 더하는 반면, 팔 때의 환율은 그만큼 뺌

① 61,000원
② 62,000원
③ 71,000원
④ 72,000원
⑤ 73,000원

15 K은행에 근무 중인 귀하는 자사의 성과를 평가하기 위해 퇴직연금 시장의 현황을 파악하고자 한다. 퇴직연금사업장 취급실적 현황을 보고 판단한 내용으로 옳지 않은 것은?

〈퇴직연금사업장 취급실적 현황〉

(단위 : 건)

구분		합계	확정급여형(DB)	확정기여형(DC)	확정급여·기여형(DB&DC)	IRP 특례
2022년	1/4	152,910	56,013	66,541	3,157	27,199
	2/4	167,460	60,032	75,737	3,796	27,893
	3/4	185,689	63,150	89,571	3,881	29,087
	4/4	203,488	68,031	101,086	4,615	29,756
2023년	1/4	215,962	70,868	109,820	4,924	30,350
	2/4	226,994	73,301	117,808	5,300	30,585
	3/4	235,716	74,543	123,650	5,549	31,974
	4/4	254,138	80,107	131,741	6,812	35,478
2024년	1/4	259,986	80,746	136,963	6,868	35,409
	2/4	262,373	80,906	143,450	6,886	32,131
	3/4	272,455	83,003	146,952	7,280	35,220
	4/4	275,547	83,643	152,904	6,954	32,046

① 퇴직연금을 도입한 사업장 수는 매 분기 꾸준히 증가하고 있다.

② 퇴직연금제도 형태별로는 확정 기여형이 확정급여형보다 계약 건수가 많은 것으로 나타난다.

③ 2023년 중 전년 동분기 대비 확정 기여형 퇴직연금을 도입한 사업장 수가 가장 많이 증가한 시기는 2/4분기이다.

④ 2024년 4/4분기에 IRP 특례를 제외한 나머지 퇴직연금 취급실적은 모두 전년 동분기 대비 증가하였다.

⑤ 2022 ~ 2023년 IRP 특례는 매분기 증가하고 있다.

16 H은행은 최근 미세먼지와 황사로 인해 실내 공기질이 많이 안 좋아졌다는 건의가 들어와 내부 검토 후 예산 400만 원으로 공기청정기 40대를 구매하기로 하였다. 다음 두 업체 중 어느 곳에서 공기청정기를 구매하는 것이 유리하며, 얼마나 더 저렴한가?

업체	할인 정보	가격
S전자	• 8대 구매 시, 2대 무료 증정 • 구매 금액 100만 원당 2만 원 할인	8만 원/대
B마트	• 20대 이상 구매 : 2% 할인 • 30대 이상 구매 : 5% 할인 • 40대 이상 구매 : 7% 할인 • 50대 이상 구매 : 10% 할인	9만 원/대

※ 1,000원 단위 이하는 절사함

① S전자, 82만 원
② S전자, 148만 원
③ B마트, 12만 원
④ B마트, 20만 원
⑤ B마트, 21만 원

17 다음은 K대학교의 적성고사 평가 방법을 안내한 자료이다. K대학교 적성고사를 본 A～E의 틀린개수가 〈보기〉와 같을 때, A～E의 평균 점수로 적절한 것은?

〈K대학교 적성고사 평가 방법〉

계열	산출 공식
인문계열	(국어 20문항×4점)+(수학 20문항×3점)+(영어 10문항×3점)+기본점수 230점=400점
자연계열	(국어 20문항×3점)+(수학 20문항×4점)+(영어 10문항×3점)+기본점수 230점=400점

〈보기〉

〈A～E K대학교 적성고사 틀린 문항 개수〉

구분	계열	국어	수학	영어
A	인문계열	2개	3개	5개
B	자연계열	3개	7개	2개
C	인문계열	8개	6개	4개
D	인문계열	3개	9개	7개
E	자연계열	1개	2개	4개

① 354점
② 356점
③ 358점
④ 360점
⑤ 362점

18 다음은 2024년 직업별 실제 근무시간 및 희망 근무시간에 대한 자료이다. 이를 바탕으로 판단할 때, 주 52시간 근무제 도입으로 인한 변화를 바르게 추론한 것을 〈보기〉에서 모두 고르면?

• 직업별 실제 근무시간

직업 구분	사례 수 (명)	주 40시간 이하 (%)	주 41 ~ 52시간 이하 (%)	주 53시간 이상 (%)
소계	50,091	52.3	27.2	20.5
관리자	291	63.6	30.1	6.3
전문가 및 관련종사자	10,017	64.5	26.6	9.0
사무종사자	9,486	70.8	25.1	4.2
서비스종사자	6,003	39.6	21.9	38.5
판매종사자	6,602	34.7	29.1	36.1
농림어업 숙련종사자	2,710	54.8	24.5	20.7
기능원 및 관련기능종사자	4,853	35.1	37.1	27.8
장치, 기계조작 및 조립종사자	5,369	41.8	32.2	26.0
단순노무종사자	4,642	57.4	21.9	20.7
군인	118	71.9	23.8	4.3

• 직업별 희망 근무시간

직업 구분	사례 수 (명)	주 40시간 이하 (%)	주 41 ~ 52시간 이하 (%)	주 53시간 이상 (%)
소계	50,037	63.8	25.1	11.1
관리자	291	73.8	23.8	2.4
전문가 및 관련종사자	10,006	76.5	19.7	3.8
사무종사자	9,469	80.2	17.6	2.2
서비스종사자	5,992	49.8	28.2	22.0
판매종사자	6,597	48.3	31.4	20.3
농림어업 숙련종사자	2,703	67.1	22.8	10.1
기능원 및 관련기능종사자	4,852	47.5	36.9	15.6
장치, 기계조작 및 조립종사자	5,368	56.0	30.1	13.9
단순노무종사자	4,641	66.6	22.5	10.9
군인	119	72.1	23.3	4.6

〈주52시간 근무제〉

주 52시간 근무제는 주당 법정 근로시간을 기존 68시간에서 52시간(법정근로 40시간+연장근로 12시간)으로 단축한 근로제도이다. 국회가 2018년 2월 28일 주당 법정 근로시간을 52시간(법정근로 40시간+연장근로 12시간)으로 단축하는 내용의 '근로기준법 개정안'을 통과시킴에 따라, 그해 7월 1일부터 우선 종업원 300인 이상의 사업장을 대상으로 시행됐다. 개정안은 '일주일은 7일'이라는 내용을 명시하면서 주 최대 근로시간이 현재 68시간(평일 40시간+평일 연장 12시간+휴일근로 16시간)에서 52시간(주 40시간+연장근로 12시간)으로 16시간이 줄어들었다.

〈보기〉

ㄱ. 주 52시간 근무제를 도입한 후, 주 근무시간이 감소하는 근로자의 수가 가장 많은 직업은 판매종사자이다.
ㄴ. 주 52시간 근무제의 도입에 찬성하는 근로자의 비율이 가장 높은 직업은 서비스 종사자이다.
ㄷ. 주 52시간 근무제 도입 시, 근로시간 단축효과는 관리자보다 단순노무종사자에서 더욱 클 것이다.
ㄹ. 주 52시간 근무제에 대한 부정적 응답은 농림어업 숙련종사자보다 기능원 및 관련기능종사자에서 더 낮게 나타날 것이다.

① ㄱ, ㄴ
② ㄱ, ㄷ
③ ㄴ, ㄷ
④ ㄴ, ㄹ
⑤ ㄷ, ㄹ

19 **다음은 조세심판원의 연도별 사건 처리건수에 대한 자료이다. 이에 대한 〈보기〉의 설명 중 옳은 것을 모두 고르면?**

〈조세심판원의 연도별 사건 처리건수〉

(단위 : 건)

구분		2018년	2019년	2020년	2021년	2022년
처리대상건수	전년 이월건수	1,854		2,403	2,127	2,223
	당년 접수건수	6,424	7,883	8,474	8,273	6,003
	소계	8,278		10,877	10,400	8,226
처리건수	취하건수	90	136	163	222	163
	각하건수	346	301	482	459	506
	기각건수	4,214	5,074	6,200	5,579	4,322
	제조사건수	27	0	465	611	299
	인용건수	1,767	1,803	1,440	1,306	1,338
	소계	6,444	7,314	8,750	8,177	6,628

※ (당해 연도 전년 이월건수)=(전년도 처리대상건수)−(전년도 처리건수)

※ $(\text{처리율})=\frac{(\text{처리건수})}{(\text{처리대상건수})}\times 100$

※ $(\text{인용률})=\frac{(\text{인용건수})}{(\text{각하건수})+(\text{기각건수})+(\text{인용건수})}\times 100$

〈보기〉

㉠ 처리대상건수가 가장 적은 연도의 처리율은 75% 이상이다.
㉡ 2019 ~ 2022년 동안 취하건수와 기각건수의 전년 대비 증감 추이는 동일하다.
㉢ 2019년의 처리율은 80% 이상이다.
㉣ 인용률은 2018년이 2020년보다 높다.

① ㉠, ㉡
② ㉠, ㉣
③ ㉡, ㉢
④ ㉠, ㉢, ㉣
⑤ ㉡, ㉢, ㉣

20 다음은 미국이 환율조작국을 지정하기 위해 만든 요건별 판단 기준과 A ~ K국의 자료이다. 이에 대한 〈보기〉의 설명 중 옳은 것을 모두 고르면?

〈요건별 판단 기준〉

구분	X요건	Y요건	Z요건
	현저한 대미무역수지 흑자	상당한 경상수지 흑자	지속적 환율시장 개입
판단기준	대미무역수지 200억 달러 초과	GDP 대비 경상수지 비중 3% 초과	GDP 대비 외화자산순매수액 비중 2% 초과

※ 요건 중 세 가지를 모두 충족하면 환율조작국으로 지정됨

※ 요건 중 두 가지만을 충족하면 관찰대상국으로 지정됨

〈환율조작국 지정 관련 자료〉

(단위 : 10억 달러, %)

구분	대미무역수지	GDP 대비 경상수지 비중	GDP 대비 외화자산순매수액 비중
A	365.7	3.1	−3.9
B	74.2	8.5	0
C	68.6	3.3	2.1
D	58.4	−2.8	−1.8
E	28.3	7.7	0.2
F	27.8	2.2	1.1
G	23.2	−1.1	1.8
H	17.6	−0.2	0.2
I	14.9	−3.3	0
J	14.9	14.6	2.4
K	−4.3	−3.3	0.1

〈보기〉

㉠ 환율조작국으로 지정되는 국가는 없다.

㉡ B국은 X요건과 Y요건을 충족한다.

㉢ 관찰대상국으로 지정되는 국가는 모두 4개이다.

㉣ X요건의 판단 기준을 '대미무역수지 200억 달러 초과'에서 '대미무역수지 150억 달러 초과'로 변경하여도 관찰대상국 및 환율조작국으로 지정되는 국가들은 동일하다.

① ㉠, ㉡　② ㉠, ㉢　③ ㉡, ㉣　④ ㉠, ㉢, ㉣　⑤ ㉡, ㉢, ㉣

※ 다음은 지식재산권 심판청구 현황에 대한 자료이다. 이어지는 질문에 답하시오. **[21~22]**

〈지식재산권 심판청구 현황〉

(단위 : 건, 개월)

구분		2019년	2020년	2021년	2022년
심판청구 건수	합계	20,990	17,124	15,188	15,883
	특허	12,238	10,561	9,270	9,664
	실용신안	906	828	559	473
	디자인	806	677	691	439
	상표	7,040	5,058	4,668	5,307
심판처리 건수	합계	19,473	16,728	15,552	16,554
	특허	10,737	9,882	9,632	9,854
	실용신안	855	748	650	635
	디자인	670	697	677	638
	상표	7,211	5,401	4,593	5,427
심판처리 기간	특허・실용신안	5.9	8.0	10.6	10.2
	디자인・상표	5.6	8.0	9.1	8.2

21 다음 중 자료를 보고 판단한 내용으로 옳지 않은 것은?

① 2019년부터 2022년까지 수치가 계속 증가한 항목은 하나도 없다.
② 심판청구 건수보다 심판처리 건수가 더 많은 해도 있다.
③ 2019년부터 2022년까지 건수가 지속적으로 감소한 항목은 2개이다.
④ 2021에는 모든 항목에서 다른 해보다 건수가 적고 기간이 짧다.
⑤ 특허・실용신안의 심판처리 기간은 매년 증가하고 있다.

22 2019년 대비 2022년 실용신안 심판청구 건수 감소율은 얼마인가?

① 약 45.6%
② 약 47.8%
③ 약 49.7%
④ 약 52.0%
⑤ 약 54.0%

※ 다음은 2013년과 2022년 고혈압 분포를 나타낸 자료이다. 이어지는 질문에 답하시오. **[23~25]**

〈30세 이상 고혈압 분포〉

(단위 : %)

구분		전체	남자	여자
2013년	전체	29.0	31.1	27.0
	30 ~ 39세	12.3	18.6	6.2
	40 ~ 49세	25.1	30.5	19.6
	50 ~ 59세	39.6	42.2	37.2
	60 ~ 69세	47.6	44.0	50.6
	70세 이상	58.5	48.8	63.4
2022년	전체	25.6	26.8	24.4
	30 ~ 39세	7.6	13.3	1.6
	40 ~ 49세	16.8	20.8	12.6
	50 ~ 59세	33.9	36.8	30.9
	60 ~ 69세	45.9	42.3	49.1
	70세 이상	58.9	51.5	63.3

23 다음 중 자료를 보고 판단한 내용으로 옳지 않은 것은?

① 2013년과 2022년 70세 이상 남녀 모두 절반 이상이 고혈압 증세를 보이고 있다.
② 2013년과 2022년 모두 연령대가 증가할수록 고혈압 증세가 많아지고 있다.
③ 50대까지는 남자의 고혈압 증세가 많고, 60대가 넘어서면 여자의 고혈압 증세가 많아지는 것을 알 수 있다.
④ 전체적으로 볼 때, 70대 이전의 경우에는 2022년이 2013년에 비해 고혈압 환자의 비율이 낮아졌다는 것을 알 수 있다.
⑤ 2013년과 2022년 50 ~ 59세 여자의 경우 모두 30%이상 고혈압 증세를 보인다.

24 2013년 기준 남자와 여자 고혈압 분포의 차가 가장 큰 연령대는?

① 30 ~ 39세
② 40 ~ 49세
③ 50 ~ 59세
④ 60 ~ 69세
⑤ 70세 이상

25 2013년과 2022년의 남자 40 ~ 49세 고혈압 분포와 여자 50 ~ 59세 고혈압 분포 값의 각각 평균의 합은?

① 58.8%
② 59%
③ 59.3%
④ 59.7%
⑤ 62.3%

01 다음은 K사의 기획예산위원회 운영현황에 대한 자료이다. 이를 통해 알 수 있는 내용으로 적절하지 않은 것은?

〈기획예산위원회 운영현황〉

• 기획예산위원회 개요

구분	내용
위원회 구성	– 위원장 : 신이사 – 위원 : 비상임 이사 2인(최이사, 김이사) 및 부사장(박부사장)
개최주기	분기별 1회 시행(필요시 수시 개최 가능)
심의·의결 대상	– 예산(안), 예산 운영계획(안) 심사 – 분기별 예산 및 주요사업 집행실적 심사 – 중장기 재무관리계획 심사 등
의결방법	참석 위원 전원 합의

• 2025년 운영현황

차수	일시	참석인원	안건
25 – 1	2025. 01. 15(수)	(위원장) 신이사 (위원) 최이사, 김이사, 박부사장	(25 – 1호) 2025년 예산 운영계획안 (25 – 2호) 2024년 예산 및 주요사업 집행실적
25 – 2	2025. 03. 17(월)	(위원장) 신이사 (위원) 최이사, 김이사, 박부사장	(25 – 3호) 2025년 1분기 예산 및 주요사업 집행실적

① 위원회는 총 4인으로 구성되어 있다.
② 위원장은 위원들의 투표를 통해 선출된다.
③ 참석 위원이 전원 합의해야 예산안이 의결될 수 있다.
④ 1월과 3월에 열린 위원회에는 위원회 전원이 참석하였다.
⑤ 위원회는 공식적으로 일 년에 네 번 시행된다.

02 H공장에서 제조하는 볼트의 일련번호는 다음과 같이 구성된다. 일련번호는 형태 – 허용압력 – 직경 – 재질 – 용도 순으로 표시할 때, 다음 중 직경이 14mm이고, 자동차에 쓰이는 스테인리스 볼트의 일련번호로 적절한 것은?

형태	나사형	육각	팔각	별
	SC	HX	OT	ST
허용압력(kg/cm^2)	10 ~ 20	21 ~ 40	41~60	61 이상
	L	M	H	P
직경(mm)	8	10	12	14
	008	010	012	014
재질	플라스틱	크롬 도금	스테인리스	티타늄
	P	CP	SS	Ti
용도	항공기	선박	자동차	일반
	A001	S010	M110	E100

① SCP014TiE100
② OTH014SSS010
③ STM012CPM110
④ HXL014SSM110
⑤ SCM012TiM110

03 다음은 H은행 회의실 이용 관련 자료이다. 이를 이해한 내용으로 옳지 않은 것을 〈보기〉에서 모두 고르면?

〈회의실 이용 관련 안내 사항〉

• 회의실 위치 : 본관 5층
• 회의실 이용 제한 시간 : 90분
• 회의실 인원 제한 : 15명
• 기타 주의 사항
 – 음료수 외 취식 금지
 – 노트북 1대 연결용 외에 별도의 콘센트는 없음

〈보기〉

ㄱ. 회의실에서 커피 등의 식수는 반입이 허용된다.
ㄴ. 회의실을 이용하고자 할 때 예약하는 방법을 알 수 있다.
ㄷ. 회의실 내 노트북 지참 시 충전 용량이 충분한지 확인해야 한다.
ㄹ. 근무시간 외에도 회의실 이용이 가능한지 알 수 있다.

① ㄱ, ㄷ
② ㄱ, ㄹ
③ ㄴ, ㄷ
④ ㄴ, ㄹ
⑤ ㄷ, ㄹ

04 H은행은 직원들의 체력증진 및 건강개선을 위해 점심시간을 이용해 운동 프로그램을 운영하고자 한다. 해당 프로그램을 운영할 업체는 직원들을 대상으로 한 사전조사 결과를 바탕으로 한 선정점수에 따라 결정된다. 다음 〈조건〉에 따라 업체를 선정할 때, 다음 중 최종적으로 선정될 업체는?

〈후보 업체 사전조사 결과〉

업체명	프로그램	흥미 점수	건강증진 점수
A업체	집중GX	5점	7점
B업체	필라테스	7점	6점
C업체	자율 웨이트	5점	5점
D업체	근력운동	6점	4점
E업체	스피닝	4점	8점

〈조건〉

- H은행은 전 직원들을 대상으로 후보 업체들에 대한 사전조사를 하였다. 각 후보 업체들에 대한 흥미 점수와 건강증진 점수는 전 직원들이 10점 만점으로 부여한 점수의 평균값이다.
- 흥미 점수와 건강증진 점수를 2:3의 가중치로 합산하여 1차 점수를 산정하고, 1차 점수가 높은 후보 업체 3개를 1차 선정한다.
- 직원들의 흥미가 더 중요하다고 생각되어, 1차 선정된 후보 업체 중 흥미점수와 건강증진 점수에 3:3 가중치로 합산하여 2차 점수를 산정한다.
- 2차 점수가 가장 높은 1개의 업체를 최종적으로 선정한다. 만일 1차 선정된 후보 업체들의 2차 점수가 모두 동일한 경우, 건강증진 점수가 가장 높은 후보업체를 선정한다.

① A업체
② B업체
③ C업체
④ D업체
⑤ E업체

05 K사에 근무하는 B사원은 국내 원자력 산업에 대한 SWOT 분석 결과 자료를 바탕으로 SWOT 분석에 의한 경영전략에 맞춰서 〈보기〉와 같이 분석하였다. 다음 〈보기〉의 ㉠~㉣ 중 SWOT 분석에 의한 경영전략으로 적절하지 않은 것을 모두 고르면?

〈국내 원자력 산업에 대한 SWOT 분석 결과〉

구분	분석 결과
강점(Strength)	• 우수한 원전 운영 기술력 • 축적된 풍부한 수주 실적
약점(Weakness)	• 낮은 원전해체 기술 수준 • 안전에 대한 우려
기회(Opportunity)	• 해외 원전수출 시장의 지속적 확대 • 폭염으로 인한 원전 효율성 및 필요성 부각
위협(Threat)	• 현 정부의 강한 탈원전 정책 기조

〈SWOT 분석에 의한 경영전략〉

- SO전략 : 강점을 살려 기회를 포착하는 전략
- ST전략 : 강점을 살려 위협을 회피하는 전략
- WO전략 : 약점을 보완하여 기회를 포착하는 전략
- WT전략 : 약점을 보완하여 위협을 회피하는 전략

〈보기〉

㉠ 뛰어난 원전 기술력을 바탕으로 동유럽 원전수출 시장에서 우위를 점하는 것은 SO전략으로 적절하겠어.
㉡ 안전성을 제고하여 원전 운영 기술력을 향상시키는 것은 WO전략으로 적절하겠어.
㉢ 우수한 기술력과 수주 실적을 바탕으로 국내 원전 사업을 확장하는 것은 ST전략으로 적절하겠어.
㉣ 안전에 대한 우려가 있는 만큼, 안전점검을 강화하고 당분간 정부의 탈원전 정책 기조에 협조하는 것은 WT전략으로 적절하겠어.

① ㉠, ㉡
② ㉠, ㉢
③ ㉡, ㉢
④ ㉡, ㉣
⑤ ㉢, ㉣

06 해외지원팀의 S직원은 팀 회식을 위해 회식장소를 예약하고자 한다. 제시된 회식장소 정보와 〈조건〉을 참고할 때, 가장 적절한 회식장소는?

〈회식장소 정보〉

구분	상세정보
A수산	• 예상비용 : 총 377,200원 • 영업시간 : 11:00 ~ 23:00 • 특이사항 : 하루 전 예약 필요
B치킨	• 예상비용 : 총 292,000원 • 영업시간 : 19:00 ~ 02:00 • 특이사항 : 예약 필요 없음
C갈비	• 예상비용 : 총 375,300원 • 영업시간 : 11:00 ~ 23:00 • 특이사항 : 하루 전 예약 필요
D뷔페	• 예상비용 : 총 388,700원 • 영업시간 : 17:30 ~ 21:00 • 특이사항 : 일주일 전 예약 필요
E한정식	• 예상비용 : 총 402,700원 • 영업시간 : 11:30 ~ 21:00 • 특이사항 : 일주일 전 예약 필요

〈조건〉

• 회식은 팀의 모든 직원(13명)이 참여한다.
• 책정된 회식비는 1인당 3만 원이다.
• 회식은 3일 뒤인 9월 22일 18시에 진행한다.
• 팀원 중 해산물을 먹지 못하는 사람이 있다.

① A수산
② B치킨
③ C갈비
④ D뷔페
⑤ E한정식

07 직무 전결 규정상 전무이사가 전결인 '과장의 국내출장 건'의 결재를 시행하고자 한다. 박기수 전무이사가 해외출장으로 인해 부재중이어서 직무대행자인 최수영 상무이사가 결재하였다. 이와 관련하여 옳지 않은 것을 모두 고르면?

ㄱ. 최수영 상무이사가 결재한 것은 전결이다.
ㄴ. 공문의 결재표상에는 '과장 최경옥, 부장 김석호, 상무이사 전결, 전무이사 최수영'이라고 표시된다.
ㄷ. 박기수 전무이사가 출장에서 돌아와서 해당 공문을 검토하는 것은 후결이다.
ㄹ. 전결사항은 부재중이더라도 돌아와서 후결을 하는 것이 원칙이다.

① ㄱ, ㄴ
② ㄱ, ㄹ
③ ㄷ, ㄹ
④ ㄱ, ㄴ, ㄷ
⑤ ㄴ, ㄷ, ㄹ

08 다음은 국민행복카드에 대한 자료이다. 제시된 〈보기〉 중 국민행복카드에 대한 설명으로 옳지 않은 것을 모두 고르면?

> • 국민행복카드
> ‘보육료’, ‘유아학비’, ‘건강보험 임신 · 출산 진료비 지원’, ‘청소년산모 임신 · 출산 의료비 지원’ 및 ‘사회서비스 전자바우처’ 등 정부의 여러 바우처 지원을 공동으로 이용할 수 있는 통합카드입니다. 국민행복카드로 어린이집 · 유치원 어디서나 사용이 가능합니다.
>
> • 발급방법
> [온라인]
> – 보조금 신청 : 정부 보조금을 신청하면 어린이집 보육료와 유치원 유아학비 인증이 가능합니다.
> – 보조금 신청서 작성 및 제출 : 복지로 홈페이지
> – 카드 발급 : 5개 카드사 중 원하시는 카드사를 선택해 발급받으시면 됩니다.
> * 연회비는 무료
> – 카드 발급처 : 복지로 홈페이지, 임신육아종합포털 아이사랑, 5개 제휴카드사 홈페이지
> [오프라인]
> – 보조금 신청 : 정부 보조금을 신청하면 어린이집 보육료와 유치원 유아학비 인증이 가능합니다.
> – 보조금 신청서 작성 및 제출 : 읍면동 주민센터
> – 카드 발급 : 5개 제휴카드사
> * 연회비는 무료
> – 카드 발급처 : 읍면동 주민센터, 해당 카드사 지점
> * 어린이집 ↔ 유치원으로 기관 변경 시에는 복지로 또는 읍면동 주민센터에서 반드시 보육료 · 유아학비 자격변경 신청이 필요

〈보기〉

ㄱ. 국민행복카드 신청을 위한 보육료 및 학비 인증을 위해서는 별도 절차 없이 정부 보조금 신청을 하면 된다.
ㄴ. 온라인이나 오프라인 둘 중 어떤 발급경로를 선택하더라도 연회비는 무료이다.
ㄷ. 국민행복카드 신청을 위한 보조금 신청서는 읍면동 주민센터, 복지로 혹은 카드사의 홈페이지에서 작성할 수 있으며 작성처에 제출하면 된다.
ㄹ. 오프라인으로 신청한 경우, 카드를 발급받기 위해서는 읍면동 주민센터 혹은 전국 은행 지점을 방문하여야 한다.

① ㄱ, ㄴ　　② ㄱ, ㄷ
③ ㄴ, ㄷ　　④ ㄴ, ㄹ
⑤ ㄷ, ㄹ

09 올해 리모델링하는 K호텔에서 근무하는 귀하는 호텔 비품 구매를 담당하게 되었다. 제조사별 소파 특징을 알아본 귀하는 이탈리아제의 천, 쿠션재에 패더를 사용한 소파를 구매하기로 하였다. 쿠션재는 패더와 우레탄뿐이며 이 소파는 침대 겸용은 아니지만 리클라이닝이 가능하고 '조립'이라고 표시되어 있었으며, 커버는 교환할 수 없다. 귀하가 구매하려는 소파의 제조사는?

〈제조사별 소파 특징〉

제조사	특징
A사	• 쿠션재에 스프링을 사용하지 않는 경우에는 이탈리아제의 천을 사용하지 않는다. • 국내산 천을 사용하는 경우에는 커버를 교환 가능하게 하지 않는다.
B사	• 쿠션재에 우레탄을 사용하는 경우에는 국내산 천을 사용한다. • 리클라이닝이 가능하지 않으면 이탈리아제 천을 사용하지 않는다.
C사	• 쿠션재에 패더를 사용하지 않는 경우에는 국내산 천을 사용한다. • 침대 겸용 소파의 경우에는 쿠션재에 패더를 사용하지 않는다.
D사	• 쿠션재에 패더를 사용하는 경우에는 이탈리아제의 천을 사용한다. • 조립이라고 표시된 소파의 경우에는 쿠션재에 우레탄을 사용한다.

① A사 또는 B사
② A사 또는 C사
③ B사 또는 C사
④ B사 또는 D사
⑤ C사 또는 D사

10 다음 제시된 사례에 적용된 문제해결 방법 중 원인 파악 단계의 결과로 적절한 것은?

1980년대 초반에 헝가리 부다페스트 교통 당국은 혼잡한 시간대에 대처하기 위해 한 노선에 버스를 여러 대씩 운행시켰다. 그러나 사람들은 45분씩 기다려야 했거나 버스 서너 대가 한꺼번에 온다고 짜증을 냈다. 사람들은 버스 운전사가 멍청하거나 아니면 악의적으로 배차를 그렇게 한다고 여겼다. 다행스럽게도 시 당국은 금방 문제의 원인을 파악했고, 해결책도 찾았다. 버스 세 대 이상을 노선에 투입하고 간격을 똑같이 해 놓으면, 버스의 간격은 일정하게 유지되지 않는다. 앞서 가는 버스는 승객을 많이 태우게 되고, 따라서 정차 시간이 길어진다. 바로 뒤 따라가는 버스는 승객이 앞 차만큼 많지 않기 때문에 정차 시간이 짧아진다. 이러다 보면 어쩔 수 없이 뒤차가 앞차를 따라 잡아서 버스가 한참 안 오다가 줄줄이 두세 대씩 한꺼번에 몰려오게 된다. 버스들이 자기 조직화 때문에 한꺼번에 다니게 되는 것이다.
상황을 이해하고 나면 해결책도 나온다. 버스 관리자는 이 문제가 같은 노선의 버스는 절대로 앞차를 앞지르지 못하게 되어 있기 때문임을 인지했다. 이 문제를 없애기 위해 당국은 운전사들에게 새로운 규칙을 따르게 했다. 같은 노선의 버스가 서 있는 것을 보면 그 버스가 정류장의 승객을 다 태우지 못할 것 같아도 그냥 앞질러 가라는 것이다. 이렇게 하면 버스들이 한꺼번에 줄줄이 오는 것을 막게 되어 더 효율적으로 운행할 수 있다.

① 버스 운전사의 운전 미숙
② 부다페스트의 열악한 도로 상황
③ 유연하지 못한 버스 운행 시스템
④ 의도적으로 조절한 버스 배차 시간
⑤ 승객들의 탑승 시간 조절

※ 다음은 김대리가 자택에서 사무실로 출근할 때 이동수단별 걸리는 시간에 대한 자료이다. 이어지는 질문에 답하시오. [11~12]

〈김대리의 이동수단별 소요 시간〉

이동수단	버스	지하철	자가용
자택에서 인근 정류장 / 역까지 걸리는 시간	도보 1분	도보 3분	–
인근 정류장 / 역에서 사무실까지 걸리는 시간	도보 3분	도보 2분	–
이동수단별 이동시간	정류장당 4분	지하철역당 2분	19분
비고	환승이 불필요하며, 탑승 후 4번째로 도착하는 정거장에서 하차	탑승 후 2번째로 도착하는 역에서 1회 환승하여 4번째로 도착하는 역에서 하차 (환승으로 2분 추가)	도착 후 주차로 인해 2분 추가

11 다음 중 김대리가 자택에서 사무실까지 지하철을 이용하여 출근할 때 걸리는 시간은?

① 15분
② 17분
③ 19분
④ 21분
⑤ 23분

12 다음 중 김대리의 자택에서 사무실까지의 편도 이동시간이 가장 짧은 이동수단을 순서대로 바르게 나열한 것은?

① 버스 – 지하철 – 자가용
② 지하철 – 버스 – 자가용
③ 지하철 – 자가용 – 버스
④ 자가용 – 버스 – 지하철
⑤ 자가용 – 지하철 – 버스

13 사고조사반원인 K는 총 6건의 사고 내용에 대하여 보고서를 작성하고 있다. 사고 발생 순서에 대한 정보가 다음 〈조건〉과 같다면, 다섯 번째로 발생한 사고는?

〈조건〉

- 사고 C는 네 번째로 발생하였다.
- 사고 A는 사고 E보다 먼저 발생하였다.
- 사고 B는 사고 A보다 먼저 발생하였다.
- 사고 E는 가장 나중에 발생하지 않았다.
- 사고 F는 사고 B보다 나중에 발생하지 않았다.
- 사고 C는 사고 E보다 나중에 발생하지 않았다.
- 사고 C는 사고 D보다 먼저 발생하였으나, 사고 B보다는 나중에 발생하였다.

① A ② B
③ D ④ E
⑤ F

14 백화점에서 함께 쇼핑을 한 A ~ E는 일정 금액 이상 구매 시 추첨을 통해 경품을 제공하는 백화점 이벤트에 응모하였다. 얼마 후 당첨자가 발표되었고, A ~ E 중 1명이 1등에 당첨되었다. 다음 A ~ E의 대화에서 1명이 거짓말을 한다고 할 때, 1등 당첨자는 누구인가?

- A : C는 1등이 아닌 3등에 당첨됐어.
- B : D가 1등에 당첨됐고, 나는 2등에 당첨됐어.
- C : A가 1등에 당첨됐어.
- D : C의 말은 거짓이야.
- E : 나는 5등에 당첨되었어.

① A ② B
③ C ④ D
⑤ E

15 다음 〈조건〉에 따라 숨은 그림을 많이 찾은 순서대로 바르게 나열한 것은?

〈조건〉

- 숨은 그림 찾기에서 민수가 철수보다 더 많이 찾았다.
- 숨은 그림 찾기에서 철수가 영희보다 더 적게 찾았다.
- 숨은 그림 찾기에서 민수가 영희보다 더 적게 찾았다.

① 영희 – 철수 – 민수 ② 철수 – 영희 – 민수
③ 영희 – 민수 – 철수 ④ 민수 – 철수 – 영희
⑤ 민수 – 영희 – 철수

16 A는 서점에서 소설, 에세이, 만화, 수험서, 잡지를 구매했다. 〈조건〉이 참일 때 A가 세 번째로 구매한 책으로 옳은 것은?

〈조건〉

- A는 만화와 소설보다 잡지를 먼저 구매했다.
- A는 수험서를 가장 먼저 구매하지 않았다.
- A는 에세이와 만화를 연달아 구매하지 않았다.
- A는 수험서를 구매한 다음 곧바로 에세이를 구매했다.
- A는 에세이나 소설을 마지막에 구매하지 않았다.

① 소설
② 만화
③ 에세이
④ 잡지
⑤ 수험서

※ 제시된 명제가 모두 참일 때, 다음 빈칸에 들어갈 명제로 적절한 것을 고르시오. [17~19]

17

- 무거운 물건을 들기 위해서는 근력이 좋아야 한다.
- ______________________
- 근육을 키우지 않으면 무거운 물건을 들 수 없다.

① 무거운 물건을 들기 위해서는 근육을 키워야 한다.
② 근력이 좋으려면 근육을 키워야 한다.
③ 근육을 키우면 무거운 물건을 들 수 없다.
④ 근육을 키우면 무거운 물건을 들 수 있다.
⑤ 근력이 좋기 위해서는 무거운 물건을 들 수 있어야 한다.

18

- 비가 오면 한강 물이 불어난다.
- 비가 오지 않으면 보트를 타지 않은 것이다.
- ______________________
- 그러므로 자전거를 타지 않으면 한강 물이 불어난다.

① 자전거를 타면 비가 오지 않는다.
② 보트를 타면 자전거를 탄다.
③ 한강 물이 불어나면 보트를 타지 않은 것이다.
④ 자전거를 타지 않으면 보트를 탄다.
⑤ 보트를 타면 비가 오지 않는다.

19

- 아는 것이 적으면 인생에 나쁜 영향이 생긴다.
- ______________________________
- 지식을 함양하지 않으면 아는 것이 적다.
- 따라서 공부를 열심히 하지 않으면 인생에 나쁜 영향이 생긴다.

① 공부를 열심히 한다고 해서 지식이 생기지는 않는다.
② 지식을 함양했다는 것은 공부를 열심히 했다는 뜻이다.
③ 아는 것이 많으면 인생에 나쁜 영향이 생긴다.
④ 아는 것이 많으면 지식이 많다는 뜻이다.
⑤ 아는 것이 적으면 지식을 함양하지 않았다는 것이다.

20 **다음 명제들이 모두 참이라 할 때, 추론한 것으로 옳은 것은?**

- 커피를 마시면 치즈케이크도 먹는다.
- 마카롱을 먹으면 요거트를 먹지 않는다.
- 요거트를 먹지 않으면 커피를 마신다.
- 치즈케이크를 먹으면 초코케이크를 먹지 않는다.
- 아이스크림을 먹지 않으면 초코케이크를 먹는다.

① 마카롱을 먹으면 아이스크림을 먹는다.
② 요거트를 먹지 않으면 초코케이크를 먹는다.
③ 아이스크림을 먹으면 치즈케이크를 먹는다.
④ 커피를 마시지 않으면 초코케이크를 먹는다.
⑤ 치즈케이크를 먹지 않으면 마카롱을 먹는다.

21 **다음 지문이 참일 때, 빈칸에 들어갈 내용으로 적절하지 않은 것은?**

원두 소비량이 감소하면 원두 수확량이 감소한다. 그리고 원두 수확량이 감소하면 원두 가격이 인상된다. 그러나 원두 수확량이 감소하지 않으면 커피 가격이 인상되지 않는다. 따라서 ______________________

① 커피 가격이 인상되면 원두 수확량이 감소한다.
② 커피 가격이 인상되면 원두 가격이 인상된다.
③ 원두 수확량이 감소하지 않으면 원두 소비량이 감소하지 않는다.
④ 원두 가격이 인상되지 않으면 원두 수확량이 감소하지 않는다.
⑤ 원두 소비량이 감소하지 않으면 커피 가격은 인상되지 않는다.

22 S사에서는 사내 직원들의 친목 도모를 위해 산악회를 운영하고 있다. A～D 중 최소 1명 이상이 산악회 회원이라고 할 때, 다음 내용에 따라 항상 참인 것은?

- C가 산악회 회원이면 D도 산악회 회원이다.
- A가 산악회 회원이면 D는 산악회 회원이 아니다.
- D가 산악회 회원이 아니면 B가 산악회 회원이 아니거나 C가 산악회 회원이다.
- D가 산악회 회원이면 B는 산악회 회원이고 C도 산악회 회원이다.

① A는 산악회 회원이다.
② B는 산악회 회원이 아니다.
③ C는 산악회 회원이 아니다.
④ B와 D의 산악회 회원 여부는 같다.
⑤ A～D 중 산악회 회원은 2명이다.

23 H공사는 K고속도로 건설 사업을 시행함에 따라 A～F 6개 업체 중 3곳을 시공업체로 선정하고자 한다. 〈조건〉을 근거로 하고, B업체가 선정되지 않는다고 할 때, 다음 중 시공업체로 선정될 수 있는 업체를 모두 고르면?

〈조건〉

- A업체가 선정되면, B업체도 선정된다.
- B업체가 선정되지 않으면, C업체가 선정된다.
- D업체나 E업체가 선정되면, F업체도 선정된다.
- A업체가 선정되지 않으면, D업체가 선정된다.
- E업체가 선정되면, D업체는 선정되지 않는다.

① A, C, D
② A, C, F
③ C, D, F
④ C, E, F
⑤ D, E, F

24 H은행에서는 직원들을 해외로 파견하고자 한다. 제시된 파견 조건이 항상 참일 때, 다음 〈보기〉의 설명 중 반드시 참인 것을 모두 고르면?

〈파견 조건〉

- A대리가 인도네시아로 파견되지 않는다면, E주임은 몽골로 파견되지 않는다.
- D주임이 뉴질랜드로 파견된다면, B대리는 우즈베키스탄으로 파견된다.
- C주임은 아일랜드로 파견된다.
- E주임이 몽골로 파견되거나, C주임이 아일랜드로 파견되지 않는다.
- A대리가 인도네시아로 파견되지 않거나, B대리가 우즈베키스탄으로 파견되지 않는다.

〈보기〉

ㄱ. B대리는 우즈베키스탄으로 파견되지 않는다.
ㄴ. D주임은 뉴질랜드로 파견되지 않는다.
ㄷ. A대리는 인도네시아로 파견되고, E주임은 몽골로 파견되지 않는다.
ㄹ. C주임과 E주임은 같은 국가로 파견된다.

① ㄱ, ㄴ
② ㄱ, ㄷ
③ ㄴ, ㄷ
④ ㄴ, ㄹ
⑤ ㄷ, ㄹ

25 H공사는 국제협력사업 10주년을 맞아 행사에 참여할 부서들을 선정 중이다. 다음 〈조건〉에 따라 참여부서를 선정하고자 할 때, 옳지 않은 것은?

〈조건〉

- 기획지원부를 선정하면 통계개발부는 선정되지 않는다.
- 해외기술부, 전략기획실, 인재개발부 중에 최소한 두 곳은 반드시 선정된다.
- 비서실이 선정되면 전략기획실은 선정되지 않는다.
- 인재개발부가 선정되면 통계개발부도 선정된다.
- 대외협력부과 비서실 중 한 곳만 선정된다.
- 비서실은 반드시 참여한다.

① 인재개발부는 선정된다.
② 해외기술부과 통계개발부는 행사에 참여한다.
③ 기획지원부는 선정되지 않는다.
④ 해외기술부와 전략기획실 모두 선정된다.
⑤ 대외협력부와 전략기획실 모두 선정되지 않는다.

01 다음 사례 중 경영활동을 이루는 구성요소를 감안할 때, 경영활동을 수행하고 있는 내용으로 적절하지 않은 것은?

> (가) 다음 시즌 우승을 목표로 해외 전지훈련에 참여하여 열심히 구슬땀을 흘리고 있는 선수단과 이를 운영하는 구단 직원들
> (나) 자발적인 참여로 뜻을 같이한 동료들과 함께 매주 어려운 이웃을 찾아다니며 봉사활동을 펼치고 있는 S씨
> (다) 교육지원대대장으로서 사병들의 교육이 원활히 진행될 수 있도록 훈련장 관리와 유지에 최선을 다하고 있는 원 대령과 참모진
> (라) 영화 촬영을 앞두고 시나리오와 제작 콘셉트를 회의하기 위해 모인 감독 및 스태프와 출연 배우들
> (마) 대기업을 그만두고 가족들과 함께 조그만 무역회사를 차려 손수 제작한 밀짚 가방을 동남아로 수출하고 있는 B씨

① (가)
② (나)
③ (다)
④ (라)
⑤ (마)

02 다음 글을 이해한 내용으로 가장 적절한 것은?

> 총무부는 회사에 필요한 사무용품을 대량으로 주문하였다. 주문서는 메일로 보냈는데, 배송 온 사무용품을 확인하던 중 책꽂이의 수량과 연필꽂이의 수량이 바뀌어서 배송된 것을 알았다. 주문서를 보고 주문한 수량을 한 번 더 확인한 후 바로 문구회사에 전화를 하니 상담원은 처음 발주한 수량대로 제대로 보냈다고 한다. 메일을 확인해 보니 수정 전의 파일이 발송되었다.

① 문구회사는 주문서를 제대로 보지 못하였다.
② 주문서는 메일로 보내면 안 된다.
③ 메일에 자료를 첨부할 때는 꼼꼼히 확인하여야 한다.
④ 책꽂이는 환불을 받는다.
⑤ 연필꽂이의 수량이 책꽂이보다 많았다.

03 다음 사례를 통해 K전자가 TV 시장에서 경쟁력을 잃게 된 주요 원인을 고르면?

평판 TV 시장에서 PDP TV가 주력이 되리라 판단한 K전자는 2007년에 세계 최대 규모의 PDP 생산설비를 건설하기 위해 3조 원 수준의 막대한 투자를 결정한다. 당시 L전자와 S전자는 LCD와 PDP 사업을 동시에 수행하면서도 성장성이 높은 LCD TV로 전략을 수정하는 상황이었지만 K전자는 익숙한 PDP 사업에 더욱 몰입한 것이다. 하지만 주요 기업들의 투자가 LCD에 집중되면서, 새로운 PDP 공장이 본격 가동될 시점에 PDP의 경쟁력은 이미 LCD에 뒤처지게 됐다.
결국, 활용가치가 현저하게 떨어진 PDP 생산설비는 조기에 상각함을 고민할 정도로 골칫거리로 전락했다. K전자는 2011년에만 11조 원의 적자를 기록했으며, 2012년에도 10조 원 수준의 적자가 발생되었다. 연이은 적자는 K전자의 신용등급을 투기 등급으로 급락시켰고, K전자의 CEO는 '디지털 가전에서 패배자가 되었음'을 인정하며 고개를 숙였다. TV를 포함한 가전제품 사업에서 K전자가 경쟁력을 회복하기 어려워졌음은 말할 것도 없다.

① 사업 환경의 변화 속도가 너무나 빨라졌고, 변화의 속성도 예측이 어려워져 따라가지 못하였다.
② 차별성을 지닌 새로운 제품을 기획하고 개발하는 것에 대한 성공 가능성이 낮아져 주저했다.
③ 기존 사업영역에 대한 강한 애착으로 신사업이나 신제품에 대해 낮은 몰입도를 보였다.
④ 실패가 두려워 새로운 도전보다 안정적이며 실패 확률이 낮은 제품을 위주로 미래를 준비하였다.
⑤ 외부 환경이 어려워짐에 따라 잠재적 실패를 감내할 수 있는 자금을 확보하지 못하였다.

04 A는 취업스터디에서 기업 분석을 하다가 〈보기〉에서 제시하고 있는 기업의 경영 전략을 정리하였다. 카테고리에 맞도록 배치한 것은?

- 차별화 전략 : 가격 이상의 가치로 브랜드 충성심을 이끌어 내는 전략
- 원가우위 전략 : 업계에서 가장 낮은 원가로 우위를 확보하는 전략
- 집중화 전략 : 특정 세분시장만 집중공략하는 전략

〈보기〉

㉠ I기업은 S/W에 집중하기 위해 H/W의 한글전용 PC분야를 한국계기업과 전략적으로 제휴하고 회사를 설립해 조직체에 위양하였으며 이후 고유분야였던 S/W에 자원을 집중하였다.
㉡ B마트는 재고 네트워크를 전산화해 원가를 절감하고 양질의 제품을 최저가격에 판매하고 있다.
㉢ A호텔은 5성급 호텔로 하루 숙박비용이 상당히 비싸지만, 환상적인 풍경과 더불어 친절한 서비스를 제공하고 객실 내 제품이 모두 최고급으로 비치되어 있어 이용객들에게 높은 만족도를 준다.

	차별화 전략	원가우위 전략	집중화 전략
①	㉠	㉡	㉢
②	㉠	㉢	㉡
③	㉡	㉢	㉠
④	㉢	㉠	㉡
⑤	㉢	㉡	㉠

05 다음은 S화장품(주)의 신제품 판매 동향 보고서이다. 이 기업이 중점을 두어야 할 대책으로 가장 적절한 것은?

- 대상제품 : 새로 개발한 상황버섯 로션
- 영업활동 : 발매와 동시에 대규모 광고 시행
- 판매실적 : 예상판매 목표의 50% 미만으로 매우 부진
- 원인분석 : 소비자들이 자사 브랜드를 잘 알고 있지만 상황버섯의 독특한 향이 싫어서 판매실적이 부진한 것으로 보임

① 제품 특성을 개선한다.
② 판매 가격을 인하한다.
③ 판매 점포를 확대한다.
④ 홍보 자료를 배포한다.
⑤ 점포 인원을 확대한다.

06 다음은 조직의 체제를 구성하는 요소들에 대한 O / × 퀴즈이다. O의 개수는 총 몇 개인가?

- 조직목표는 조직이 달성하려는 장래의 상태이다. (　　)
- 조직의 구조는 조직 내의 부문 사이에 형성된 관계로 조직 구성원들의 공유된 생활양식이나 가치이다. (　　)
- 조직도는 조직 구성원들의 임무, 수행과업, 일하는 장소들을 알아보는 데 유용하다. (　　)
- 조직의 규칙과 규정은 조직 구성원들의 행동범위를 정하고 일관성을 부여하는 역할을 한다. (　　)

① 없음
② 1개
③ 2개
④ 3개
⑤ 4개

07 국제문화를 접할 때 완전히 다른 문화환경이나 새로운 사회환경을 접함으로써 감정의 불안을 느끼거나 무엇을 어떻게 해야 하는지 모르는 판단의 부재 상태에 놓일 수 있는데, 이를 문화충격이라고 한다. 다음 중 문화충격을 예방하는 방법으로 적절하지 않은 것은?

① 다른 문화환경에 대한 개방적인 태도를 갖도록 한다.
② 자신이 속한 문화를 기준으로 다른 문화를 평가하지 않도록 한다.
③ 새롭고 다른 것을 경험하는 데 적극적인 자세를 취하도록 한다.
④ 새로운 사회환경에 적응하기 위해서 자신의 정체성은 포기하도록 한다.
⑤ 다른 문화에 대한 정보를 미리 습득하도록 한다.

08 다음은 2024년 하반기 노동시장의 특징 및 주요 요인에 대한 자료이다. 〈보기〉 중 이에 대한 설명으로 적절하지 않은 것을 모두 고르면?

〈2024년 하반기 노동시장 특징 및 주요 요인〉

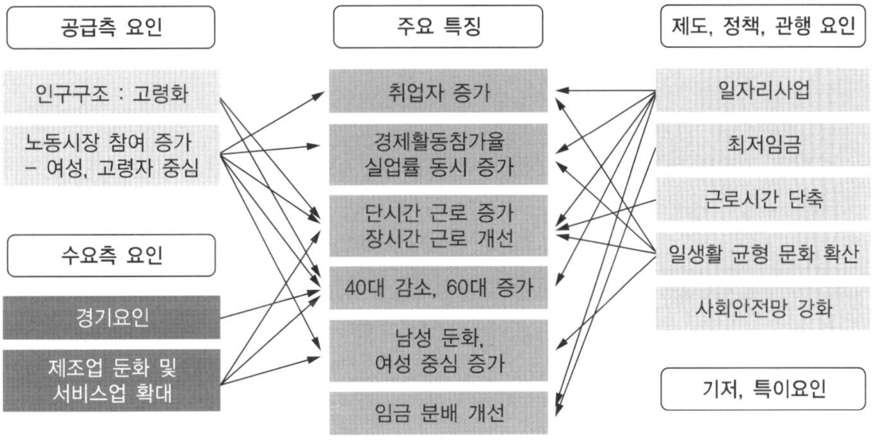

〈보기〉

ㄱ. 정부의 일자리사업으로 60대 노동자가 증가하였다.
ㄴ. 제조업이 둔화함에 따라 남성 중심의 노동시장이 둔화하고 있다.
ㄷ. 정부의 최저임금 정책으로 단시간 근로자 수가 증가하였다.
ㄹ. 여성의 노동시장 참여가 늘어나면서 전체 취업자 수가 증가하였다.
ㅁ. 인구 고령화가 심화됨에 따라 경제활동참가율과 실업률이 동시에 증가하고 있다.

① ㄱ, ㄴ
② ㄱ, ㄷ
③ ㄴ, ㄹ
④ ㄴ, ㅁ
⑤ ㄷ, ㅁ

09 다음 중 국제동향을 파악하는 방법으로 적절하지 않은 것은?

① 신문, 인터넷 등 각종 매체를 통해 국제적 동향을 파악한다.
② 업무와 관련된 국제적 법규나 규정을 숙지한다.
③ 특정 국가의 관련 업무에 대한 동향을 점검한다.
④ 국제적인 상황 변화에 관심을 두도록 한다.
⑤ 현지인의 의견보다는 국내 전문가의 의견에 따른다.

10 다음은 발명 기법인 SCAMPER 발상법의 7단계이다. 〈보기〉와 같은 사례는 어느 단계에 속하는가?

〈SCAMPER〉

S	C	A	M	P	E	R
대체하기	결합하기	조절하기	수정 · 확대 · 축소하기	용도 바꾸기	제거하기	역발상 · 재정리하기

〈보기〉

㉠ 짚신 → 고무신 → 구두
㉡ 스마트폰=컴퓨터+휴대폰+카메라
㉢ 화약 : 폭죽 → 총

	㉠	㉡	㉢
①	A	E	E
②	S	C	P
③	M	C	C
④	A	P	P
⑤	M	P	C

11 K은행에서는 부패방지 교육을 위해 오늘 일과 중 1시간을 반영하여 부서별로 토론식 교육을 할 것을 지시하였다. 귀하의 직급은 사원으로, 적당한 교육시간을 판단하여 보고하여야 한다. 부서원의 스케줄이 다음과 같을 때, 교육을 편성하기에 가장 적절한 시간은 언제인가?

<table>
<tr><th rowspan="2">시간</th><th colspan="5">직급별 스케줄</th></tr>
<tr><th>부장</th><th>차장</th><th>과장</th><th>대리</th><th>사원</th></tr>
<tr><td>09:00 ~ 10:00</td><td colspan="2">부서장 회의</td><td></td><td></td><td></td></tr>
<tr><td>10:00 ~ 11:00</td><td></td><td></td><td></td><td></td><td>비품 신청</td></tr>
<tr><td>11:00 ~ 12:00</td><td></td><td></td><td>고객 응대</td><td></td><td></td></tr>
<tr><td>12:00 ~ 13:00</td><td colspan="5">점심식사</td></tr>
<tr><td>13:00 ~ 14:00</td><td colspan="3">부서 업무 회의</td><td></td><td></td></tr>
<tr><td>14:00 ~ 15:00</td><td></td><td></td><td></td><td colspan="2">타 지점 방문</td></tr>
<tr><td>15:00 ~ 16:00</td><td></td><td></td><td colspan="3">일일 업무 결산</td></tr>
<tr><td>16:00 ~ 17:00</td><td></td><td>업무보고</td><td></td><td></td><td></td></tr>
<tr><td>17:00 ~ 18:00</td><td>업무보고</td><td></td><td></td><td></td><td></td></tr>
</table>

① 09:00 ~ 10:00
② 10:00 ~ 11:00
③ 13:00 ~ 14:00
④ 14:00 ~ 15:00
⑤ 15:00 ~ 16:00

12 다음 글을 보고 A사원이 처리할 첫 업무와 마지막 업무를 바르게 짝지은 것은?

A씨, 우리 팀이 준비하는 상반기 프로젝트가 마무리 단계인 건 알고 있죠? 이제 곧 그동안 진행해 온 팀 프로젝트를 발표해야 하는데 A씨가 발표자로 선정되어서 몇 가지 말씀드릴 게 있어요. 6월 둘째 주 월요일 오후 4시에 발표를 할 예정이니 그 시간에 비어있는 회의실을 찾아보고 예약해주세요. 오늘이 벌써 첫째 주 수요일이네요. 보통 일주일 전에는 예약해야 하니 최대한 빨리 확인하고 예약해 주셔야 합니다. 또 발표 내용을 PPT 파일로 만들어서 저한테 메일로 보내주세요. 검토 후 수정사항을 회신할테니 반영해서 최종본 내용을 브로슈어에 넣어주세요. 최종본 내용을 모두 입력하면 디자인팀 D대리님께 파일을 넘겨줘야 해요. 디자인팀에서 작업 후 인쇄소로 보낼 겁니다. 최종 브로슈어는 1층 인쇄소에서 받아오시면 되는데 원래는 한나절이면 찾을 수 있지만 이번에 인쇄 주문 건이 많아서 다음 주 월요일에 찾을 수 있을 거예요. 아, 그리고 브로슈어 내용 정리 전에 작년 하반기에 프로젝트 발표자였던 B주임에게 물어보면 어떤 식으로 작성해야 할지 이야기해 줄 거예요.

① PPT 작성 – D대리에게 파일 전달
② 회의실 예약 – B주임에게 조언 구하기
③ 회의실 예약 – 인쇄소 방문
④ B주임에게 조언 구하기 – 인쇄소 방문
⑤ 회의실 예약 – D대리에게 파일 전달

13 다음은 K기관 디자인팀의 주간회의록이다. 이에 대한 내용으로 옳은 것은?

<table>
<tr><th colspan="6">주간회의록</th></tr>
<tr><td>회의일시</td><td>2024-07-03(수)</td><td>부서</td><td>디자인팀</td><td>작성자</td><td>D사원</td></tr>
<tr><td>참석자</td><td colspan="5">김과장, 박주임, 최사원, 이사원</td></tr>
<tr><td>회의안건</td><td colspan="5">1. 개인 주간 스케줄 및 업무 점검
2. 2024년 회사 홍보 브로슈어 기획</td></tr>
<tr><td rowspan="3">회의내용</td><td colspan="4">내용</td><td>비고</td></tr>
<tr><td colspan="4">1. 개인 스케줄 및 업무 점검
• 김과장 : 브로슈어 기획 관련 홍보팀 미팅, 외부 디자이너 미팅
• 박주임 : 신제품 SNS 홍보 이미지 작업, 회사 영문 서브페이지 2차 리뉴얼 작업 진행
• 최사원 : 2024년도 홈페이지 개편 작업 진행
• 이사원 : 7월 사보 편집 작업</td><td>• 7월 8일 AM 10:00 디자인팀 전시회 관람</td></tr>
<tr><td colspan="4">2. 2024년도 회사 홍보 브로슈어 기획
• 브로슈어 주제 : ‘신뢰’
– 창립 ○○주년을 맞아 고객의 신뢰로 회사가 성장했음을 강조
– 한결같은 모습으로 고객들의 지지를 받아왔음을 기업 이미지로 표현
• 20페이지 이내로 구성 예정</td><td>• 7월 5일까지 홍보팀에서 2024년도 브로슈어 최종원고 전달 예정</td></tr>
<tr><td rowspan="3">결정사항</td><td colspan="2">내용</td><td colspan="2">작업자</td><td>진행일정</td></tr>
<tr><td colspan="2">브로슈어 표지 이미지 샘플 조사</td><td colspan="2">최사원, 이사원</td><td>2024-07-03 ~ 2024-07-04</td></tr>
<tr><td colspan="2">브로슈어 표지 시안 작업 및 제출</td><td colspan="2">박주임</td><td>2024-07-03 ~ 2024-07-05</td></tr>
<tr><td>특이사항</td><td colspan="5">다음 회의 일정 : 7월 10일
• 브로슈어 표지 결정, 내지 1차 시안 논의</td></tr>
</table>

① K공단은 외부 디자이너에게 브로슈어 표지 이미지 샘플을 요청하였다.

② 디자인팀은 이번 주 수요일에 전시회를 관람할 예정이다.

③ 김과장은 이번 주에 내부 미팅, 외부 미팅을 모두 할 예정이다.

④ 이사원은 이번 주에 10월 사보 편집 작업만 하면 된다.

⑤ 최사원은 2024년도 홈페이지 개편 작업을 완료한 후 브로슈어 표지 시안을 제출할 예정이다.

14 다음은 대학생인 지수의 일과이다. 이를 통해 알 수 있는 사실로 옳은 것은?

지수는 화요일에 학교 수업, 아르바이트, 스터디, 봉사활동 등을 한다.
다음은 지수의 화요일 일과이다.

- 지수는 오전 11시부터 오후 4시까지 수업이 있다.
- 수업이 끝나고 학교 앞 프랜차이즈 카페에서 아르바이트를 3시간 동안 한다.
- 아르바이트를 마친 후, NCS 공부를 하기 위해 스터디를 2시간 동안 한다.

① 비공식적이면서 소규모조직에서 3시간 있었다.
② 하루 중 공식조직에서 9시간 있었다.
③ 비영리조직이면서 대규모조직에서 5시간 있었다.
④ 영리조직에서 2시간 있었다.
⑤ 비공식적이면서 비영리조직에서 3시간 있었다.

15 다음 글이 설명하는 의사결정 방법은?

조직에서 의사결정을 하는 대표적인 방법으로 여러 명이 한 가지 문제를 놓고 아이디어를 비판 없이 제시하여 그중에서 최선책을 찾아내는 방법이다. 다른 사람이 아이디어를 제시할 때 비판하지 않고, 아이디어를 최대한 많이 공유하고 이를 결합하여 해결책을 마련하게 된다.

① 만장일치
② 다수결
③ 브레인스토밍
④ 의사결정나무
⑤ 델파이 기법

16 다음 글의 밑줄 친 법칙에 부합하는 사례로 적절한 것은?

> 돈이 되는 20%의 고객이나 상품만 있으면 80%의 수익이 보장된다는 파레토 법칙이 그간 진리로 여겨졌다. 그런데 최근 <u>롱테일(Long Tail) 법칙</u>이라는 새로운 개념이 자리를 잡고 있다. 이는 하위 80%가 상위 20%보다 더 많은 수익을 낸다는 법칙이다. 한마디로 '티끌 모아 태산'이 가능하다는 것이다.

① A은행은 VIP전용 창구를 확대하였다.
② B기업은 생산량을 늘려 단위당 생산비를 낮추었다.
③ C인터넷 서점은 극소량만 팔리는 책이라도 진열한다.
④ D극장은 주말 요금을 평일 요금보다 20% 인상하였다.
⑤ E학원은 인기가 없는 과목은 더는 강의를 열지 않도록 했다.

17 다음 글에서 설명하는 마케팅 기법은?

> 규제를 교묘히 피해가는 마케팅 기법으로, 보통 행사중계방송의 텔레비전 광고를 구입하거나 공식 스폰서인 것처럼 속이기 위해 개별 선수나 팀의 스폰서가 되는 방법을 사용한다. 규정상 올림픽 마크나 올림픽 단어, 국가대표선수단 등과 같은 용어는 IOC(International Olympic Committee, 올림픽위원회)나 KOC(Korea Olympic Committee, 한국올림픽위원회) 등과 공식 후원계약을 맺은 업체들만 사용할 수 있다.

① 니치 마케팅
② 앰부시 마케팅
③ 버즈 마케팅
④ 플래그십 마케팅
⑤ 오가닉 마케팅

18 다음 조직도를 바르게 이해한 사람을 〈보기〉에서 모두 고르면?

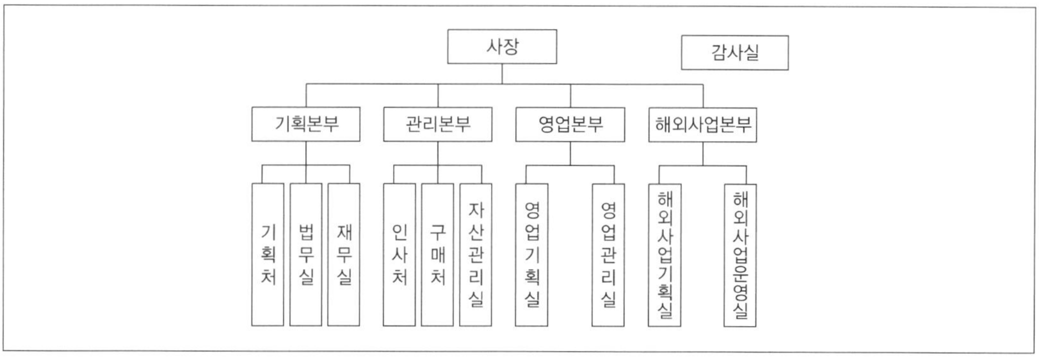

〈보기〉

A : 조직도를 보면 4개 본부, 3개의 처, 8개의 실로 구성돼 있어.
B : 사장 직속으로 4개의 본부가 있고, 그중 한 본부에서는 인사를 전담하고 있네.
C : 감사실은 사장 직속이지만 별도로 분리되어 있구나.
D : 해외사업기획실과 해외사업운영실은 둘 다 해외사업과 관련이 있으니까 해외사업본부에 소속되어 있는 것이 맞아.

① A, B
② A, C
③ A, D
④ B, C
⑤ B, D

19 H은행에서 근무하는 강과장은 '한여름 밤의 음악회'와 관련하여 유대리에게 다음과 같이 부탁하였다. 유대리가 가장 먼저 처리해야 할 일로 가장 적절한 것은?

> 유대리님, 퇴근하기 전에 음악회 장소를 다시 점검하러 가보셔야 할 것 같아요. 저번에 김과장님이 오른쪽 조명이 깜빡인다고 말씀하시더라고요. △△조명은 11시부터 영업을 시작하고, 음악회 주최 위원들은 점심시간에 오신다고 하니 함께 점심 드시고 오후에 연락하여 점검을 같이 나가자고 연락드려 주세요.
> 아, 그리고 제가 지금 외근을 나가야 하는데 오늘 몇 시에 들어올 수 있을지 모르겠어요. 일단 점심 식사 후 음악회 주최 위원들께 음악회 일정표를 전달해주세요. 그리고 조명 점검하시고 꼭 김 과장님께 상황 보고해 주세요.

① 한여름 밤의 음악회 장소 점검
② △△조명에 조명 점검 협조 연락
③ 음악회 주최 위원들과 점심
④ 음악회 주최 위원들에게 일정표 전달
⑤ 김과장에게 상황 보고

20 다음 중 기계적 조직의 특징으로 옳은 것을 〈보기〉에서 모두 고르면?

〈보기〉

> ㉠ 변화에 맞춰 쉽게 변할 수 있다.
> ㉡ 상하 간 의사소통이 공식적인 경로를 통해 이루어진다.
> ㉢ 대표적으로 사내 벤처팀, 프로젝트팀이 있다.
> ㉣ 구성원의 업무가 분명하게 규정되어 있다.
> ㉤ 다양한 규칙과 규제가 있다.

① ㉠, ㉡, ㉢
② ㉠, ㉣, ㉤
③ ㉡, ㉢, ㉣
④ ㉡, ㉣, ㉤
⑤ ㉢, ㉣, ㉤

21 총무부의 K부장은 오늘까지 처리해야 할 부서업무를 다음과 같이 정리하였고, 금일 스케줄을 바탕으로 부서원에게 해당 업무를 배정하려고 한다. 총무부의 금일 스케줄을 참고할 때, 처리해야 할 업무가 잘못 배정된 사람은?(단, 한 사람당 하나의 업무만 배정한다)

〈총무부 금일 업무〉

- 부서장 회의 참석(09:30 ~ 11:00)
- 사무용품 주문서 작성 및 주문 메일 발송
  ※ 주문서 최종 결재자 : K부장, 메일은 퇴근 전에 발송할 것
- 행사 용품 오배송건 반품
  ※ 택배 접수 마감 시간 16:00
- H프로젝트 보고서 초안 작성
- 행사 참여 안내문 등기 발송
  ※ 우체국 영업시간(09:00 ~ 18:00) 내 방문

〈총무부 금일 스케줄〉

<table>
<tr><th>시간</th><th>K부장</th><th>G과장</th><th>J대리</th><th>L사원</th><th>O사원</th></tr>
<tr><td>09:00 ~ 10:00</td><td></td><td></td><td rowspan="3">오전 반차</td><td colspan="2" rowspan="2">사내 교육 프로그램 참여</td></tr>
<tr><td>10:00 ~ 11:00</td><td></td><td rowspan="2">H프로젝트 회의</td></tr>
<tr><td>11:00 ~ 12:00</td><td></td><td></td><td></td></tr>
<tr><td>12:00 ~ 13:00</td><td colspan="5">점심시간</td></tr>
<tr><td>13:00 ~ 14:00</td><td></td><td></td><td>오전 반차</td><td></td><td></td></tr>
<tr><td>14:00 ~ 15:00</td><td rowspan="3">외근</td><td></td><td rowspan="2">행사 진행 업체 사전미팅</td><td></td><td></td></tr>
<tr><td>15:00 ~ 16:00</td><td></td><td></td><td></td></tr>
<tr><td>16:00 ~ 17:00</td><td></td><td></td><td></td><td></td></tr>
<tr><td>17:00 ~ 18:00</td><td colspan="2">업무 보고</td><td></td><td colspan="2">비품 정리</td></tr>
</table>

① K부장 : 부서장 회의 참석
② G과장 : H프로젝트 보고서 초안 작성
③ J대리 : 행사 용품 오배송건 반품
④ L사원 : 우체국 방문 및 등기 발송
⑤ O사원 : 사무용품 주문서 작성 및 주문 메일 발송

※ A회사에서 특허 관련 업무를 담당하고 있는 B씨는 주요 약관을 요약하여 정리하고 고객 질문에 응대하는 역할을 한다. 주요 약관을 보고 이어지는 질문에 답하시오. **[22~23]**

〈주요 약관〉

1. 특허 침해죄
   ① 특허권을 침해한 자는 7년 이하의 징역 또는 1억 원 이하의 벌금에 처한다.
   ② 제1항의 죄는 고소가 있어야 한다.
2. 위증죄
   이 법의 규정에 의하여 선서한 증인·감정인 또는 통역인이 특허심판원에 대하여 허위의 진술·감정 또는 통역을 했을 때는 5년 이하의 징역 또는 1천만 원 이하의 벌금에 처한다.
3. 사위행위의 죄
   사위(詐僞) 기타 부정한 행위로써 특허청으로부터 특허의 등록이나 특허권의 존속기간 연장등록을 받은 자 또는 특허심판원의 심결을 받은 자는 3년 이하의 징역 또는 2천만 원 이하의 벌금에 처한다.
4. 양벌규정
   법인의 대표자나 법인 또는 개인의 대리인, 사용인, 그 밖의 종업원이 그 법인 또는 개인의 업무에 관하여 특허침해죄, 사위행위의 죄의 어느 하나에 해당하는 위반행위를 하면 그 행위자를 벌하는 외에 그 법인에는 다음 각호의 어느 하나에 해당하는 벌금형을, 그 개인에게는 해당 조문의 벌금형을 과(科)한다. 다만 법인 또는 개인이 그 위반행위를 방지하기 위하여 해당 업무에 관하여 상당한 주의와 감독을 게을리하지 아니한 경우에는 그러하지 아니하다.
   ① 특허 침해죄의 경우 : 3억 원 이하의 벌금
   ② 사위행위죄의 경우 : 6천만 원 이하의 벌금

※ 사위(詐僞) : 거짓을 꾸미어 속임

22 B씨는 주요 약관을 바탕으로 다음과 같이 고객 질문에 응대했을 때, 적절하지 않은 것은?

① Q : 특허권을 침해당한 것 같은데 어떻게 해야 처벌이 가능한가요?
A : 특허 침해죄로 처벌하기 위해서는 고소가 있어야 합니다.

② Q : 사위행위로써 특허심판원의 심결을 받은 경우 처벌 규정이 어떻게 되나요?
A : 3년 이하의 징역 또는 2천만 원 이하의 벌금에 처해집니다.

③ Q : 제 발명품을 특허무효사유라고 진술한 감정인의 내용이 허위임이 밝혀졌습니다. 어떻게 처벌이 가능한가요?
A : 감정인의 처벌을 위해서는 고소의 절차를 거쳐야 합니다.

④ Q : 법인의 대표자로서 특허침해죄 행위로 고소를 당하고, 벌금까지 내야한다고 하는데 벌금이 어느 정도인가요?
A : 양벌규정에 의해 특허 침해죄의 경우 3억 원 이하의 벌금에 처해집니다.

⑤ Q : 특허권을 침해한 자에 대한 처벌 규정은 어떻게 되나요?
A : 특허권을 침해한 자는 7년 이하의 징역 또는 1억 원 이하의 벌금에 처해집니다.

23 B씨는 다음과 같은 상황이 발생해 주요 약관을 찾아보려고 한다. 이에 적용되는 약관 조항으로 가장 적절한 것은?

〈상황〉

당해 심판에서 선서한 감정인 병은 갑의 발명품이 특허무효사유에 해당한다는 내용의 감정을 하였다. 그 후 당해 감정이 허위임이 밝혀지고 달리 특허무효사유가 없음을 이유로 특허심판원은 갑에 대한 특허권의 부여는 유효라고 심결하였다.

① 특허 침해죄
② 위증죄
③ 사위행위죄
④ 양벌규정
⑤ 특허무효심판

※ 다음은 K공사 연구소의 주요 사업별 연락처이다. 이어지는 질문에 답하시오. **[24~25]**

〈주요사업별 연락처〉

주요사업	담당부서	연락처
고객지원	고객지원팀	044-410-7001
감사, 부패방지 및 지도점검	감사실	044-410-7011
국제협력, 경영평가, 예산기획, 규정, 이사회	전략기획팀	044-410-7023
인재개발, 성과평가, 교육, 인사, ODA사업	인재개발팀	044-410-7031
복무노무, 회계관리, 계약 및 시설	경영지원팀	044-410-7048
품질평가 관리, 품질평가 관련민원	평가관리팀	044-410-7062
가공품 유통 전반(실태조사, 유통정보), 컨설팅	유통정보팀	044-410-7072
대국민 교육, 기관 마케팅, 홍보관리, CS, 브랜드인증	고객홍보팀	044-410-7082
이력관리, 역학조사지원	이력관리팀	044-410-7102
유전자분석, 동일성검사	유전자분석팀	044-410-7111
연구사업 관리, 기준개발 및 보완, 시장조사	연구개발팀	044-410-7133
정부3.0, 홈페이지 운영, 대외자료제공, 정보보호	정보사업팀	044-410-7000

24 K공사 연구소의 주요 사업별 연락처를 본 채용 지원자의 반응으로 적절하지 않은 것은?

① K공사 연구소는 1개 실과 11개 팀으로 이루어져 있구나.
② 예산기획과 경영평가는 같은 팀에서 종합적으로 관리하는구나.
③ 평가업무라 하더라도 평가 특성에 따라 담당하는 팀이 달라지는구나.
④ 홈페이지 운영은 고객홍보팀에서 마케팅과 함께 하는구나.
⑤ 부패방지를 위해 부서를 따로 두었구나.

25 다음 민원인의 요청을 듣고 난 후 민원을 해결하기 위해 연결해야 할 부서를 적절히 안내해준 것은?

민원인	얼마 전 신제품 관련 평가 신청을 했습니다. 신제품 품질에 대한 등급에 대해 이의가 있습니다. 관련 건으로 담당자분과 통화하고 싶습니다.
상담직원	불편을 드려서 죄송합니다. ( ) 연결해드리겠습니다. 잠시만 기다려 주십시오.

① 지도 점검 업무를 담당하고 있는 감사실로
② 연구사업을 관리하고 있는 연구개발팀으로
③ 기관의 홈페이지 운영을 전담하고 있는 정보사업팀으로
④ 이력관리 업무를 담당하고 있는 이력관리팀으로
⑤ 품질평가를 관리하는 평가관리팀으로

5권

한국수출입은행

직업성격검사 + 면접

www.sdedu.co.kr

한국수출입은행 직업성격검사

01 직업성격검사란?

개인이 업무를 수행하면서 능률적인 성과물을 만들기 위해서는 개인의 능력과 경험 그리고 회사의 교육 및 훈련 등이 필요하지만, 개인의 성격이나 성향 역시 중요합니다. 여러 직무분석 연구를 통해 나온 결과에 따르면, 직무에서의 성공과 관련된 특성 중 70% 이상이 능력보다는 성격과 관련이 있다고 합니다. 따라서 최근 기업 및 공공기관에서는 직업성격검사의 비중을 높이고 있는 추세입니다.

현재 기업 및 공공기관은 직업성격검사를 KIRBS(한국행동과학연구소)나 SHR(에스에이치알) 등의 전문기관에 의뢰해서 시행하고 있습니다. 전문기관에 따라서 직업성격검사 방법에 차이가 있고, 보안을 위해서 직업성격검사를 의뢰한 기업 및 공공기관을 공개하지 않을 수 있기 때문에 특정 기업 및 공공기관의 직업성격검사를 정확하게 판단할 수 없지만, 지원자들이 후기에 올린 문제를 통해 직업성격검사 유형을 유추할 수 있습니다.

여기에서는 한국수출입은행의 개인성향 진단평가와 수검요령 및 검사 시 유의사항에 대해 간략하게 정리하였으며, 모의연습을 통해 실제 시험 유형을 확인할 수 있도록 하였습니다.

한국수출입은행 직업성격검사 문항 수 : 150문항 / 20분 유형 : 자신의 성향과 가까운 정도에 따라 표기하는 유형

02 직업성격검사 수검요령

직업성격검사에 대한 특별한 수검 기법은 없습니다. 직업성격검사에서 문제를 어떻게 잘 풀 것인가 하는 차원과는 달리 자신의 상태나 경험에 입각하여 자신을 솔직하게 그대로 표현하는 것이 가장 좋습니다. 직업성격검사에 의한 성격 분석은 장점과 단점이라는 양면을 나타냅니다. 예를 들어, 민감성에서의 득점이 높으면 섬세하고 배려심이 있다는 장점과 걱정이 많고 자신감이 없다는 단점이 있고, 독자성에서의 득점이 높으면 신념이 있고 독창적이라는 장점과 융통성이 없다는 단점이 있는 것입니다. 면접 담당자는 각 항목 중에서 특히 득점이 극단적으로 높거나 낮은 특징적인 부분에 대해서 질문하게 되는데, 이는 그 특징적인 부분이 장점으로 나타나기 쉬운지 단점으로 나타나기 쉬운지를 확인하기 위한 것입니다. 그러므로 극단적인 득점을 보이는 항목에 대해서는 단점을 보완하는 응답을 준비해야 합니다. 즉, 어떻게 자신의 상태를 정확히 표현할 수 있느냐가 수검요령이 되겠으며, 그 일반적인 요령에는 다음과 같은 것이 있습니다.

❶ 직업성격검사를 소홀히 대하지 말자.

직업성격검사의 결과 중에서 정신건강(정서안정성, 감정통제력, 신경질 경향)에 대한 측면은 전형 사정 시 매우 중요시되고 있습니다. 다른 평가 요인에 대한 결과가 아무리 좋고 바람직한 결과를 얻었더라도, 심지어 서류전형이나 필기전형 등에서 좋은 결과를 얻은 지원자라 할지라도 정신건강 측면에 대한 결과가 바람직하지 못하면 탈락될 정도로 중요시되고 있는 추세입니다. 따라서 사전에 자기 자신의 내면적인 측면을 정확히 파악해야 합니다.

❷ 평소의 경험과 선호도를 자연스럽게 답하자.

검사의 내용들은 대개 평소 우리가 경험하는 내용에 대한 짧은 진술문과 어떤 대상에 대한 선호를 묻는 내용으로 구성된 진술문 형식으로 되어 있으므로 시험이라고 생각하지 말고 그냥 평소의 경험과 선호도에 따라 자연스럽게 답하는 것이 좋습니다. 또한 상식적인 반응을 묻는 문항에는 너무 민감하게 반응하지 말고 솔직하게 답할 필요가 있습니다. 자칫 검사 무효화의 결과를 초래할 수도 있기 때문입니다.

❸ 수험 전날이나 수험기간 동안에 음주나 지나친 운동 등을 삼가자.

심신이 지쳐 있으면 심약한 생각을 갖기 쉽습니다. 신체적으로나 정신적으로 충분한 휴식을 취하고 심리적으로 안정된 상태에서 검사에 임해야 자신을 정확히 나타낼 수 있습니다.

❹ 검사시간에 너무 신경 쓰지 말자.

시간제한이 없거나 충분한 시간이 주어지기 때문에 남보다 빨리 하려고 한다든가 다른 사람의 퇴실에 신경 쓸 필요가 없습니다.

❺ 각 진술문에 대하여 너무 골똘히 생각하거나 불필요한 생각을 하지 말자.

지나친 생각은 자신을 잘못 표현하기 쉽게 만들고, 불필요한 생각은 검사의 타당도·신뢰도 등에 좋지 않은 영향을 미칠 수 있습니다.

❻ 솔직하게 표현하자.

대개의 직업성격검사 문항은 피검사자의 솔직성을 알 수 있게 제작되어 있습니다. 자칫 솔직성이 너무 결여될 경우에는 검사 자체가 무효화되어 불이익을 받을 수 있습니다.

❼ 비교적 일관성 있게 답하자.

이는 솔직성과 일맥상통합니다. 하지만 너무 일관성에 치우친 생각은 검사 자체를 다른 방향으로 이끌 수 있다는 것을 유념해야 합니다.

❽ 마지막 문항까지 최선을 다하자.

한 문항도 빠뜨리지 말고 전체 문항에 대해 자신의 의견을 답하는 것이 매우 중요합니다. 각 문항을 깊이 있게 분석하면서 풀어나갈 것이 아니라 직감적으로 선택해서 자신의 색깔을 명확히 표현하는 것이 좋은 결과를 얻을 수 있습니다. 모든 문항은 평가 결과와 밀접한 관련이 있기 때문에 응답하지 않은 문항이 많으면 검사 자체가 무효로 처리되거나 불리한 평가를 받을 수 있으므로 주의해야 합니다.

❾ 사전에 검사를 받아보자.

검사 대행업체나 학교의 학생생활연구소와 같은 곳을 이용하여 사전에 검사를 받아보는 것도 좋은 방법입니다. 검사의 유형을 미리 경험해 봄으로써 자신감을 얻을 수 있고 성격상 바람직하지 않은 결과를 얻은 요인에 대해서 사전에 끊임없는 노력으로 개선할 수 있기 때문입니다.

03 직업성격검사 모의연습

직업성격검사는 정신의학에 의한 성격분석검사를 기초로 한 일종의 심리테스트로 이를 통해 지원자의 성격이나 흥미, 대인관계 등을 분석합니다. 검사결과에는 지원자가 자각하고 있는 부분도, 자각하지 못한 부분도 나타나기 때문에 자각하고 싶지 않은 성격까지 면접 담당자는 모두 파악할 수 있습니다.
만약 면접 시 면접 담당자가 지원자의 성격을 파악하고 있는데 정작 지원자가 자기의 성격을 파악하지 못했다면 전적으로 불리하게 됩니다. 그러나 직업성격검사의 결과를 참고로 지원자가 자기의 성격을 파악하여 질문의 내용을 예측한다면 장점은 살리고, 단점을 보완하는 응답이 가능하게 될 것입니다.
사람의 성격은 쉽게 변하지 않지만, 장점과 단점을 파악하여 자신을 매력적으로 어필하는 것은 가능합니다. 성격을 파악하지 않고 그저 자신을 드러내는 것은 오히려 면접에서 직업성격검사와의 모순을 스스로 증명하는 것이라는 사실을 기억하시기 바랍니다.

※ 각 문항을 읽고, ①~⑤ 중 자신에게 맞는 것을 선택하시오. 그리고 4문항 중 자신의 성격과 가장 먼 문항(멀다)과 가까운 문항(가깝다)을 하나씩 선택하시오(① 전혀 그렇지 않다, ② 그렇지 않다, ③ 보통이다, ④ 그렇다, ⑤ 매우 그렇다). **[1~85]**

01

						멀다	가깝다
A. 사물을 신중하게 생각하는 편이라고 생각한다.	①	②	③	④	⑤	멀	가
B. 포기하지 않고 노력하는 것이 중요하다.	①	②	③	④	⑤	멀	가
C. 자신의 권리를 주장하는 편이다.	①	②	③	④	⑤	멀	가
D. 컨디션에 따라 기분이 잘 변한다.	①	②	③	④	⑤	멀	가

02

						멀다	가깝다
A. 노력의 여하보다 결과가 중요하다.	①	②	③	④	⑤	멀	가
B. 자기주장이 강하다.	①	②	③	④	⑤	멀	가
C. 어떠한 일이 있어도 출세하고 싶다.	①	②	③	④	⑤	멀	가
D. 반성하는 일이 거의 없다.	①	②	③	④	⑤	멀	가

03

						멀다	가깝다
A. 다른 사람의 일에 관심이 없다.	①	②	③	④	⑤	멀	가
B. 때로는 후회할 때도 있다.	①	②	③	④	⑤	멀	가
C. 진정으로 마음을 허락할 수 있는 사람은 없다.	①	②	③	④	⑤	멀	가
D. 고민이 생겨도 심각하게 생각하지 않는다.	①	②	③	④	⑤	멀	가

04

						멀다	가깝다
A. 한번 시작한 일은 반드시 끝을 맺는다.	①	②	③	④	⑤	멀	가
B. 다른 사람들이 하지 못하는 일을 하고 싶다.	①	②	③	④	⑤	멀	가
C. 좋은 생각이 떠올라도 실행하기 전에 여러모로 검토한다.	①	②	③	④	⑤	멀	가
D. 슬럼프에 빠지면 좀처럼 헤어나지 못한다.	①	②	③	④	⑤	멀	가

05

						멀다	가깝다
A. 다른 사람에게 항상 움직이고 있다는 말을 듣는다.	①	②	③	④	⑤	멀	가
B. 옆에 사람이 있으면 싫다.	①	②	③	④	⑤	멀	가
C. 친구들과 남의 이야기를 하는 것을 좋아한다.	①	②	③	④	⑤	멀	가
D. 자신의 소문에 관심을 기울인다.	①	②	③	④	⑤	멀	가

06

						멀다	가깝다
A. 모두가 싫증을 내는 일에도 혼자서 열심히 한다.	①	②	③	④	⑤	멀	가
B. 완성된 것보다 미완성인 것에 흥미가 있다.	①	②	③	④	⑤	멀	가
C. 능력을 살릴 수 있는 일을 하고 싶다.	①	②	③	④	⑤	멀	가
D. 항상 무슨 일을 해야만 한다.	①	②	③	④	⑤	멀	가

07

						멀다	가깝다
A. 번화한 곳에 외출하는 것을 좋아한다.	①	②	③	④	⑤	멀	가
B. 다른 사람에게 자신이 소개되는 것을 좋아한다.	①	②	③	④	⑤	멀	가
C. 다른 사람보다 쉽게 우쭐해진다.	①	②	③	④	⑤	멀	가
D. 여간해서 흥분하지 않는 편이다.	①	②	③	④	⑤	멀	가

08

						멀다	가깝다
A. 다른 사람의 감정에 민감하다.	①	②	③	④	⑤	멀	가
B. 다른 사람들이 나에게 남을 배려하는 마음씨가 있다는 말을 한다.	①	②	③	④	⑤	멀	가
C. 사소한 일로 우는 일이 많다.	①	②	③	④	⑤	멀	가
D. 매일 힘든 일이 너무 많다.	①	②	③	④	⑤	멀	가

09

						멀다	가깝다
A. 통찰력이 있다고 생각한다.	①	②	③	④	⑤	멀	가
B. 몸으로 부딪혀 도전하는 편이다.	①	②	③	④	⑤	멀	가
C. 감정적으로 될 때가 많다.	①	②	③	④	⑤	멀	가
D. 걱정거리가 생기면 머릿속에서 떠나지 않는 편이다.	①	②	③	④	⑤	멀	가

10

						멀다	가깝다
A. 타인에게 간섭받는 것을 싫어한다.	①	②	③	④	⑤	멀	가
B. 신경이 예민한 편이라고 생각한다.	①	②	③	④	⑤	멀	가
C. 난관에 봉착해도 포기하지 않고 열심히 한다.	①	②	③	④	⑤	멀	가
D. 휴식 시간에도 일하고 싶다.	①	②	③	④	⑤	멀	가

11

	①	②	③	④	⑤	멀다	가깝다
A. 해야 할 일은 신속하게 처리한다.	①	②	③	④	⑤	멀	가
B. 매사에 느긋하고 차분하다.	①	②	③	④	⑤	멀	가
C. 끙끙거리며 생각할 때가 있다.	①	②	③	④	⑤	멀	가
D. 사는 것이 힘들다고 느낀 적은 없다.	①	②	③	④	⑤	멀	가

12

	①	②	③	④	⑤	멀다	가깝다
A. 하나의 취미를 오래 지속하는 편이다.	①	②	③	④	⑤	멀	가
B. 낙천가라고 생각한다.	①	②	③	④	⑤	멀	가
C. 일주일의 예정을 만드는 것을 좋아한다.	①	②	③	④	⑤	멀	가
D. 시험 전에도 노는 계획이 세워진다.	①	②	③	④	⑤	멀	가

13

	①	②	③	④	⑤	멀다	가깝다
A. 자신의 의견을 상대에게 잘 주장하지 못한다.	①	②	③	④	⑤	멀	가
B. 좀처럼 결단하지 못하는 경우가 있다.	①	②	③	④	⑤	멀	가
C. 행동으로 옮기기까지 시간이 걸린다.	①	②	③	④	⑤	멀	가
D. 실패해도 또 다시 도전한다.	①	②	③	④	⑤	멀	가

14

	①	②	③	④	⑤	멀다	가깝다
A. 돌다리도 두드리며 건너는 타입이라고 생각한다.	①	②	③	④	⑤	멀	가
B. 굳이 말하자면 시원시원하다.	①	②	③	④	⑤	멀	가
C. 토론에서 이길 자신이 있다.	①	②	③	④	⑤	멀	가
D. 남보다 쉽게 우위에 서는 편이다.	①	②	③	④	⑤	멀	가

15

	①	②	③	④	⑤	멀다	가깝다
A. 쉽게 침울해진다.	①	②	③	④	⑤	멀	가
B. 쉽게 싫증을 내는 편이다.	①	②	③	④	⑤	멀	가
C. 도덕 / 윤리를 중시한다.	①	②	③	④	⑤	멀	가
D. 자신의 입장을 잊어버릴 때가 있다.	①	②	③	④	⑤	멀	가

16

						멀다	가깝다
A. 매사에 신중한 편이라고 생각한다.	①	②	③	④	⑤	멀	가
B. 실행하기 전에 재확인할 때가 많다.	①	②	③	④	⑤	멀	가
C. 반대에 부딪혀도 자신의 의견을 바꾸는 일은 없다.	①	②	③	④	⑤	멀	가
D. 일을 하는 데도 자신이 없다.	①	②	③	④	⑤	멀	가

17

						멀다	가깝다
A. 전망을 세우고 행동할 때가 많다.	①	②	③	④	⑤	멀	가
B. 일에는 결과가 중요하다고 생각한다.	①	②	③	④	⑤	멀	가
C. 다른 사람으로부터 지적받는 것은 싫다.	①	②	③	④	⑤	멀	가
D. 목적이 없으면 마음이 불안하다.	①	②	③	④	⑤	멀	가

18

						멀다	가깝다
A. 다른 사람에게 위해를 가할 것 같은 기분이 들 때가 있다.	①	②	③	④	⑤	멀	가
B. 인간관계가 폐쇄적이라는 말을 듣는다.	①	②	③	④	⑤	멀	가
C. 친구들로부터 줏대 없는 사람이라는 말을 듣는다.	①	②	③	④	⑤	멀	가
D. 싸움으로 친구를 잃은 경우가 있다.	①	②	③	④	⑤	멀	가

19

						멀다	가깝다
A. 누구와도 편하게 이야기할 수 있다.	①	②	③	④	⑤	멀	가
B. 다른 사람을 싫어한 적은 한 번도 없다.	①	②	③	④	⑤	멀	가
C. 리더로서 인정을 받고 싶다.	①	②	③	④	⑤	멀	가
D. 친구 말을 듣는 편이다.	①	②	③	④	⑤	멀	가

20

						멀다	가깝다
A. 기다리는 것에 짜증내는 편이다.	①	②	③	④	⑤	멀	가
B. 지루하면 마구 떠들고 싶어진다.	①	②	③	④	⑤	멀	가
C. 남과 친해지려면 용기가 필요하다.	①	②	③	④	⑤	멀	가
D. 신호대기 중에도 조바심이 난다.	①	②	③	④	⑤	멀	가

21

						멀다	가깝다
A.	사물을 과장해서 말한 적은 없다.	①	②	③	④	⑤	㉥	㉮
B.	항상 천재지변을 당하지 않을까 걱정하고 있다.	①	②	③	④	⑤	멀	가
C.	어떤 일이 있어도 의욕을 가지고 열심히 하는 편이다.	①	②	③	④	⑤	멀	가
D.	아는 사람이 많아지는 것이 즐겁다.	①	②	③	④	⑤	멀	가

22

							멀다	가깝다
A.	그룹 내에서는 누군가의 주도하에 따라가는 경우가 많다.	①	②	③	④	⑤	멀	가
B.	내성적이라고 생각한다.	①	②	③	④	⑤	멀	가
C.	모르는 사람과 이야기하는 것은 용기가 필요하다.	①	②	③	④	⑤	멀	가
D.	모르는 사람과 말하는 것은 귀찮다.	①	②	③	④	⑤	멀	가

23

							멀다	가깝다
A.	집에서 가만히 있으면 기분이 우울해진다.	①	②	③	④	⑤	멀	가
B.	당황하면 갑자기 땀이 나서 신경 쓰일 때가 있다.	①	②	③	④	⑤	멀	가
C.	차분하다는 말을 듣는다.	①	②	③	④	⑤	멀	가
D.	매사에 심각하게 생각하는 것을 싫어한다.	①	②	③	④	⑤	멀	가

24

							멀다	가깝다
A.	어색해지면 입을 다무는 경우가 많다.	①	②	③	④	⑤	멀	가
B.	융통성이 없는 편이다.	①	②	③	④	⑤	멀	가
C.	이유도 없이 화가 치밀 때가 있다.	①	②	③	④	⑤	멀	가
D.	자신이 경솔하다고 자주 느낀다.	①	②	③	④	⑤	멀	가

25

							멀다	가깝다
A.	자질구레한 걱정이 많다.	①	②	③	④	⑤	멀	가
B.	다른 사람을 의심한 적이 한 번도 없다.	①	②	③	④	⑤	멀	가
C.	지금까지 후회를 한 적이 없다.	①	②	③	④	⑤	멀	가
D.	충동적인 행동을 하지 않는 편이다.	①	②	③	④	⑤	멀	가

26

		①	②	③	④	⑤	멀다	가깝다
A.	무슨 일이든 자신을 가지고 행동한다.	①	②	③	④	⑤	㉧	㉮
B.	자주 깊은 생각에 잠긴다.	①	②	③	④	⑤	㉧	㉮
C.	가만히 있지 못할 정도로 불안해질 때가 많다.	①	②	③	④	⑤	㉧	㉮
D.	어떤 상황에서나 만족할 수 있다.	①	②	③	④	⑤	㉧	㉮

27

		①	②	③	④	⑤	멀다	가깝다
A.	스포츠 선수가 되고 싶다고 생각한 적이 있다.	①	②	③	④	⑤	㉧	㉮
B.	유명인과 서로 아는 사람이 되고 싶다.	①	②	③	④	⑤	㉧	㉮
C.	연예인에 대해 동경한 적이 없다.	①	②	③	④	⑤	㉧	㉮
D.	싫은 사람과도 협력할 수 있다.	①	②	③	④	⑤	㉧	㉮

28

		①	②	③	④	⑤	멀다	가깝다
A.	휴일은 세부적인 예정을 세우고 보낸다.	①	②	③	④	⑤	㉧	㉮
B.	잘하지 못하는 것이라도 자진해서 한다.	①	②	③	④	⑤	㉧	㉮
C.	이유도 없이 다른 사람과 부딪힐 때가 있다.	①	②	③	④	⑤	㉧	㉮
D.	주체할 수 없을 만큼 여유가 많은 것을 싫어한다.	①	②	③	④	⑤	㉧	㉮

29

		①	②	③	④	⑤	멀다	가깝다
A.	타인의 일에는 별로 관여하고 싶지 않다고 생각한다.	①	②	③	④	⑤	㉧	㉮
B.	의견이 다른 사람과는 어울리지 않는다.	①	②	③	④	⑤	㉧	㉮
C.	주위의 영향을 받기 쉽다.	①	②	③	④	⑤	㉧	㉮
D.	즐거운 일보다는 괴로운 일이 많다.	①	②	③	④	⑤	㉧	㉮

30

		①	②	③	④	⑤	멀다	가깝다
A.	지인을 발견해도 만나고 싶지 않을 때가 많다.	①	②	③	④	⑤	㉧	㉮
B.	굳이 말하자면 자의식 과잉이다.	①	②	③	④	⑤	㉧	㉮
C.	몸을 움직이는 것을 좋아한다.	①	②	③	④	⑤	㉧	㉮
D.	사소한 일에도 신경을 많이 쓰는 편이다.	①	②	③	④	⑤	㉧	㉮

31

	①	②	③	④	⑤	멀다	가깝다
A. 무슨 일이든 생각해 보지 않으면 만족하지 못한다.	①	②	③	④	⑤	㉯	㉮
B. 다수의 반대가 있더라도 자신의 생각대로 행동한다.	①	②	③	④	⑤	㉯	㉮
C. 지금까지 다른 사람의 마음에 상처준 일이 없다.	①	②	③	④	⑤	㉯	㉮
D. 어떤 일을 실패하면 두고두고 생각한다.	①	②	③	④	⑤	㉯	㉮

32

	①	②	③	④	⑤	멀다	가깝다
A. 실행하기 전에 재고하는 경우가 많다.	①	②	③	④	⑤	㉯	㉮
B. 완고한 편이라고 생각한다.	①	②	③	④	⑤	㉯	㉮
C. 작은 소리도 신경 쓰인다.	①	②	③	④	⑤	㉯	㉮
D. 비교적 말이 없는 편이다.	①	②	③	④	⑤	㉯	㉮

33

	①	②	③	④	⑤	멀다	가깝다
A. 다소 무리를 하더라도 피로해지지 않는다.	①	②	③	④	⑤	㉯	㉮
B. 다른 사람보다 고집이 세다.	①	②	③	④	⑤	㉯	㉮
C. 성격이 밝다는 말을 듣는다.	①	②	③	④	⑤	㉯	㉮
D. 일을 꼼꼼하게 하는 편이다.	①	②	③	④	⑤	㉯	㉮

34

	①	②	③	④	⑤	멀다	가깝다
A. 다른 사람이 부럽다고 생각한 적이 한 번도 없다.	①	②	③	④	⑤	㉯	㉮
B. 자신의 페이스를 잃지 않는다.	①	②	③	④	⑤	㉯	㉮
C. 굳이 말하면 이상주의자다.	①	②	③	④	⑤	㉯	㉮
D. 나를 기분 나쁘게 한 사람을 쉽게 잊지 못하는 편이다.	①	②	③	④	⑤	㉯	㉮

35

	①	②	③	④	⑤	멀다	가깝다
A. 가능성에 눈을 돌린다.	①	②	③	④	⑤	㉯	㉮
B. 튀는 것을 싫어한다.	①	②	③	④	⑤	㉯	㉮
C. 방법이 정해진 일은 안심할 수 있다.	①	②	③	④	⑤	㉯	㉮
D. 혼자 지내는 시간이 즐겁다.	①	②	③	④	⑤	㉯	㉮

36

						멀다	가깝다
A. 매사에 감정적으로 생각한다.	①	②	③	④	⑤	멀	가
B. 스케줄을 짜고 행동하는 편이다.	①	②	③	④	⑤	멀	가
C. 지나치게 합리적으로 결론짓는 것은 좋지 않다.	①	②	③	④	⑤	멀	가
D. 낯선 사람과 만나는 것을 꺼리는 편이다.	①	②	③	④	⑤	멀	가

37

						멀다	가깝다
A. 다른 사람의 의견에 귀를 기울인다.	①	②	③	④	⑤	멀	가
B. 사람들 앞에 잘 나서지 못한다.	①	②	③	④	⑤	멀	가
C. 임기응변에 능하다.	①	②	③	④	⑤	멀	가
D. 나는 연예인이 되고 싶은 마음이 조금도 없다.	①	②	③	④	⑤	멀	가

38

						멀다	가깝다
A. 꿈을 가진 사람에게 끌린다.	①	②	③	④	⑤	멀	가
B. 직감적으로 판단한다.	①	②	③	④	⑤	멀	가
C. 틀에 박힌 일은 싫다.	①	②	③	④	⑤	멀	가
D. 꾸준하고 참을성이 있다는 말을 자주 듣는다.	①	②	③	④	⑤	멀	가

39

						멀다	가깝다
A. 친구가 돈을 빌려달라고 하면 거절하지 못한다.	①	②	③	④	⑤	멀	가
B. 어려움에 처한 사람을 보면 원인을 생각한다.	①	②	③	④	⑤	멀	가
C. 매사에 이론적으로 생각한다.	①	②	③	④	⑤	멀	가
D. 공부할 때 세부적인 내용을 암기할 수 있다.	①	②	③	④	⑤	멀	가

40

						멀다	가깝다
A. 혼자 꾸준히 하는 것을 좋아한다.	①	②	③	④	⑤	멀	가
B. 튀는 것을 좋아한다.	①	②	③	④	⑤	멀	가
C. 굳이 말하자면 보수적이라 생각한다.	①	②	③	④	⑤	멀	가
D. 상상만으로 이야기를 잘 만들어내는 편이다.	①	②	③	④	⑤	멀	가

41

	1	2	3	4	5	멀다	가깝다
A. 다른 사람과 만났을 때 화제에 부족함이 없다.	①	②	③	④	⑤	멀	가
B. 그때그때의 기분으로 행동하는 경우가 많다.	①	②	③	④	⑤	멀	가
C. 현실적인 사람에게 끌린다.	①	②	③	④	⑤	멀	가
D. '왜'라는 질문을 자주 한다.	①	②	③	④	⑤	멀	가

42

	1	2	3	4	5	멀다	가깝다
A. 병이 아닌지 걱정이 들 때가 있다.	①	②	③	④	⑤	멀	가
B. 자의식 과잉이라는 생각이 들 때가 있다.	①	②	③	④	⑤	멀	가
C. 막무가내라는 말을 들을 때가 많다.	①	②	③	④	⑤	멀	가
D. 의지와 끈기가 강한 편이다.	①	②	③	④	⑤	멀	가

43

	1	2	3	4	5	멀다	가깝다
A. 푸념을 하지 않는 편이다.	①	②	③	④	⑤	멀	가
B. 수다를 좋아한다.	①	②	③	④	⑤	멀	가
C. 부모에게 불평을 한 적이 한 번도 없다.	①	②	③	④	⑤	멀	가
D. 참을성이 있다는 말을 자주 듣는다.	①	②	③	④	⑤	멀	가

44

	1	2	3	4	5	멀다	가깝다
A. 친구들이 나를 진지한 사람으로 생각하고 있다.	①	②	③	④	⑤	멀	가
B. 엉뚱한 생각을 잘한다.	①	②	③	④	⑤	멀	가
C. 이성적인 사람이라는 말을 듣고 싶다.	①	②	③	④	⑤	멀	가
D. 양보를 쉽게 하는 편이다.	①	②	③	④	⑤	멀	가

45

	1	2	3	4	5	멀다	가깝다
A. 예정에 얽매이는 것을 싫어한다.	①	②	③	④	⑤	멀	가
B. 굳이 말하자면 장거리 주자에 어울린다고 생각한다.	①	②	③	④	⑤	멀	가
C. 여행을 가기 전에는 세세한 계획을 세운다.	①	②	③	④	⑤	멀	가
D. 음식을 선택할 때 쉽게 결정을 못 내릴 때가 많다.	①	②	③	④	⑤	멀	가

46

	①	②	③	④	⑤	멀다	가깝다
A. 굳이 말하자면 기가 센 편이다.	①	②	③	④	⑤	멀	가
B. 신중하게 생각하는 편이다.	①	②	③	④	⑤	멀	가
C. 계획을 생각하기보다는 빨리 실행하고 싶어 한다.	①	②	③	④	⑤	멀	가
D. 대개 먼저 할 일을 해놓고 나서 노는 편이다.	①	②	③	④	⑤	멀	가

47

	①	②	③	④	⑤	멀다	가깝다
A. 자신을 쓸모없는 인간이라고 생각할 때가 있다.	①	②	③	④	⑤	멀	가
B. 아는 사람을 발견해도 피해버릴 때가 있다.	①	②	③	④	⑤	멀	가
C. 앞으로의 일을 생각하지 않으면 진정이 되지 않는다.	①	②	③	④	⑤	멀	가
D. 싹싹하다는 소리를 자주 듣는다.	①	②	③	④	⑤	멀	가

48

	①	②	③	④	⑤	멀다	가깝다
A. 격렬한 운동도 그다지 힘들어하지 않는다.	①	②	③	④	⑤	멀	가
B. 무슨 일이든 먼저 해야 이긴다고 생각한다.	①	②	③	④	⑤	멀	가
C. 예정이 없는 상태를 싫어한다.	①	②	③	④	⑤	멀	가
D. 계획에 따라 규칙적인 생활을 하는 편이다.	①	②	③	④	⑤	멀	가

49

	①	②	③	④	⑤	멀다	가깝다
A. 잘하지 못하는 게임은 하지 않으려고 한다.	①	②	③	④	⑤	멀	가
B. 다른 사람에게 의존적일 때가 많다.	①	②	③	④	⑤	멀	가
C. 대인관계가 귀찮다고 느낄 때가 있다.	①	②	③	④	⑤	멀	가
D. 자신의 소지품을 덜 챙기는 편이다.	①	②	③	④	⑤	멀	가

50

	①	②	③	④	⑤	멀다	가깝다
A. 장래의 일을 생각하면 불안해질 때가 있다.	①	②	③	④	⑤	멀	가
B. 가만히 있지 못할 정도로 침착하지 못할 때가 있다.	①	②	③	④	⑤	멀	가
C. 침울해지면 아무것도 손에 잡히지 않는다.	①	②	③	④	⑤	멀	가
D. 몇 번이고 생각하고 검토한다.	①	②	③	④	⑤	멀	가

51

	①	②	③	④	⑤	멀다	가깝다
A. 새로운 일에 처음 한 발을 좀처럼 떼지 못한다.	①	②	③	④	⑤	멀	가
B. 다른 사람이 나를 어떻게 생각하는지 궁금할 때가 많다.	①	②	③	④	⑤	멀	가
C. 미리 행동을 정해두는 경우가 많다.	①	②	③	④	⑤	멀	가
D. 여러 번 생각한 끝에 결정을 내린다.	①	②	③	④	⑤	멀	가

52

	①	②	③	④	⑤	멀다	가깝다
A. 혼자 생각하는 것을 좋아한다.	①	②	③	④	⑤	멀	가
B. 다른 사람과 대화하는 것을 좋아한다.	①	②	③	④	⑤	멀	가
C. 하루의 행동을 반성하는 경우가 많다.	①	②	③	④	⑤	멀	가
D. 앞에 나서기를 꺼려한다.	①	②	③	④	⑤	멀	가

53

	①	②	③	④	⑤	멀다	가깝다
A. 어린 시절로 돌아가고 싶을 때가 있다.	①	②	③	④	⑤	멀	가
B. 인생에서 중요한 것은 높은 목표를 갖는 것이다.	①	②	③	④	⑤	멀	가
C. 커다란 일을 해보고 싶다.	①	②	③	④	⑤	멀	가
D. 급진적인 변화를 좋아한다.	①	②	③	④	⑤	멀	가

54

	①	②	③	④	⑤	멀다	가깝다
A. 작은 일에 신경 쓰지 않는다.	①	②	③	④	⑤	멀	가
B. 동작이 기민한 편이다.	①	②	③	④	⑤	멀	가
C. 소외감을 느낄 때가 있다.	①	②	③	④	⑤	멀	가
D. 규칙을 반드시 지킬 필요가 없다.	①	②	③	④	⑤	멀	가

55

	①	②	③	④	⑤	멀다	가깝다
A. 혼자 여행을 떠나고 싶을 때가 자주 있다.	①	②	③	④	⑤	멀	가
B. 눈을 뜨면 바로 일어난다.	①	②	③	④	⑤	멀	가
C. 항상 활력이 있다.	①	②	③	④	⑤	멀	가
D. 혼자서 일하는 것을 좋아한다.	①	②	③	④	⑤	멀	가

56

						멀다	가깝다
A.	싸움을 한 적이 없다.	①	②	③	④	⑤	ⓜ	ⓖ
B.	끈기가 강하다.	①	②	③	④	⑤	ⓜ	ⓖ
C.	변화를 즐긴다.	①	②	③	④	⑤	ⓜ	ⓖ
D.	미래에 대해 별로 염려하지 않는다.	①	②	③	④	⑤	ⓜ	ⓖ

57

						멀다	가깝다
A.	굳이 말하자면 혁신적이라고 생각한다.	①	②	③	④	⑤	ⓜ	ⓖ
B.	사람들 앞에 나서는 데 어려움이 없다.	①	②	③	④	⑤	ⓜ	ⓖ
C.	스케줄을 짜지 않고 행동하는 편이다.	①	②	③	④	⑤	ⓜ	ⓖ
D.	새로운 변화를 싫어한다.	①	②	③	④	⑤	ⓜ	ⓖ

58

						멀다	가깝다
A.	학구적이라는 인상을 주고 싶다.	①	②	③	④	⑤	ⓜ	ⓖ
B.	조직 안에서는 우등생 타입이라고 생각한다.	①	②	③	④	⑤	ⓜ	ⓖ
C.	이성적인 사람 밑에서 일하고 싶다.	①	②	③	④	⑤	ⓜ	ⓖ
D.	조용한 분위기를 좋아한다.	①	②	③	④	⑤	ⓜ	ⓖ

59

						멀다	가깝다
A.	정해진 절차에 따르는 것을 싫어한다.	①	②	③	④	⑤	ⓜ	ⓖ
B.	경험으로 판단한다.	①	②	③	④	⑤	ⓜ	ⓖ
C.	틀에 박힌 일을 싫어한다.	①	②	③	④	⑤	ⓜ	ⓖ
D.	도전적인 직업보다는 안정된 직업이 좋다.	①	②	③	④	⑤	ⓜ	ⓖ

60

						멀다	가깝다
A.	그때그때의 기분으로 행동하는 경우가 많다.	①	②	③	④	⑤	ⓜ	ⓖ
B.	시간을 정확히 지키는 편이다.	①	②	③	④	⑤	ⓜ	ⓖ
C.	융통성이 있다.	①	②	③	④	⑤	ⓜ	ⓖ
D.	남의 명령을 듣기 싫어한다.	①	②	③	④	⑤	ⓜ	ⓖ

61						멀다	가깝다
A. 이야기하는 것을 좋아한다.	①	②	③	④	⑤	㉥	㉮
B. 모임에서는 소개를 받는 편이다.	①	②	③	④	⑤	㉥	㉮
C. 자신의 의견을 밀어붙인다.	①	②	③	④	⑤	㉥	㉮
D. 모든 일에 앞장서는 편이다.	①	②	③	④	⑤	㉥	㉮

62						멀다	가깝다
A. 현실적이라는 이야기를 듣는다.	①	②	③	④	⑤	㉥	㉮
B. 계획적인 행동을 중요하게 여긴다.	①	②	③	④	⑤	㉥	㉮
C. 창의적인 일을 좋아한다.	①	②	③	④	⑤	㉥	㉮
D. 나쁜 일을 오래 생각하지 않는다.	①	②	③	④	⑤	㉥	㉮

63						멀다	가깝다
A. 모임에서는 소개를 하는 편이다.	①	②	③	④	⑤	㉥	㉮
B. 조직 안에서는 독자적으로 움직이는 편이다.	①	②	③	④	⑤	㉥	㉮
C. 정해진 절차가 바뀌는 것을 싫어한다.	①	②	③	④	⑤	㉥	㉮
D. 사람들의 이름을 잘 기억하는 편이다.	①	②	③	④	⑤	㉥	㉮

64						멀다	가깝다
A. 일을 선택할 때에는 인간관계를 중시한다.	①	②	③	④	⑤	㉥	㉮
B. 굳이 말하자면 현실주의자이다.	①	②	③	④	⑤	㉥	㉮
C. 지나치게 온정을 표시하는 것은 좋지 않다고 생각한다.	①	②	③	④	⑤	㉥	㉮
D. 대인관계에서 상황을 빨리 파악하는 편이다.	①	②	③	④	⑤	㉥	㉮

65						멀다	가깝다
A. 상상력이 있다는 말을 듣는다.	①	②	③	④	⑤	㉥	㉮
B. 틀에 박힌 일은 너무 딱딱해서 싫다.	①	②	③	④	⑤	㉥	㉮
C. 다른 사람이 나를 어떻게 생각하는지 신경 쓰인다.	①	②	③	④	⑤	㉥	㉮
D. 친구들과 노는 것보다 혼자 노는 것이 편하다.	①	②	③	④	⑤	㉥	㉮

66

	1	2	3	4	5	멀다	가깝다
A. 사람들 앞에서 잘 이야기하지 못한다.	①	②	③	④	⑤	㉠멀	㉠가
B. 친절한 사람이라는 말을 듣고 싶다.	①	②	③	④	⑤	멀	가
C. 일을 선택할 때에는 일의 보람을 중시한다.	①	②	③	④	⑤	멀	가
D. 새로운 아이디어를 생각해 내는 일이 좋다.	①	②	③	④	⑤	멀	가

67

	1	2	3	4	5	멀다	가깝다
A. 뉴스보다 신문을 많이 본다.	①	②	③	④	⑤	멀	가
B. 시간을 분 단위로 나눠 쓴다.	①	②	③	④	⑤	멀	가
C. 아이디어 회의 중 모든 의견은 존중되어야 한다.	①	②	③	④	⑤	멀	가
D. 선배의 지적을 순수하게 받아들일 수 있다.	①	②	③	④	⑤	멀	가

68

	1	2	3	4	5	멀다	가깝다
A. 주위 사람에게 인사하는 것이 귀찮다.	①	②	③	④	⑤	멀	가
B. 남의 의견을 절대 참고하지 않는다.	①	②	③	④	⑤	멀	가
C. 남의 말을 호의적으로 받아들인다.	①	②	③	④	⑤	멀	가
D. 꾸물대는 것을 싫어한다.	①	②	③	④	⑤	멀	가

69

	1	2	3	4	5	멀다	가깝다
A. 광고를 보면 그 물건을 사고 싶다.	①	②	③	④	⑤	멀	가
B. 컨디션에 따라 기분이 잘 변한다.	①	②	③	④	⑤	멀	가
C. 많은 사람 앞에서 말하는 것이 서툴다.	①	②	③	④	⑤	멀	가
D. 자신의 존재를 과시하고 싶다.	①	②	③	④	⑤	멀	가

70

	1	2	3	4	5	멀다	가깝다
A. 열등감으로 자주 고민한다.	①	②	③	④	⑤	멀	가
B. 부모님에게 불만을 느낀다.	①	②	③	④	⑤	멀	가
C. 칭찬도 나쁘게 받아들이는 편이다.	①	②	③	④	⑤	멀	가
D. 매사를 심각하게 생각하는 것을 싫어한다.	①	②	③	④	⑤	멀	가

71

						멀다	가깝다
A. 친구 말을 듣는 편이다.	①	②	③	④	⑤	멀	가
B. 자신의 입장을 잊어버릴 때가 있다.	①	②	③	④	⑤	멀	가
C. 실패해도 또다시 도전한다.	①	②	③	④	⑤	멀	가
D. 슬픈 일만 머릿속에 남는다.	①	②	③	④	⑤	멀	가

72

						멀다	가깝다
A. 휴식 시간에도 일하고 싶다.	①	②	③	④	⑤	멀	가
B. 여간해서 흥분하지 않는 편이다.	①	②	③	④	⑤	멀	가
C. 혼자 지내는 시간이 즐겁다.	①	②	③	④	⑤	멀	가
D. 싫은 사람이라도 인사를 한다.	①	②	③	④	⑤	멀	가

73

						멀다	가깝다
A. 손재주는 비교적 있는 편이다.	①	②	③	④	⑤	멀	가
B. 계산에 밝은 사람은 꺼려진다.	①	②	③	④	⑤	멀	가
C. 공상이나 상상을 많이 하는 편이다.	①	②	③	④	⑤	멀	가
D. 예절 같은 것은 별로 신경 쓰지 않는다.	①	②	③	④	⑤	멀	가

74

						멀다	가깝다
A. 창조적인 일을 하고 싶다.	①	②	③	④	⑤	멀	가
B. 규칙적인 것이 싫다.	①	②	③	④	⑤	멀	가
C. 남을 지배하는 사람이 되고 싶다.	①	②	③	④	⑤	멀	가
D. 모든 일에 앞장서는 편이다.	①	②	③	④	⑤	멀	가

75

						멀다	가깝다
A. 새로운 변화를 싫어한다.	①	②	③	④	⑤	멀	가
B. 급진적인 변화를 좋아한다.	①	②	③	④	⑤	멀	가
C. 규칙을 잘 지킨다.	①	②	③	④	⑤	멀	가
D. 어떤 일이든 따지려 든다.	①	②	③	④	⑤	멀	가

76

	①	②	③	④	⑤	멀다	가깝다
A. 스트레스 관리를 잘한다.	①	②	③	④	⑤	멀	가
B. 스트레스를 받아도 화를 잘 참는다.	①	②	③	④	⑤	멀	가
C. 틀리다고 생각하면 필사적으로 부정한다.	①	②	③	④	⑤	멀	가
D. 화가 나면 물건을 집어던진다.	①	②	③	④	⑤	멀	가

77

	①	②	③	④	⑤	멀다	가깝다
A. 스트레스를 받을 때 타인에게 화를 내지 않는다.	①	②	③	④	⑤	멀	가
B. 자신을 비난하는 사람은 피하는 편이다.	①	②	③	④	⑤	멀	가
C. 잘못된 부분을 보면 그냥 지나치지 못한다.	①	②	③	④	⑤	멀	가
D. 사놓고 쓰지 않는 물건이 많이 있다.	①	②	③	④	⑤	멀	가

78

	①	②	③	④	⑤	멀다	가깝다
A. 귀찮은 일은 남에게 부탁하는 편이다.	①	②	③	④	⑤	멀	가
B. 어머니의 친구 분을 대접하는 것이 귀찮다.	①	②	③	④	⑤	멀	가
C. 마음에 걸리는 일은 머릿속에서 떠나지 않는다.	①	②	③	④	⑤	멀	가
D. 마음에 들지 않는 사람은 안 만나려고 노력한다.	①	②	③	④	⑤	멀	가

79

	①	②	③	④	⑤	멀다	가깝다
A. 휴일에는 아무것도 하고 싶지 않다.	①	②	③	④	⑤	멀	가
B. 과거로 돌아가고 싶다는 생각이 강하다.	①	②	③	④	⑤	멀	가
C. 남들과 타협하기를 싫어하는 편이었다.	①	②	③	④	⑤	멀	가
D. 약속 시간에 상대가 늦으면 안달한다.	①	②	③	④	⑤	멀	가

80

	①	②	③	④	⑤	멀다	가깝다
A. 친구와 싸우면 서먹서먹해진다.	①	②	③	④	⑤	멀	가
B. 아무것도 하지 않고 가만히 있을 수 있다.	①	②	③	④	⑤	멀	가
C. 내가 말한 것이 틀리면 정정할 수 있다.	①	②	③	④	⑤	멀	가
D. 가끔 이유 없이 기분이 좋아질 때가 있다.	①	②	③	④	⑤	멀	가

81

						멀다	가깝다
A. 남들이 나를 추켜올려주면 기분이 좋다.	①	②	③	④	⑤	멀	가
B. 다른 사람들의 주목을 받는 게 좋다.	①	②	③	④	⑤	멀	가
C. 기분이 잘 바뀌는 편에 속한다.	①	②	③	④	⑤	멀	가
D. 다소 낭비가 심한 편이다.	①	②	③	④	⑤	멀	가

82

						멀다	가깝다
A. 공상 속의 친구가 있기도 하다.	①	②	③	④	⑤	멀	가
B. 주변 사람들이 칭찬해 주면 어색해한다.	①	②	③	④	⑤	멀	가
C. 타인의 비난을 받으면 눈물을 잘 보인다.	①	②	③	④	⑤	멀	가
D. 급하게 계획을 바꿔야 하면 짜증을 낸다.	①	②	③	④	⑤	멀	가

83

						멀다	가깝다
A. 한번 시작한 일은 마무리를 꼭 한다.	①	②	③	④	⑤	멀	가
B. 아무도 찬성해 주지 않아도 내 의견을 말한다.	①	②	③	④	⑤	멀	가
C. 자신의 방법으로 혼자서 일을 하는 것을 좋아한다.	①	②	③	④	⑤	멀	가
D. 싸움을 해도 금방 화해를 할 수 있다.	①	②	③	④	⑤	멀	가

84

						멀다	가깝다
A. 중요한 순간에 실패할까 봐 불안하다.	①	②	③	④	⑤	멀	가
B. 가능하다면 내 자신을 많이 뜯어고치고 싶다.	①	②	③	④	⑤	멀	가
C. 운동을 하고 있을 때는 생기가 넘친다.	①	②	③	④	⑤	멀	가
D. 타인의 충고를 기꺼이 받아들인다.	①	②	③	④	⑤	멀	가

85

						멀다	가깝다
A. 오랫동안 가만히 앉아 있는 것은 싫다.	①	②	③	④	⑤	멀	가
B. 신문을 읽을 때 슬픈 기사에만 눈길이 간다.	①	②	③	④	⑤	멀	가
C. 내 생각과 다른 사람이 있으면 불안하다.	①	②	③	④	⑤	멀	가
D. 학창 시절에는 조용한 학생이었다.	①	②	③	④	⑤	멀	가

한국수출입은행 면접 가이드

01 면접유형 파악

1. 면접전형의 변화

기존 면접전형에서는 일상적이고 단편적인 대화나 지원자의 첫인상 및 면접관의 주관적인 판단 등에 의해서 입사 결정 여부를 판단하는 경우가 많았습니다. 이러한 면접전형은 면접 내용의 일관성이 결여되거나 직무 관련 타당성이 부족하였고, 면접에 대한 신뢰도에 영향을 주었습니다.

기존 면접(전통적 면접)		능력중심 채용 면접(구조화 면접)
• 일상적이고 단편적인 대화 • 인상, 외모 등 외부 요소의 영향 • 주관적인 판단에 의존한 총점 부여 ⇩ • 면접 내용의 일관성 결여 • 직무관련 타당성 부족 • 주관적인 채점으로 신뢰도 저하	VS	• 일관성 – 직무관련 역량에 초점을 둔 구체적 질문 목록 – 지원자별 동일 질문 적용 • 구조화 – 면접 진행 및 평가 절차를 일정한 체계에 의해 구성 • 표준화 – 평가 타당도 제고를 위한 평가 Matrix 구성 – 척도에 따라 항목별 채점, 개인 간 비교 • 신뢰성 – 면접진행 매뉴얼에 따라 면접위원 교육 및 실습

2. 능력중심 채용의 면접 유형

① 경험 면접
- 목적 : 선발하고자 하는 직무 능력이 필요한 과거 경험을 질문합니다.
- 평가요소 : 직업기초능력과 직업성격검사 및 태도를 평가합니다.

② 상황 면접
- 목적 : 특정 상황을 제시하고 지원자의 행동을 관찰함으로써 실제 상황의 행동을 예상합니다.
- 평가요소 : 직업기초능력과 직업성격검사 및 태도를 평가합니다.

③ 발표 면접
- 목적 : 특정 주제와 관련된 지원자의 발표와 질의응답을 통해 지원자의 역량을 평가합니다.
- 평가요소 : 직무수행능력과 인지적 역량(문제해결능력)을 평가합니다.

④ 토론 면접

- 목적 : 토의과제에 대한 의견수렴 과정에서 지원자의 역량과 상호작용능력을 평가합니다.
- 평가요소 : 직무수행능력과 팀워크를 평가합니다.

02 면접유형별 준비 방법

1. 경험 면접

① 경험 면접의 특징

- 주로 직업기초능력에 관련된 지원자의 과거 경험을 심층 질문하여 검증하는 면접입니다.
- 직무능력 관련한 과거 경험을 평가하기 위해 심층 질문을 하며, 이 질문은 지원자의 답변에 대하여 '꼬리에 꼬리를 무는 형식'으로 진행됩니다.

> • 능력요소, 정의, 심사 기준
> – 평가하고자 하는 능력요소, 정의, 심사 기준을 확인하여 면접위원이 해당 능력요소 관련 질문을 제시합니다.
> • Opening Question
> – 능력요소에 관련된 과거 경험을 유도하기 위한 시작 질문을 합니다.
> • Follow-up Question
> – 지원자의 경험 수준을 구체적으로 검증하기 위한 질문입니다.
> – 경험 수준 검증을 위한 상황(Situation), 임무(Task), 역할 및 노력(Action), 결과(Result) 등으로 질문을 구분합니다.

경험 면접의 형태

〈일대다 면접〉 〈다대다 면접〉

② 경험 면접의 구조

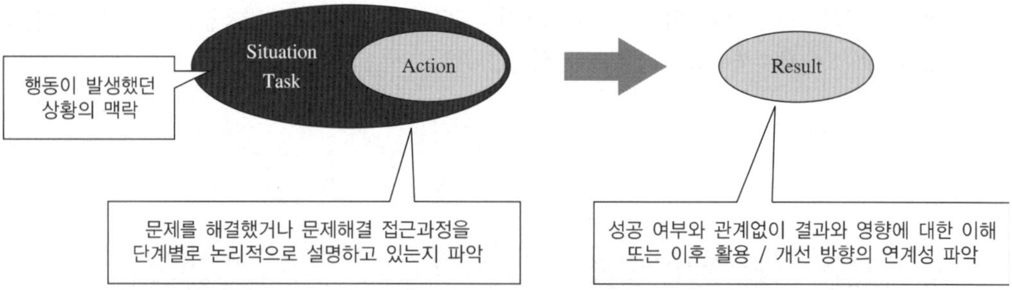

S(Situation)	귀하가 처해있던 상황에 대해 말해보시오.
T(Task)	귀하가 수행한 과제 / 과업은 무엇인가?
A(Action)	어떻게 행동(대응)했는가?
R(Result)	그 행동의 결과는 어땠는가?

(　　　　　)에 대한 과거 경험에 대하여 말해 보시오.

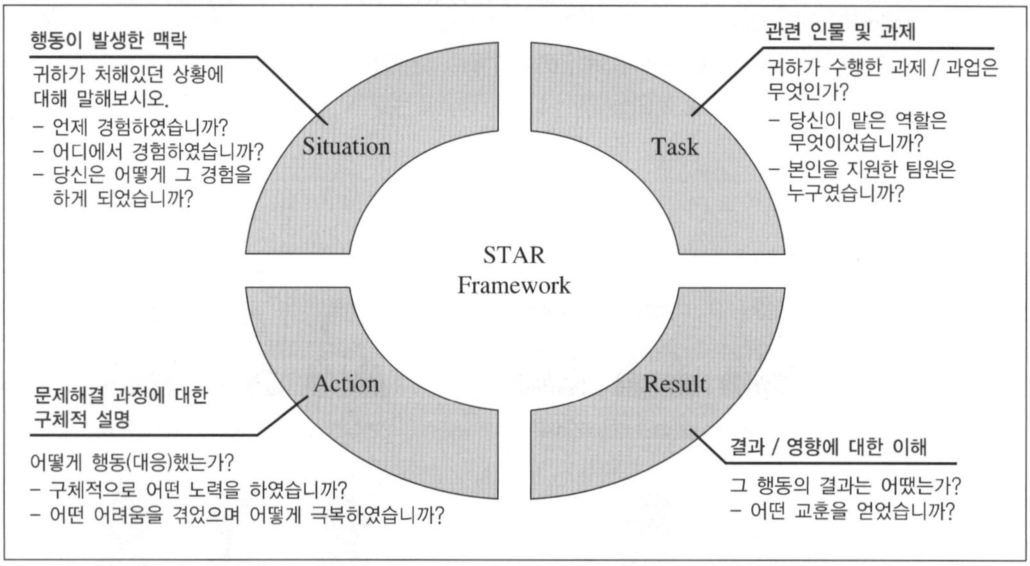

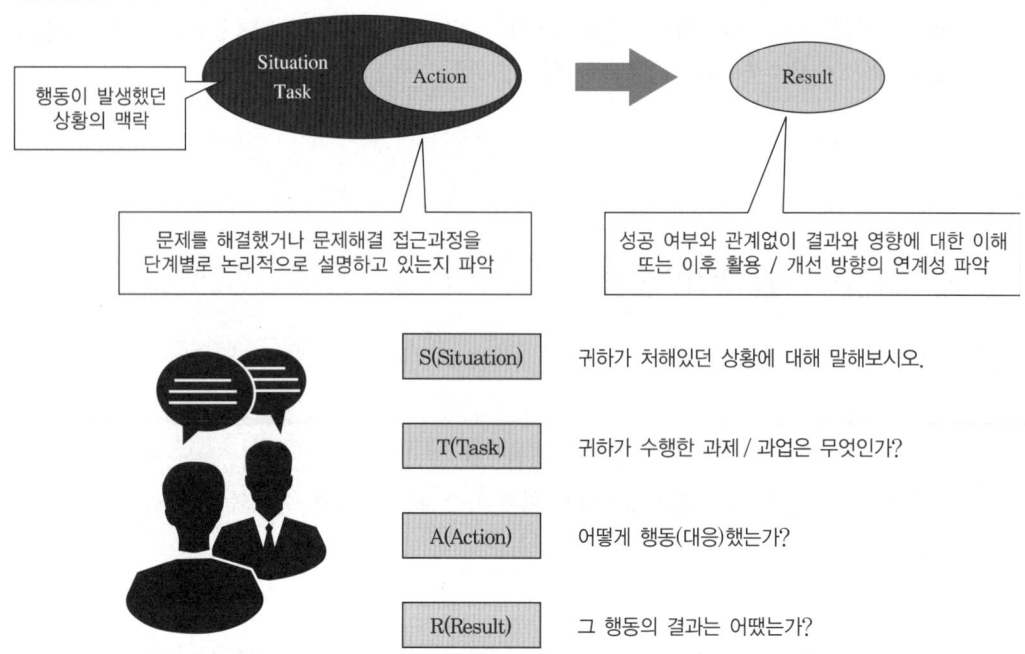

③ 경험 면접 질문 예시(직업윤리)

시작 질문	
1	남들이 신경 쓰지 않는 부분까지 고려하여 절차대로 업무(연구)를 수행하여 성과를 낸 경험을 구체적으로 말해보시오.
2	조직의 원칙과 절차를 철저히 준수하며 업무(연구)를 수행한 것 중 성과를 향상시킨 경험에 대해 구체적으로 말해보시오.
3	세부적인 절차와 규칙에 주의를 기울여 실수 없이 업무(연구)를 마무리한 경험을 구체적으로 말해보시오.
4	조직의 규칙이나 원칙을 고려하여 성실하게 일했던 경험을 구체적으로 말해보시오.
5	타인의 실수를 바로잡고 원칙과 절차대로 수행하여 성공적으로 업무를 마무리하였던 경험에 대해 말해보시오.

후속 질문		
상황 (Situation)	상황	구체적으로 언제, 어디에서 경험한 일인가?
		어떤 상황이었는가?
	조직	어떤 조직에 속해 있었는가?
		그 조직의 특성은 무엇이었는가?
		몇 명으로 구성된 조직이었는가?
	기간	해당 조직에는 얼마나 일했는가?
		해당 업무는 몇 개월 동안 지속되었는가?
	조직규칙	조직의 원칙이나 규칙은 무엇이었는가?
임무 (Task)	과제	과제의 목표는 무엇이었는가?
		과제에 적용되는 조직의 원칙은 무엇이었는가?
		그 규칙을 지켜야 하는 이유는 무엇이었는가?
	역할	당신이 조직에서 맡은 역할은 무엇이었는가?
		과제에서 맡은 역할은 무엇이었는가?
	문제의식	규칙을 지키지 않을 경우 생기는 문제점 / 불편함은 무엇인가?
		해당 규칙이 왜 중요하다고 생각하였는가?
역할 및 노력 (Action)	행동	업무 과정의 어떤 장면에서 규칙을 철저히 준수하였는가?
		어떻게 규정을 적용시켜 업무를 수행하였는가?
		규정은 준수하는 데 어려움은 없었는가?
	노력	그 규칙을 지키기 위해 스스로 어떤 노력을 기울였는가?
		본인의 생각이나 태도에 어떤 변화가 있었는가?
		다른 사람들은 어떤 노력을 기울였는가?
	동료관계	동료들은 규칙을 철저히 준수하고 있었는가?
		팀원들은 해당 규칙에 대해 어떻게 반응하였는가?
		규칙에 대한 태도를 개선하기 위해 어떤 노력을 하였는가?
		팀원들의 태도는 당신에게 어떤 자극을 주었는가?
	업무추진	주어진 업무를 추진하는 데 규칙이 방해되진 않았는가?
		업무수행 과정에서 규정을 어떻게 적용하였는가?
		업무 시 규정을 준수해야 한다고 생각한 이유는 무엇인가?

결과 (Result)	평가	규칙을 어느 정도나 준수하였는가?
		그렇게 준수할 수 있었던 이유는 무엇이었는가?
		업무의 성과는 어느 정도였는가?
		성과에 만족하였는가?
		비슷한 상황이 온다면 어떻게 할 것인가?
	피드백	주변 사람들로부터 어떤 평가를 받았는가?
		그러한 평가에 만족하는가?
		다른 사람에게 본인의 행동이 영향을 주었다고 생각하는가?
	교훈	업무수행 과정에서 중요한 점은 무엇이라고 생각하는가?
		이 경험을 통해 느낀 바는 무엇인가?

2. 상황 면접

① 상황 면접의 특징

직무 관련 상황을 가정하여 제시하고 이에 대한 대응능력을 직무관련성 측면에서 평가하는 면접입니다.

- 상황 면접 과제의 구성은 크게 2가지로 구분
  - 상황 제시(Description) / 문제 제시(Question or Problem)
- 현장의 실제 업무 상황을 반영하여 과제를 제시하므로 직무분석이나 직무전문가 워크숍 등을 거쳐 현장성을 높임
- 문제는 상황에 대한 기본적인 이해 능력(이론적 지식)과 함께 실질적 대응이나 변수 고려능력(실천적 능력) 등을 고르게 질문해야 함

상황 면접의 형태

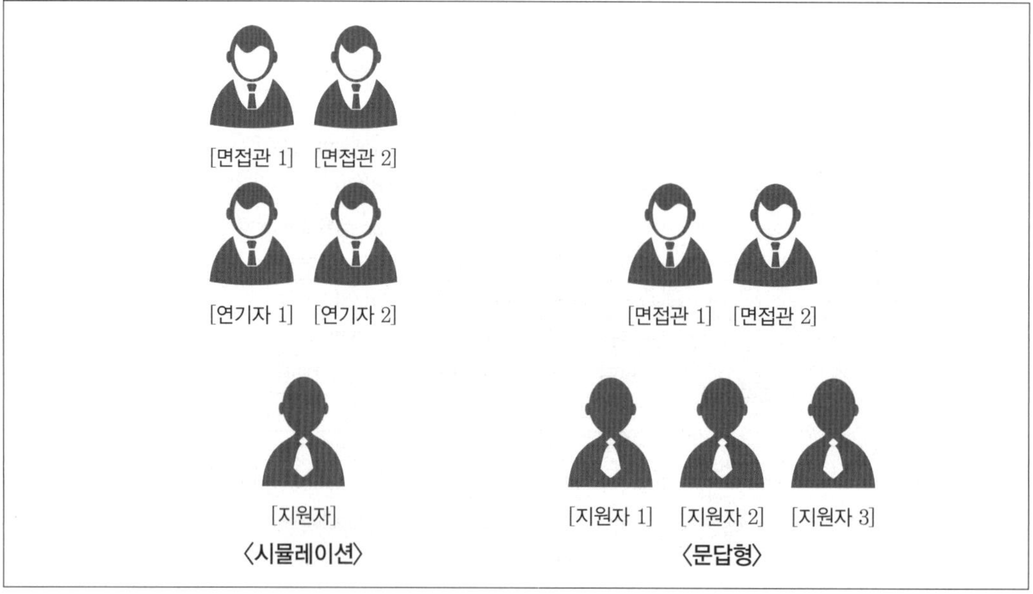

② 상황 면접 예시

상황 제시	인천공항 여객터미널 내에는 다양한 용도의 시설(사무실, 통신실, 식당, 전산실, 창고 면세점 등)이 설치되어 있습니다.	실제 업무 상황에 기반함
	금년에 소방배관의 누수가 잦아 메인 배관을 교체하는 공사를 추진하고 있으며, 당신은 이번 공사의 담당자입니다.	배경 정보
	주간에는 공항 운영이 이루어져 주로 야간에만 배관 교체 공사를 수행하던 중, 시공하는 기능공의 실수로 배관 연결 부위를 잘못 건드려 고압배관의 소화수가 누출되는 사고가 발생하였으며, 이로 인해 인근 시설물에는 누수에 의한 피해가 발생하였습니다.	구체적인 문제 상황
문제 제시	일반적인 소방배관의 배관연결(이음)방식과 배관의 이탈(누수)이 발생하는 원인에 대해 설명해 보시오.	문제 상황 해결을 위한 기본 지식 문항
	담당자로서 본 사고를 현장에서 긴급히 처리하는 프로세스를 제시하고, 보수완료 후 사후적 조치가 필요한 부분 및 재발방지 방안에 대해 설명해 보시오.	문제 상황 해결을 위한 추가 대응 문항

3. 발표 면접

① 발표 면접의 특징

- 직무관련 주제에 대한 지원자의 생각을 정리하여 의견을 제시하고, 발표 및 질의응답을 통해 지원자의 직무능력을 평가하는 면접입니다.
- 발표 주제는 직무와 관련된 자료로 제공되며, 일정 시간 후 지원자가 보유한 지식 및 방안에 대한 발표 및 후속 질문을 통해 직무적합성을 평가합니다.

> • 주요 평가요소
>   – 설득적 말하기 / 발표능력 / 문제해결능력 / 직무관련 전문성
> • 이미 언론을 통해 공론화된 시사 이슈보다는 해당 직무분야에 관련된 주제가 발표면접의 과제로 선정되는 경우가 최근 들어 늘어나고 있음
> • 짧은 시간 동안 주어진 과제를 빠른 속도로 분석하여 발표문을 작성하고 제한된 시간 안에 면접관에게 효과적인 발표를 진행하는 것이 핵심

발표 면접의 형태

〈개별과제 발표〉 〈팀 과제 발표〉

※ 면접관에게 시각적 효과를 사용하여 메시지를 전달하는 쌍방향 커뮤니케이션 방식

※ 심층면접을 보완하기 위한 방안으로 최근 많은 기업에서 적극 도입하는 추세

② 발표 면접 예시

1. 지시문

당신은 현재 K사에서 직원들의 성과평가를 담당하고 있는 팀원이다. 인사팀은 지난주부터 사내 조직문화관련 인터뷰를 하던 도중 성과평가제도에 관련된 개선 니즈가 제일 많다는 것을 알게 되었다. 이에 팀장님은 인터뷰 결과를 종합하려 성과평가제도 개선 아이디어를 A4 용지 1장 이내로 신속 보고할 것을 지시하셨다. 당신에게 남은 시간은 1시간이다. 자료를 준비하는 대로 당신은 팀원들이 모인 회의실에서 5분간 발표할 것이며, 이후 질의응답을 진행할 것이다.

2. 배경자료

〈성과평가제도 개선에 대한 인터뷰〉

최근 K사는 회사 사세의 급성장으로 인해 작년보다 매출이 두 배 성장하였고, 직원 수 또한 두 배로 증가하였다. 회사의 성장은 임금, 복지에 대한 상승 등 긍정적인 영향을 주었으나 업무의 불균형 및 성과보상의 불평등의 문제가 발생하였다. 또한 수시로 입사하는 신입직원과 경력직원, 퇴사하는 직원들까지 인원들의 잦은 변동으로 인해 평가해야 할 대상이 변경되어 현재의 성과평가제도로는 공정한 평가가 어려운 상황이다.

[생산부서 김상호]
우리 팀은 지난 1년 동안 생산량이 급증했기 때문에 수십 명의 신규인력이 급하게 채용되었습니다. 이 때문에 저희 팀장님은 신규 입사자들의 이름조차 기억 못할 때가 많이 있습니다. 성과평가를 제대로 하고 있는지 의문이 듭니다.

[마케팅 부서 김흥민]
개인의 성과평가의 취지는 충분히 이해합니다. 그러나 현재 평가는 실적기반이나 정성적인 평가가 많이 포함되어 있어 객관성과 공정성에는 의문이 드는 것이 사실입니다. 이러한 상황에서 평가 제도를 재수립하지 않고, 인센티브에 계속 반영한다면, 평가제도에 대한 반감이 커질 것이 분명합니다.

[교육부서 홍경민]
현재 교육부서는 인사팀과 밀접하게 일하고 있습니다. 그럼에도 인사팀에서 실시하는 성과평가제도에 대한 이해가 부족한 것 같습니다.

[기획부서 김경호 차장]
저는 저의 평가자 중 하나가 연구부서의 팀장님인데, 일 년에 몇 번 같이 일하지 않는데 어떻게 저를 평가할 수 있을까요? 특히 연구팀은 저희가 예산을 배정하는데, 저에게는 좋지만….

4. 토론 면접

① 토론 면접의 특징

- 다수의 지원자가 조를 편성해 과제에 대한 토론(토의)을 통해 결론을 도출해 가는 면접입니다.
- 의사소통능력, 팀워크, 종합인성 등의 평가에 용이합니다.

1. 주요 평가요소
   - 설득적 말하기, 경청능력, 팀워크, 종합인성
2. 의견 대립이 명확한 주제 또는 채용분야의 직무 관련 주요 현안을 주제로 과제 구성
3. 제한된 시간 내 토론을 진행해야 하므로 적극적으로 자신 있게 토론에 임하고 본인의 의견을 개진할 수 있어야 함

토론 면접의 형태

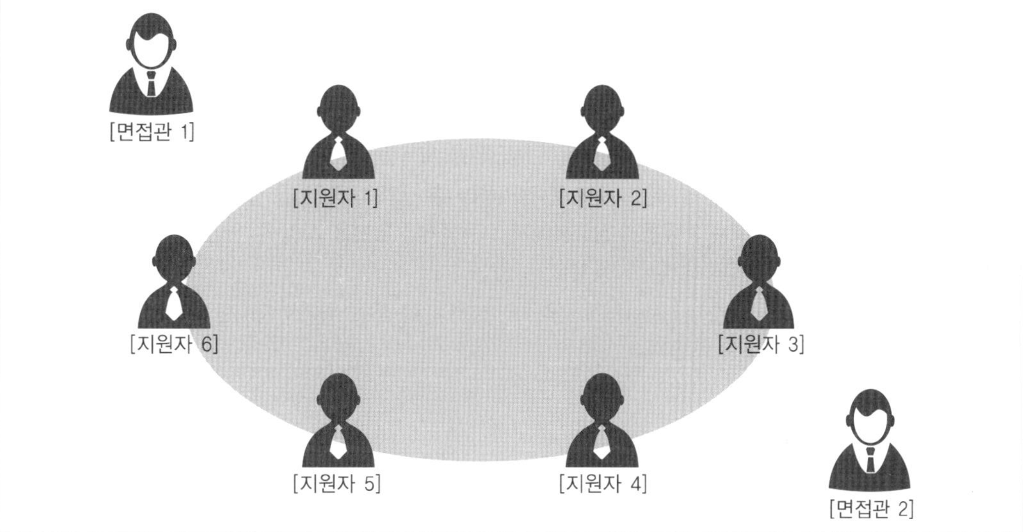

② 토론 면접 예시

고객 불만 고충처리

1. 들어가며

최근 우리 상품에 대한 고객 불만의 증가로 고객고충처리 TF가 만들어졌고 당신은 여기에 지원해 배치 받았다. 당신의 업무는 불만을 가진 고객을 만나서 애로사항을 듣고 처리해 주는 일이다. 주된 업무로는 고객의 니즈를 파악해 방향성을 제시해 주고 그 해결책을 마련하는 일이다. 하지만 경우에 따라서 고객의 주관적인 의견으로 인해 제대로 된 방향으로 의사결정을 하지 못할 때가 있다. 이럴 경우 설득이나 논쟁을 해서라도 의견을 관철시키는 것이 좋을지 아니면 고객의 의견대로 진행하는 것이 좋을지 결정해야 할 때가 있다. 만약 당신이라면 이러한 상황에서 어떤 결정을 내릴 것인지 여부를 자유롭게 토론해 보시오.

2. 1분 자유 발언 시 준비사항

- 당신은 의견을 자유롭게 개진할 수 있으며 이에 따른 불이익은 없습니다.
- 토론의 방향성을 이해하고, 내용의 장점과 단점이 무엇인지 문제를 명확히 말해야 합니다.
- 합리적인 근거에 기초하여 개선 방안을 명확히 제시해야 합니다.
- 제시한 방안을 실행 시 예상되는 긍정적·부정적 영향요인도 동시에 고려할 필요가 있습니다.

3. 토론 시 유의사항

- 토론 주제문과 제공해드린 메모지, 볼펜만 가지고 토론장에 입장할 수 있습니다.
- 사회자의 지정 또는 발표자가 손을 들어 발언권을 획득할 수 있으며, 사회자의 통제에 따릅니다.
- 토론회가 시작하면, 팀의 의견과 논거를 정리하여 1분간의 자유발언을 할 수 있습니다. 순서는 사회자가 지정합니다. 이후에는 자유롭게 상대방에게 질문하거나 답변을 하실 수 있습니다.
- 핸드폰, 서적 등 외부 매체는 사용하실 수 없습니다.
- 논제에 벗어나는 발언이나 지나치게 공격적인 발언을 할 경우, 위에서 제시한 유의사항을 지키지 않을 경우 불이익을 받을 수 있습니다.

03 면접 Role Play

1. 면접 Role Play 편성

• 교육생끼리 조를 편성하여 면접관과 지원자 역할을 교대로 진행합니다.
• 지원자 입장과 면접관 입장을 모두 경험해 보면서 면접에 대한 적응력을 높일 수 있습니다.

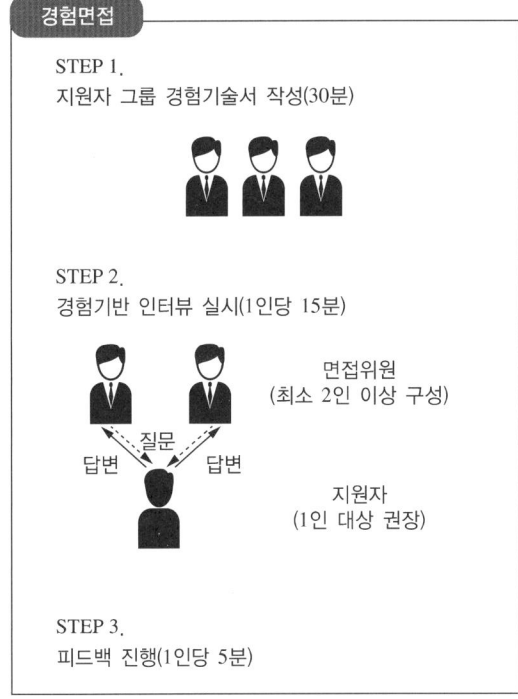

경험면접

STEP 1.
지원자 그룹 경험기술서 작성(30분)

STEP 2.
경험기반 인터뷰 실시(1인당 15분)

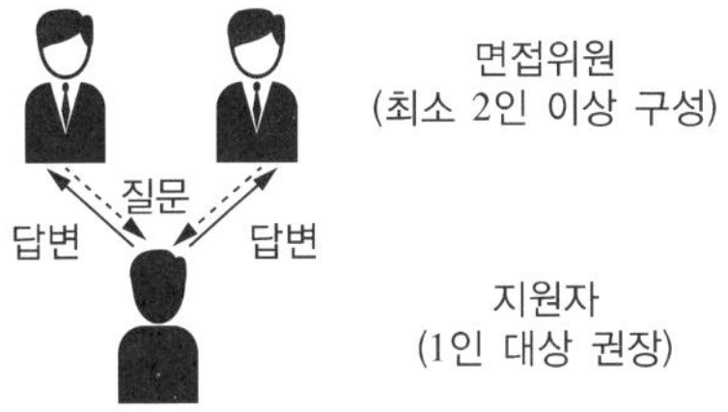

STEP 3.
피드백 진행(1인당 5분)

발표면접

STEP 1.
지원자 그룹 발표 내용 작성(30분)

STEP 2.
발표 5분+추가질의 5분(1인당 10분)

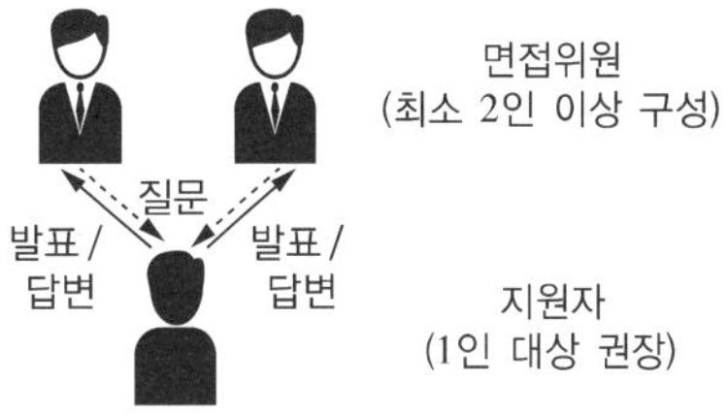

STEP 3.
피드백 진행(1인당 5분)

TIP

면접 준비하기

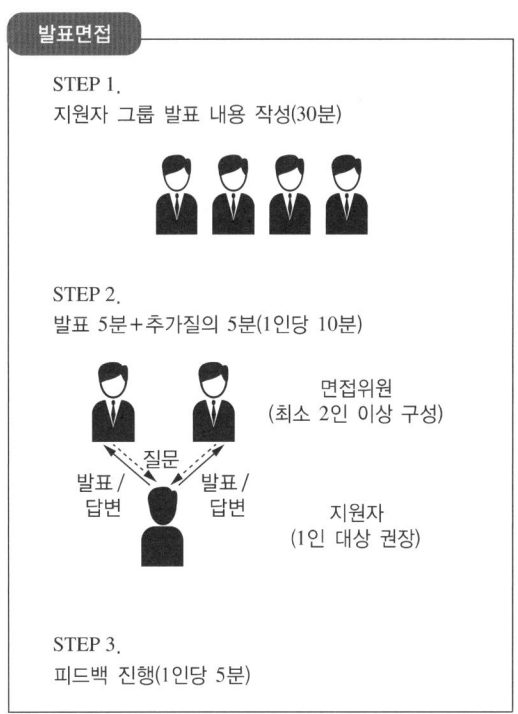

1. 면접 유형 확인 필수
   • 기업마다 면접 유형이 상이하기 때문에 해당 기업의 면접 유형을 확인하는 것이 좋음
   • 일반적으로 실무진 면접, 임원면접 2차례를 거쳐 면접을 실시하는 기업이 많고 실무진 면접과 임원 면접에서 평가요소가 다르기 때문에 유형에 맞는 준비 방법이 필요
2. 후속 질문에 대한 사전 점검
   • 블라인드 채용 면접에서는 주요 질문과 함께 후속 질문을 통해 지원자의 직무능력을 판단
   → STAR 기법을 통한 후속 질문을 미리 대비하는 것이 필요

04 한국수출입은행 면접 기출

1. 인성면접

- 한국수출입은행에 지원한 동기는 무엇인가?
- 한국수출입은행에 입사하게 된다면 무엇을 기여할 수 있는가?
- 한국수출입은행의 장점과 단점은 무엇인가?
- 한국수출입은행의 미션은 무엇인가?
- 책임감을 가지고 일을 해서 성과를 낸 경험이 있는가?
- 자신의 경험이나 역량을 한국수출입은행에서 어떻게 발휘할 것인가?
- 전공이 다름에도 한국수출입은행을 선택한 이유는 무엇인가?
- 조직생활에서 가장 중요한 것은 무엇인가?
- 업무 중 커피 심부름을 시킨다면 어떻게 할 것인가?
- 인사에서 성장성, 안정성, 개인의 적성 중에 무엇이 가장 중요하며 그 이유는 무엇인가?
- 어떤 업무를 맡고 싶은가?
- 지원한 분야의 업무를 맡고 싶은 이유는 무엇인가?
- 협업을 했던 경험이 있는가?
- 자신의 인생에서 갈등을 해결한 경험은 무엇인가?
- 인생에서 중요하게 여기는 것은 무엇인가?

2. 예상 면접 질문

- 상사가 부당한 지시를 한다면 어떻게 대처할 것인가?
- 고객이 서비스에 만족하지 않는다면 어떻게 대처할 것인가?
- 실패를 한 경험과 그것을 극복한 방안에 대해 말해 보시오.
- 남들과는 다른 자신의 강점은 무엇인가?
- 자신만의 스트레스 관리방법은 무엇인가?
- 직원 대부분이 부정에 연관되어 있다는 사실을 알게 된다면 어떻게 대처할 것인가?
- 직무를 수행하기 위해 어떤 능력을 갖추었는가?
- 다른 사람과의 갈등이 발생하면 어떻게 해결할 것인가?

6권

한국수출입은행

NCS 직업기초능력평가 정답 및 해설

한국수출입은행 필기전형

제1회 모의고사 정답 및 해설

제 1 영역 의사소통능력

01	02	03	04	05	06	07	08	09	10
①	③	③	②	③	④	②	②	④	③
11	12	13	14	15	16	17	18	19	20
④	③	①	①	④	③	③	③	③	⑤
21	22	23	24	25					
②	③	③	③	③					

01

정답 ①

선물환거래는 금리차익을 얻는 것과 투기적 목적 등도 가지고 있다.

오답분석

②·④ 선물환 거래에 대한 내용이다.

③·⑤ 옵션에 대한 내용이다.

02

정답 ③

'하지만 산수화 속의 인간은 산수에 부속된 것일 뿐이다. 산수화에서의 초점은 산수에 있지, 산수 속에 묻힌 인간에 있지 않다.'라는 문장을 통해 확인할 수 있다.

오답분석

① 조선 시대 회화의 주류가 인간의 외부에 존재하는 대상을 그리는 것이 대부분이었다면, 조선 후기에 등장한 풍속화는 인간의 모습을 화폭 전면에 채우는 그림으로 인간을 중심으로 하고, 현세적이고 일상적인 생활을 소재로 한다.

② 풍속화에 등장하는 인물의 주류는 이미 양반이 아닌 농민과 어민, 그리고 별감, 포교, 나장, 기생, 뚜쟁이 할미까지 도시의 온갖 인간들이 등장한다.

④ 조선 시대 회화의 주류는 산수화였다.

⑤ 여성이 회화의 주요대상으로 등장하는 것은 조선 후기의 풍속화에 와서야 가능하게 되었다.

03

정답 ③

국민연금은 이미 15년 전, 국내에선 아직 ESG 이슈가 낯설었던 2006년부터 위탁 운용을 통해 ESG 전략을 투자에 접목해왔고 ESG 투자 규모를 늘려왔다.

오답분석

① 처음 시작은 EU(유럽연합)이었다. EU(유럽연합)를 시작으로 한국·미국 등 주요국에서는 온실가스 거래시장이 만들어졌다.

② 예전에는 측정할 수 없다는 이유로 ESG등 비재무적 요소들이 경영·투자판단에 고려되지 않았다.

④ 2020년 기준으로 전체 기금 자산에서 차지하는 ESG 투자자산의 비중은 현재 10%이다. 50%는 2021년 목표치이다.

⑤ 국민연금 기금의 규모는 2020년 말 기준 834조 원에 이르며, 1000조 돌파를 목전에 두고 있다.

04

정답 ②

제시문은 '시장경제는 모든 국민이 잘살기 위한 목적을 달성하기 위한 수단으로서 선택한 나라 살림의 운영방식이다.'로 시작한다. 첫 문단의 마지막 문장에서 그렇기 때문에 시장경제를 유지하기 위해서는 성장과 분배의 균형이 중요하다고 밝히고 있다.
두 번째 문단의 '시장경제가 제대로 운영되기 위해서는 국가의 소임이 중요하다.'고 한 부분과 세 번째 문단의 '시장경제에서 국가가 할 일은 크게 세 가지로 나누어 볼 수 있다.'라고 한 부분을 종합해보면 '시장 경제에서 국가의 역할'이라는 제목을 유추할 수 있다.

05

정답 ③

제시문은 태양의 온도를 일정하게 유지해 주는 에너지원에 대한 설명이다. 태양의 온도가 일정하게 유지되는 이유는 태양 중심부의 온도가 올라가 핵융합 에너지가 늘어나면 에너지의 압력으로 수소를 밖으로 밀어내어 중심부의 밀도와 온도를 낮춰주기 때문이다. 즉, 태양 내부에서 중력과 핵융합 반응의 평형상태가 유지되기 때문에 태양은 50억 년간 빛을 낼 수 있었고, 앞으로도 50억 년 이상 더 빛날 수 있는 것이다. 따라서 빈칸에 들어갈 내용으로 가장 적절한 것은 ③이다.

06
정답 ④

디젤 엔진이 가솔린 엔진에 비해 저회전으로 작동하는 것은 사실이나, 제시문을 통해서는 추론할 수 없는 내용이다.

07
정답 ②

제시문은 2016년 경주에 5.8 규모의 지진이 발생하였으나 큰 피해가 없었던 신라시대 문화재의 전통 건축 방식에 대해 설명하는 글이다. 따라서 (라) 경주에 5.8 규모의 지진 발생 후 신라시대 문화재들은 극히 일부만 훼손 – (가) 과거 여러 차례 지진이 발생한 경주는 전통 건축 방식으로 문화재 보존 – (다) 자연석을 활용한 그랭이법 – (나) 그랭이칼을 이용한 그랭이법 순으로 나열하는 것이 가장 적절하다.

08
정답 ②

제시문은 '경주는 언제든지 지진이 발생할 수 있는 양산단층에 속하는 지역이지만 신라시대에 지어진 문화재들은 현재까지도 굳건히 그 모습을 유지하고 있으며 이는 그랭이법이라는 건축기법 때문이다.'라는 내용이므로 '경주 문화재는 왜 지진에 강할까?'라는 질문의 답이 될 수 있다.

09
정답 ④

그랭이법과 그랭이질은 같은 말이다. 따라서 같은 의미 관계인 한자성어와 속담을 고르면 된다. 망양보뢰(亡羊補牢)는 '양을 잃고서 그 우리를 고친다.'는 뜻으로 실패한 후에 일을 대비함 또는 이미 어떤 일을 실패한 뒤에 뉘우쳐도 소용이 없음을 뜻하는 말이다. 이와 유사한 뜻으로는 '일이 이미 잘못된 뒤에는 손을 써도 소용이 없다.'는 뜻의 '소 잃고 외양간 고친다.'가 적절하다.

오답분석

① • '이공보공' : 제자리에 있는 것으로 제자리를 메운다는 말로, 이 세상에는 거저 생기는 이득이 없다는 말
  • '바늘 끝에 알을 올려놓지 못한다.' : 쉬울 듯하나 되지 않을 일을 비유적으로 이르는 말
② • '수즉다욕' : 오래 살면 그만큼 욕됨이 많음을 이르는 말
  • '보기 싫은 반찬이 끼마다 오른다.' : 너무 잦아서 싫증 난 것이 그대로 또 계속되어 눈에 띔을 비유적으로 이르는 말
③ • '함포고복' : 배불리 먹고 배를 두드린다는 뜻으로, 먹을 것이 풍족하여 즐겁게 지냄을 이르는 말
  • '한 가랑이에 두 다리 넣는다.' : 정신없이 매우 서두르는 모양을 이르는 말
⑤ • '가정맹어호' : 가혹한 정치는 호랑이보다도 두려움을 이르는 말
  • '낮말은 새가 듣고 밤말은 쥐가 듣는다.' : 말은 언제나 새어 나가게 마련이니 늘 말조심하라는 말

10
정답 ③

두 번째 문단 마지막 문장에서 절차적 지식을 갖기 위해 정보를 마음에 떠올릴 필요가 없다고 하였다.

오답분석

① 마지막 문단에서 표상적 지식은 절차적 지식과 달리 특정한 일을 수행하는 능력과 직접 연결되어 있지 않다고 하였으나, 특정 능력의 습득에 전혀 도움을 줄 수 없는지 아닌지는 제시문의 내용을 통해서는 알 수 없다.
② 마지막 문단에 따르면 '이 사과는 둥글다.'라는 지식은 둥근 사과의 이미지일 수도, '이 사과는 둥글다.'는 명제일 수도 있다.
④ 인식론에서 나눈 지식의 유형에는 능력의 소유를 의미하는 절차적 지식과 정보의 소유를 의미하는 표상적 지식이 모두 포함된다.
⑤ 절차적 지식을 통해 표상적 지식을 얻는다는 내용은 제시문에 나와있지 않다.

11
정답 ④

제시문에서는 서로 반대 관계에 있던 사우디아라비아와 러시아가 미국의 석유 생산에 함께 대응하는 모습을 이야기하고 있다. 따라서 이와 관련된 한자성어로는 오나라 사람과 월나라 사람이 같은 배를 탔다는 뜻으로, '서로 적의를 품은 사람들이 한자리에 있게 된 경우나 서로 협력하여야 하는 상황을 비유적으로 이르는 말'인 '오월동주(吳越同舟)'가 가장 적절하다.

오답분석

① 면백(免白) : 머리에 아무 관도 쓰지 못하는 신세를 면한다는 뜻으로, 늙어서야 처음으로 변변치 못한 벼슬을 하게 됨을 이르는 말
② 천재일우(千載一遇) : 천 년 동안 단 한 번 만난다는 뜻으로, 좀처럼 만나기 어려운 좋은 기회를 이르는 말
③ 비분강개(悲憤慷慨) : 슬프고 분하여 의분이 북받침
⑤ 어부지리(漁夫之利) : 두 사람이 다투는 사이에 제3자가 이익을 얻는 상황을 비유하는 말

12
정답 ③

• 재생사업 추진 <u>기본방양</u>을 정리하면~ : 기본방양 → 기본방향
• 산업단지 장소이미지 <u>제창출</u> : 제창출 → 재창출
• 노후산업단지 장소이미지 <u>게선</u>을~ : 게선 → 개선

13
정답 ①

제시문은 스타 시스템의 문제점을 지적하고 나름대로의 대안을 모색하고 있다. 따라서 글의 전개 방식으로 ①이 가장 적절하다.

14

정답 ①

제시문은 'K-POP'을 사례로 제시하여 오늘날의 문화 현상의 원인을 설명하고 있으며, 첫 번째 문단에서 기존의 문화 확산론의 한계를 이야기한 후, 두 번째 문단에서 체험코드 이론을 제시하고 있다.

15

정답 ④

제시문의 두 번째 문단에서 전기자동차 산업이 확충되고 있음을 언급하면서 구리가 전기자동차의 배터리를 만드는 데 핵심 재료임을 이야기하고 있기 때문에 글의 핵심 내용으로 ④가 가장 적절하다.

오답분석

① · ⑤ 제시문의 핵심 내용으로 보기 어렵다.

② 제시문에서 '그린 열풍'을 언급하고 있으나 그 이유는 제시되어 있지 않다.

③ 제시문에서 산업금속 공급난이 우려된다고 하나, 그로 인한 문제가 제시되어 있지는 않다.

16

정답 ③

사이시옷이 들어가려면 합성어를 이루는 구성 요소 중 적어도 하나는 고유어여야 한다. ㉡의 '전세(傳貰)+방(房)'과 ㉢의 '기차(汽車)+간(間)'은 모두 한자어로 이루어진 합성어이므로 사이시옷이 들어가지 않는다.

17

정답 ③

오답분석

① 일일히 → 일일이

② 맞대고 → 맞대고

④ 흐터지면 → 흩어지면

⑤ 낳은 → 나은

18

정답 ③

손가락에 있는 센서들은 물건이 미끄러지는 것을 감지하면 스스로 손가락의 힘을 더 높일 수 있다고 하였다. 따라서 손가락의 힘을 뺀다는 설명은 적절하지 않다.

19

정답 ③

빈칸 앞의 내용을 보면 보편적으로 사용되는 관절 로봇은 손가락의 정확한 배치와 시각 센서 등을 필요로 한다. 그러나 빈칸 뒤에서는 H의 경우 손가락이 물건에 닿을 때까지 다가가 촉각 센서를 통해 물건의 위치를 파악한 뒤 손가락 위치를 조정한다고 하였다. 즉, H의 손가락은 관절 로봇의 손가락과 달리 정확한 위치 지정을 필요로 하지 않는다. 따라서 '밀리미터 단위의 정확한 위치 지정을 필요로 하지 않는다.'가 빈칸에 들어갈 내용으로 가장 적절하다.

오답분석

① 물건을 쥐기 위한 고가의 센서 기기 및 시각 센서를 필요로 하는 관절 로봇과 달리 H는 손가락의 촉각 센서로 손가락 힘을 조절하여 사물을 쥔다.

② H의 손가락은 공기압을 통해 손가락을 구부리지만, 기존 관절보다 쉽게 구부러지는지는 알 수 없다.

④ · ⑤ 물건과의 거리와 물건의 무게는 H의 손가락 촉각 센서와 관계가 없다.

20

정답 ⑤

4차 산업혁명으로 인한 현대인의 디지털 라이프스타일이 사람들의 가치와 직업을 변화시킨다는 내용의 첫 문단 다음으로는 먼저 최근 등장한 '친환경일자리'로 인해 나눔 · 봉사의 가치가 직업 선택에 중요한 기준으로 부상하였다는 (라) 문단이 오는 것이 적절하다. 다음으로는 여가와 성공의 가치가 변화하고 있다고 언급하며 여가와 성공에 대한 가치 변화를 각각 설명하는 (다) 문단과 (나) 문단이 차례대로 오는 것이 자연스럽다. 마지막으로는 개방성 · 다양성 · 역동성의 가치 변화를 설명하는 (가) 문단이 오는 것이 적절하다.

21

정답 ②

제시문에서는 4차 산업혁명으로 인한 라이프스타일의 변화가 사람들의 가치를 변화시키고, 이에 따라 직업 선택에서도 변화가 나타난다고 설명하고 있다. 따라서 제시문의 제목으로는 4차 산업혁명과 직업 세계의 관계를 나타내는 '4차 산업혁명 시대의 직업 세계'가 가장 적절하다.

22

정답 ③

- 첫 번째 빈칸 : 빈칸 뒤의 저금리 상황에서는 이자가 적기 때문에 사람들이 저축을 신뢰하지 못한다는 내용을 통해 빈칸에는 저금리가 유지되고 있는 사회에서 저축에 대한 사람들의 인식이 회의적이라는 내용의 ㉡이 적절함을 알 수 있다.
- 두 번째 빈칸 : 빈칸 앞 문단에서는 '저금리 시대의 저축률은 줄어드는 것이 당연하다.'고 하였는데, 빈칸 뒤에서는 오히려 가계 저축률이 상승한 사례를 제시하고 있다. 따라서 빈칸에는 금리가 낮은 수준에 머물고 있을 때에도 저축률이 상승하였다는 내용의 ㉠이 적절함을 알 수 있다.
- 세 번째 빈칸 : 빈칸 앞 문장에서는 '저금리 상황에서 저축을 하지 않는 것이 경제적 이득을 얻는 것처럼 보일 수 있다.'고 하였으나, 빈칸 뒤의 내용에서는 저축을 하지 않으면 사회 전반의 불안감을 높일 수 있으므로 저축이 가지는 효용 가치를 단기적인 측면으로 한정해 바라보아서는 안 된다고 하였다. 따라서 빈칸에는 저축을 하지 않을 경우의 부정적인 측면을 설명하는 ㉢이 적절함을 알 수 있다.

23

정답 ③

주어진 문장의 '이'는 앞 문장의 내용을 가리키므로, 기업의 이익 추구가 사회 전체의 이익과 관련된 결과를 가져왔다는 내용이 앞에 와야 한다. (다) 앞의 '가장 저렴한 가격으로 상품 공급'이 '사회 전체의 이익'과 연관되므로, 보기는 (다)에 들어가는 것이 가장 적절하다.

24

정답 ③

(다)의 '이처럼 우리가 계승할 민족 문화의 전통으로 여겨지는 것이, ~'로 볼 때 ③이 (다) 앞에 오는 것이 가장 적절하다.

25

정답 ③

①~⑤의 보기는 운석 충돌 이후의 영향에 대한 각종 가설이다. 그중에서도 제시문에서 다루고 있는 내용은 충돌 이후 발생한 먼지가 태양광선을 가림으로써 지구 기온이 급락(急落)하였다는 것을 전제로 하고 있다. 그 근거는 세 번째 문단의 '급속한 기온의 변화'와 네 번째 문단의 '길고 긴 겨울'에서 찾을 수 있다.

제2영역 수리능력

01	02	03	04	05	06	07	08	09	10
③	④	③	④	③	④	④	④	②	②
11	12	13	14	15	16	17	18	19	20
①	④	④	④	①	④	①	④	⑤	③
21	22	23	24	25					
②	②	①	③	①					

01

정답 ③

원뿔 조형물의 높이를 hm라고 하면 원뿔 조형물과 지지하는 강선에 대한 단면은 다음과 같이 나타낼 수 있다.

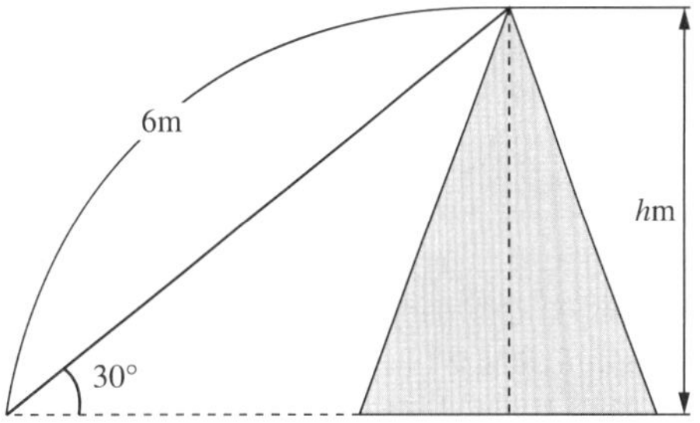

따라서 $\sin 30° = \frac{h}{6} = \frac{1}{2}$이므로 $h = 6 \times \frac{1}{2} = 3$m이다.

02

정답 ④

원리금균등상환은 매월 같은 금액(원금+이자)을 갚는 것이다. 월 상환금을 구하는 공식은 $\frac{AB(1+B)^n}{(1+B)^n-1}$이며, A는 원금, B는 $\frac{(\text{연 이자율})}{12}$, n은 개월 수를 나타낸다.

이에 대입하여 월 상환금을 구하면 다음과 같다.

$$\frac{AB(1+B)^n}{(1+B)^n-1} = \frac{12,000,000 \times \frac{0.06}{12} \times \left(1+\frac{0.06}{12}\right)^{4\times 12}}{\left(1+\frac{0.06}{12}\right)^{4\times 12} - 1}$$

$$= \frac{12,000,000 \times 0.005 \times 1.27}{0.27}$$

$$= \frac{60,000 \times 1.27}{0.27}$$

$$\fallingdotseq 282,222\text{원}$$

따라서 A씨가 4년 동안 매달 상환해야 할 금액은 282,200원이다.

03
정답 ③

'(가속도)=$\frac{(힘)}{(질량)}$'이므로 5kg 물체를 당기는 힘은 5N, 3kg 물체를 당기는 힘은 3N일 때 각 물체의 가속도는 $\frac{5N}{5kg}=\frac{3N}{3kg}=1m/s^2$으로 같다. 따라서 두 물체를 함께 당길 때 두 물체가 가속도 $3m/s^2$으로 운동하려면 '(힘)=(가속도)×(질량)'이므로 $3m/s^2\times8kg=24N$으로 당겨야 한다.

04
정답 ④

석훈이는 평균 6m/s로 소영이는 4m/s의 속도로 달리기 때문에 1초에 10m씩 가까워진다.
점점 가까워지다가 만나게 되고 그 과정을 한 번 더 반복하게 되는데, 두 번째 만날 때까지 둘이 달린 거리는 트랙의 길이의 2배와 같다. 따라서 1분 15초 동안 달린 거리는 10m/s×75sec=750m이며 운동장 트랙의 길이는 그 절반인 375m이다.

05
정답 ③

휴일이 5일, 7일 간격이기 때문에 각각 6번째 날과 8번째 날이 휴일이 된다. 두 회사 휴일의 최소공배수는 24이므로 두 회사는 24일마다 함께 휴일을 맞는다. 4번째로 함께 하는 휴일은 24×4=96이므로 96÷7=13 ⋯ 5이다.
따라서 4번째로 함께하는 휴일은 금요일이다.

06
정답 ④

나열된 수를 각각 A, B, C라고 하면 다음 규칙이 성립한다.
$\underline{A\ B\ C} \rightarrow A^2+B^2=C$
따라서 ( )=$\sqrt{74-5^2}=\sqrt{49}=7$이다.

07
정답 ④

각 행은 인접한 두 수의 차이가 일정한 수열이다.

1행 : 1 → 3 → 5 → 7 (+2, +2, +2)

2행 : 11 → 15 → 19 → 23 (+4, +4, +4)

3행 : 30 → 35 → 40 → 45 (+5, +5, +5)

4행 : 62−74=−12이므로 앞의 항에 12씩 빼는 수열임을 알 수 있다.

98 → (86) → 74 → 62 (−12, −12, −12)

따라서 ( )=98−12=86이다.

08
정답 ④

제시된 수열의 규칙은 다음과 같다.
(앞 두 항의 합)+1=(다음 항)
5 → 6 → 12 → (19) → 32 → 52 → (85)
따라서 A=85, B=19이므로 A−2B=85−38=47이다.

09
정답 ②

백화점에 납품한 제품의 수는 1,000×0.6=600개이고, 직영점에 납품한 제품의 수는 400개이다. 그리고 이의 전체 납품가격은 36,000원이다. 즉, 제품 1개의 납품 가격은 $\frac{36,000}{600}$=60원이다.
판매 시즌이 종료되었을 때 백화점과 직영점에서 아울렛으로 보내는 제품의 수는 각각 600×0.3=180개, 400×0.7=280개이다.
따라서 아울렛에서 판매하는 제품의 총 가격은 (180+280)×60=27,600원이다.

10
정답 ②

100만 원을 맡겨서 다음 달 104만 원이 된다는 것은 이자율이 4%라는 것을 의미한다.
50만 원을 입금하면 다음 달에는 (원금)+(이자액)=52만 원이 된다. 따라서 다음 달 잔액은 52−30=22만 원이고, 그다음 달 총 잔액은 220,000×1.04=228,800원이다.

11
정답 ①

K씨의 나이를 x살이라 하자.

$A=\frac{27(x-4)+1}{2}$ ⋯ ㉠

$A-56=\frac{(2x-1)3+(5x+2)2}{2}$ ⋯ ㉡

㉡에 ㉠을 대입하면

$\frac{(2x-1)3+(5x+2)2}{2}+56=\frac{27(x-4)+1}{2}$

$\rightarrow \frac{6x-3+10x+4}{2}+56=\frac{27x-107}{2}$

$\rightarrow 16x+1+112=27x-107$

$\rightarrow 11x=220$

$\therefore x=20$

따라서 K씨의 나이는 20살이다.

12

정답 ④

농도가 15%인 소금물의 양을 xg이라고 가정하고, 소금의 양에 대한 방정식을 세우면 다음과 같다.

$0.1\times200+0.15\times x=0.13\times(200+x)$

$\rightarrow 20+0.15x=26+0.13x$

$\rightarrow 0.02x=6$

$\therefore\ x=300$

따라서 농도가 13%인 소금물을 만들기 위해 농도 15%인 소금물은 300g이 필요하다.

13

정답 ④

개월 수를 x개월이라고 하자. x개월 후에는 $(1+0.03x)$억 원이 모이게 된다.

10억 원 이상이 되려면 $1+0.03x\geq10$

$\rightarrow 0.03x\geq9$

$\therefore\ x\geq300$

1년은 12개월이므로 25년 이상이 걸린다.

따라서 K씨가 원금 10억 원 이상을 모으기 위해 25년이 필요하다.

14

정답 ④

$a+b+c=5$

- $a=1$일 경우 : (1, 1, 3), (1, 2, 2), (1, 3, 1) → 3가지
- $a=2$일 경우 : (2, 1, 2), (2, 2, 1) → 2가지
- $a=3$일 경우 : (3, 1, 1) → 1가지

$\therefore\ 3+2+1=6$가지

15

정답 ①

3월의 남성 고객 개통 건수를 x, 여성 고객 개통 건수를 y라고 하자.

- 3월 전체 개통 건수 : $x+y=400$
- 4월 전체 개통 건수 : $(1-0.1)x+(1+0.15)y$
  $=400(1+0.05)$

이를 정리하면 다음과 같다.

$x+y=400\cdots$ ㉠

$0.9x+1.15y=420\cdots$ ㉡

㉠, ㉡을 연립하면 $x=160$, $y=240$이다.

따라서 4월 여성 고객의 개통 건수는 $1.15y=276$건이다.

16

정답 ④

올해 채권 중 작년에도 채권이었을 확률은 $\frac{0.8}{0.6+0.8}=\frac{8}{14}=\frac{4}{7}$이다.

17

정답 ①

교통 할인을 제공하는 카드는 A카드이며, 동종 혜택을 제공하는 타사 카드의 개수가 가장 많으므로 혜택의 세부사항에 따라 시장에서의 경쟁이 가장 치열할 것이라 예상할 수 있다.

오답분석

② B카드를 출시하는 경우에 비해 연간 예상필요자본 규모가 더 작은 D카드를 출시하는 경우에 자본 동원이 더 수월할 것이다.

③ 신규가입 시 혜택 제공 가능 기간 동안 월평균 유지비용은 혜택 제공 가능 기간의 총 예상필요자본 규모를 혜택 제공 가능 기간으로 나눈 값과 같고, 이를 계산하면 다음과 같다.

A카드	B카드	C카드	D카드
$\frac{40억\times1년}{12개월}$ ≒3.3억 원	$\frac{25억\times2년}{24개월}$ ≒2.1억 원	$\frac{18억\times1.5년}{18개월}$ ≒1.5억 원	$\frac{11억\times2년}{24개월}$ ≒0.9억 원

따라서 월평균 유지비용이 가장 큰 제휴카드는 B카드가 아니라 A카드이다.

④ A카드와 B카드를 비교해 보면, 신규가입 시 혜택 제공 가능 기간은 B카드가 2배로 더 길지만, 동종 혜택을 제공하는 타사 카드 개수는 A카드가 가장 많다. 따라서 신규 가입 시 혜택 제공 가능 기간이 길수록 동종 혜택 분야에서의 현재 카드사 간 경쟁이 치열하다고 볼 수 없다.

⑤ A카드는 혜택 제공 기간이 12개월로 가장 짧지만, 연간 예상 필요 자본의 규모는 가장 크다.

18

정답 ④

시장 내 경쟁이 가장 치열한 업체는 동일 혜택을 제공하는 카드 수가 가장 많은 E카페로, E카페의 혜택 제공 기간은 2년(24개월)이다.

오답분석

① B서점의 경우 E카페보다 동일 혜택을 제공하는 카드 수가 적지만, 혜택 제공 기간은 더 길다.

② 선호도 점수가 가장 높은 혜택은 C통신사의 '매월 통신요금 10% 할인' 혜택이다.

③ 매월 모든 업체가 부담해야 하는 혜택 비용이 동일하다면, 혜택에 대한 총부담 비용이 가장 큰 업체는 혜택 제공 기간이 가장 긴 B서점이다.

⑤ 선호도 점수가 가장 높은 C통신사의 해택 제공 기간은 24개월로 B서점의 36개월 해택 제공 기간보다 짧다.

19 정답 ⑤

주어진 조건에 따라 골프채를 제외하고 각 상품의 할인가 판매 시의 괴리율을 계산하면 다음과 같다.

- 세탁기 : $\frac{640,000-580,000}{640,000}\times 100 \fallingdotseq 9.3\%$
- 무선전화기 : $\frac{181,000-170,000}{181,000}\times 100 \fallingdotseq 6.0\%$
- 오디오세트 : $\frac{493,000-448,000}{493,000}\times 100 \fallingdotseq 9.1\%$
- 골프채 : $\frac{786,000-720,000}{786,000}\times 100 \fallingdotseq 8.4\%$
- 운동복 : $\frac{212,500-180,000}{212,500}\times 100 \fallingdotseq 15.2\%$

따라서 상품 중 운동복의 괴리율이 15.2%로 가장 높다.

20 정답 ③

월평균 매출액이 35억 원이므로 연매출액은 35×12=420억 원이며, 연매출액은 상반기와 하반기 매출액을 합한 금액이다. 상반기의 월평균 매출액은 26억 원이므로 상반기 총 매출액은 26×6=156억 원이고, 하반기 총 매출액은 420−156=264억 원이다. 따라서 하반기 평균 매출액은 264÷6=44억 원이며, 상반기 때보다 44−26=18억 원 증가하였다.

21 정답 ②

미술과 수학을 신청한 학생의 비율 차이는 16−14=2%p이고, 신청한 전체 학생은 200명이므로 수학을 선택한 학생 수는 미술을 선택한 학생 수보다 200×0.02=4명 더 적다.

22 정답 ②

주어진 식을 정리하면 다음과 같다.

$\frac{(\text{대학졸업자 중 취업자})}{(\text{전체 대학졸업자})}\times 100$

$=(\text{대학졸업자 취업률})\times(\text{대학졸업자의 경제활동인구 비중})\times\frac{1}{100}$

따라서 OECD 평균은 $50\times 40\times\frac{1}{100}=20\%$이고, 이보다 높은 국가는 B, C, E, F, G, H이며 바르게 짝지어진 것은 ②이다.

23 정답 ①

작년 전체 실적은 45+50+48+42=185억 원이며, 1 ~ 2분기와 3 ~ 4분기의 실적들의 비중을 각각 구하면 다음과 같다.

- 1 ~ 2분기 비중 : $\frac{45+50}{185}\times 100 \fallingdotseq 51.4\%$
- 3 ~ 4분기 비중 : $\frac{48+42}{185}\times 100 \fallingdotseq 48.6\%$

> 두 비중의 합은 100%이므로 비율 하나만 계산하고, 나머지는 100%에서 빼면 빠르게 풀 수 있다.

24 정답 ③

(현금수수료)=(수수료 대상금액)×(수수료 적용환율)×(수수료율)
=(2,400×0.8)×1,080.2×0.02
=41,479.68원
≒41,480원

25 정답 ①

ㄱ. 34세로 소득 7분위인 갑의 경우 X학자금의 대출 조건인 신청연령(35세 이하)과 가구소득 기준(1 ~ 8분위)을 만족하고, 직전 학기에 14학점을 이수하여 평균 B학점을 받았다. 따라서 성적 기준(직전 학기 12학점 이상 이수 및 평균 C학점 이상)까지 모두 만족하여 X학자금 대출을 받을 수 있다.

ㄴ. X학자금 대출의 한 학기당 대출한도는 소요되는 등록금 전액과 생활비 150만 원이므로 을은 한 학기의 등록금 300만 원과 생활비 150만 원을 더한 총 450만 원을 대출받을 수 있다.

오답분석

ㄷ. Y학자금 대출 신청대상의 신용 요건에 따르면 금융채무불이행자나 저신용자는 대출이 불가능하므로 옳지 않다.

ㄹ. X학자금 대출의 경우 졸업 후 기준소득을 초과하는 소득이 발생하지 않았다면 상환이 유예되나, Y학자금 대출의 경우는 소득과 관계없이 졸업직후 매월 대출금을 상환해야 한다. 따라서 졸업 후 소득 발행 전, X학자금 대출과 Y학자금 대출의 매월 상환금액이 같다는 ㄹ은 옳지 않다.

제3영역 문제해결능력

01	02	03	04	05	06	07	08	09	10
②	③	②	③	④	①	①	⑤	④	⑤
11	12	13	14	15	16	17	18	19	20
②	③	⑤	⑤	②	④	④	⑤	④	①
21	22	23	24	25					
③	①	③	⑤	⑤					

01 정답 ②

3년 이상 근속한 직원에게는 최초 1년을 초과하는 근속연수 매 2년에 가산휴가 1일이 발생하므로 2025년 1월 2일에는 16일의 연차휴가가 발생한다.

- 2021년 1월 1일 ~ 2021년 12월 31일
  → 2022년 15일 연차휴가 발생
- 2022년 1월 1일 ~ 2022년 12월 31일
  → 2023년 15일 연차휴가 발생
- 2023년 1월 1일 ~ 2023년 12월 31일
  → 2024년 15일 연차휴가 발생+1일 가산휴가
- 2024년 1월 1일 ~ 2024년 12월 31일
  → 2025년 16일 연차휴가 발생

따라서 A대리의 연차휴가는 16일이다.

02 정답 ③

- (가) : 외부의 기회를 활용하면서 내부의 강점을 더욱 강화시키는 SO전략
- (나) : 외부의 기회를 활용하여 내부의 약점을 보완하는 WO전략
- (다) : 외부의 위협을 회피하며 내부의 강점을 적극 활용하는 ST전략
- (라) : 외부의 위협을 회피하고 내부의 약점을 보완하는 WT전략

03 정답 ②

다방면으로 확대한 금융서비스는 글로벌 경쟁에서 우위를 차지하는 것은 강점을 이용해 글로벌 금융사와의 경쟁 심화라는 위협을 극복하는 ST전략이다.

오답분석

① 해외 비즈니스TF팀을 신설해 해외 금융시장 진출을 대비하는 것은 글로벌 경쟁력이 낮다는 약점을 극복하고 해외 금융시장 진출 확대라는 기회를 활용하는 WO전략이다.
③ 탄탄한 국내 시장점유율이 국내 금융그룹의 핀테크 사업 진출의 기반이 되는 것은 강점을 통해 기회를 살리는 SO전략이다.
④ 우수한 자산건전성 지표를 홍보하여 고객 신뢰를 회복하는 것은 강점으로 위협을 극복하는 ST전략이다.
⑤ 외화 자금 조달 리스크가 약점이므로 기회를 통해 약점을 보완하는 WO전략이다.

04 정답 ③

등급별 임금・수당 합계 및 임금 총액은 다음과 같다.

구분	초급인력	중급인력	특급인력
기본임금 총계	45,000×5×8 ×(10+2) =21,600,000원	70,000×3×8 ×(10+2) =20,160,000원	95,000×2×8 ×(10+2) =18,240,000원
초과근무 수당 총계	(45,000×1.5) ×1×4 =270,000원	(70,000×1.5) ×2×4 =840,000원	(95,000×1.7) ×1×4 =646,000원
합계	21,600,000 +270,000 =21,870,000원	20,160,000 +840,000 =21,000,000원	18,240,000 +646,000 =18,886,000원
임금 총액	21,870,000+21,000,000+18,886,000 =61,756,000원		

따라서 K사가 근로자들에게 지급해야 할 임금의 총액은 61,756,000원이다.

05 정답 ④

항공보안교육을 반드시 이수해야 하는 교육 대상자는 보안검색감독자, 보안검색요원, 장비유지보수요원이다. 보안검색팀의 경우 보안검색 협력사를 관리하고, 보안검색을 감독하는 업무를 담당하고 있으므로 보안검색요원은 보안검색요원 교육을, 보안검색감독자는 보안검색감독자 교육을 반드시 이수해야 한다. 또한 보안장비팀은 항공보안장비를 구매하고 유지・관리하는 업무를 담당하므로 장비유지보수요원은 반드시 장비유지보수 교육을 이수해야 한다. 따라서 항공보안교육을 반드시 이수해야 하는 팀은 보안검색팀과 보안장비팀이다.

06 정답 ①

만 14세 미만은 전자금융서비스를 해지하려면 법정대리인이 필수로 신청해야 한다.

오답분석

② 법정대리인이 자녀와 함께 방문한 경우 법정대리인의 실명확인증표로 인감증명서를 대체 가능하다.
③ 만 18세인 지성이가 전자금융서비스를 변경하기 위해서는 법정대리인 동의서와 성명・주민등록번호・사진이 포함된 학생증이 필요하다. 학생증에 주민등록번호가 포함되지 않은 경우, 미성년자의 기본증명서가 추가로 필요하다.
④ 법정대리인 신청 시 부모 각각의 동의서가 필요하다.
⑤ 법정대리인 동의서 양식은 '홈페이지 → 고객센터 → 약관・설명서・서식 → 서식자료' 중 '전자금융게시'의 내용을 참고하면 된다.

07 정답 ①

i) A상자 첫 번째 안내문이 참, 두 번째 안내문이 거짓인 경우 B, D상자 첫 번째 안내문, C상자 두 번째 안내문이 참이다. 그러므로 ①·②가 참, ③·④·⑤가 거짓이다.

ii) A상자 첫 번째 안내문이 거짓, 두 번째 안내문이 참인 경우 B, C상자 첫 번째 안내문, D상자 두 번째 안내문이 참이다. 그러므로 ①·③·⑤이 참, ②가 거짓, ④는 참인지 거짓인지 알 수 없다.

따라서 항상 옳은 것은 ①이다.

08 정답 ⑤

A와 B는 하나가 참이면 하나가 거짓인 명제이다. 문제에서 한 명이 거짓말을 한다고 하였으므로, A와 B 둘 중 한 명이 거짓말을 하였다.

i) A가 거짓말을 했을 경우

1층	2층	3층	4층	5층
C	D	B	A	E

ii) B가 거짓말을 했을 경우

1층	2층	3층	4층	5층
B	D	C	A	E

따라서 두 경우를 고려했을 때, A는 항상 D보다 높은 층에서 내린다.

09 정답 ④

'창의적인 문제해결'을 A, '브레인스토밍을 한다.'를 B, '상대방의 아이디어를 비판한다.'를 C라고 하면, 첫 번째 명제는 A → B, 두 번째 명제는 B → ~C이므로 A → B → ~C가 성립한다. 따라서 A → ~C인 '창의적인 문제해결을 하기 위해서는 상대방의 아이디어를 비판해서는 안 된다.'가 적절하다.

10 정답 ⑤

'어휘력이 좋다.'를 A, '책을 많이 읽다.'를 B, '글쓰기 능력이 좋다.'를 C라고 하면 첫 번째 명제는 ~A → ~B, 두 번째 명제는 ~C → ~A이다. 삼단논법에 의해 ~C → ~A → ~B가 성립하므로 결론은 ~C → ~B나 B → C이다. 따라서 빈칸에 들어갈 내용으로 적절한 것은 '글쓰기 능력이 좋지 않으면 책을 많이 읽지 않은 것이다.'이다.

11 정답 ②

'밤에 잠을 잘 자다.'를 A, '낮에 피곤하다.'를 B, '업무효율이 좋다.'를 C, '성과급을 받는다.'를 D라고 하면, 첫 번째 명제는 ~A → B, 세 번째 명제는 ~C → ~D, 결론은 ~A → ~D이다. 따라서 ~A → B → ~C → ~D가 성립하기 위해서 필요한 두 번째 명제는 B → ~C이므로 '낮에 피곤하면 업무효율이 떨어진다.'가 적절하다.

12 정답 ③

A사, B사, C사 자동차를 가진 사람의 수를 각각 a명, b명, c명이라 하자.

두 번째, 세 번째, 네 번째 결과를 식으로 나타내면 다음과 같다.

- 두 번째 결과 : $a=b+10$ ⋯ ㉠
- 세 번째 결과 : $b=c+20$ ⋯ ㉡
- 네 번째 결과 : $a=2c$ ⋯ ㉢

㉠에 ㉢을 대입하면 $2c=b+10$ ⋯ ㉣

㉡과 ㉣을 연립하면 $b=50$, $c=30$이고, 구한 c의 값을 ㉢에 대입하면 $a=60$이다.

첫 번째 결과에 따르면 자동차를 2대 이상 가진 사람은 없으므로 세 회사에서 생산된 어떤 자동차도 가지고 있지 않은 사람의 수는 $200-(60+50+30)=60$명이다.

13 정답 ⑤

A나 C가 농구를 한다면 진실만 말해야 하는데, 모두 다른 사람이 농구를 한다고 말하고 있으므로 거짓을 말한 것이 되어 모순이 된다. 따라서 농구를 하는 사람은 B 또는 D이다.

- B가 농구를 하는 경우 : C는 야구, D는 배구를 하고 남은 A가 축구를 한다. A가 한 말은 모두 거짓이고, C와 D는 진실과 거짓을 한 개씩 말하므로 모든 조건이 충족된다.
- D가 농구를 하는 경우 : B은 야구, A는 축구, C는 배구를 한다. 이 경우 A가 진실과 거짓을 함께 말하고, B와 C는 거짓만 말한 것이 되므로 모순이 된다. 따라서 D는 농구를 하지 않는다.

따라서 A는 축구, B는 농구, C는 야구, D는 배구를 한다.

14 정답 ⑤

A ~ E의 진술에 따르면 B와 D의 진술은 반드시 동시에 참이나 거짓이 되어야 하며, A와 B의 진술 역시 동시에 참이나 거짓이 되어야 한다. 이때 B의 진술이 거짓일 경우, A와 D의 진술 모두 거짓이 되므로 2명이 거짓을 말한다는 조건에 어긋난다.

따라서 진실을 말하고 있는 심리상담사는 A, B, D이며, 거짓을 말하고 있는 심리상담사는 C와 E가 된다. 이때, 진실을 말하고 있는 B와 D의 진술에 따라 근무시간에 자리를 비운 사람은 C가 된다.

15 정답 ②

윤희를 거짓마을 사람이라고 가정하면 윤희가 한 말은 거짓이 되어 두 사람 모두 진실마을 사람이어야 한다. 그러나 이 경우 가정과 모순되므로 윤희는 거짓마을 사람이 아니다.

따라서 윤희의 말이 참이 되어 주형이는 거짓마을 사람이다.

16

정답 ④

세 번째·마지막 명제에 의해 종열이와 지훈이는 춤을 추지 않았다. 또한 두 번째 명제의 대우에 의해 재현이가 춤을 추었고, 첫 번째 명제에 따라 서현이가 춤을 추었으므로 ④가 적절하다.

17

정답 ④

냉면을 좋아하는 사람은 여름을 좋아하고, 여름을 좋아하는 사람은 호빵을 싫어한다. 따라서 이 명제의 대우 명제인 '호빵을 좋아하는 사람은 냉면을 좋아하지 않는다.'가 적절하다.

18

정답 ⑤

- 깔끔한 사람 → 정리정돈을 잘함 → 집중력이 좋음 → 성과 효율이 높음
- 주변이 조용함 → 집중력이 좋음 → 성과 효율이 높음

오답분석

① 3번째 명제와 1번째 명제로 추론할 수 있다.
② 2번째 명제와 4번째 명제로 추론할 수 있다.
③ 3번째 명제, 1번째 명제, 4번째 명제로 추론할 수 있다.
④ 4번째 명제의 대우와 2번째 명제의 대우로 추론할 수 있다.

19

정답 ④

명제들을 통해서 적극적인 사람은 활동량이 많으며 활동량이 많을수록 잘 다치고 면역력이 강화된다는 것을 알 수 있다. 활동량이 많지 않은 사람은 적극적이지 않은 사람이며, 적극적이지 않은 사람은 영양제를 챙겨먹는다는 것을 알 수 있다. 따라서 영양제를 챙겨먹으면 면역력이 강화되는지는 알 수 없다.

오답분석

① 1번째 명제, 2번째 명제 대우를 통해 추론할 수 있다.
② 1번째 명제, 3번째 명제를 통해 추론할 수 있다.
③ 2번째 명제, 1번째 명제 대우, 4번째 명제를 통해 추론할 수 있다.
⑤ 1번째 명제 대우, 2번째 명제를 통해 추론할 수 있다.

20

정답 ①

'딸기를 좋아한다.'를 p, '가지를 좋아한다.'를 q, '바나나를 좋아한다.'를 r, '감자를 좋아한다.'를 s라고 하자.
제시된 명제를 정리하면 다음과 같다.

- 첫 번째 명제 : $p \rightarrow \sim q$
- 두 번째 명제 : $r \rightarrow q$
- 세 번째 명제 : $\sim q \rightarrow s$

즉, $p \rightarrow \sim q \rightarrow \sim r$ 또는 $p \rightarrow \sim q \rightarrow s$는 반드시 참이다.
r과 s의 관계를 알 수 없으므로 ①이 답이다.

21

정답 ③

세 번째 조건과 마지막 조건을 기호로 나타내면 다음과 같다.

- D → ~E
- ~E → ~A

각각의 대우 E → ~D와 A → E에 따라 A → E → ~D가 성립하므로 A를 지방으로 발령한다면 E도 지방으로 발령하고, D는 지방으로 발령하지 않는다. 이때, 회사는 B와 D에 대하여 같은 결정을 하고, C와 E에 대하여는 다른 결정을 하므로 B와 C를 지방으로 발령하지 않는다.
따라서 A가 지방으로 발령된다면 지방으로 발령되지 않는 직원은 B, C, D 총 3명이다.

22

정답 ①

오염물질 배출사업소 중 부적합 사업소는 2배 중과하므로 $1m^2$당 500원의 세금을 내야 한다.

오답분석

② 7월 1일 기준 사업장 연면적 $330m^2$ 초과하여 운영하는 개인 및 법인 사업주는 신고를 해야 한다.
③ 건축물 명세서가 아니라 건축물사용 내역서와 주민세(재산분) 신고서, 임대차 계약서를 작성하여 제출해야 한다.
④ 7월 31일까지 접수를 하지 않을 경우 본세에서 무신고 가산세가 20% 가산된다.
⑤ 위택스에 가입하면 신고와 납부업무를 위택스에서 동시에 처리할 수 있다.

23

정답 ③

ㄱ. 동지역 종합병원을 방문하였지만, 나이가 65세 이상이므로 본인부담금 비율이 다르게 적용된다. 진료비가 20,000원 초과 25,000원 이하이므로 요양급여비용 총액의 20%를 부담하여 67세 이○○씨의 본인부담금은 21,500×0.2=4,300원이다.
ㄴ. P읍에 사는 34세 김□□씨는 의원에서 진찰비 12,000원이 나오고, 처방전을 받아 약국에서 총액은 10,000원이었다. 본인부담금 비율은 의원은 총액의 30%, 약국도 30%이므로 김□□씨가 지불하는 본인부담금은 (12,000+10,000)×0.3=6,600원이다.
ㄷ. M면 지역 일반병원에 방문한 60세 최△△씨의 본인부담금 비율은 총액의 35%이고, 약국은 30%이다. 따라서 최△△씨의 본인부담금 총액은 25,000×0.35+60,000×0.3=8,750+18,000=26,750원이다.

따라서 세 사람의 본인부담금은 총 4,300+6,600+26,750=37,650원이다.

24

정답 ⑤

- A지원자 : 해외여행에 결격사유가 있다.
- B지원자 : 지원분야와 전공이 맞지 않다.
- C지원자 : 대학 재학 중이므로, 지원이 불가능하다.
- D지원자 : TOEIC 점수가 750점 이상이 되지 않는다.
- E지원자 : 병역 미필로 지원이 불가능하다.

따라서 A ~ E 5명의 지원자 모두 지원자격에 부합하지 않는다.

25

정답 ⑤

임대인이 외국인 또는 해외거주자일 경우에 대출이 불가한데, 질문자의 경우 한국으로 귀화한 임차인이기 때문에 다른 조건이 충족되면 대출이 가능하다.

제4영역 조직이해능력

01	02	03	04	05	06	07	08	09	10
④	④	④	⑤	④	④	④	①	④	④
11	12	13	14	15	16	17	18	19	20
③	②	③	③	④	③	②	③	④	②
21	22	23	24	25					
①	④	④	④	④					

01

정답 ④

델파이 기법은 반복적인 설문조사를 통해 의견 차이를 좁혀 합의를 도출하는 방식으로 이를 순서대로 바르게 나열한 것은 ④이다.

02

정답 ④

①·②·③·⑤는 고객에게 혜택 또는 이익이 돌아가거나 고객의 니즈에 맞춰 추천하는 방식의 영업 노하우인 것에 반해, ④는 영업과는 관련이 없는 내용이다.

03

정답 ④

김사원이 처리해야 할 일의 순서는 다음과 같다.

최팀장 책상의 서류 읽어 보기(박과장 방문 전) → 박과장 응대하기(오전) → 최팀장에게 서류 갖다 주기(점심시간) → 회사로 온 연락 최팀장에게 알려 주기(오후) → 이팀장에 전화달라고 전하기(퇴근 전)

따라서 김사원이 가장 먼저 처리해야 할 일은 ④이다.

04

정답 ⑤

- A대리 : 조직 내 집단 간 경쟁의 원인은 조직 내 한정 자원을 차지하려는 목적에서 발생한다.
- B차장 : 한정 자원의 차지 외에도 집단들이 상반된 목표를 추구할 때에도 경쟁이 발생한다.
- D주임 : 경쟁이 지나치면 집단 간 경쟁에 지나치게 많은 자원을 투입하고 본질적 목표를 소홀히 하게 되어 비능률을 초래하게 된다.

오답분석

- C주임 : 경쟁을 통해 집단 내부의 결속력을 다지고, 집단의 활동이 더욱 조직화되어 효율성을 확보할 수 있다. 하지만 지나치게 되면 자원의 낭비, 비능률 등의 문제가 초래된다. 따라서 경쟁이 치열할수록 좋다는 C주임의 설명은 적절하지 않다.

05

정답 ④

경영은 경영목적, 인적자원, 자금, 전략의 4요소로 구성된다. 경영목적은 조직의 목적을 달성하기 위해 경영자가 수립하는 것으로 보다 구체적인 방법과 과정이 담겨 있다. 인적자원은 조직에서 일하는 구성원으로 경영은 이들의 직무수행에 기초하여 이루어지기 때문에 인적자원의 배치 및 활용이 중요하다. 자금은 경영을 하는 데 사용할 수 있는 돈으로 자금이 충분히 확보되는 정도에 따라 경영의 방향과 범위가 정해지게 된다. 경영전략은 조직이 변화하는 환경에 적응하기 위하여 경영활동을 체계화하는 것으로, 목표 달성을 위한 수단이다. 경영전략은 조직의 목적에 따라 전략 목표를 설정하고, 조직의 내·외부 환경을 분석하여 도출한다.

06

정답 ④

오답분석

① 바이럴 마케팅(Viral Marketing) : 블로그나 카페 등을 통해 소비자들에게 자연스럽게 정보를 제공하여 기업의 신뢰도 및 인지도를 상승시키고 구매 욕구를 자극시키는 마케팅 전략
② 니치 마케팅(Niche Marketing) : 니치란 '틈새'라는 뜻으로 이미 타 기업이 점유하고 있는 시장 이외의 곳을 찾아서 경영자원을 집중적으로 투하하는 마케팅 전략
③ 프리 마케팅(Free Marketing) : 서비스와 제품을 무료로 제공하는 새로운 타입의 마케팅 전략
⑤ 스텔스 마케팅(Stealth Msrketing) : 소비자들이 인식하지 못하는 방식으로 브랜드나 제품을 홍보하는 마케팅 전략

07

정답 ④

IPO(Initial Public Offering)는 기업이 일정 목적을 가지고 주식과 경영상의 내용을 불특정 다수에게 공개하는 것을 의미한다. 발행회사는 주식 발행가격이 높을수록 IPO 가격이 낮아지므로 투자자의 투자수익이 줄어 추가공모 등을 통한 자본조달 여건이 나빠진다. 성공적인 IPO를 위해서는 적정 수준에서 기업을 공개하는 것이 중요하며 투자자들의 관심을 모으는 것이 필요하다.
따라서 ④는 IPO에 대한 설명으로 옳지 않다.

08

정답 ①

스톡옵션제도에 대한 설명으로 자본참가 유형에 해당한다.

오답분석

② 스캔런플랜에 대한 설명으로 성과참가 유형에 해당한다.
③ 러커플랜에 대한 설명으로 성과참가 유형에 해당한다.
④ 노사협의제도에 대한 설명으로 의사결정참가 유형에 해당한다.
⑤ 노사공동결정제도에 대한 설명으로 의사결정참가 유형에 해당한다.

09

정답 ④

조직의 경영자는 조직을 둘러싼 외부 환경에 대해 항상 관심을 가져야 한다. 외부 환경에 변화가 생겼을 경우에 기밀로 하는 것은 적절하지 않으며 이를 조직에 전달하는 것이 조직 경영자의 역할이다.

경영자의 역할
- 대인적 역할 : 조직의 대표자, 조직의 리더, 상징자·지도자
- 정보적 역할 : 외부환경 모니터, 변화 전달, 정보전달자
- 의사결정적 역할 : 문제 조정, 대외적 협상 주도, 분쟁조정자·자원배분자·협상가

10

정답 ④

맥킨지의 3S 기법
- Situation(Empathy) : 상대방의 마음을 잘 이해하고 있음을 표현하고, 공감을 형성한다.
- Sorry(Sincere) : 거절에 대한 유감과 거절할 수밖에 없는 이유를 솔직하게 표현한다.
- Suggest(Substitute) : 상대방의 입장을 생각하여 새로운 대안을 역으로 제안한다.

오답분석

①·⑤ Sorry(Sincere)에 해당하는 발언이다.
②·③ Suggest(Substitute)에 해당하는 발언이다.

11

정답 ③

면접관의 질문 의도는 단순히 사무실의 구조나 회사 위치 등 눈에 보이는 정보를 묻는 것이 아니라, 실질적으로 회사를 운영하는 내부 조직에 관련된 사항을 알고 있는지를 묻는 것이다. 따라서 사무실의 구조는 질문의 답변 내용으로 적절하지 않다.

12

정답 ②

팀장의 답변을 통해 K사원은 자신이 생각하는 방안에 대해 회사의 규정을 반영하지 않았음을 확인할 수 있다. 조직에서 업무의 효과성을 높이기 위해서는 조직에 영향을 미치는 조직의 목표, 구조, 문화, 규칙과 규정 등 모든 체제 요소를 고려해야 함을 조언해 준다.

13

정답 ③

문제에 대한 원인을 물어 근본 원인을 도출하는 5Why의 사고법으로 문제를 접근한다.

- 팀 내의 실적이 감소하고 있는 이유 : 고객과의 PB 서비스 계약 건수 감소
- 고객과의 PB 서비스 계약 감소 이유 : 절대적인 고객 수 감소
- 절대적인 고객 수 감소 이유 : 미흡한 재무설계 제안서
- 재무설계가 미흡한 이유 : 은행 금융상품의 다양성 부족
- 금융상품의 다양성 부족 이유 : 고객정보의 수집 부족

따라서 고객정보의 수집 부족이 근본적인 원인이다.

14

정답 ③

회의 내용으로 보아 의사결정방법 중 브레인스토밍 기법을 사용하고 있다. 브레인스토밍은 문제에 대한 제안이 자유롭게 이어지고, 아이디어는 많을수록 좋으며, 제안한 모든 아이디어를 종합하여 해결책을 내는 방법이다. 따라서 다른 직원의 의견에 대해 반박을 한 D주임의 태도는 회의에 임하는 태도로 적절하지 않다.

15

정답 ④

제시된 시장 조사 결과 보고서를 보면 소비자의 건강에 대한 관심 증대로 기능을 중시하며, 취급 점포를 체계적으로 관리해야 하고 상품의 가격을 조절해야 할 필요성이 나타나고 있다. 그러므로 '고급화 전략을 추진한다.'와 '전속적 또는 선택적 유통 전략을 도입한다.'는 마케팅 전략을 구사하는 것이 적절하다.

16

정답 ③

OJT에 의한 교육방법의 4단계는 다음과 같다.

㉡ 제1단계 : 배울 준비를 시킨다.
㉢ 제2단계 : 작업을 설명한다.
㉠ 제3단계 : 시켜본다.
㉣ 제4단계 : 가르친 결과를 본다.

17

정답 ②

체크리스트 항목의 내용을 볼 때, 국제감각 수준을 점검할 수 있는 체크리스트임을 알 수 있다. 따라서 추가적으로 들어갈 내용으로는 국제적인 법규를 이해하고 있는지를 확인하는 것이 가장 적절하다.

국제감각 수준 점검항목

- 다음 주에 혼자서 해외에 나가게 되더라도, 영어를 통해 의사소통을 잘할 수 있다.
- VISA가 무엇이고 왜 필요한지 잘 알고 있다.
- 각종 매체(신문, 잡지, 인터넷 등)를 활용하여 국제적인 동향을 파악하고 있다.
- 최근 미달러화(US$), 엔화(¥)와 비교한 원화 환율을 구체적으로 알고 있다.
- 영미권, 이슬람권, 중국, 일본 사람들과 거래 시 주의해야 할 사항들을 숙지하고 있다.

18

정답 ③

③은 인사부의 담당 업무이다. 기획부는 경영계획 및 전략 수립, 전사기획업무 종합 및 조정, 중·장기 사업계획의 종합 및 조정 등을 한다.

19

정답 ④

종래의 리더십은 리더의 역할이 어떻게 하면 부하를 목표에 공헌하게 할 수 있는지 통제하는 데 중점을 두고 있지만, 변혁적 리더십은 부하를 조직 내·외부의 변화에 대해 적응력을 높여주고 적응해 나가도록 지원하는 데 중점을 두고 있으며, 리더십을 조직구성원의 태도나 가정들이 변화하도록 중요한 영향을 주고 조직의 목적이나 이념에 헌신하게 하는 과정으로 본다.

20

정답 ②

ERG이론은 앨더퍼에 의해 주장된 욕구 단계이론이다. 매슬로의 하위 욕구가 충족되어야 상위 욕구가 생긴다는 문제점을 보완하기 위하여 여러 가지 욕구가 동시에 일어나는 것을 제시하였다. 매슬로는 우세한 욕구 한 가지가 다른 욕구를 지배한다고 보았지만 앨더퍼는 한 가지 이상의 욕구가 동시에 작용하는 것으로 보았으므로 ②는 옳지 않다.

21

정답 ①

(가)는 안정형, (나)는 중립형, (다)는 적극형 포트폴리오이다. 고객 A에게는 손실 최소화와 안정적 투자를 목표하는 안정형, 고객 B에게는 수익성과 안정성을 고려하여 어느 한쪽에 치우치지 않도록 하는 중립형, 고객 C에게는 위험을 감내하더라도 높은 수준의 투자수익을 추구하는 적극형을 추천해야 한다.

22

정답 ④

문제 발생의 원인은 회의 내용에서 알 수 있는 내용이다.

오답분석

① 회의에 참가한 인원이 6명일 뿐, 조직의 인원은 회의록에서 알 수 없다.
② 회의 참석자는 생산팀 2명, 연구팀 2명, 마케팅팀 2명으로 총 6명이다.
③ 마케팅팀에서 제품을 전격 회수하고 연구팀에서 유해 성분을 조사하기로 했으므로 적절하지 않다.
⑤ 회의록을 마케팅팀이 작성했다는 정보는 알 수 없다.

23

정답 ④

회의 후 가장 먼저 해야 할 일은 '주문량이 급격히 증가한 일주일 동안 생산된 제품 파악'이다. 문제의 제품이 전부 회수돼야 포장 재질 및 인쇄된 잉크 유해 성분을 조사한 뒤 적절한 조치가 가능해지기 때문이다.

24

정답 ④

회의 목적은 신제품 홍보 방안 수립 및 제품명 개발이며 회의 이후 이러한 목적을 달성할 수 있도록 업무를 진행해야 한다. 기획팀의 D대리는 신제품의 특성에 적절하고 소비자의 흥미를 유발하는 제품명을 개발해야 하는 업무를 맡고 있으므로, 자사의 제품과 관계없는 타사 제품의 이름을 조사하는 것은 적절하지 않다.

25

정답 ④

D응답자는 오프라인에서의 제품 접근성에 대한 소비자의 반응으로, 온라인 홍보팀이 필요로 하는 온라인에서의 타사 여드름 화장품에 대한 소비자 반응으로 적절하지 않다.

제2회 모의고사 정답 및 해설

제1영역 의사소통능력

01	02	03	04	05	06	07	08	09	10
②	④	④	⑤	④	②	③	①	④	①
11	12	13	14	15	16	17	18	19	20
③	③	②	②	④	④	④	①	④	②
21	22	23	24	25					
②	⑤	④	③	④					

01

정답 ②

• 오르다
1. 지위나 신분 따위를 얻게 되다. → 벼슬길에 오르다.
2. 탈것에 타다. → 기차에 오르다.
3. 기록에 적히다. → 사전에 오르다.

02

정답 ④

'계시다'는 존칭 명사가 주어이고, '존재'의 의미를 나타낼 때 사용된다. '말씀'의 경우, 자체로 존대의 대상이 될 수 없고 '존재할' 수 있는 명사가 아니므로 '계시다'를 사용할 수 없다. 따라서 '말씀이 있겠습니다.'와 같이 표현하는 것이 적절하다.

03

정답 ④

제시문의 첫 번째 문단에서 위계화의 개념을 설명하고, 이러한 불평등의 원인과 구조에 대해 살펴보고 있다. 따라서 글의 제목으로 ④가 가장 적절하다.

04

정답 ⑤

최소비용입지론에서는 운송비가 최소가 되는 지점이 최적 입지가 되는데, 운송비는 일반적으로 이동 거리가 짧을수록 적게 든다. 또한 최대수요입지론에서는 소비자의 이동 거리를 최소화할 수 있는 지점에 입지를 선정한다. 결국 두 입지론 모두 최적의 입지 선택을 위해서는 거리에 따른 경제적 효과를 중시하고 있음을 알 수 있다.

05

정답 ④

스피노자는 삶을 지속하고자 하는 인간의 욕망을 코나투스라 정의하며, 코나투스인 욕망을 긍정하고 욕망에 따라 행동해야 한다고 주장하였다. 따라서 스피노자의 주장에 대한 반박으로는 인간의 욕망을 부정적으로 바라보며, 이러한 욕망을 절제해야 한다는 내용의 ④가 가장 적절하다.

오답분석

③ 스피노자는 모든 동물들이 코나투스를 가지고 있으나, 인간은 자신의 충동을 의식할 수 있다는 점에서 차이가 있다고 주장하므로 스피노자와 동일한 입장임을 알 수 있다.

06

정답 ②

기계화 · 정보화의 긍정적인 측면보다는 부정적인 측면을 부각시키고 있는 본문을 통해 기계화 · 정보화가 인간의 삶의 질 개선에 기여하고 있음을 경시한다고 지적할 수 있다.

07

정답 ③

• 오랜동안 → 오랫동안
• 발명 → 발견

08

정답 ①

'나뉘다'는 '나누다'의 피동형으로, 피동을 만드는 접사인 '–어지다'를 결합할 경우 이중피동이 되기 때문에 옳은 표현은 '나뉘어'이다.

09

정답 ④

제시문의 핵심 내용은 '기본 모델'에서는 증권시장에서 주식의 가격이 '기업의 내재적인 가치'라는 객관적인 기준에 근거하여 결정된다고 보지만 '자기참조 모델'에서는 주식의 가격이 증권시장에 참여한 사람들의 여론에 의해, 즉 인간의 주관성에 의해 결정된다고 본다는 것이다. 따라서 제시문은 주가 변화의 원리에 초점을 맞추어 다른 관점들을 대비하고 있는 것이다.

10

정답 ①

글쓴이는 객관적인 기준을 중시하는 기본 모델은 주가 변화를 제대로 설명하지 못하지만, 인간의 주관성을 중시하는 자기참조 모델은 주가 변화를 제대로 설명하고 있다고 보고 있다. 따라서 증권시장의 객관적인 기준이 인간의 주관성보다 합리적임을 보여준다는 진술은 제시문의 내용으로 적절하지 않다.

11

정답 ③

먼저 철도가 등장하면서 시간의 통일이 필요해졌다는 (다)가 맨 앞에 와야 하며, 시간의 혼란 문제를 해결하기 위해 플레밍이 세계 표준시를 도입하고자 하였다는 (가)가 그다음에 와야 한다. 다음으로 플레밍의 제안이 미국 전역에 도입됨에 따라 국제자오선 회의가 열리게 되었다는 (마)가 와야 하며, 영국과 프랑스의 대결 끝에 그리니치가 세계 표준시로 채택되었다는 (라)가 그 다음에 와야 한다. 마지막으로 우리나라의 세계 표준시는 일본에 의해 변경된 후 본래대로 돌아왔다가 다시 변경되었다는 (나)가 와야 한다.

12

정답 ③

㉢에는 나타나거나 또는 나타나서 보임을 의미하는 '출현(出現)'이 사용되어야 한다.

• 출연(出演) : 연기, 공연, 연설 따위를 하기 위하여 무대나 연단에 나감

오답분석

① 공존(共存) : 두 가지 이상의 사물이나 현상이 함께 존재함
② 환원(還元) : 본디의 상태로 다시 돌아감. 또는 그렇게 되게 함
④ 관철(貫徹) : 어려움을 뚫고 나아가 목적을 기어이 이룸
⑤ 채택(採擇) : 작품, 의견, 제도 따위를 골라서 다루거나 뽑아 씀

13

정답 ②

제시문에서 '당분 과다로 뇌의 화학적 균형이 무너져 정신에 장애가 왔다고 주장'한 것과, '정제한 당의 섭취를 원천적으로 차단'한 실험 결과를 토대로 추론하면 '과다한 정제당 섭취가 반사회적 행동을 유발할 수 있다.'로 귀결되므로 빈칸에는 ②가 가장 적절하다.

14

정답 ②

미세먼지의 경우 최소 $10\mu m$ 이하의 먼지로 정의되고 있지만, 황사의 경우 주로 지름 $20\mu m$ 이하의 모래로 구분하되 통념적으로는 입자 크기로 구분하지 않는다. 따라서 $10\mu m$ 이하의 황사의 경우 크기만으로 미세먼지와 구분 짓기는 어렵다.

오답분석

①・⑤ 제시문을 통해서 알 수 없는 내용이다.
③ 제시문에서 미세먼지의 역할에 대한 설명은 찾을 수 없다.
④ 제시문에서 설명하는 황사와 미세먼지의 근본적인 구별법은 구성성분의 차이이다.

15

정답 ④

제시문은 서양의 자연관은 인간이 자연보다 우월한 자연지배관이며, 동양의 자연관은 인간과 자연을 동일선상에 놓거나 조화를 중요시한다고 설명한다. 따라서 '서양의 자연관과 동양의 자연관의 차이'를 중심 내용으로 보는 것이 가장 적절하다.

16

정답 ④

한글 맞춤법에 따르면 '률(率)'은 모음이나 'ㄴ' 받침 뒤에서는 '이자율, 회전율'처럼 '율'로 적고, 그 이외의 받침 뒤에서는 '능률, 합격률'처럼 '률'로 적는다. 따라서 '수익률'이 옳은 표기이다.

오답분석

① 추계(推計) : '일부를 가지고 전체를 미루어 계산함'의 의미를 지닌 단어로 재정 추계는 국가 또는 지방 자치 단체가 정책을 시행하기 위해 필요한 자금을 추정하여 계산하는 일
② 그간(-間) : '조금 멀어진 어느 때부터 다른 어느 때까지의 비교적 짧은 동안'이라는 의미를 지닌 한 단어
③ 전제(前提) : '어떠한 사물이나 현상을 이루기 위하여 먼저 내세우는 것'을 의미함
④ 제도(制度) : 관습이나 도덕, 법률 따위의 규범이나 사회 구조의 체계를 의미함

17

정답 ④

제시문은 물이 기체, 액체, 고체로 변화하는 과정을 통해 지구 내 '물의 순환' 현상을 설명하고 있다. 따라서 내용 전개 방식으로 '대상의 상태 변화 과정을 통해 현상을 설명하고 있다.'가 가장 적절하다.

18

정답 ①

제시문은 줄임말, 초성, 표기, 이모티콘, 야민정음 등과 같이 새롭게 나타난 조어 방식들이 매체의 발달로 인한 새로운 인지 경험이 만들어 낸 현상이라고 규정하여 그 현상의 원인을 제시하고, 조어들의 인지 방식에 대해 분석하고 있다.

19

정답 ④

보기의 문장은 호주에서 카셰어링 서비스가 급격한 성장세를 보이는 이유를 비용 측면에서 바라보고 있다. 이때, 세 번째 문단의 (라) 뒤에서는 차량을 소유할 경우 부담해야 하는 비용에 대해 이야기하고 있으므로 결국 비용 측면을 언급하는 보기의 문장은 (라)에 들어가는 것이 가장 적절하다.

20

정답 ②

발효된 파리기후변화협약은 3년간 탈퇴가 금지되어 2019년 11월 3일까지는 탈퇴 통보가 불가능하다는 내용을 통해 해당 협약은 2016년 11월 4일에 발효되었음을 알 수 있다. 따라서 파리기후변화협약은 2015년 12월 제21차 유엔기후변화협약 당사국총회에서 채택되었을 뿐, 2015년 12월 3일에 발효된 것은 아니다.

오답분석

① 파리기후변화협약은 2020년 만료 예정인 교토의정서를 대체하여 2021년부터의 기후변화 대응을 담은 국제협약이므로 교토의정서는 2020년 12월에 만료되는 것을 알 수 있다.
③ 파리기후변화협약에서 개발도상국은 절대량 방식의 감축 목표를 유지해야 하는 선진국과 달리 절대량 방식과 배출 전망치 대비 방식 중 하나를 채택할 수 있다. 우리나라의 감축 목표는 2030년 배출 전망치 대비 37%의 감축이므로 개발도상국에 해당하는 것을 알 수 있다.
④ 파리기후변화협약은 채택 당시 195개의 당사국 모두가 협약에 합의하였으나, 2020년 11월 4일 미국이 공식 탈퇴함에 따라 현재 194개국이 합의한 상태임을 알 수 있다.
⑤ 파리기후변화협약의 차별적인 책임 원칙에 따라 선진국의 감축 목표 유형은 절대량 방식을 유지하며, 개발도상국은 자국 여건을 고려해 절대량 방식과 배출 전망치 대비 방식 중 채택하도록 하였다. 교토 의정서와 달리 195개의 당사국 모두에게 온실가스 감축 의무가 생겼다.

21

정답 ②

선택근무제는 시차출퇴근제와 달리 1일 8시간이라는 근로시간에 구애받지 않고 주당 40시간의 범위 내에서 1일 근무시간을 자율적으로 조정할 수 있으므로 주당 40시간의 근무시간만 충족한다면 주5일 근무가 아닌 형태의 근무도 가능하다.

오답분석

① 시차출퇴근제는 주5일, 1일 8시간, 주당 40시간이라는 기존의 소정근로시간을 준수해야 하므로 반드시 하루 8시간의 근무형태로 운영되어야 한다.
③ 재량근무제 적용이 가능한 업무는 법으로 규정되어 있으므로 규정된 업무 외에는 근로자와 합의하여도 재량근무제를 실시할 수 없다.
④ 원격근무제는 재량근무제와 달리 적용 가능한 직무의 제한을 두지 않으므로 현장 업무를 신속하게 처리할 수 있다는 이동형 원격근무제의 장점에 따라 이동형 원격근무제를 운영할 수 있다.
⑤ 일주일 중 일부만 재택근무를 하는 수시형 재택근무에 해당한다.

22

정답 ⑤

지금까지의 주택금융시장의 구조적 개선은 LTV 상한을 적용하여 주택 가격 충격의 영향을 줄이는 방향으로 진행됐다.

오답분석

① 2000 ~ 2003년 폭발적인 증가세를 경험한 이후 조정기를 거친 후에도 증가세를 보였지만, 그 이전에도 증가세였는지는 알 수 없다.
② 금융자산과 부채의 상관관계도 지속적으로 증가하는 것은, 유동성 충격에 대한 가계의 대응 능력이 강화되었음을 보여준다.
③ 주택가격 상승과 주택담보대출 증가는 상호 작용을 통해 서로를 강화하는 방향으로 작용하였고, 이 과정에서 가계소비의 빠른 증가세가 실현되었다.
④ 주택 가격에 취약한 건 맞으나, 변동금리부로 운영되고 있다.

23

정답 ④

먼저 보험료와 보험금의 산정 기준을 언급하는 (나) 문단이 오는 것이 적절하며, 다음으로 자신이 속한 위험 공동체의 위험에 상응하는 보험료를 납부해야 공정하다는 (다) 문단이 오는 것이 적절하다. 이후 '따라서' 공정한 보험은 납부하는 보험료와 보험금에 대한 기댓값이 일치해야 한다는 (라) 문단과 이러한 보험금에 대한 기댓값을 설명하는 (가) 문단이 차례로 오는 것이 적절하다.

24

정답 ③

먼저 종자에 대한 보편적 인식을 언급하는 (가) 문장이 오는 것이 적절하며, 다음으로 이런 인식과 달리 많은 작물의 종자를 수입하고 있다는 (다) 문장이 오는 것이 적절하다. 이후 '또한 ~' 으로 이어지는 외국 기업이 차지하고 있는 채소 종자 시장의 실태를 보여주는 (나) 문장과 이로 인해 발생할 수 있는 문제를 언급하는 (라) 문장이 차례로 오는 것이 적절하다.

25

정답 ④

문단을 논리적인 구성에 맞게 나열하려면 각 문단의 첫 부분과 마지막 부분을 살펴봐야 한다. 연결어나 지시어가 없고, 글의 전체적 주제를 제시하는 문단이 가장 처음에 올 가능성이 높다. 따라서 사랑과 관련하여 여러 형태의 빛 신호를 가지고 있는 반딧불이를 소개하고, 이들이 단체로 빛을 내면 장관을 이룬다는 내용의 (라) 문단이 맨 처음에 와야 한다. 다음으로는 (라)의 마지막 내용과 연결되는 반딧불이 집단의 불빛으로 시작해 반딧불이의 단독행동으로 끝이 나는 (나) 문단이 이어지는 것이 자연스럽다. 그리고 단독으로 행동하기 좋아하는 반딧불이가 짝을 찾는 모습을 소개한 (마) 문단이 이어져야 하며, 그러한 특성을 이용해 먹잇감을 찾는 반딧불이의 종류를 이야기하는 (가) 문단이 오는 것이 적절하다. (다) 문단은 (가) 문단에 이어지는 내용이므로 그 뒤에 배치되어야 한다.

제2영역 수리능력

01	02	03	04	05	06	07	08	09	10
②	①	④	①	③	②	①	②	②	③
11	12	13	14	15	16	17	18	19	20
④	①	④	①	②	②	⑤	③	④	③
21	22	23	24	25					
④	②	③	④	④					

01

정답 ②

평균속력은 $\frac{\text{(총이동거리)}}{\text{(총걸린시간)}}$이며, K대리가 이동한 총거리는 $14+6.8+10=30.8$km이다. 이동하는 데 걸린 시간(모든 시간 단위는 시간으로 환산)은 $1.5+\frac{18}{60}+1=2.5+\frac{3}{10}=2.8$시간이다.

따라서 K대리가 출퇴근할 때 평균속력은 $\frac{30.8}{2.8}=11$km/h이다.

02

정답 ①

작년 사과의 개수를 x개라고 하면, 배의 개수는 $(500-x)$개이며, 다음과 같은 식이 성립한다.

$\frac{1}{2}x+2\times(500-x)=700$

$\rightarrow -\frac{3}{2}x=-300$

$\therefore x=200$

따라서 올해 사과의 개수는 $\frac{1}{2}\times200=100$개이다.

03

정답 ④

제시된 이등변삼각형의 꼭지각에서 마주보는 변을 향해 수선의 발을 내렸을 때 밑변은 수직이등분된다. 그러므로 다음과 같이 빗변의 길이가 b인 직각삼각형을 그릴 수 있다.

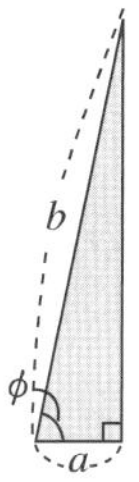

$\cos\phi=\frac{a}{b}$이므로 $b=\frac{a}{\cos\phi}$이다.

이등변삼각형은 두 빗변의 길이가 같고, 밑변은 수직이등분되었으므로 이등변삼각형의 둘레의 길이는 a와 b를 더한 값의 2배이다.

따라서 제시된 이등변삼각형의 둘레는

$2\times(a+b)=2\times\left(a+\frac{a}{\cos\phi}\right)=2a\left(1+\frac{1}{\cos\phi}\right)$이다.

04

정답 ①

A등급 선수 한 명에게 지급될 금액을 x원이라고 하자.

이때, B등급 선수 한 명에게 지급될 금액은 $\frac{1}{2}x$원, C등급 선수 한 명에게 지급될 금액은 $\frac{1}{2}x\times\frac{2}{3}=\frac{1}{3}x$원이다.

전체 포상금이 4,500만 원이므로 식을 세우면 다음과 같다.

$5x+10\times\frac{1}{2}x+15\times\frac{1}{3}x=45,000,000$

$\rightarrow 15x=45,000,000$

$\therefore x=3,000,000$

따라서 A등급 한 명에게 지급될 포상금은 300만 원이다.

05

정답 ③

문제를 표로 정리하면 다음과 같다.

투자금	100억 원	
주식 종류	A	B
수익률	10%	6%
수익금	7억 원	

100억 원을 A와 B에 분산투자하므로 A에 투자하는 금액을 x억 원이라고 하고, B에 투자하는 금액을 y억 원이라 하자.

$x+y=100 \rightarrow y=100-x$

A의 수익률 10%, B의 수익률 6%로 7억 원의 수익을 내려면 다음과 같다.

$x\times10\%+(100-x)\times6\%=7$

$\rightarrow 0.1x+0.06(100-x)=7$

$\rightarrow 10x+6(100-x)=700$

$\rightarrow 10x+600-6x=700$

$\rightarrow 4x=100$

$\therefore x=25$

따라서 7억 원의 수익을 내기 위해서 A에 투자할 금액은 25억 원이다.

06

정답 ②

500개 상자를 접는 일의 양을 1이라고 하면 2,500개의 상자를 접는 일은 5배이므로 5가 된다. 갑이 하루에 할 수 있는 일의 양은 $\frac{1}{5}$, 을은 $\frac{1}{13}$이다. 2,500개 상자를 접는데 갑와 을이 같이 일한 기간을 X일이라고 가정하고 방정식을 세우면 다음과 같다.

$\left(\frac{1}{5}+\frac{1}{13}\right)X+\frac{1}{5}\times(20-X)=5$

→ $18X+13(20-X)=5\times5\times13$

→ $18X+260-13X=25\times13$

→ $5X=65$

∴ $X=13$

따라서 갑과 을이 같이 일한 기간은 13일이다.

07

정답 ①

김대리의 나이는 x살, 조카의 나이를 y살이라 가정하면 4년 전 나이와 3년 후 나이에 대한 다음 두 방정식이 성립한다.

$(x-4)=4\times(y-4)$

→ $x-4=4y-16$

→ $x-4y=-12$ ⋯ ㉠

$(x+3)=2\times(y+3)+7$

→ $x+3=2y+6+7$

→ $x-2y=10$ ⋯ ㉡

㉠에서 ㉡을 빼면 $y=11$이 나오고, $x=10+2\times11=32$가 된다.

따라서 현재 조카의 나이는 11살이다.

08

정답 ②

365일은 52주+1일이므로 평년인 해에 1월 1일과 12월 31일은 같은 요일이다. 따라서 평년인 해에 1월 1일이 월, 화, 수, 목, 금요일 중 하나라면 휴일 수는 52×2=104일이고, 1월 1일이 토, 일요일 중 하나라면 휴일 수는 52×2+1=105일이다. 재작년을 0년도로 두고 1월 1일이 토, 일요일인 경우로 조건을 따져보면 다음과 같다.

• 1월 1일이 토요일인 경우

구분	1월 1일	12월 31일	휴일 수
0년도(평년)	토	토	105일
1년도(윤년)	일	월	105일
2년도(평년)	화	화	104일

• 1월 1일이 일요일인 경우

구분	1월 1일	12월 31일	휴일 수
0년도(평년)	일	일	105일
1년도(윤년)	월	화	104일
2년도(평년)	수	수	104일

따라서 재작년과 작년의 휴일 수가 105일로 같으므로 올해 1월 1일은 화요일이고, 휴일 수는 104일이다.

09

정답 ②

용질이 녹아있는 용액의 농도는 다음과 같이 구한다.

$(\text{농도})=\frac{(\text{용질의 양})}{(\text{용액의 양})}\times100$

농도가 25%이고, 코코아 분말이 녹아있는 코코아용액은 700mL이므로, 코코아 분말의 양은 700×0.25=175mL이다.

따라서 코코아 분말은 175g이 들어있음을 알 수 있다.

10

정답 ③

• 첫 번째, 두 번째, 세 번째에 모두 앞면이 나올 확률

: $\frac{1}{2}\times\frac{1}{2}\times\frac{1}{2}=\frac{1}{8}$

• 첫 번째에 뒷면, 두 번째와 세 번째에 앞면이 나올 확률

: $\frac{1}{2}\times\frac{1}{2}\times\frac{1}{2}=\frac{1}{8}$

따라서 두 번째와 세 번째에 모두 앞면이 나올 확률은 $\frac{1}{8}+\frac{1}{8}$ $=\frac{1}{4}$이다.

11

정답 ④

서로 다른 n개로 만들 수 있는 원순열의 수는 $\frac{n!}{n}=(n-1)!$로 구한다.

따라서 서로 다른 6명의 원순열은 $\frac{6!}{6}=(6-1)!=5!=120$가지이다.

12

정답 ①

앞의 항에 +10, +8, +6, ⋯을 하는 수열이다.

A=12+8=20, B=30+2=32

∴ $\text{B}\div\text{A}=32\div20=\frac{8}{5}$

13

정답 ④

제시된 수열은 정수 부분이 +2씩, 분자는 +4씩 증가하고, 분모는 (정수)×(분자)−2를 하는 수열이다.

따라서 (　)$=(4+2)\left\{\frac{7+4}{(4+2)\times(7+4)-2}\right\}=6\frac{11}{64}$이다.

14

정답 ①

각 변에 있는 수의 합은 18로 일정하다.

7+4+(　)+5=18

따라서 (　)=2이다.

15 정답 ②

실용성 전체 평균점수 $\frac{103}{6} \fallingdotseq 17$점보다 높은 방식은 ID/PW 방식, 이메일 및 SNS 방식, 생체인증 방식 총 3가지이다.

오답분석

① 생체인증 방식의 선호도 점수는 $20+19+18=57$점이고, OTP 방식의 선호도 점수는 $15+18+14=47$점, i-PIN 방식의 선호도 점수는 $16+17+15=48$점이다. 따라서 생체인증 방식의 선호도는 나머지 두 방식의 선호도 합보다 $47+48-57=38$점 낮다.

③ 유효기간이 '없음'인 방식들은 ID/PW 방식, 이메일 및 SNS 방식, 생체인증 방식이며, 세 인증수단 방식의 간편성 평균점수는 $\frac{16+10+18}{3} \fallingdotseq 15$점이다.

④ 공인인증서 방식의 선호도가 51점일 때, 보안성 점수는 $51-(16+14+3)=18$점이다.

⑤ ID/PW 방식의 선호도는 44점, I-PIN 방식의 선호도 점수는 48점이다.

16 정답 ②

뉴질랜드 무역수지는 9월에서 10월까지 증가했다가 11월에 감소한 후 12월에 다시 증가했다.

오답분석

① 한국의 무역수지가 전월 대비 증가한 달은 9월, 10월, 11월이며 증가량이 가장 많았던 달은 $45,309-41,983=3,326$백만 USD인 11월이다.

③ 그리스의 12월 무역수지는 2,426백만 USD이며 11월 무역수지는 2,409백만 USD이므로, 12월 무역수지의 전월 대비 증가율은 $\frac{2,426-2,409}{2,409} \times 100 \fallingdotseq 0.7\%$이다.

④ 10월부터 12월 사이 한국의 무역수지는 '증가 – 감소'의 추이이다. 이와 같은 양상을 보이는 나라는 독일과 미국으로 2개국이다.

⑤ 7월부터 9월까지 노르웨이, 대만 모두 증가→ 감소의 변화를 보이고 있다.

17 정답 ⑤

ㄱ. 2023년 1분기와 2024년 4분기에 대한 자료는 없으므로 알 수 없다.

ㄴ. 2023년 3분기부터 2024년 3분기까지 직전분기 대비 자산규모가 매분기 증가한 유형자산으로는 건물과 기구비품 자산이 있지만, 기타 유형자산에 포함된 유형자산 항목도 있을 수 있으므로 알 수 없다.

ㄹ. 2024년 2분기와 3분기의 경우, 직전분기 대비 건물 자산의 규모는 증가했지만, 건설 중인 자산의 규모는 직전분기 대비 감소하였다.

오답분석

ㄷ. 2023년 2분기 대비 2024년 2분기 유형자산 총액의 증가율은 $\frac{12,802-9,855}{9,855} \times 100 \fallingdotseq 29.9\%$이다.

18 정답 ③

A사와 B사의 전체 직원 수를 알 수 없으므로, 비율만으로는 판단할 수 없다.

오답분석

① 여직원 대비 남직원 비율은 여직원 비율이 높을수록, 남직원 비율이 낮을수록 값이 작아진다. 따라서 여직원 비율이 가장 높으면서, 남직원 비율이 가장 낮은 D사가 비율이 최저이고, 남직원 비율이 여직원 비율보다 높은 A사의 비율이 가장 높다.

② B, C, D사 각각 남직원보다 여직원의 비율이 높다. 따라서 B, C, D사 모두에서 남직원 수보다 여직원 수가 많다. 즉, B, C, D사의 직원 수를 다 합했을 때도 남직원 수는 여직원 수보다 적다.

④ A사의 전체 직원 수를 a명, B사의 전체 직원 수를 b명이라 하면, A사의 남직원 수는 $0.54a$, B사의 남직원 수는 $0.48b$이다.

$\frac{0.54a+0.48b}{a+b} \times 100=52 \rightarrow 54a+48b=52(a+b)$

$\therefore a=2b$

⑤ A, B, C사의 각각 전체 직원 수를 a라 하면, 여직원의 수는 각각 $0.46a$, $0.52a$, $0.58a$이다. 따라서 $0.46a+0.58a=2\times0.52a$이므로 옳은 설명이다.

19 정답 ④

특수학교뿐 아니라 초등학교와 고등학교도 정규직 영양사보다 비정규직 영양사의 수가 더 적다.

오답분석

① 급식인력은 4개의 학교 중 초등학교가 34,184명으로 가장 많다.

② 초등학교, 중학교, 고등학교의 영양사와 조리사는 천 단위의 수인 데 반해 조리보조원은 만 단위이므로, 조리보조원이 차지하는 비율이 가장 높다는 것을 알 수 있다.

③ 중학교 정규직 영양사는 626명이고 고등학교 비정규직 영양사는 603명이므로 $626-603=23$명 더 많다.

⑤ 중학교의 급식학교 수는 2,492개로 고등학교 1,951개보다 많지만, 조리 보조원의 경우 중학교 인력이 2,338명 적다.

20

정답 ③

• 가 : 부동산 자산 총 17억 원의 일반 지역 2주택 소유자이므로 개정 전에는 1.4%, 개정 후에는 1.6%의 세율이 적용된다.
  – 개정 전 : 17억×0.014=23,800,000원
  – 개정 후 : 17억×0.016=27,200,000원
  ∴ 27,200,000−23,800,000=3,400,000원
• 나 : 부동산 자산 총 12억 원의 조정대상지역 1주택 소유자이므로 개정 전에는 1.0%, 개정 후에는 1.2%의 세율이 적용된다.
  – 개정 전 : 12억×0.01=12,000,000원
  – 개정 후 : 12억×0.012=14,400,000원
  ∴ 14,400,000−12,000,000=2,400,000원
• 다 : 부동산 자산 총 54억 원의 일반 지역 3주택 소유자이므로 개정 전에는 2.5%, 개정 후에는 5%의 세율이 적용된다.
  – 개정 전 : 54억×0.025=135,000,000원
  – 개정 후 : 54억×0.05=270,000,000원
  ∴ 270,000,000−135,000,000=135,000,000원

따라서 가~다의 개정 전 세금과 개정 후 세금 차이의 총합은 3,400,000+2,400,000+135,000,000=140,800,000원이다.

21

정답 ④

A~D가 외화 환전으로 얻은 이익을 계산하면 다음과 같다.

• A
  – 1월 1일에 300달러 환전에 사용된 원화는 1,180×300=354,000원이다.
  – 3월 23일 받은 원화는 1,215×100=121,500원이고, 6월 12일에 받은 원화는 1,190×200=238,000원이다.
  ∴ 사용한 원화가 354,000원이고, 받은 원화가 359,500원이므로 이익은 5,500원이다.
• B
  – 1월 1일에 3,000엔 환전에 사용된 원화는 1,090×30=32,700원이다.
  – 3월 23일 받은 원화는 1,105×10=11,050원이고, 6월 12일에 받은 원화는 1,085×20=21,700원이다.
  ∴ 사용한 원화가 32,700원이고, 받은 원화가 32,750원이므로 이익은 50원이다.
• C
  – 1월 1일에 1,000위안 환전에 사용된 원화는 165×1,000=165,000원이다.
  – 3월 23일 받은 원화는 175×300=52,500원이고, 6월 12일에 받은 원화는 181×700=126,700원이다.
  ∴ 사용한 원화가 165,000원이고, 받은 원화가 179,200원이므로 이익은 14,200원이다.
• D
  – 1월 1일에 400유로 환전에 사용된 원화는 1,310×400=524,000원이다.
  – 3월 23일 받은 원화는 1,370×200=274,000원이고, 6월 12일에 받은 원화는 1,340×200=268,000원이다.
  ∴ 사용한 원화가 524,000원이고, 받은 원화가 542,000원이므로 이익은 18,000원이다.

따라서 최대 이익(D)과 최소 이익(B)의 차는 18,000−50=17,950원이다.

22

정답 ②

$\frac{1,039,678}{756,580} \times 100 \fallingdotseq 137.42\%$

따라서 2018년 대비 2021년 총국세액의 비율은 137.42%이다.

23

정답 ③

• 경준 : 매년 종합몰의 비중이 계속해서 늘어나는 반면 전문몰의 비중은 줄어들고 있으며, 매년 증가하는 거래액의 양 역시 종합몰이 전문몰보다 높으므로 옳은 분석이다.
• 희수 : 각 항목의 전년 동월 대비 증가한 거래액을 살펴보면 온라인몰은 2023년 5월에는 32,358−26,915=5,443억 원, 2024년 5월에는 38,374−32,358=6,016억 원 증가했으며, 온・오프라인 병행몰은 2023년 5월에는 20,236−15,440=4,796억 원, 2024년 5월에는 24,606−20,236=4,370억 원 증가했다. 따라서 2025년 5월에 온라인몰의 거래액은 6,000억 원 내외, 온・오프라인 병행몰의 거래액은 4,000억 원 내외로 증가할 것으로 예상할 수 있다. 이를 토대로 2025년 거래액을 예측해 보면 $\frac{38,374+6,000}{24,606+4,000} \fallingdotseq 1.55$이므로 오차범위를 감안하더라도 온라인 쇼핑몰의 거래액이 온・오프라인 병행몰 거래액의 1.5배 내외일 것임을 예측할 수 있다.

오답분석

• 현지 : 전년 동월 대비 전체 온라인 쇼핑몰 거래액을 살펴보면 2023년 5월에는 52,595−42,355=10,240억 원, 2024년 5월에는 62,980−52,595=10,385억 원이다.
  따라서 2025년에는 10,500억 원 내외로 증가하여 62,980+10,500=73,480억 원 정도의 거래액을 예상해 볼 수 있다. 이는 2022년 5월의 거래액의 2배인 42,355×2=84,710억 원에 못 미치므로 옳지 않다.

24

정답 ④

본사부터 F사까지의 총 주행거리는 200km이고, 휘발유는 1분기에 1,500원이므로 유류비는 200÷15×1,500=20,000원이다.

25

정답 ④

3분기에 경유는 리터당 2,000원에 공급되고 있으므로 10만 원의 예산으로 사용할 수 있는 연료량은 50L이다. 연비가 가장 좋은 차종은 006이므로 총 주행가능거리는 50×25=1,250km이다.

제3영역 문제해결능력

01	02	03	04	05	06	07	08	09	10
②	④	②	①	③	④	③	③	①	④
11	12	13	14	15	16	17	18	19	20
②	①	④	④	①	②	④	⑤	③	④
21	22	23	24	25					
⑤	③	③	⑤	④					

01

정답 ②

키보드, 스캐너, 마우스는 입력 장치에 해당하므로 14개, 출력 장치는 스피커, LCD 모니터, 레이저 프린터가 해당하므로 11개, 저장 장치는 광디스크, USB 메모리가 해당하므로 19개이다. 따라서 재고량 조사표에서 출력 장치가 11개가 되어야 한다.

02

정답 ④

O사 직원의 근속연수에 따른 우대금리는 다음과 같다.

직원	근속연수	우대금리
A	4년	0.5+1=1.5%p
B	17년	1.2+1=2.2%p
C	9년	0.8+1=1.8%p
D	25년	1.2+1=2.2%p
E	3년	0.5+1=1.5%p
F	1년	0.5+1=1.5%p
G	8년	0.8+1=1.8%p
H	8년	0.8+1=1.8%p
I	20년	1.2+1=2.2%p
J	1년	0.5+1=1.5%p
K	13년	1+1=2%p
L	12년	1+1=2%p

따라서 만기 시 평균 적용 금리는 $3.5+\frac{1.5+2.2+1.8+2.2+1.5+1.5+1.8+1.8+2.2+1.5+2+2}{12}$

$\fallingdotseq 3.5+1.83=5.33\%$이다.

03

정답 ②

㉠ 강점인 공공기관으로서의 신뢰성을 바탕으로 해외 개발 사업에 참여하는 것은 강점을 살려 기회를 포착하는 SO전략으로 적절하다.

㉢ 약점인 환경파괴를 최소화하는 방향의 환경친화적 신도시 개발은 약점을 보완하여 기회를 포착하는 WO전략으로 적절하다.

오답분석

㉡ 국토개발로 인한 환경파괴라는 약점과 환경보호 단체 등과의 충돌을 겪고 있는 위협을 고려했을 때 적절한 전략으로 볼 수 없다.

㉣ 환경보호 단체나 시민 단체와의 충돌을 규제 강화라는 강압적 방법으로 해결하는 것은 적절한 전략으로 볼 수 없으며, 공공기관의 역할 수행으로도 볼 수 없다.

04

정답 ①

A씨가 인출하지 않고 현금을 들고 갔더라도 600달러 이상이면 신고를 해야 한다.

오답분석

② 600달러 이상인 경우에 세관신고가 필요하다.

③ 5월이면 변경된 제도가 적용된 후이므로 600달러 이상 신용카드 결제를 했다면 관세청에 실시간으로 통보된다.

④ 신용카드 사용 내역이 실시간으로 제출되는 시점은 4월부터이므로 3월에 5,000달러 이상 카드 결제 내역은 4월에 국세청에 보고된다.

⑤ 4월 이후부터는 해외에 머물며 600달러 이상 인출하시 자동으로 관세청에 통보된다.

05

정답 ③

㉢의 '인터넷전문은행의 활성화 및 빅테크의 금융업 진출 확대 추세'는 강력한 경쟁 상대의 등장을 의미하므로 조직 내부의 약점(W)이 아니라 조직 외부로부터의 위협(T)에 해당한다.

오답분석

㉠ 조직의 목표 달성을 촉진할 수 있으며 조직 내부의 통제 가능한 강점(S)에 해당한다.

㉡ 조직의 목표 달성을 방해할 수 있으며 조직 내부의 통제 가능한 약점(W)에 해당한다.

㉣ 조직 외부로부터 비롯되어 조직의 목표 달성에 도움이 될 수 있는 통제 불가능한 기회(O)에 해당한다.

06

정답 ④

직원 투표 결과를 정리하면 다음과 같다.

여행 상품	1인당 비용(원)	총무팀	영업팀	개발팀	홍보팀	공장1	공장2	합계
A	500,000	2	1	2	0	15	6	26
B	750,000	1	2	1	1	20	5	30
C	600,000	3	1	0	1	10	4	19
D	1,000,000	3	4	2	1	30	10	50
E	850,000	1	2	0	2	5	5	15
합계		10	10	5	5	80	30	140

㉠ 가장 인기 높은 상품은 D이다. 그러나 공장1의 고려사항은 회사에 손해를 줄 수 있으므로, 2박 3일 상품이 아닌 1박 2일 상품 중 가장 인기 있는 B상품이 선택된다. 따라서 750,000×140=105,000,000원이 필요하므로 옳다.

㉢ 공장1의 A, B 투표 결과가 바뀐다면 여행 상품 A, B의 투표 수가 각각 31, 25표가 되어 선택되는 여행 상품이 A로 변경된다.

오답분석

㉡ 가장 인기 높은 상품은 D이다.

07

정답 ③

㉡ 어떤 기계를 선택해야 비용을 최소화할 수 있는지에 대해 고려하고 있는 문제이므로 옳은 설명이다.

㉢ • A기계를 선택하는 경우
- 비용=임금+임대료=(8,000×10)+10,000=90,000원
- 이윤 : 100,000−90,000=10,000원

• B기계를 선택하는 경우
- 비용=임금+임대료=(7,000×8)+20,000=76,000원
- 이윤 : 100,000−76,000=24,000원

따라서 합리적인 선택을 하는 경우는 B기계를 선택하는 경우로 24,000원의 이윤이 발생한다.

오답분석

㉠ B기계를 선택하는 경우가 A기계를 선택하는 경우보다 14,000원(=24,000−10,000)의 이윤이 더 발생한다.

㉣ A기계를 선택하는 경우 비용은 90,000원이다.

08

정답 ③

세 번째 조건에 따라, 지역지원부의 A팀장은 반드시 출장에 참여하여야 한다.

또한 일곱 번째 조건에 따라 B대리와 C주임 중 최소 1명은 출장에 참여하여야 하며, 마지막 조건에 따라 부서별로 최소한 1명씩은 참여하여야 하므로, 부서별 참여인원은 지역지원부가 2명, 산업지원부가 1명, 컨소시엄지원부가 1명이 된다. 컨소시엄지원부는 1명만 출장이 가능하므로, 두 가지 경우로 구분하여 볼 수 있다.

i) G주임이 참여하는 경우

여섯 번째 조건에 따라 H사원은 출장에 참여하지 못하며, 다섯 번째 조건에 따라 C주임은 출장에 참여하여야 한다. 따라서 나머지 1명은 산업지원부 직원 중 어느 누구라도 참여가 능하며, 이 경우 가능한 경우는 다음과 같다.

- A팀장, C주임, D대리, G주임 / A팀장, C주임, E대리, G주임 / A팀장, C주임, F사원, G주임

ii) H사원이 참여하는 경우

네 번째 조건에 따라 F사원은 출장을 갈 수 없게 된다. 또한 G주임이 출장에 참여하지 않으므로, 다섯 번째 조건에 따라 C주임도 참여하지 못하게 된다. 따라서 일곱 번째 조건에 따라 B대리가 출장에 참여하게 되고, 나머지 1명은 D대리와 E대리 중 1명이 참여하게 된다. 따라서 가능한 경우의 수는 다음과 같다.

A팀장, B대리, D대리, H사원 / A팀장, B대리, E대리, H사원

③의 경우, G주임이 혼자 출장에 참여하게 되므로 다섯 번째 조건에 위배된다.

09

정답 ①

대학장학회에서 10명에게 주는 총 장학금은 450×8+500×2=4,600만 원이며, 문화상품권 구매처별 할인율과 비고사항을 고려하여 실제 지불 금액을 구하면 다음과 같다.

구분	금액
A업체	3,200,000×0.92+4,000=2,948,000원
B업체	3,000,000×0.94+200,000+4,000+700×10=3,031,000원
C업체	3,200,000×0.95=3,040,000원
D업체	3,000,000×0.96+200,000+5,000=3,085,000원

따라서 A업체에서 2,948,000원으로 구매하는 것이 가장 저렴하게 구매할 수 있는 방법이며, 대학장학회에서 장학금과 부상에 사용한 총액은 46,000,000+2,948,000=48,948,000원임을 알 수 있다.

10

정답 ④

모든 구매처는 오만 원권을 판매하므로 첫 번째 조건은 4곳 모두 만족한다. 그러나 두 번째 조건에서 직접 방문은 어려우므로 C업체에서 구매하지 못한다. 따라서 A・B・D 세 곳을 비교할 때, 구매처별 지불해야하는 금액에 택배비와 포장비를 제외한 금액은 다음과 같다.

구분	택배비 및 포장비 제외 금액	할인 받은 금액
A업체	2,948,000−4,000=2,944,000원	3,200,000−2,944,000=256,000원
B업체	3,031,000−4,000−7,000=3,020,000원	3,200,000−3,020,000=180,000원
D업체	3,085,000−5,000=3,080,000원	3,200,000−3,080,000=120,000원

따라서 최소한의 비용으로 구매해야 하므로 A업체에서 구매해야 하고, 할인받을 수 있는 금액은 256,000원이다.

11

정답 ②

도색이 벗겨진 차선과 지워지기 직전의 흐릿한 차선은 현재 직면하고 있으면서 바로 해결 방법을 찾아야 하는 문제이므로 눈에 보이는 발생형 문제에 해당한다. 발생형 문제는 기준을 일탈함으로써 발생하는 일탈 문제와 기준에 미달하여 생기는 미달 문제로 나누어 볼 수 있는데, 기사에서는 정해진 규격 기준에 미달하는 불량 도료를 사용하여 문제가 발생하였다고 하였으므로 이를 미달 문제로 분류할 수 있다. 따라서 기사에 나타난 문제는 발생형 문제로, 미달 문제에 해당한다.

12

정답 ①

신뢰와 연결되는 (A)에는 '안전·안정적 설비 운영', 경쟁력 확보와 연결되는 (B)에는 '신규수요 창출', 마지막으로 성과중심 경영시스템 (C)에는 '재무구조 안정성 제고'가 적절하다.

13

정답 ④

우선 민원이 접수되면 제7조 제1항에 따라 주어진 처리기간은 24시간이다. 그 기간 내에 처리하기 곤란할 경우에는 제8조 제1항에 의해 민원인에게 중간답변을 한 후 48시간으로 연장할 수 있다. 또한 제8조 제2항에 따라 연장한 기간 내에서도 처리하기 어려운 사항일 경우 1회에 한하여 본사 총괄부서장의 승인에 따라 48시간을 추가 연장할 수 있다. 따라서 해당 민원은 늦어도 48시간+48시간=96시간=4일 이내에 처리하여야 한다. 그러므로 7월 18일에 접수된 민원은 늦어도 7월 22일까지는 처리가 완료되어야 한다.

14

정답 ④

부속서 I에 해당하는 국가는 온실가스 배출량을 1990년 수준으로 감축하기 위해 노력하지만 강제성을 부여하지는 않기에 벌금은 없다.

15

정답 ①

보기에서 활용된 분리 원칙은 '전체와 부분의 분리'이다. 이는 모순되는 요구를 전체와 부분으로 분리하여 상반되는 특성을 모두 만족시키는 원리이다. 보기에서는 안테나 전체의 무게를 늘리지 않고 가볍게 유지하면서 안테나의 한 부분인 기둥의 표면을 거칠게 만들어 눈이 달라붙도록 하여 지지대를 강화하였다. ①의 경우 자전거 전체의 측면에서는 동력을 전달하기 위해서 유연해야 하고, 부분의 측면에서는 내구성을 갖추기 위해 단단해야 하는 2개의 상반되는 특성을 지닌다. 따라서 보기와 ①은 '전체와 부분에 의한 분리'의 사례이다.

오답분석

②·④ '시간에 의한 분리'에 대한 사례이다.

③·⑤ '공간에 의한 분리'에 대한 사례이다.

16

정답 ②

모든 공원은 분위기가 있고, 서울에 있는 어떤 공원은 사람이 많지 않다. 즉, 서울에 있는 어떤 공원은 분위기가 있으면서 사람이 많지 않다.

17

정답 ④

첫 번째 조건에 따라 A는 선택 프로그램에 참가하므로 A는 수·목·금요일 중 하나의 프로그램에 참가한다. A가 목요일 프로그램에 참가하면 E는 A보다 나중에 참가하므로 금요일의 선택 3 프로그램에 참가할 수밖에 없다. 따라서 항상 참이 되는 것은 ④이다.

오답분석

① 두 번째 조건에 따라 C는 필수 프로그램에 참가하므로 월·화요일 중 하나의 프로그램에 참가하며, 이때, C가 화요일 프로그램에 참가하면 C보다 나중에 참가하는 D는 선택 프로그램에 참가할 수 있다.

② B는 월·화요일 프로그램에 참가할 수 있으므로 B가 화요일 프로그램에 참가하면 C는 월요일 프로그램에 참가할 수 있다.

③ C가 화요일 프로그램에 참가하면 E는 선택 2 또는 선택 3 프로그램에 참가할 수 있다.

구분	월 (필수 1)	화 (필수 2)	수 (선택 1)	목 (선택 2)	금 (선택 3)
경우 1	B	C	A	D	E
경우 2	B	C	A	E	D
경우 3	B	C	D	A	E

⑤ E는 선택 프로그램에 참가하는 A보다 나중에 참가하므로 목요일 또는 금요일 중 하나의 프로그램에 참가할 수 있다.

18

정답 ⑤

'아침에 커피를 마신다.'를 A, '회사에서 회의를 한다.'를 B라고 하면 첫 번째 명제는 '수∨목 → A'이고, 첫 번째 명제의 대우는 '~A → ~(수∧목)'이다. 결론 '~A → B'가 성립하기 위해서는 '~(수∧목) → B'나 '~B → 수∨목'인 두 번째 명제가 필요하다. 따라서 빈칸에 들어갈 내용으로 적절한 것은 '회사에서 회의를 하지 않으면 수요일이나 목요일이다.'이다.

19

정답 ③

'저녁에 일찍 잔다.'를 A, '상쾌하게 일어난다.'를 B, '자기 전 휴대폰을 본다.'를 C라고 하면, 첫 번째 명제는 A → B, 결론은 C → ~A이다. 첫 번째 명제의 대우가 ~B → ~A이므로 C → ~B → ~A가 성립하기 위한 두 번째 명제는 C → ~B나 B → ~C이다. 따라서 빈칸에 들어갈 내용으로 적절한 것은 '자기 전 휴대폰을 보면 상쾌하게 일어날 수 없다.'이다.

20

정답 ④

주어진 명제를 정리하면 강아지를 좋아하는 사람은 자연을 좋아하고, 자연을 좋아하는 사람은 편의점을 좋아하지 않는다. 따라서 이의 대우 명제인 ④는 참이다.

21

정답 ⑤

달리기를 잘함=p, 건강함=q, 홍삼을 먹음=r, 다리가 긺=s라 하면, 첫 번째 명제부터 차례로 $\sim p \rightarrow \sim q$, $r \rightarrow q$, $p \rightarrow s$이다. 첫 번째 명제의 대우와 두 번째 명제, 세 번째 명제를 조합하면 $r \rightarrow q \rightarrow p \rightarrow s$가 되어 $r \rightarrow s$가 되며, 대우는 $\sim s \rightarrow \sim r$이므로 ⑤가 답이다.

22

정답 ③

연호>민선>누리>승원 순으로 키가 크다. 누리의 키가 평균키이고, 연호와 민선이의 편차의 합은 10cm보다 크므로 승원이의 키는 160cm보다 작다.

23

정답 ③

첫 번째와 세 번째 조건을 통해 A부족이 E부족을 침공하지 않고, C부족을 침공할 것을 알 수 있고 네 번째 조건을 통해 D부족을 침공하지 않는다는 것을 알 수 있다. 두 번째 조건에 따라 D부족을 침공하지 않기 때문에 B부족을 침공할 것이므로 A부족이 침공할 부족은 B부족과 C부족이다.

24

정답 ⑤

B와 D는 동시에 참말 혹은 거짓말을 한다. A와 C의 장소에 대한 진술이 모순되기 때문에 B와 D는 참말을 하고 있음이 틀림없다. 따라서 B, D와 진술 내용이 다른 E는 무조건 거짓말을 하고 있는 것이고, 거짓말을 하고 있는 사람은 두 명이므로 A와 C 중 한 명은 거짓말을 하고 있다. A가 거짓말을 하는 경우 A, B, C 모두 부산에 있었고, D는 참말을 하였으므로 범인은 E가 된다. C가 거짓말을 하는 경우 A, B, C는 모두 학교에 있었고, D는 참말을 하였으므로 범인은 역시 E가 된다.

25

정답 ④

주어진 조건을 정리하면 다음과 같다.

구분	영어 (3명)	중국어 (2명)	일본어 (1명)	프랑스어 (1명)	독일어 (1명)
A	○	×	×	×	○
B	○	○	×		×
C	×	○	○	×	×
D	○	×	×		×

D 또는 B가 프랑스어를 할 줄 알기 때문에 D가 어느 국가로 파견 근무를 떠나는지 알 수 없다.

오답분석

① A는 영어와 독일어 두 개의 외국어를 능통하게 할 수 있다.
② B는 영어와 중국어를 능통하게 하지만, 프랑스어도 능통하게 하는지 알 수 없다.
③ C는 일본어를 능통하게 하므로 일본으로 파견 근무를 떠난다.
⑤ A는 영어, 독일어를 능통하게 하고, C는 중국어 일본어를 능통하게 하기 때문에 동일하게 능통하게 하는 외국어는 없다.

제4영역 조직이해능력

01	02	03	04	05	06	07	08	09	10
②	④	②	②	④	③	③	③	②	④
11	12	13	14	15	16	17	18	19	20
③	④	②	③	③	①	④	②	③	②
21	22	23	24	25					
④	②	④	①	⑤					

01
정답 ②

'리더십 스타일'이란 구성원들을 이끌어 나가는 전반적인 조직관리 스타일을 가리키는 것으로, 조직구성원들의 행동이나 사고를 특정 방향으로 이끌어 가는 원칙이나 기준은 '공유가치'이다.

오답분석

ㄱ. 미국 선진 기업의 성공 사례를 연구한 Peters와 Waterman의 저서 「In Search of Excellence」에서는 7S모형이 제시되어 있는데, 여기에 제시된 조직문화 구성요소는 공유가치, 리더십 스타일, 구성원, 제도·절차, 구조, 전략, 스킬이다.

ㄷ. 7S모형에서 '구조'는 조직의 전략을 수행하는 데 필요한 틀로서 구성원의 역할과 그들 간의 상호관계를 지배하는 공식요소를 가리킨다.

ㄹ. 7S모형에서 '전략'은 조직의 장기적인 목적과 계획 그리고 이를 달성하기 위한 장기적인 행동지침을 가리킨다.

02
정답 ④

사례에 나타난 전략은 차별화 전략으로, 품질, 디자인, 서비스, 브랜드 이미지 등을 경쟁사와 차별화하여 이익을 올리는 전략이다. 광고는 회사의 브랜드 이미지를 상승시킬 수 있는 중요한 전략 중 하나이다.

오답분석

①·② 원가우위 전략의 특징이다.
③·⑤ 집중화 전략의 특징이다.

03
정답 ②

은행 직원은 신용카드 이용 한도를 상향할 수 있고, 교통카드 기능이 포함된 카드를 발급할 수 있다.

은행원의 업무
- 여신사무 : 대출 관련 업무 등
- 수신사무 : 고객 상품 상담, 통장·채권·수표 발행 및 해지, 현금 또는 수표 입출금, 자동이체 등의 전자금융, 세금 수납 업무 등

04
정답 ②

K사는 기존에 수행하지 않던 해외 판매 업무가 추가될 것이므로 그에 따른 해외영업팀 등의 신설 조직이 필요하게 된다. 해외에 공장 등의 조직을 보유하게 됨으로써 이를 관리하는 해외관리 조직이 필요할 것이며, 물품의 수출에 따른 통관 업무를 담당하는 통관물류팀, 외화 대금 수취 및 해외 조직으로부터의 자금 이동 관련 업무를 담당할 외환업무팀, 국제 거래상 발생하게 될 해외 거래 계약 실무를 담당할 국제법무 조직 등이 필요하게 된다. 기업회계팀은 K사의 해외 사업과 상관없이 기존 회계를 담당하는 조직이라고 볼 수 있다.

05
정답 ④

K주임이 가장 먼저 해야 하는 일은 오늘 2시에 예정된 팀장 회의 일정을 P팀장에게 전달하는 것이다. 다음으로 내일 진행될 언론홍보팀과의 회의 일정에 대한 답변을 오늘 내로 전달해달라는 요청을 받았으므로 먼저 익일 업무 일정을 확인 후 회의 일정에 대한 답변을 전달해야 한다. 이후 회의 전에 미리 숙지해야 할 자료를 확인한다. 따라서 K주임은 ④의 순서로 업무를 처리하는 것이 가장 적절하다.

06
정답 ③

'기축통화'는 국제 간 결제나 금융거래에서 기본이 되는 화폐로, 미국 예일대학의 로버트 트리핀 교수가 처음 사용한 용어이다. 대표적인 기축통화로는 미국 달러화가 있으며, 유럽에서는 유로화가 통용되고 있다.

오답분석

① 나스닥, 자스닥, 코스닥 등은 각 국가에서 운영하는 전자 주식 장외시장이다.
② MSCI 지수(Morgan Stanley Capital International index)는 미국의 모건스탠리캐피털사가 작성해 발표하는 세계 주가지수이다. 글로벌펀드의 투자기준이 되는 지표이자 주요 기준으로 사용되고 있다.
④ 이머징마켓은 개발도상국 가운데 경제성장률이 높고 빠른 속도로 산업화가 진행되는 국가의 시장으로 한국, 브라질, 폴란드 등 여러 국가들이 속해 있다.

07
정답 ③

①·②·④·⑤는 전략과제에서 도출할 수 있는 추진방향이지만, ③의 국제경쟁입찰의 과열 경쟁 심화와 컨소시엄 구성 시 민간기업과 업무배분, 이윤추구성향 조율의 어려움 등은 문제점에 대한 언급이기 때문에 추진방향으로 적절하지 않다.

08

정답 ③

C는 S사의 이익과 자사의 이익 모두를 고려하여 서로 원만한 합의점을 찾고 있다. 따라서 가장 바르게 협상한 사람은 C이다.

오답분석

① S사의 협상당사자는 현재 가격에서는 불가능하다고 한계점을 정했지만, A의 대답은 설정한 목표와 한계에서 벗어나는 요구이므로 바르게 협상한 것이 아니다.
② B는 합의점을 찾기 보다는 자사의 특정 입장만 고집하고 있다 따라서 바르게 협상한 것이 아니다.
④ D는 상대방의 상황에 대해서 지나친 염려를 하고 있다. 따라서 바르게 협상한 것이 아니다.
⑤ S사의 협상 당사자는 가격에 대한 결정권을 가지고 있으므로 협상을 시도한 것이며, 회사의 최고 상급자는 협상의 세부사항을 잘 알지 못하므로 E는 잘못된 사람과의 협상을 요구하고 있다. 따라서 바르게 협상한 것이 아니다.

09

정답 ②

오답분석

① 곰의 포옹 : 사전 경고 없이 매수자가 목표 기업의 경영진에 편지를 보내 매수제의를 하고 신속한 의사결정을 요구하는 대표적인 적대적 M&A 수단
③ 포이즌 필(Poison Pill) : 적대적 M&A 위기에 놓인 기업이 택할 수 있는 경영권 방어전략 중 하나로 기존 주주들에게 시가보다 매우 싼 가격에 지분을 매입할 수 있도록 미리 권리를 부여하는 제도
④ 황금낙하산 : 인수대상 기업의 이사가 임기 전에 물러나게 될 때 일반적인 퇴직금 외에 거액의 특별 퇴직금이나 보너스, 스톡옵션 등을 주도록 하는 제도
⑤ 그린 메일 : 주식을 매집한 후 대주주에게 비싼 값에 되파는 전략

10

정답 ④

ㄴ. BCG 매트릭스는 시장성장율과 상대적 시장점유율을 기준으로 4개의 영역으로 나눠 사업의 상대적 위치를 파악한다.
ㄹ. GE – 맥킨지 매트릭스의 산업매력도는 시장규모, 시장 잠재력, 경쟁구조, 재무 · 경제 · 사회 · 정치 요인과 같은 광범위한 요인에 의해 결정된다.
ㅁ. GE – 맥킨지 매트릭스는 반영 요소가 지나치게 단순하다는 BCG 매트릭스의 단점을 보완하기 위해 개발되었다.

오답분석

ㄱ. BCG 매트릭스는 미국의 보스턴컨설팅그룹이 개발한 사업포트폴리오 분석 기법이다.
ㄷ. GE – 맥킨지 매트릭스는 산업매력도와 사업경쟁력을 고려하여 사업의 형태를 9개 영역으로 나타낸다.

11

정답 ③

이사원에게 현재 가장 긴급한 업무는 미팅 장소를 변경하는 것이다. 미리 안내했던 장소를 사용할 수 없으므로 11시에 사용 가능한 다른 회의실을 예약해야 한다. 그 후 바로 거래처 직원에게 미팅 장소가 변경된 점을 안내해야 하므로 ㉡이 ㉢보다 먼저 이루어져야 한다. 거래처 직원과의 11시 미팅 이후에는 오후 2시에 예정된 김팀장과의 면담이 이루어져야 한다. 김팀장과의 면담 시간은 미룰 수 없으므로 이미 예정되었던 시간에 맞춰 면담을 진행한 후 부서장이 요청한 문서 작업 업무를 처리하는 것이 적절하다. 따라서 이사원은 ㉡ – ㉢ – ㉠ – ㉣ – ㉤의 순서로 업무를 처리해야 한다.

12

정답 ④

- 직렬 : 직무의 종류는 유사하나, 그 곤란성 · 책임성의 정도가 상이한 직위의 군(群)을 말한다. 즉 직무는 같은 종류에 해당되지만 의무와 책임의 수준이나 곤란성이 서로 다른 직급들을 모아놓은 것을 직렬이라 한다.
- 직무 : 과업 및 작업의 종류와 수준이 비슷한 업무들의 집합으로써 특히 직책이나 직업상 책임을 갖고 담당하여 맡은 일을 의미한다. 즉 어느 정도 비슷한 업무 내용을 가진 직위들을 하나의 관리 단위로 설정한 것이 직무이다.
- 과업 : 성과를 올리기 위해 인간적인 노력이 제공될 경우 신체적 노력이거나 정신적 노력을 불문하고 직무를 분석할 때 최소의 설명개념으로 작업연구에서 가장 낮은 수준의 분석단위이다.

13

정답 ②

우선 박비서에게 회의 자료를 받아와야 하므로 비서실을 들러야 한다. 다음으로 기자단 간담회는 대회 홍보 및 기자단 상대 업무를 맡은 홍보팀에서 자료를 정리할 것이므로 홍보팀을 거쳐야 한다. 또한, 승진자 인사 발표 소관 업무는 인사팀이 담당한다고 볼 수 있으며, 회사의 차량 배차에 대한 업무는 총무팀과 같은 지원부서의 업무로 보는 것이 적절하다.

14

정답 ③

ㄱ. 전결권자인 전무가 출장 중인 경우 대결권자가 이를 결재하고 전무가 후결을 하는 것이 맞다.
ㄴ. 부서장이 전결권자이므로 해당 직원을 채용하는 부서(영업부, 자재부 등)의 부서장이 결재하는 것이 바람직하다.
ㄹ. 교육훈련 대상자 선정은 이사에게 전결권이 있으므로 잘못된 결재 방식이다.

15

정답 ③

조직은 목적을 가지고 있어야 하고, 구조가 있어야 한다. 또한 목적을 달성하기 위해 구성원들은 서로 협동적인 노력을 하고, 외부 환경과 긴밀한 관계를 가지고 있어야 한다. 따라서 야구장에 모인 관중들은 동일한 목적만 가지고 있을 뿐 구조를 갖춘 조직으로 볼 수 없다.

16 정답 ①

리더십의 특성이론은 리더십이 어떤 사람은 갖고 또 어떤 사람은 갖지 못한 개인적 특성에서 나타나는 것이라고 가정하고, 리더가 구비하고 있는 공통적인 특성을 규명하는 데 노력을 기울이는데, 이 이론에 따르면 리더가 고유한 개인적인 특성만 가지고 있으면 그가 처해 있는 상황이나 환경이 바뀌더라도 항상 리더가 될 수 있다는 것이다.

17 정답 ④

니치 마케팅(Niche Marketing)이란 기존에 운용 중인 시장의 빈틈을 공략하여 시장점유율을 높이거나 주목받지 못한 소수의 고객이 원하는 바를 노리는 마케팅 전략을 의미한다.

오답분석

① 디마케팅(Demarketing) : 기업에서 사회적 책임을 수행하기 위하여 과잉 구매되는 상품의 소비를 억제시키고자 행하는 마케팅이다. 담배나 주류에 붙어있는 경고 문구, 혹은 금융기관의 휴면계좌정리나 VIP만을 위한 백화점 행사 등도 포함된다.
② 버즈 마케팅(Buzz Marketing) : 영향력이 있는 특정 소비자들을 통해 페이스북, 블로그 등에 자발적으로 상품에 대한 긍정적 후기나 입소문을 내도록 만들어 상품 및 기업을 홍보하는 마케팅 전략이다.
③ 앰부시 마케팅(Ambush Marketing) : 매복 광고라고도 불리며 스포츠 마케팅 등을 함에 있어 공식 스폰서가 아님에도 불구하고 소비자들에게 공식스폰서인 양 위장하여 홍보하는 전략을 뜻한다.
⑤ 뉴로 마케팅(Neuro Marketing) : 신경과학의 원리를 마케팅에 적용하여 소비자의 무의식적인 반응과 행동을 이해하고 이를 바탕으로 전략을 수립하는 마케팅을 뜻한다.

18 정답 ②

빅 배스, 또는 빅 배스 회계(Big Bath Accounting)는 회계적으로 손실을 한꺼번에 씻어낸다는 의미에서 유래한 용어로, 정치권에서 새로 취임한 대통령이 전임 대통령 시절 공개되지 않았던 문제를 부각할 때를 가리키기도 한다.

오답분석

① 워터게이트(Watergate) : 워터게이트 사건으로도 불리며, 1972년부터 1974년까지 2년 동안 미국에서 일어난 각종 사건들을 지칭하는 단어다. 미국의 닉슨 행정부가 베트남전 참전에 반대 의사를 표명했던 민주당을 저지하려는 과정에서 일어난 권력 남용이 만들어낸 정치 스캔들로, 닉슨 대통령을 미국 역사상 최초이자 유일하게 임기 중 사퇴한 대통령으로 만든 사건이기도 하다.
③ 캐시 몹(Cash Mob) : 돈을 의미하는 캐시와 무리를 의미하는 몹의 합성어로, '돈을 가진 군중' 혹은 '돈을 쓰기 위한 군중'이라는 뜻을 내포하고 있다. 특정한 매장에 정해진 시간에 방문하여 집단으로 쇼핑을 하고 흩어지는 것을 일컬으며, 기본적으로 골목상권과 자영업자들에게 도움을 주고자 진행된다는 점에서 '착한 소비'의 다른 형태로 불리기도 한다.
④ 클리어 콤(Clear QAM) : 클리어 콤은 TV 내부에 셋톱박스 기능을 내장하여 케이블만으로도 디지털 방송을 시청할 수 있게 해주는 TV형식을 뜻한다. QAM(Quadrature Amplitude Modulation)은 디지털 신호를 아날로그 신호로 변조할 수 있는 기술방식을 말하는 것이며, 이 콤이 제거되었다는 의미로 클리어 콤이라고 부른다.
⑤ 닷컴버블(Dot-com bubble) : 닷컴버블은 1990년대 후반부터 2000년대 초반까지 인터넷 관련 기업 주가가 비정상적으로 급등한 주식시장 버블을 의미한다.

19 정답 ③

퍼블리시티(Publicity)는 광고주가 회사・제품・서비스 등과 관련된 뉴스를 신문・잡지 등의 기사나 라디오・방송 등에 제공하여 무료로 보도하도록 하는 PR방법이다.

20 정답 ②

페이퍼 컴퍼니는 물리적 실체가 없이 서류형태로만 존재하는 회사이다.

21 정답 ④

㉠에는 '이문화 커뮤니케이션', ㉡에는 '국제 커뮤니케이션'이 들어가야 한다.

오답분석

- 비공식적 커뮤니케이션 : 조직의 공식적 통로를 거치지 않는 의사소통
- 다문화 커뮤니케이션 : 메시지의 송신자와 수신자가 서로 다른 문화의 일원일 경우에 일어나는 커뮤니케이션
- 공식적 커뮤니케이션 : 공식조직의 제도적・계층적 경로를 따라 정식으로 행해지는 의사소통

22 정답 ②

- 소프트웨어적 요소
  - 스타일(Style) : 조직구성원을 이끌어 나가는 관리자의 경영방식
  - 구성원(Staff) : 조직 내 인적 자원의 능력, 전문성, 동기 등
  - 스킬(Skills) : 조직구성원이 가지고 있는 핵심 역량
  - 공유가치(Shared Values) : 조직 이념, 비전 등 조직구성원이 함께 공유하는 가치관
- 하드웨어적 요소
  - 전략(Strategy) : 시장에서의 경쟁우위를 위해 회사가 개발한 계획
  - 구조(Structure) : 조직별 역할, 권한, 책임을 명시한 조직도
  - 시스템(Systems) : 조직의 관리체계, 운영절차, 제도 등 전략을 실행하기 위한 프로세스

23

정답 ④

내부 벤치마킹은 같은 기업 내의 다른 지역이나 타 부서, 국가 간 유사한 활용을 비교 대상으로 한다.

오답분석

①·③ 경쟁적 벤치마킹에 대한 설명이다.
② 다각화된 우량기업을 대상으로 할 경우 효과가 크다.
⑤ 글로벌 벤치마킹에 대한 설명이다.

24

정답 ①

ㄱ. 조직의 업무는 원칙적으로 업무분장에 따라 이루어져야 하지만, 실제 수행 시에는 상황에 따라 효율성을 극대화시키기 위해 변화를 주는 것이 바람직하다.
ㄴ. 구성원 개인이 조직 내에서 책임을 수행하고 권한을 행사할 때, 기반이 되는 것은 근속연수가 아니라 직급이다.

오답분석

ㄷ. 업무는 관련성, 동일성, 유사성, 수행시간대 등 다양한 기준에 따라 통합 혹은 분할하여 수행하는 것이 효율적이다.
ㄹ. 직위는 조직의 각 구성원들에게 수행해야 할 일정 업무가 할당되고, 그 업무를 수행하는 데 필요한 권한과 책임이 부여된 조직상의 위치이다.

25

정답 ⑤

밑줄 친 내용을 통해 도입할 소프트웨어는 사원 데이터 파일을 일원화시키고, 이를 활용하는 모든 응용 프로그램이 유기적으로 데이터를 관리하도록 하는 프로그램이다. 이를 통해 각 응용 프로그램 간에 독립성이 향상되며, 원래의 데이터를 일원화하는 효과를 볼 수 있다.

제3회 모의고사 정답 및 해설

제 1 영역 의사소통능력

01	02	03	04	05	06	07	08	09	10
④	③	③	④	⑤	②	③	④	①	⑤
11	12	13	14	15	16	17	18	19	20
③	③	④	④	⑤	④	③	④	⑤	③
21	22	23	24	25					
⑤	④	④	③	①					

01

정답 ④

첫 번째 문단에서 '사피어 – 워프 가설'을 간략하게 소개하고, 두 번째 ~ 세 번째 문단을 통해 '사피어 – 워프 가설'을 적용할 수 있는 예를 들고 있다. 이후 네 번째 ~ 마지막 번째 문단을 통해 '사피어– 워프 가설'을 언어 우위론적 입장에서 설명할 수 있는 가능성이 있으면서도, 언어 우위만으로 모든 설명이 되지는 않음을 밝히고 있다. 따라서 제시문은 '사피어 – 워프 가설'의 주장에 대한 설명(언어와 사고의 관계)과 함께, 그것을 하나의 이론으로 증명하기 어려움을 말하고 있다.

02

정답 ③

苦盡甘來(고진감래)는 쓴 것이 다하면 단 것이 온다는 말로, 고생 끝에 즐거움이 온다는 의미이다.

오답분석

① 脣亡齒寒(순망치한) : 입술이 없으면 이가 시리다는 말로, 서로 의지하고 있어서 한쪽이 사라지면 다른 한쪽도 온전하기 어렵다는 의미이다.
② 堂狗風月(당구풍월) : 서당개 삼 년이면 풍월을 읊는다는 말로, 그 분야에 전문성이 없는 사람도 오래 있으면 지식과 경험을 얻는다는 의미이다.
④ 朝三暮四(조삼모사) : 아침에는 세 개, 저녁에는 네 개라는 말로, 간사한 꾀로 남을 속인다는 의미이다.
⑤ 學而時習(학이시습) : 배우고 때로 익힌다는 뜻으로 배운 것을 복습하고 연습하면 그 참 뜻을 알게 된다는 의미이다.

03

정답 ③

제시문의 전통적인 경제학에서는 미시 건전성 정책에 집중하는데, 이러한 미시 건전성 정책은 가격이 본질적 가치를 초과하여 폭등하는 버블이 존재하지 않는다는 효율적 시장 가설을 바탕으로 한다. 따라서 비판으로 가장 적절한 것은 이러한 효율적 시장 가설에 대해 반박하는 ③이다.

04

정답 ④

첫 번째 문장에서 경기적 실업이란 노동에 대한 수요가 감소하여 고용량이 줄어들어 발생하는 실업이라고 하였다. 따라서 기업이 생산량을 줄임으로써 노동에 대한 수요가 감소한다는 내용이 와야 한다.

05

정답 ⑤

단순히 젊은 세대의 문화만을 존중하거나, 또는 기존 세대의 문화만을 따르는 것이 아닌 두 문화가 어우러질 수 있도록 기업 차원에서 분위기를 만드는 것이 위 문제의 본질적인 해결법으로 가장 적절하다.

오답분석

① 급여 받은 만큼만 일하게 되는 악순환이 반복될 것이므로 글에서 언급된 문제를 해결하는 기업 차원의 방법으로는 적절하지 않다.
② 기업의 전반적인 생산성 향상을 이룰 수 없으므로 기업 차원의 방법으로 적절하지 않다.
③ 젊은 세대의 채용을 기피하는 분위기가 생길 수 있으므로 적절하지 않다.
④ 젊은 세대의 특성을 받아들이기만 하면, 전반적인 생산성 향상과 같은 기업의 이득은 배제하게 되는 문제점이 발생한다.

06

정답 ②

네 번째 문단에 언급된 손 모양이 생겨나는 과정을 통해 추론할 수 있는 내용이다.

오답분석

① 몸의 상처가 회복되는 것은 세포의 재생과 관련이 있으므로 적절한 추론이 아니다.
③ 아포토시스를 이용한 항암제는 이미 유전자 변형으로 생겨난 암세포의 죽음을 유발하므로 유전자 변형을 막는다는 추론은 타당하지 않다.
④ 화학 약품은 유전자 변형을 일으키고 오히려 아포토시스가 일어나는 과정을 방해하므로 타당하지 않다.
⑤ 아포토시스는 염증을 발생시키지 않으므로 역시 잘못된 추론이다.

07

정답 ③

종교적·주술적 성격의 동물은 대개 초자연적인 강대한 힘을 가지고 인간 세계를 지배하거나 수호하는 신적인 존재이다.

오답분석

① 미술 작품 속에 등장하는 동물에는 해태나 봉황 등 인간의 상상에서 나온 동물도 적지 않다.
② 미술 작품에 등장하는 동물은 성격에 따라 구분할 수 있으나, 이 구분은 엄격한 것이 아니다.
④ 인간의 이지가 발달함에 따라 신적인 기능이 감소한 종교적·주술적 동물은 신이 아닌 인간에게 봉사하는 존재로 전락한다.
⑤ 신의 위엄을 뒷받침하고 신을 도와 치세의 일부를 분담하기 위해 이용되는 동물들은 현실 이상의 힘을 가진다.

08

정답 ④

외국인이 마스크를 구매할 경우 외국인등록증뿐만 아니라 건강보험증도 함께 보여줘야 한다.

오답분석

① 4월 27일부터 마스크를 3장까지 구매할 수 있게 된 건 맞지만, 아직 마스크 5부제가 해제된 건 아니다.
② 만 10살 이하의 동거인의 마스크를 구매하기 위해선 주민등록등본 혹은 가족관계증명서와 함께 대리구매자의 신분증을 제시해야 한다.
③ 지정된 날에만 마스크 구매가 가능하며, 별도의 추가 구매는 불가능하다.
⑤ 대리구매자의 신분증, 주민등록등본, 임신확인서 3개를 지참해야 대리구매가 가능하다.

09

정답 ①

제시문에서는 고전적 조건 형성, 동물 반사 행동의 유형, 조건 형성 반응이 일어나는 이유, 바람직하지 않은 조건 반사를 수정하는 방법 등을 밝히고 있지만, 소거의 종류에 대해서는 다루고 있지 않다.

10

정답 ⑤

평균 비용이 한계 비용보다 큰 경우, 공공요금을 평균 비용 수준에서 결정하면 수요량이 줄면서 거래량이 따라 줄고, 결과적으로 생산량도 감소한다. 이는 사회 전체의 관점에서 볼 때 자원이 효율적으로 배분되지 못하는 상황이다.

오답분석

①·②는 첫 번째 문단, ③은 두 번째 문단, ④는 마지막 문단에서 확인할 수 있다.

11

정답 ③

보기의 '벨의 특허와 관련된 수많은 소송'은 (나) 바로 뒤의 문장에서 언급하는 '누가 먼저 전화를 발명했는지'에 대한 소송을 의미한다. (다)의 앞부분에서는 이러한 소송이 치열하게 이어졌음을 이야기하지만, (다)의 뒷부분에서는 벨이 무혐의 처분과 함께 최초 발명자라는 판결을 받았음을 이야기한다. 따라서 소송이 종료되었다는 보기의 문장은 (다)에 들어가는 것이 가장 적절하다.

12

정답 ③

보기의 문장에서는 사행 산업 역시 매출의 일부를 세금으로 추가 징수하는 경우가 있지만, 게임 산업은 사행 산업이 아닌 문화 콘텐츠 산업이라고 주장한다. 따라서 글의 흐름상 보기의 문장은 게임 산업이 이미 세금을 납부하고 있다는 내용 뒤에 오는 것이 자연스럽다. 따라서 (다)의 앞 문장에서는 게임 업체가 이미 매출에 상응하는 세금을 납부하고 있음을 이야기하므로 (다)에 들어가는 것이 가장 적절하다.

13

정답 ④

㉠ : 두 번째 문단의 내용처럼 '디지털 환경에서는 저작물을 원본과 동일하게 복제할 수 있고 용이하게 개작할 수 있기 때문에' ㉠과 같은 문제가 생겼다. 또한 이에 대한 결과로 (나) 바로 뒤의 내용처럼 '디지털화된 저작물의 이용 행위가 공정 이용의 범주에 드는 것인지 가늠하기가 더 어려워졌고 그에 따른 처벌 위험'도 커진 것이다. 따라서 ㉠의 위치는 (나)가 가장 적절하다.

㉡ : ㉡에서 말하는 '이들'은 '저작물의 공유' 캠페인을 소개하는 네 번째 문단에서 언급한 캠페인 참여자들을 가리킨다. 따라서 ㉡의 위치는 (마)가 가장 적절하다.

14

정답 ④

녹차와 홍차는 같은 식물의 찻잎으로 만들어지며 L-테아닌과 폴리페놀 성분을 함유하고 있다는 공통점이 있으나, 공정 과정과 함유된 폴리페놀 성분의 종류가 다르다는 차이가 있다. 제시된 글은 이러한 녹차와 홍차의 공통점과 차이점을 중심으로 내용을 두 대상을 비교하고 있다.

15 정답 ⑤

네 번째 문단에서 경쟁 정책의 문제점에 대해 이야기하고 있으나, 구체적인 수치를 언급하고 있지는 않다. 오히려 경쟁으로 인해 소비자가 피해를 보는 구체적인 사례를 통해 경쟁 정책의 문제점을 제시하고 있다.

16 정답 ④

㉣ 찍던지 → 찍든지

- 던지 : 막연한 의문이 있는 채로 그것을 뒤 절의 사실이나 판단과 관련시키는 데 쓰는 연결 어미
  예 얼마나 춥던지 손이 곱아 펴지지 않았다.
- 든지 : 나열된 동작이나 상태, 대상들 중에서 어느 것이든 선택될 수 있음을 나타내는 연결 어미
  예 사과든지 배든지 다 좋다.

17 정답 ③

'삼가다'가 표준어이므로 '삼가 주세요.'로 표기해야 한다.
따라서 '삼가해 주세요.'는 잘못된 표기이다.

18 정답 ④

한글 맞춤법에 따르면 '덮치다'는 '덮다'에 사동 접미사 '-치-'가 결합한 형태로 그 어간을 밝혀 적어야 한다. 따라서 '덥쳤던'이 아닌 '덮쳤던'이 적절한 표기이다.

19 정답 ⑤

먼저 4차 산업혁명이 본격화될 경우 발생할 수 있는 대량 실업 사태에 대해 언급하며 화두를 던지는 (다) 문단이 오는 것이 적절하며, 다음으로 4차 산업혁명으로 인해 없어질 직업군에 대해 이야기하는 (라) 문단이 오는 것이 적절하다. 이후 4차 산업혁명으로 인해 12대 신산업에서 새로운 일자리도 생길 것임을 이야기하는 (나) 문단이 오는 것이 적절하며, 마지막으로는 기술 발전을 모든 사람의 이익으로 만들 수 있는 경제적·사회적 제도가 필요하다는 클라우스 슈밥의 주장을 언급하는 (가) 문단이 오는 것이 적절하다.

20 정답 ③

'금새'는 '금세'의 잘못된 표기이다. '금세'는 '금시에'가 줄어든 말로, '지금 바로'의 의미를 지닌 부사이다.

오답분석

㉠ 순우리말로 된 합성어의 경우 뒷말의 첫소리가 된소리로 나면 사이시옷을 적어야 하므로 '뒷받침'은 올바른 표기이다.
㉡ '추산되다'는 '짐작으로 미루어져 셈하여지다.'는 뜻을 가진 동사로 올바른 표기이다.
㉣ '대두되다'는 머리를 쳐든다는 뜻에서 나온 말로, '어떤 세력이나 현상이 새롭게 나타나게 되다.'라는 의미를 지닌다.
㉤ '전망이다'는 앞날을 헤아려 내다본다는 뜻을 가진 동사로 올바른 표기이다.

21 정답 ⑤

제시된 기사의 내용에서는 글로벌 시대에 맞는 외국어 구사능력을 강조했으며, 전통을 지켜야 한다는 내용은 찾아볼 수 없다.

22 정답 ④

리더의 덕목에서 주변 사람들에게 아낌없이 베푼다는 내용은 제시된 기사에서 찾아볼 수 없다.

23 정답 ④

제시문의 첫 문장에서는 많은 사람이 리더가 되고 싶어 하며, 리더가 되기 위해서는 리더십을 갖춰야 한다고 말한다. 따라서 다음 순서로는 리더십에 대해 설명하고 있는 (나)가 가장 적절하며, 이어서는 리더의 두 번째 덕목인 원만한 대인관계를 제시하는 (라)가 적절하다. (라)의 마지막 문장에서는 리더의 세 번째 덕목으로 독서를 제시하므로 이어지는 순서로는 독서의 효과를 제시하는 (가)가 적절하다. 다음으로는 (가)의 마지막 문장인 외국어 능력의 중요성을 이어서 설명하는 (마), 리더의 낙천적 사고를 제시하는 (다)의 순서가 적절하다.

24 정답 ③

제시문은 가솔린 엔진과의 대조를 통해 디젤 엔진의 작동 원리와 특성을 설명하고 있다. 네 번째 문단의 '탄소가 많이 연결된 탄화수소물에 고온의 열을 가하면 탄소 수가 적은 탄화수소물로 분해된다.'는 내용을 통해 탄소의 수가 많은 경유에 열을 가하면 탄소의 수가 적은 가솔린을 얻을 수 있다고 추론할 수 있다.

오답분석

① 경유는 가솔린보다 점성이 강하므로 손으로 만지면 경유가 더 끈적끈적할 것이다.
② 경유는 가솔린보다 훨씬 무거우므로 가솔린과 경유를 섞으면 경유가 가솔린 아래로 가라앉을 것이다.
④ 경유는 가솔린보다 증발하는 속도가 느리므로 가솔린이 경유보다 더 빨리 증발할 것이다.
⑤ 가솔린보다 경유가 에너지 밀도가 높으므로 같은 양의 연료를 태우면 경유가 더 큰 에너지를 발생시킬 것이다.

25

정답 ①

다섯 번째 문단에 따르면 디젤 엔진은 원리상 가솔린 엔진보다 더 튼튼하고 고장도 덜 난다.

오답분석

② 첫 번째 문단에 따르면 가솔린 엔진은 1876년에, 디젤 엔진은 1892년에 등장했다.
③ 다섯 번째 문단에 따르면 디젤 엔진에는 분진을 배출하는 문제가 있다. 그러나 디젤 엔진과 가솔린 엔진 중에 어느 것이 분진을 더 많이 배출하는지 언급한 내용은 없다.
④ 다섯 번째 문단에 따르면 디젤 엔진은 연료의 품질에 민감하지 않다.
⑤ 세 번째 문단에 따르면 가솔린 엔진의 압축비는 최대 12 : 1이고, 디젤 엔진은 25 : 1 정도이다. 따라서 디젤 엔진의 압축 비율이 가솔린 엔진보다 높다.

제2영역 수리능력

01	02	03	04	05	06	07	08	09	10
④	②	②	④	④	②	②	③	①	④
11	12	13	14	15	16	17	18	19	20
②	④	③	④	④	②	②	④	②	④
21	22	23	24	25					
④	⑤	②	⑤	④					

01

정답 ④

50만 원을 먼저 지불하였으므로 남은 금액은 $250-50=200$만 원이고, 매월 a만 원을 갚을 때 남은 금액은 다음과 같다.

- 1개월 후 : $(200\times1.005-a)$원
- 2개월 후 : $(200\times1.005^2-a\times1.005-a)$원
- 3개월 후 : $(200\times1.005^3-a\times1.005^2-a\times1.005-a)$원

⋮

- 12개월 후 : $(200\times1.005^{12}-a\times1.005^{11}-a\times1.005^{10}-\cdots-a)$원

12개월 후 갚아야 할 금액이 0원이므로 $200\times1.005^{12}-a\times1.005^{11}-a\times1.005^{10}-\cdots-a=0$이다.

$200\times1.005^{12}=a\times1.005^{11}+a\times1.005^{10}+\cdots+a$

$=\frac{a(1.005^{12}-1)}{1.005-1}$이므로 다음과 같은 식이 성립한다.

$$a=\frac{200\times0.005\times1.005^{12}}{1.005^{12}-1}=\frac{200\times0.005\times1.062}{1.062-1}\fallingdotseq17.13$$

따라서 매월 내야 하는 금액은 171,300원이다.

02

정답 ②

2024년 9월에 100만 원을 달러로 환전한 후 같은 금액을 2024년 12월에 원으로 환전한다.

- 2024년 9월 원화에서 달러로 환전 : $1{,}000{,}000\times\frac{1\text{달러}}{1{,}327\text{원}}\fallingdotseq753.6$달러
- 2024년 12월 달러에서 원화로 환전 : $753.6\text{달러}\times\frac{1{,}302\text{원}}{1\text{달러}}\fallingdotseq981{,}000$원

따라서 2024년 12월에 환전받는 금액은 981,000원이므로 손해를 본 금액은 $1{,}000{,}000-981{,}000=19{,}000$원이다.

03

정답 ②

물통에 물을 가득 채웠을 때의 물의 양을 X, A호스와 B호스로 1분 간 채울 수 있는 물의 양을 각각 x, y라 하면 다음과 같은 식이 성립한다.

$5(x+y)+3x=\mathrm{X}$ ⋯ ㉠

$4(x+y)+6y=\mathrm{X}$ ⋯ ㉡

㉠과 ㉡을 정리하면 다음과 같다.

$8x+5y=\mathrm{X}$ ⋯ ㉢

$4x+10y=\mathrm{X}$ ⋯ ㉣

㉢과 ㉣을 연립하면 다음과 같다.

$15y=\mathrm{X} \rightarrow y=\frac{\mathrm{X}}{15}$, $x=\mathrm{X}\times\left(1-\frac{5}{15}\right)\times\frac{1}{8}=\frac{\mathrm{X}}{15}$

따라서 A호스로만 물통을 가득 채우는 데 걸리는 시간은 12분이다.

04

정답 ④

처음 퍼낸 설탕물의 양을 xg이라 하면, 4% 설탕물의 양을 구하는 식은 다음과 같다.

4% 설탕물의 양은 $400-(300-x+x)=100$g이다.

(설탕의 양)$=\frac{(\text{농도})}{100}\times$(설탕물의 양)이므로 다음과 같은 방정식이 성립한다.

$\frac{8}{100}\times(300-x)+\frac{4}{100}\times100=\frac{6}{100}\times400$

$\rightarrow 2{,}400-8x+400=2{,}400$

$\rightarrow 8x=400$

$\therefore x=50$

따라서 처음 퍼낸 설탕물의 양은 50g이다.

05

정답 ④

제시된 수열은 (분자 숫자의 합)=(분모)×4이다.

따라서 $\mathrm{A}+\mathrm{B}=15\times4-(15+18)=27$이다.

06

정답 ②

앞의 항에 ×2, +5를 반복하는 수열이다.

따라서 ( )$=-2+5=3$이다.

07

정답 ②

K공사에서는 출발역과 350km, 840km, 도착역(1,120km)에 기본으로 4개 역을 새로 세우고, 모든 구간에 일정한 간격으로 역을 신설할 계획이다. 출발역을 제외한 350km, 840km, 1,120km 지점을 포함하는 일정한 간격인 거리를 구하기 위해 이 세 지점의 최대공약수를 구하면 $10\times7=70$이다.

따라서 출발역에서 70km 간격으로 역을 세우면 도착역까지 $\frac{1{,}120}{70}=16$개이며, 출발역까지 합하면 역은 최소 17개가 된다.

08

정답 ③

- 20분 동안 30m/min로 간 거리 : $20\times30=600$m
- 20분 후 남은 거리 : $2{,}000-600=1{,}400$m
- 1시간 중 남은 시간 : $60-20=40$분

따라서 20분 후 속력은 $\frac{1{,}400}{40}=35$m/min이다.

09

정답 ①

먼저 세 자연수의 합이 6이 되는 경우의 수를 구하면 다음과 같다.

- 자연수의 합이 6이 되는 경우 : (4+1+1), (2+2+2), (3+2+1)
- 3개의 주사위를 던졌을 때, 나올 수 있는 모든 경우의 수 : $6\times6\times6=216$가지
- 주사위를 던져 4+1+1이 나올 수 있는 경우의 수 : (1, 1, 4), (1, 4, 1), (4, 1, 1) → 총 3가지
- 주사위를 던져 2+2+2가 나올 수 있는 경우의 수 : (2, 2, 2) → 총 1가지
- 주사위를 던져 3+2+1가 나올 수 있는 경우의 수 : (1, 2, 3), (1, 3, 2), (2, 1, 3), (2, 3, 1), (3, 1, 2), (3, 2, 1) → 총 3!=6가지

따라서 3개의 주사위를 동시에 던질 때, 나온 숫자의 합이 6이 되는 확률은 $\frac{10}{216}=\frac{5}{108}$이다.

10

정답 ④

50원, 100원, 500원짜리 순으로 개수 순서쌍을 만들어 보면 다음과 같다.

(0, 4, 1), (2, 3, 1), (4, 2, 1), (6, 1, 1), (8, 0, 1), (2, 8, 0), (4, 7, 0), (6, 6, 0), (8, 5, 0)

따라서 900원을 지불하는 경우의 수는 총 9가지이다.

11

정답 ②

(이익)=(할인가)−(원가)이므로 이익이 생산비용보다 같거나 많아야 손해를 보지 않을 수 있다.

K사에서 생산하는 A상품의 개수를 x개라고 하면 다음과 같다.

(A상품 1개당 할인가)$=300\times(1-25\%)=225$원

(A상품 1개당 이익)=(A상품 1개당 할인가)−(A상품 1개당 원가)$=225-200=25$원

(생산비용)=10억 원$=1{,}000{,}000{,}000$원

(A상품 x개의 이익)≥(생산비용)

$25\times x\geq1{,}000{,}000{,}000$

$\therefore x\geq40{,}000{,}000$

따라서 A상품을 4천만 개 이상 생산해야 손해를 보지 않는다.

12

정답 ④

작년 신입사원 모집에 지원한 세 회사 A, B, C의 지원자 수를 각각 a, b, c라 하면 올해 신입사원 모집의 지원자 수는 각각 $1.2a$, $1.3b$, $1.4c$이다.

$1.2a+1.3b+1.4c=1,820$ … ㉠

지원자 증가수의 비가 1 : 3 : 2이므로

$0.2a : 0.3b : 0.4c=1k : 3k : 2k(k \neq 0)$로 놓으면

$\frac{0.2a}{k}=\frac{0.3b}{3k}=\frac{0.4c}{2k}$ 이므로

$a=5k$, $b=10k$, $c=5k$ … ㉡

㉡을 ㉠에 대입하면

$6k+13k+7k=1,820$

$\therefore k=70$, $c=350$

따라서 올해 C회사의 지원자 수는 $1.4c=490$명이다.

13

정답 ③

S은행 주요 고객이 뽑은 항목 순위에 따른 상품별 평점과 김사원이 잘못 기록한 평점 순위는 다음과 같다.

1) 중요 항목 순위에 따른 평점

구분	총점	상품순위
A적금	(4×50)+(2×30)+(3×15)+(2×5)=315점	2등
B적금	(2×50)+(4×30)+(2×15)+(3×5)=265점	4등
C펀드	(5×50)+(3×30)+(1×15)+(2×5)=365점	1등
D펀드	(3×50)+(3×30)+(4×15)+(2×5)=310점	3등
E적금	(2×50)+(3×30)+(1×15)+(4×5)=225점	5등

2) 1순위와 3순위가 바뀐 항목 순위에 따른 평점

구분	총점	상품순위
A적금	(3×50)+(2×30)+(4×15)+(2×5)=280점	2등
B적금	(2×50)+(4×30)+(2×15)+(3×5)=265점	3등
C펀드	(1×50)+(3×30)+(5×15)+(2×5)=225점	4등
D펀드	(4×50)+(3×30)+(3×15)+(2×5)=345점	1등
E적금	(1×50)+(3×30)+(2×15)+(4×5)=190점	5등

따라서 주요 고객이 뽑은 항목 순위에 따른 상품 순위보다 김사원이 잘못 기록한 순위에 따른 상품 순위에서 순위가 상승한 상품은 B적금과 D펀드이다.

14

정답 ④

환율을 x원, 일정한 인출 수수료는 y유로, 카드 결제 수수료율을 z%라고 하자.

우선 인출 1과 2에 대해 정리하면 다음과 같다.

$(650+y)\times x=850,200$ … ㉠

$(450+y)\times x=590,200$ … ㉡

㉠에서 ㉡을 빼면 $200x=260,000 \rightarrow x=1,300$

12월 9일에 환율은 1유로당 1,300원이었으며, 인출 수수료 y유로는 $(450+y)\times 1,300=590,200 \rightarrow 450+y=454 \rightarrow y=4$이다.

마지막으로 카드 결제 시 금액은 $400\times 1,300=520,000$원이어야 하지만 $521,040-520,000=1,040$원이 추가로 결제되었으므로

수수료율은 $400\times z\times 1,300=1,040 \rightarrow z=\frac{1,040}{400\times 1,300}=0.002$, 즉 0.2%이다.

따라서 카드 결제 수수료율은 0.2%이고, ATM 인출 수수료는 4유로이다.

15

정답 ④

과일 종류별 무게를 가중치로 적용한 네 과일의 가중평균은 42만 원이다. 라 과일의 가격을 a만 원이라 가정하고 가중평균에 대한 방정식을 구하면 다음과 같다.

$25\times 0.4+40\times 0.15+60\times 0.25+a\times 0.2=42$

$\rightarrow 10+6+15+0.2a=42 \rightarrow 0.2a=42-31=11$

$\therefore a=\frac{11}{0.2}=55$

따라서 라 과일의 가격은 55만 원이다.

16

정답 ②

예치금을 기준으로 보면 2,000만 원 또는 3,000만 원이다.

우선, 금리가 매우 높지 않는 이상, 예금액의 차이인 1,000만 원을 넘어설 수 없으므로 을·정 예금이 각각 첫 번째, 두 번째로 최종 금액이 많을 것이다. 그리고 예치금이 2,000만 원인 예금들 중에서 이자가 가장 높은 예금을 구하면 된다.

단리식 예금인 갑·병 예금을 비교하면 이자율은 갑 예금이 높을 것이므로 최종적으로 갑·무 예금을 비교하면 된다.

각각의 계산식을 적용하면 만기 시 금액은 다음과 같다.

- 갑 : $2,000\times(1+\frac{0.05}{12}\times 12)=2,000\times 1.05=2,100$만 원
- 무 : $2,000\times(1+0.03)^{\frac{36}{12}}=2,000\times 1.1=2,200$만 원

따라서 무 예금이 2,200만 원으로 만기 시 세 번째로 많이 받을 수 있는 예금상품이며, 현재가치는 3년 후에 찾는 것으로 $2,200\times 0.95^3=2,200\times 0.85=1,870$만 원이다.

17
정답 ②

ㄱ. $6=\frac{50\times12}{x-25,000}\times100$

$\therefore x=$3억 5천만 원

ㄹ. $12=\frac{x\times12}{58,000-53,000}\times100$

$\therefore x=$50만 원

오답분석

ㄴ. $\frac{60\times12}{42,000-30,000}\times100=6\%$

ㄷ. $3=\frac{70\times12}{60,000-x}\times100$

$\therefore x=$3억 2천만 원

18
정답 ④

i) 2035년 1인 가구 수 : (2025년 1인 가구 수)+[(2005년 대비 2015년의 1인 가구 수 증가량)+(2015년 대비 2025년의 1인 가구 수 증가량)]÷2

$\therefore$ 67,004+[(51,796−31,856)+(67,004−51,796)]÷2

→ 67,004+17,574=84,578가구

ii) 2035년 2인 가구 수 : (2035년 전체 가구 수)−[(2035년 3인 이상 가구 수)+(2035년 1인 가구 수)]

- 2035년 전체 가구 수 : 2015년 대비 2025년 전체 가구 수의 증가율을 구하면 (210,136−190,128)÷190,128×100 ≒10.5%이므로, 2025년 대비 2035년 전체 가구 수의 증가율은 $10.5\times\frac{2}{3}=7\%$이다. 따라서 2035년 전체 가구 수를 구하면 210,136×1.07≒224,846이다.
- 2035년 3인 이상 가구 수 : [160,389−(31,856+35,236)]×0.8=93,297×0.8≒74,638

$\therefore$ 224,846−(74,638+84,578)=65,630가구

iii) 2035년 가구주가 80세 이상인 가구 수 : 2025년 기준 가구주가 70세 이상인 가구가 2035년에 가구주가 80세 이상인 가구가 된다.

$\therefore$ (24,874×0.7)+(13,889×0.6)≒17,412+8,333
=25,745가구

19
정답 ②

빈칸 (A), (B), (C)에 들어갈 수는 다음과 같다.

- (A) : 299,876−179,743=(A) → (A)=120,133
- (B) : (B)−75,796=188,524
  → (B)=188,524+75,796=264,320
- (C) : 312,208−(C)=224,644
  → (C)=312,208−224,644=87,564

20
정답 ④

2023년 대비 2024년 독일의 국내총생산 증가율을 구하는 식은 다음과 같다.

$\frac{3,466.0-3,355.8}{3,355.8}\times100\fallingdotseq3.28\%$

따라서 2023년 대비 2024년 독일의 국내총생산 증가율은 3.28%이다.

21
정답 ④

그래프에서 주택부문 시장규모의 비율은 거의 비슷하나, 네 번째 자료에서 시장규모가 E국이 가장 큰 액수로 주어져 있기 때문에, 주택부문 시장규모가 가장 큰 국가는 E국이다.

그다음으로 2024년 각국의 주택부문 16층 이상 시장규모를 구하면 다음과 같다.

- A국의 16층 이상 시장규모 : 50×0.28×0.45=6.3조 원
- B국의 16층 이상 시장규모 : 150×0.29×0.25=10.875조 원
- C국의 16층 이상 시장규모 : 100×0.23×0.09=2.07조 원
- D국의 16층 이상 시장규모 : 200×0.28×0.51=28.56조 원
- E국의 16층 이상 시장규모 : 250×0.26×0.30=19.5조 원

따라서 16층 이상 시장규모가 두 번째로 작은 국가는 A국이다.

22
정답 ⑤

ㄴ. 첫 번째, 세 번째 자료를 통해서 확인할 수 있다.

ㄷ. 2020~2024년에 건설시장의 주택부문에서 16층 이상 시장규모 비율이 매년 증가한 국가는 A국과 D국 2개국이다.

ㄹ. • A국의 3~10층 시장규모 : 50×0.28×0.22=3.08조 원
- B국의 3~10층 시장규모
  : 150×0.29×0.40=17.4조 원
- C국의 3~10층 시장규모
  : 100×0.23×0.45=10.35조 원
- D국의 3~10층 시장규모
  : 200×0.28×0.11=6.16조 원
- E국의 3~10층 시장규모
  : 250×0.26×0.24=15.6조 원

따라서 3~10층 시장규모가 가장 큰 국가는 B국이다.

오답분석

ㄱ. A국은 비주택부문 시장규모 비율이 가장 낮으므로 옳지 않은 설명이다. 주택부문 시장규모 비율이 가장 낮은 국가는 C국이다.

23

정답 ②

직급별 사원 수를 알 수 없으므로 전 사원의 주 평균 야근 빈도는 구할 수 없다.

오답분석

① 자료를 통해 알 수 있다.
③ 0.2시간은 60분×0.2=12분이다. 따라서 4.2시간은 4시간 12분이다.
④ 대리급 사원은 주 평균 1.8일 야근을 하고 주 평균 6.3시간을 야간 근무하므로, 야근 1회 시 6.3÷1.8=3.5시간 근무로 가장 긴 시간 동안 일한다.
⑤ 0.8시간은 48분이므로 조건에 따라 1시간으로 야근수당을 계산한다. 따라서 과장급 사원의 주 평균 야근 시간은 5시간이므로 5×10,000원=50,000원을 받는다.

24

정답 ⑤

2021년 인구성장률은 0.63%, 2024년 인구성장률은 0.39%이다. 2024년 인구성장률은 2021년 인구성장률에서 40% 감소한 값인 0.63×(1−0.4)=0.378%보다 값이 크므로 40% 미만으로 감소하였다.

오답분석

① 자료를 통해 2021년 이후 인구성장률이 매년 감소하고 있음을 알 수 있으므로 옳은 설명이다.
② 2019년부터 2024년까지 인구성장률이 가장 낮았던 해는 2024년이며, 합계출산율도 2024년에 가장 낮았다.
③ 인구성장률과 합계출산율은 모두 2020년에는 전년 대비 감소하고, 2021년에는 전년 대비 증가하였으므로 옳은 설명이다.
④ 인구성장률이 높은 순서로 나열하면 2021년 – 2019년, 2022년 – 2020년 – 2023년 – 2024년이다. 합계출산율이 높은 순서로 나열하면 2019년 – 2022년 – 2021년 – 2020년 – 2023년 – 2024년이다. 따라서 인구성장률과 합계출산율이 두 번째로 높은 해는 2022년이다.

25

정답 ④

㉠ 2020 ~ 2024년 동안 경기전망지수가 40점 이상인 것은 B산업 또는 C산업이다(보건업 : B 또는 C).
㉡ 2022년에 경기전망지수가 전년 대비 증가한 산업은 A산업과 C산업이다(A, C 중 하나는 제조업, 다른 하나는 조선업).
㉣ 매년 5개의 산업 중 경기전망지수가 가장 높은 산업은 A산업이다.

따라서 A산업이 제조업이고, ㉡에 따라 C산업은 조선업이다. 또한 ㉠에 따라 B산업이 보건업이 되고, ㉢의 산업별 전년 대비 2021년 경기전망지수의 증가율을 구하지 않아도, 남은 D산업은 해운업임을 알 수 있다.

제3영역 문제해결능력

01	02	03	04	05	06	07	08	09	10
④	②	④	②	①	④	④	②	②	④
11	12	13	14	15	16	17	18	19	20
④	③	④	①	④	③	⑤	①	③	③
21	22	23	24	25					
④	③	②	③	④					

01

정답 ④

출산장려금 지급 시기의 가장 우선순위인 임신일이 가장 긴 임산부는 B, D, E임산부이다. 이 중에서 만 19세 미만인 자녀 수가 많은 임산부는 D, E임산부이고, 소득 수준이 더 낮은 임산부는 D임산부이다. 따라서 D임산부가 가장 먼저 출산장려금을 받을 수 있다.

02

정답 ②

김대리가 1박 2일 동안 출장하면서 지불한 비용 중 인정되는 외근 비용은 다음과 같다.

• A호텔 숙박비 : 250,000원
• A호텔 식비 : 15,000+15,000+12,000+15,000=57,000원
• K식당 식비 : 중식 15,000원 기준을 초과하였으므로 인정받을 수 없다.
• 시외버스 비용 : 35,000원

따라서 김대리가 인정받을 수 있는 외근비용 합계는 250,000+57,000+35,000=342,000원이다.

03

정답 ④

정이 운전을 하고, 을이 차장이고, 부상 중인 사람이 없기 때문에 17:00에 도착하므로 을의 계약업체 면담과 정의 당직 근무에도 문제가 없다. 따라서 을・정・무가 가능한 조합이다.

오답분석

① 갑・을・병 : 갑이 부상인 상태이므로 B지점에 17시 30분에 도착하는데, 을이 17시 15분에 계약업체 면담이 진행될 예정이므로 가능하지 않은 조합이다.
② 갑・병・정 : 갑이 부상인 상태이므로 B지점에 17시 30분에 도착하는데, 정이 17시 10분부터 당직 근무가 예정되어 있으므로 가능하지 않은 조합이다.
③ 을・병・무 : 1종 보통 운전면허를 소지하고 있는 사람이 없으므로 가능하지 않은 조합이다.
⑤ 병・정・무 : 출장인원에 책임자로서 차장인 갑・을이 포함되어 있지 않아 가능하지 않은 조합

04

정답 ②

• gwpyi : gw(잎), p(네 번째 차이), yi(여덟 번째 종)

오답분석

① dipu : di(돌), p(더 투명한 가치 있는 돌), u(여섯 번째 종)
③ dige : di(돌), g(덜 투명한 가치 있는 돌), e(세 번째 종)
④ deda : de(원소), d(두 번째 차이), a(두 번째 종)
⑤ dice : di(돌), c(물에 녹지 않는 지구의 응결물), e(세 번째 종)

05

정답 ①

두 번째 조건에 따라 S사원의 부서 직원 80명이 전원 참석하므로 수용 가능 인원이 40명인 C세미나는 제외되고, 세 번째 조건에 따라 거리가 60km를 초과하는 E호텔이 제외된다. 이어서 부서 워크숍은 2일간 진행되므로 하루 대관료가 50만 원을 초과하는 D리조트는 제외된다. 마지막으로 다섯 번째 조건에 따라 왕복 이동 시간이 4시간인 B연수원은 제외된다. 따라서 가장 적절한 워크숍 장소는 A호텔이다.

06

정답 ④

마지막 11번째 자리는 체크기호로 난수이다. 따라서 432번째 개설된 당좌예금이므로 ④는 적절하지 않다.

07

정답 ④

고객(Customer)에 따르면 SPA 시장은 매년 급성장하지만, 경쟁사(Competitor)에서 글로벌 및 토종 SPA기업, 캐주얼 전문 기업 외에도 비즈니스 캐주얼, 아웃도어 의류 기업도 포함한다고 하며, 경쟁사들은 차별화된 경쟁력을 가지고 있다고 밝힌다. 그에 반해 자사(Company)는 유통 및 생산 노하우가 부족하다고 하고 있다. 따라서 ④가 신규 사업 계획의 타당성에 대한 옳은 설명이다.

오답분석

① 자사의 유통 및 생산 노하우가 부족하다고 분석하였으므로 적절하지 않다.
② 디지털마케팅 전략을 구사하기에 역량이 미흡하다고 분석하였으므로 적절하지 않다.
③ 분석 자료를 살펴보면, 경쟁사 중 상위업체가 하위업체와의 격차를 확대하기 위해서 파격적인 가격정책을 펼치고 있다고 하였으므로 적절하지 않다.
⑤ 20대 캐주얼 및 SPA 시장은 매년 급성장 중이라고 하였으므로 적절하지 않다.

08

정답 ②

㉠ LNG 구매력이 우수하다는 강점을 이용해 북아시아 가스관 사업이라는 기회를 활용하는 것은 SO전략에 해당된다.
㉢ 수소 자원 개발이 고도화되고 있는 기회를 이용하여 높은 공급단가라는 약점을 보완하는 것은 WO전략에 해당된다.

오답분석

㉡ 북아시아 가스관 사업은 강점이 아닌 기회에 해당되므로 ST전략에 해당된다고 볼 수 없다.
㉣ 높은 LNG 확보 능력이라는 강점을 이용해 높은 가스 공급단가라는 약점을 보완하려는 것은 WT전략에 해당된다고 볼 수 없다.

09

정답 ②

제11조 (1)에 해당하는 내용이다.

오답분석

① 응급조치에 소요된 비용에 대해서는 주어진 제시문에서 확인할 수 없으므로 '갑'이 부담하는지 알 수 없다.
③ '을'이 미리 긴급조치를 취할 수 있지만, 이를 즉시 '갑'에게 통지해야 한다.
④ '을'은 설계상의 하자나 '갑'의 요구에 의한 작업으로 인한 재해에 대해서는 책임이 없다.
⑤ '을'은 공사감리자의 요청이 있을 시 상세시공도면을 작성하고 공사 감리자로부터 확인을 받아야 한다.

10

정답 ④

K교통카드 본사에서 10만 원 이상의 고액 환불 시 내방 당일 카드 잔액 차감 후 익일 18시 이후 계좌로 입금받는다.

오답분석

① 부분환불은 환불요청금액이 1만 원 이상～5만 원 이하일 경우, K교통카드 본사와 지하철 역사 내 K교통카드 서비스센터에서 환불이 가능하다.
② 모바일 환불 시 1인 최대 50만 원까지 환불 가능하며, 수수료는 500원이므로 카드 잔액이 40만 원일 경우 수수료를 제외한 399,500원이 계좌로 입금된다.
③ 카드 잔액이 30만 원일 경우, 20만 원 이하까지만 환불이 가능한 A은행을 제외한 은행 ATM기에서 수수료 500원을 제외하고 299,500원 환불 가능하다.
⑤ 역사 내 K카드 서비스 센터에서 한 달 내 환불받을 수 있는 금액은 50만 원이지만, 하루 동안 환불 금액은 수수료 500원을 제외한 5만 원이하이다.

11

정답 ④

ㄱ. A=100, B=101, C=102이므로 Z=125이다.
ㄴ. C=3, D=4, E=5, F=6이므로 Z=26이다.
ㄷ. P가 17임을 볼 때, J=11, Y=26, Z=27이다.
ㄹ. Q=25, R=26, S=27, T=28이므로 Z=34이다.
따라서 Z에 해당하는 수를 더하면 125+26+27+34=212이다.

12

정답 ③

보유한 글로벌 네트워크를 통해 해외시장에 진출하는 것은 강점을 활용하여 외부환경의 기회를 포착하는 SO전략이다.

오답분석

① SO전략 : 강점을 활용하여 외부환경의 기회를 포착하는 전략이므로 적절하다.
② WO전략 : 약점을 보완하여 외부환경의 기회를 포착하는 전략이므로 적절하다.
④ ST전략 : 강점을 활용하여 외부환경의 위협을 회피하는 전략이므로 적절하다.
⑤ WT전략 : 약점을 보완하여 외부환경의 위협을 회피하는 전략이므로 적절하다.

13

정답 ④

각 펀드의 총점을 통해 비교 결과를 유추하면 다음과 같다.

- A펀드 : 한 번은 우수(5점), 한 번은 우수 아님(2점)
- B펀드 : 한 번은 우수(5점), 한 번은 우수 아님(2점)
- C펀드 : 두 번 모두 우수 아님(2점+2점)
- D펀드 : 두 번 모두 우수(5점+5점)

각 펀드의 비교 대상은 다른 펀드 중 두 개이며, 총 4번의 비교를 했다고 하였으므로 다음과 같은 경우를 고려할 수 있다.

i)

A		B		C		D	
B	D	A	C	B	D	A	C
5	2	2	5	2	2	5	5

표의 결과를 정리하면 D>A>B, A>B>C, B・D>C, D>A・C이므로 D>A>B>C이다.

ii)

A		B		C		D	
B	C	A	D	A	D	C	B
2	5	5	2	2	2	5	5

표의 결과를 정리하면 B>A>C, D>B>A, A・D>C, D>C・B이므로 D>B>A>C이다.

iii)

A		B		C		D	
D	C	C	D	A	B	A	B
2	5	5	2	2	2	5	5

표의 결과를 정리하면 D>A>C, D>B>C, A・B>C, D>A・B이므로 D>A・B>C이다.

ㄱ. 세 가지 경우에서 모두 D펀드는 C펀드보다 우수하다.
ㄴ. 세 가지 경우에서 모두 B펀드보다 D펀드가 우수하다.
ㄷ. 마지막 경우에서 A펀드와 B펀드의 우열을 가릴 수 있으면 A～D까지 우열순위를 매길 수 있다.

14

정답 ①

제시된 자료는 K섬유회사의 SWOT 분석을 통해 강점(S), 약점(W), 기회(O), 위기(T) 요인을 분석한 것으로, SO전략과 WO전략은 발전 방안으로서 적절하다.

오답분석

ㄴ. ST전략에서 경쟁업체에 특허 기술을 무상 이전하는 것은 경쟁이 더 심화될 수 있으므로 적절하지 않다.
ㄹ. WT전략에서는 기존 설비에 대한 재투자보다는 수요에 맞게 다양한 제품을 유연하게 생산할 수 있는 신규 설비에 대한 투자가 필요하다.

15

정답 ④

- 우선, 서울 지부에서 김포공항까지 택시비가 소요된다. → 20,000원
- 세미나 시작 2시간 전인 12시 정각까지 세미나 장소인 부산 본사에 도착하여야 하며, 그러기 위해서는 택시로 이동하는 시간을 고려하여 11시 반에는 김해공항에 도착하여야 한다. 따라서 탑승이 가능한 항공편은 AX381뿐이다. → 38,500원
- 김해공항에서 내린 후 부산 본사까지 택시로 이동한다. → 20,000원
- 물품 구입비는 5,000×2+1,000×4+2,000×1+1,500×2 =19,000원이 든다. → 19,000원
- 세미나 종료 후 다시 택시를 타고 김해공항으로 이동한다. → 20,000원
- 김해공항에 도착하면 18:30이 된다. 따라서 탑승이 가능한 항공편은 YI830뿐이다. → 48,000원
- 김포공항에서 다시 택시로 서울 지부로 이동한다. → 20,000원

따라서 부산 본사 출장 이후 서울 지부로 다시 돌아오기까지의 교통비와 물품 구입비의 합은 20,000+38,500+20,000+19,000 +20,000+48,000+20,000=185,500원이다.

16

정답 ③

'세미나에 참여한 사람'을 A, '봉사활동 지원자'를 B, '신입사원'을 C라고 하면, 첫 번째 명제에 따라 A는 B에 포함되며, 두 번째 명제에 따라 C는 A와 겹치지 않지만 B와는 겹칠 가능성이 있다. 이를 벤 다이어그램으로 표현하면 다음과 같다.

- 첫 번째 명제

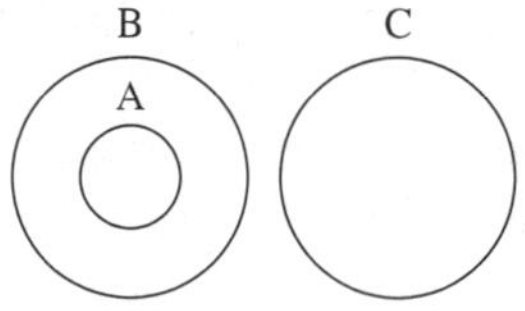

- 두 번째 명제

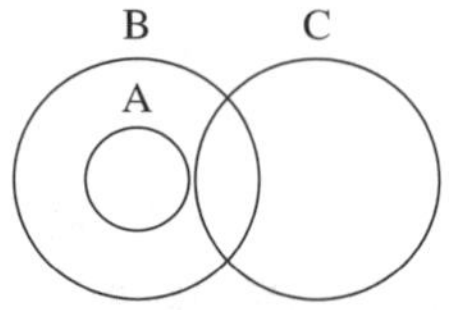

따라서 빈칸에는 '신입사원은 봉사활동에 지원하였을 수도, 하지 않았을 수도 있다.'가 적절하다.

17

정답 ⑤

'회계팀 팀원'을 p, '회계 관련 자격증을 가지고 있다.'를 q, '돈 계산이 빠르다.'를 r이라고 하면, 첫 번째 명제는 p → q이며, 마지막 명제는 ~r → ~p이다. 이때 마지막 명제의 대우는 p → r이므로 마지막 명제가 참이 되기 위해서는 q → r이 필요하다. 따라서 빈칸에 들어갈 명제는 q → r의 대우에 해당하는 ~r → ~q ⑤이다.

18

정답 ①

다이아몬드는 광물이고, 광물은 매우 규칙적인 원자 배열을 가지고 있다. 따라서 다이아몬드는 매우 규칙적인 원자 배열을 가지고 있다.

19

정답 ③

C사원은 10개의 도장에서 2개의 도장이 모자라므로 현재 8개의 도장을 모았으며, A사원은 C사원보다 1개의 도장이 적으므로 현재 7개의 도장을 모은 것을 알 수 있다. 또한 B사원은 A사원보다 2개 적은 5개의 도장을 모았으며, D사원은 무료 음료 한 잔을 포함하여 3잔을 주문하였으므로 10개의 도장을 모은 쿠폰을 반납하고, 새로운 쿠폰에 2개의 도장을 받았음을 추론할 수 있다. 따라서 D사원보다 6개의 도장을 더 모은 E사원은 8개의 도장을 받아 C사원의 도장 개수와 동일함을 알 수 있다.

20

정답 ③

먼저 세 번째 ~ 여섯 번째 조건을 기호화하면 다음과 같다.

- A or B → D, A and B → D
- C → ~E and ~F
- D → G
- G → E

세 번째 조건의 대우 ~D → ~A and ~B에 따라 D사원이 출장을 가지 않으면 A사원과 B사원 모두 출장을 가지 않는 것을 알 수 있다. 결국 D사원이 출장을 가지 않으면 C사원과 E, F, G대리가 모두 출장을 가야 한다. 그러나 이는 대리 중 적어도 한 사람은 출장을 가지 않는다는 두 번째 조건과 모순되므로 성립하지 않는다. 그러므로 D사원은 반드시 출장을 가야 한다.

D사원이 출장을 가면 다섯 번째, 여섯 번째 조건을 통해 D → G → E가 성립하므로 G대리와 E대리도 출장을 가는 것을 알 수 있다. 이때, 네 번째 조건의 대우에 따라 E대리와 F대리 중 적어도 한 사람이 출장을 가면 C사원은 출장을 갈 수 없으며, 두 번째 조건에 따라 E, F, G대리는 모두 함께 출장을 갈 수 없다. 결국 D사원, G대리, E대리와 함께 출장을 갈 수 있는 사람은 A사원 또는 B사원이다.

따라서 항상 참인 것은 'C사원은 출장을 가지 않는다.'이다.

21

정답 ④

세 번째 조건에 의해 윤부장이 가담하지 않았다면, 이과장과 강주임도 가담하지 않았음을 알 수 있다. 이과장이 가담하지 않았다면 두 번째 조건에 의해 김대리도 가담하지 않았으므로 가담한 사람은 박대리뿐이다. 이는 첫 번째 조건에 위배되므로 윤부장은 입찰부정에 가담하였다.

네 번째 조건의 대우로 김대리가 가담하였다면 박대리도 가담하였고, 다섯 번째 조건에 의해 박대리가 가담하였다면 강주임도 가담하였다. 이는 입찰부정에 가담한 사람은 두 사람이라는 첫 번째 조건에 위배되는 것이므로, 김대리는 입찰부정에 가담하지 않았다. 따라서 입찰부정에 가담하지 않은 사람은 김대리, 이과장, 박대리이며, 입찰부정에 가담한 사람은 윤부장과 강주임이다.

22

정답 ③

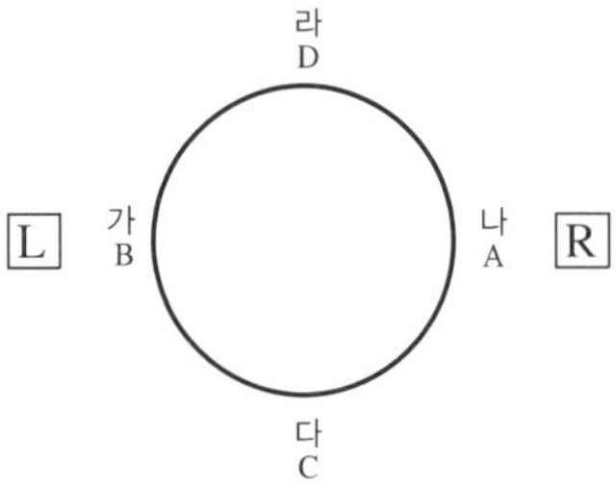

첫 번째 조건과 다섯 번째 조건에 의하여 다 직원의 위치는 시계 6시 방향이고, 9시 방향과 12시 방향은 각각 B인턴과 D인턴을 맡은 직원이 앉게 된다.

두 번째 조건에 의하여 A인턴을 맡은 직원은 3시 방향에 앉고, 세 번째 조건에 의하여 라 직원은 12시 방향에 앉아 있으므로 D인턴을 맡은 직원은 라 직원이다.

네 번째 조건에 의하여 나 직원은 3시 방향에, 가 직원은 9시 방향에 앉아 있게 되므로 A인턴을 맡은 직원은 나 직원, B인턴을 맡은 직원은 가 직원이다. 즉, 남은 C인턴은 다 직원이 맡는다.

23

정답 ②

제시된 조건에 따르면, 1층에는 남성인 주임을 배정해야 하므로 C주임이 배정된다. 그러면 3층에 배정 가능한 직원은 남성인 B사원 또는 E대리이다. 먼저 3층에 B사원을 배정하는 경우, 5층에는 A사원이 배정된다. 그리고 D주임은 2층에, E대리는 이보다 위층인 4층에 배정된다. 다음으로 3층에 E대리를 배정하는 경우, 5층에 A사원이 배정되면 4층에 B사원이 배정되고, 5층에 B사원이 배정되면 4층에 A사원이 배정된다. 그리고 D주임은 항상 E대리보다 아래층인 2층에 배정된다. 이를 정리하면 다음과 같다.

층수	경우 1	경우 2	경우 3
5층	A사원	A사원	B사원
4층	E대리	B사원	A사원
3층	B사원	E대리	E대리
2층	D주임	D주임	D주임
1층	C주임	C주임	C주임

따라서 5층에 A사원이 배정되더라도, 4층에는 B사원이 아닌 E대리가 배정될 수도 있다.

오답분석

① D주임은 항상 2층에 배정된다.

③·⑤ 5층에 B사원이 배정되면 3층에는 E대리, 4층에는 A사원이 배정된다.

④ C주임은 항상 1층에 배정된다.

24

정답 ③

네 번째, 다섯 번째 조건에 의해 A와 C는 각각 2종류의 동물을 키운다. 또한 첫 번째, 두 번째, 세 번째 조건에 의해 A는 토끼를 키우지 않는다. 따라서 A는 개와 닭, C는 고양이와 토끼를 키운다. 첫 번째 조건에 의해 D는 닭을 키우므로 C는 키우지 않지만 D가 키우는 종류의 동물은 닭이다.

오답분석

① 세 번째 조건에 의해 B는 개를 키운다.

② B가 토끼는 키우지 않지만, 고양이는 키울 수도 있다. 하지만 주어진 조건만 가지고 확신할 수 없다.

④ A, B, D 또는 B, C, D가 같은 종류의 동물을 키울 수 있다.

⑤ B 또는 D는 3가지 종류의 동물을 키울 수 있다.

25

정답 ④

5번째 ~ 7번째 조건에 따라 가전 부스 1일 차 마케팅팀 근무자는 T대리, 2일 차 휴대폰 부스 개발팀 근무자는 S과장, 2일 차와 3일 차 PC 부스의 개발팀 근무자는 D대리와 O대리이다. 3일 차에는 과장들이 근무하지 않으므로 3일 차 가전 부스의 마케팅팀 근무자는 Y사원 또는 P사원이고, 이때 개발팀 근무자는 같은 직급일 수 없으므로 D대리 또는 O대리이다. 따라서 3일 차 휴대폰 부스의 개발팀 근무자는 C사원이고, 3일 차 휴대폰 부스의 마케팅팀 근무자는 T대리, 3일 차 PC 부스의 마케팅팀 근무자는 Y사원 또는 P사원이다. 한편, T대리는 1일 차와 3일 차에 근무하므로 2일 차 마케팅팀 근무자는 가전제품 부스에 K과장, 휴대폰 부스와 PC 부스에 Y사원 또는 P사원이 근무한다. 따라서 1일 차의 PC 부스 마케팅팀 근무자는 K과장, 개발팀 근무자는 C사원이고, 1일 차 가전 부스의 개발팀 근무자는 S과장이다. 이를 정리하면 다음과 같다.

구분	1일 차		2일 차		3일 차	
	마케팅팀	개발팀	마케팅팀	개발팀	마케팅팀	개발팀
휴대폰			Y사원 or P사원	S과장	T대리	C사원
가전	T대리	S과장	K과장	D대리 or O대리	P사원 or Y사원	O대리 or D대리
PC	K과장	C사원	P사원 or Y사원	O대리 or D대리	Y사원 or P사원	D대리 or O대리

PC 부스의 1일 차 마케팅팀 근무자가 과장이므로 ④는 옳지 않다.

제4영역 조직이해능력

01	02	03	04	05	06	07	08	09	10
⑤	①	③	②	③	①	⑤	④	③	②
11	12	13	14	15	16	17	18	19	20
①	③	⑤	④	③	⑤	②	②	④	①
21	22	23	24	25					
④	⑤	①	③	⑤					

01

정답 ⑤

홍보용 보도 자료 작성은 주로 홍보팀의 업무이며, 물품 구매는 주로 총무팀의 업무이다. 즉, 영업팀이 아닌 홍보팀이 홍보용 보도 자료를 작성해야 하며, 홍보용 사은품 역시 직접 구매하는 것이 아니라 홍보팀이 총무팀에 업무협조를 요청하여 총무팀이 구매하도록 하여야 한다.

02

정답 ①

(가)는 경영전략 추진과정 중 환경분석이며, 이는 외부 환경분석과 내부 환경분석으로 구분된다. 외부 환경으로는 기업을 둘러싸고 있는 경쟁자, 공급자, 소비자, 법과 규제, 정치적 환경, 경제적 환경 등을 볼 수 있으며, 내부 환경은 기업구조, 기업문화, 기업자원 등이 해당된다. ①에서 설명하는 예산은 기업자원으로서 내부 환경분석의 성격을 가지며, 다른 사례들은 모두 외부 환경분석의 성격을 가짐을 알 수 있다.

03

정답 ③

현혹효과는 평가요소를 명확히 하고 평가행동과 연결시킴으로써 어느 정도 제거할 수는 있다.

04

정답 ②

B대리는 상대방이 제시한 아이디어를 비판하고 있다. 따라서 브레인스토밍에 적절하지 않은 태도를 보였다.

브레인스토밍
- 다른 사람이 아이디어를 제시할 때에는 비판하지 않는다.
- 문제에 대한 제안은 자유롭게 이루어질 수 있다.
- 아이디어는 많이 나올수록 좋다.
- 모든 아이디어들이 제안되고 나면 이를 결합하고 해결책을 마련한다.

05

정답 ③

경영전략 추진과정
- 전략목표 설정 : 비전 설정, 미션 설정
- 환경분석 : 내부환경 분석, 외부환경 분석
- 경영전략 도출 : 조직전략, 사업전략, 부문전략
- 경영전략 실행 : 경영목적 달성
- 평가 및 피드백 : 경영전략 결과 평가, 전략목표 및 경영전략 재조정

06

정답 ①

맥킨지(McKinsey)에 의해서 개발된 7 – S 모형
1. 공유가치 : 조직 구성원들의 행동이나 사고를 특정 방향으로 이끌어 가는 원칙이나 기준이다.
2. 스타일 : 구성원들을 이끌어 나가는 전반적인 조직관리 스타일이다.
3. 구성원 : 조직의 인력 구성과 구성원들의 능력과 전문성, 가치관과 신념, 욕구와 동기, 지각과 태도 그리고 그들의 행동 패턴 등을 의미한다.
4. 제도・절차 : 조직운영의 의사결정과 일상 운영의 틀이 되는 각종 시스템을 의미한다.
5. 구조 : 조직의 전략을 수행하는 데 필요한 틀로서 구성원의 역할과 그들 간의 상호관계를 지배 하는 공식요소이다.
6. 전략 : 조직의 장기적인 목적과 계획 그리고 이를 달성하기 위한 장기적인 행동지침이다.
7. 기술 : 하드웨어는 물론 이를 사용하는 소프트웨어 기술을 포함하는 요소를 의미한다.

07

정답 ⑤

조직문화는 구성원 개개인의 개성을 인정하고 그 다양성을 강화하기보다는 구성원들의 행동을 통제하는 기능을 한다. 즉, 구성원을 획일화・사회화시킨다.

08

정답 ④

'한정 판매 마케팅 기법'은 한정판 제품의 공급을 통해 의도적으로 공급의 가격탄력성을 0에 가깝게 조정한 것이다. 이 기법은 판매 기업의 입장에서는 이윤 증대를 위한 경영 혁신이지만 소비자의 합리적 소비를 저해할 수 있다.

09 정답 ③

홈페이지 접속 오류 문제의 경우 정보통신시스템 운영 관리 업무를 담당하는 정보화본부에 연락해야 한다.

오답분석

① 고객지원실 : 민원 업무, 개인정보 관리, 심사청구 업무 등을 담당한다.
② 인사혁신실 : 인사제도 개선, 신입직원 교육, 노사협력, 임직원 성과평가 등의 업무를 담당한다.
④ 기금운용본부 : 기금운용 계획, 평가, 채권·주식·증권 투자 등의 업무를 담당한다.
⑤ 시설관리센터 : 사옥 운영 및 관리, 시설 관리 등의 업무를 담당한다.

10 정답 ②

'조직목표 간에는 수평적 상호관계가 있다.'와 '불변적 속성을 가진다.'가 옳지 않은 내용이므로 2가지이다.

조직목표의 특징

- 공식적 목표와 실제적 목표가 다를 수 있다.
  조직목표는 조직이 존재하는 이유와 관련된 조직의 사명과 사명을 달성하기 위한 세부목표를 가지고 있다. 조직의 사명은 조직의 비전, 가치와 신념, 조직의 존재이유 등을 공식적인 목표로 표현한 것이다. 반면에 세부목표는 조직이 실제적인 활동을 통해 달성하고자 하는 것으로 사명에 비해 측정 가능한 형태로 기술되는 단기적인 목표이다.
- 다수의 조직목표를 추구할 수 있다.
- 조직목표 간에는 위계적 상호관계가 있다.
  조직은 다수의 조직목표를 추구할 수 있으며, 이러한 조직목표들은 위계적 상호관계가 있어 서로 상하관계에 있으면서 영향을 주고받는다.
- 가변적 속성을 가진다.
  조직목표는 한번 수립되면 달성될 때까지 지속되는 것이 아니라, 환경이나 조직 내의 다양한 원인들에 의하여 변동되거나 없어지고, 새로운 목표로 대치되기도 한다.
- 조직의 구성 요소와 상호관계를 가진다.
  조직목표들은 조직의 구조, 조직의 전략, 조직의 문화 등과 같은 조직체제의 다양한 구성 요소들과 상호관계를 가지고 있다.

11 정답 ①

기준의 내용에서 '인적자원개발 강조', '새로운 자원 발굴', '목표 달성과 경쟁에서 이기는 것 강조', '영속성과 안정성 강조'의 내용을 볼 때 전략적 강조점을 기준척도로 추론할 수 있다.

12 정답 ③

특수목적법인의 SPV(Special Purpose Vehicle)는 특별한 목적을 수행하기 위해 일시적으로 만든 회사로 일종의 페이퍼 컴퍼니이다. 국내의 문화 산업 분야에서는 프로젝트별 제작사와 법적으로 분리된 특수목적회사를 세워 투자금을 운용하고, 프로젝트에 따라 발생한 수익을 투명하게 배분하는 방안으로 활용되었다.

오답분석

① AMC(Asset Management Company) : 회사의 부실채권이나 부동산을 출자전환, 신규자금 지원 등으로 살려낸 후 매각하는 자산관리 및 업무위탁사이다.
② PFV(Project Financing Vehicle) : 부동산 개발 사업을 효율적으로 추진하기 위해 설립하는 페이퍼 컴퍼니이다.
④ PEF(Private Equity Fund) : 사모펀드로, 일정 수 이하의 제한된 투자자들을 모집하여 비공개적으로 운영하는 펀드이다.
⑤ DTI(Debt-to-Income Ratio) : 총부채상환비율로, 주택담보대출 차주의 원리금상환능력을 감안하여 주택담보대출 한도를 설정하기 위해 도입된 규제 비율이다.

13 정답 ⑤

조직문화는 조직의 안정성을 가져 오므로 많은 조직들은 그 조직만의 독특한 조직문화를 만들기 위해 노력한다.

14 정답 ④

조직수명주기는 시간의 흐름에 따른 조직의 발전과정을 설명하는 것으로 순서는 다음과 같다.

1. 창업 단계 : 새로운 조직이 탄생하여 창업자를 중심으로 조직이 성장하는 단계
2. 공동체 단계 : 창업자 또는 전문경영자의 리더십을 통해 조직의 관리체계가 명확해지는 단계
3. 공식화 단계 : 최고경영자가 의사결정권을 위임하고 제도 등의 시스템을 구축함으로써 조직의 내부효율성을 추구하는 단계
4. 정교화 단계 : 정교한 구조로 조직을 재설계하여 조직유연성을 제고하는 단계

15 정답 ③

제시된 사례의 쟁점은 재고 처리이며, 여기서 A씨는 W사에 대하여 경쟁전략(강압전략)을 사용하고 있다. 강압전략은 'Win-Lose' 전략이다. 즉, 내가 승리하기 위해서 당신은 희생되어야 한다는 전략인 'I Win, You Lose' 전략이다. 명시적 또는 묵시적으로 강압적 위협이나 강압적 설득, 처벌 등의 방법으로 상대방을 굴복시키거나 순응시킨다. 자신의 주장을 확실하게 상대방에게 제시하고 상대방에게 이를 수용하지 않으면 보복이 있을 것이며 협상이 결렬될 것이라는 등의 위협을 가하는 것이다. 즉, 강압전략은 일방적인 의사소통으로 일방적인 양보를 받아내려는 것이다.

16 정답 ⑤

집단에서 일련의 과정을 거쳐 의사가 결정되었다고 해서 최선의 결과라고 단정 지을 수는 없다.

17 정답 ②

이노비즈(Innobiz)는 혁신(Innovation)과 기업(Business)의 합성어로 뛰어난 기술력을 바탕으로 경쟁력을 확보하는 중소기업을 가리킨다.

18 정답 ②

①·③·④·⑤는 인터뷰 준비를 위한 업무처리 내용이고, ②는 인터뷰 사후처리에 대한 내용이므로 우선순위 면에서는 가장 낮다.

19 정답 ④

목표의 층위·내용 등에 따라 우선순위가 있을 수는 있지만, 하나씩 순차적으로 처리해야 하는 것은 아니다. 즉, 조직의 목표는 동시에 여러 개가 추구될 수 있다.

20 정답 ①

(A) 디마케팅(Demarketing) : 기업이 사회적 책임 수행을 위해 과잉 구매되는 상품의 소비를 억제하기 위하여 행하는 마케팅
(B) 앰부시 마케팅(Ambush marketing) : 게릴라 작전처럼 기습적으로 행해지며 교묘히 규제를 피하는 마케팅

오답분석

- 터보 마케팅(Turbo Marketing) : 마케팅 활동에서 시간을 중요한 변수로 보고, 이를 경쟁자보다 효과적으로 관리하여 우위를 확보하고자 하는 마케팅
- 감성 마케팅(Emotional Marketing) : 고객의 특정 제품에 대한 심리상태를 중시하고, 그때의 기분과 욕구에 적합한 상품개발을 목표로 하는 마케팅
- 전환적 마케팅 : 부정적 수요 상황에서 긍정적 수요로 전환해 이상적인 수요와의 격차를 줄이기 위한 마케팅

21 정답 ④

④는 제품차별화에 대한 설명으로 반도체의 이러한 특성은 반도체 산업 내의 경쟁을 심화시키고, 신규기업의 진입 장벽을 낮추기도 한다. 또한 낮은 차별성으로 인한 치열한 가격경쟁은 구매자의 교섭력을 높이는 반면, 공급자의 교섭력은 낮아지게 한다. 따라서 ④는 ㉣을 제외한 ㉠·㉡·㉢·㉤에 해당하는 사례이다.
㉣은 반도체를 대체할 수 있는 다른 제품의 여부에 관한 것으로 대체재의 상대가격, 대체재에 대한 구매자의 성향이 이에 해당한다.

〈포터의 산업구조분석기법〉

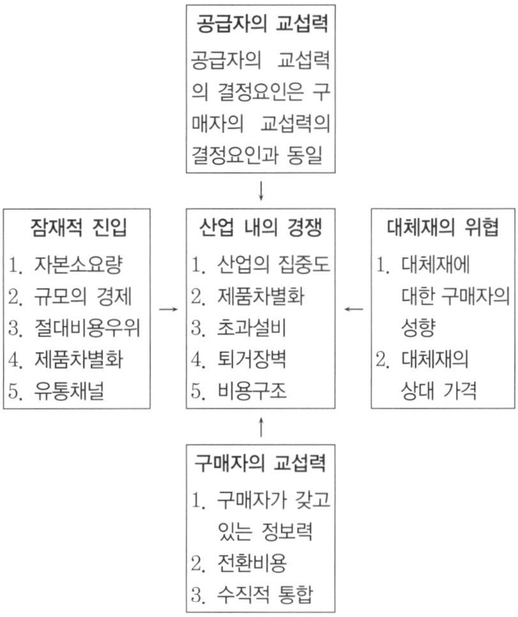

22 정답 ⑤

구매자의 교섭력은 소수의 구매자만 존재하거나 구매자의 구매량이 판매자의 규모에 비해 클 때, 시장에 다수 기업의 제품이 존재할 때, 구매자가 직접 상품을 생산할 수 있을 때, 공급자의 제품 차별성이 낮을 때, 구매자가 공급자를 바꾸는 데 전환 비용이 거의 발생하지 않을 때 높아진다.

23 정답 ①

K사가 안전과 가격, 디자인 면에서 호평을 받으며 미국시장의 최강자가 될 수 있었던 요인은 OEM방식을 활용할 수도 있었지만 내실 경영 및 자기 브랜드를 고집한 대표이사의 선택으로, 개별 도매상들을 상대로 직접 물건을 판매하고 평판 좋은 도매상들과 유대관계를 강화하는 등 단단한 유통망을 갖추었기 때문이다.

24 정답 ③

K사가 평판이 좋은 중소규모 도매상을 선정해 유대관계를 강화한 곳은 미국시장이었다.

오답분석

①·②·④·⑤사가 유럽시장에서 성공을 거둔 요인으로 미국과 다른 소비자의 특성에 맞춘 고급스런 디자인의 고가 제품 포지셔닝, 모토그랑프리 후원 등 전략적 마케팅, 실용적인 신제품 개발 등을 들 수 있다.

25

정답 ⑤

K사는 해외 진출 시 분석을 위해 공급능력 확보를 위한 방안, 현지 시장의 경쟁상황이나 경쟁업체에 대한 차별화 전략으로 인한 제품 가격 및 품질향상, 시장점유율 등을 활용하였다.

제4회 모의고사 정답 및 해설

제1영역 의사소통능력

01	02	03	04	05	06	07	08	09	10
①	②	③	③	④	④	⑤	③	③	⑤
11	12	13	14	15	16	17	18	19	20
③	③	③	②	③	④	④	②	④	④
21	22	23	24	25					
⑤	④	①	④	③					

01 정답 ①

제시문은 2,500년 전 인간과 현대의 인간의 공통점을 언급하며 2,500년 전에 쓰인 『논어』가 현대에서 지니는 가치에 대하여 설명하고 있다. 따라서 (가) 『논어』가 쓰인 2,500년 전 과거와 현대의 차이점 – (마) 2,500년 전의 책인 『논어』가 폐기되지 않고 현대에서도 읽히는 이유에 대한 의문 – (나) 인간이라는 공통점을 지닌 2,500년 전 공자와 우리들 – (다) 2,500년의 시간이 흐르는 동안 인간의 달라진 부분과 달라지지 않은 부분에 대한 설명 – (라) 시대가 흐름에 따라 폐기될 부분을 제외하더라도 여전히 오래된 미래로서의 가치를 지니는 『논어』 순으로 나열하는 것이 적절하다.

02 정답 ②

제시문은 강이 붉게 물들고 산성으로 변화하는 이유인 티오바실러스와 강이 붉어지는 것을 막기 위한 방법에 대하여 설명하고 있다. 따라서 (가) 철2가 이온(Fe^{2+})과 철3가 이온(Fe^{3+})의 용해도가 침전물 생성에 중요한 역할을 함 – (라) 티오바실러스가 철2가 이온(Fe^{2+})을 산화시켜 만든 철3가 이온(Fe^{3+})이 붉은 침전물을 만듦 – (나) 티오바실러스는 이황화철(FeS_2)을 산화시켜 철2가 이온(Fe^{2+}), 철3가 이온(Fe^{3+})을 얻음 – (다) 티오바실러스에 의한 이황화철(FeS_2)의 가속적인 산화를 막기 위해서는 광산의 밀폐가 필요함 순으로 나열하는 것이 적절하다.

03 정답 ③

㉠은 '인간에게 반사회성이 없다면 인간의 모든 재능이 꽃피지(발전하지) 못하고 사장될 것'이라는 내용이므로 '사회성만으로도 재능이 계발될 수 있다.'는 ③이 ㉠에 대한 반박으로 가장 적절하다.

04 정답 ③

헤겔은 국가를 사회 문제를 해결하고 공적 질서를 확립할 최종 주체로 설정했고, 뒤르켐은 사익을 조정하고 공익과 공동체적 연대를 실현할 도덕적 개인주의의 규범에 주목하면서, 이를 수행할 주체로서 직업 단체의 역할을 강조하였다. 즉 직업 단체가 정치적 중간 집단으로서 구성원의 이해관계를 국가에 전달하는 한편 국가를 견제해야 한다고 보았다.

오답분석

① 뒤르켐이 주장하는 직업 단체는 정치적 중간집단의 역할로 빈곤과 계급 갈등의 해결을 수행할 주체이다.
② 뒤르켐은 복지행정조직에 대한 언급이 없었다.
④ 국가를 최종 주체로 강조하는 것은 헤겔의 주장이다.
⑤ 헤겔 역시 공리주의는 시민 사회 내에서 개인들의 무한한 사익 추구가 일으키는 빈부 격차나 계급 갈등을 해결할 수는 없다고 보았다.

05 정답 ④

- 첫 번째 빈칸 : 빈칸 뒤 문장의 접속어 '반면'과 무의식적 사고를 설명하는 내용을 통해 빈칸에는 무의식적 사고와 달리 사고의 범위가 제한적인 '의식적 사고'에 대해 설명하는 ㉡이 적절함을 알 수 있다.
- 두 번째 빈칸 : 빈칸 앞에서는 개인이 만들어 낸 아이디어만으로는 창의성이 형성되지 않으며, 현장, 영역과의 상호 작용을 거쳐야만 창의성이 형성될 수 있다는 칙센트미하이의 주장에 관해 설명하고 있다. 따라서 빈칸에는 이러한 칙센트미하이의 주장을 정리하는 내용의 ㉢이 적절함을 알 수 있다.
- 세 번째 빈칸 : ㉠의 '외부 자극에 주의 집중하는 의식적 잡업을 최소화'하는 것은 빈칸 뒤 문장의 '문제에 전념하기보다는 일을 잠시 내버려 둔 채 다른 일을 하거나 한가하게 시간을 보내는 것'과 연결된다. 따라서 빈칸에는 ㉠이 적절하다.

06

정답 ④

보에티우스의 건강을 회복할 수 있는 방법은 병의 원인이 되는 잘못된 생각을 바로 잡아 주는 것이다. 그것은 첫째, 만물의 궁극적인 목적이 선을 지향하는 데 있다는 것을 모르고 있다는 것이다. 둘째, 세상은 결국에는 불의가 아닌 정의에 의해 다스려지게 된다는 것이다. 따라서 적절한 것은 (가), (나)이다.

오답분석

(다) 두 번째 문단에서 보에티우스가 모든 소유물들을 박탈당했다고 생각하는 것은 운명의 본모습을 모르기 때문이라고 말하고 있다.

07

정답 ⑤

ㄷ. 마켓홀의 천장벽화인 '풍요의 뿔'은 시장에서 판매되는 먹을거리가 하늘에서 떨어지는 모습을 표현하기 위해 4,500개의 알루미늄 패널을 사용했으며, 이 패널은 실내의 소리를 흡수, 소음을 줄여주는 기능 또한 갖추고 있다.

ㄹ. 마켓홀은 전통시장의 상설화와 동시에 1,200대 이상의 차량을 주차할 수 있는 규모의 주차장을 구비해 그들이 자연스레 로테르담의 다른 상권에 찾아갈 수 있도록 도왔다.

오답분석

ㄱ. 마켓홀 내부에 4,500개의 알루미늄 패널을 설치한 것은 네덜란드의 예술가 아르노 코넨과 이리스 호스캄이다.

ㄴ. 마켓홀이 로테르담의 무역 활성화에 기여했다는 내용은 제시문에서 찾아볼 수 없다.

08

정답 ③

고령화 시대에 발생하는 노인 주거 문제에 대한 일본의 정책을 제시하여 우리나라의 부족한 대처방안을 문제 삼고 있으며, 이러한 문제를 해결하기 위해 공동 주택인 아파트의 공유 공간을 활용하자는 방안을 제시하고 있다. 따라서 노인 주거 문제를 공유를 통해 해결하자는 ③이 글의 제목으로 가장 적절하다.

오답분석

① 고령화 속도에 대한 내용은 글에 나타나 있지 않다.

② 일본의 정책으로 '유니버설 디자인'의 노인 친화적 주택을 언급하고 있으나, 글의 일부에 해당하는 내용이므로 글의 제목으로 적절하지 않다.

④ 제시문에서 주로 문제 삼고 있는 것은 사회 복지 비용의 증가가 아닌 부족한 노인 주거 정책이며, 그에 대한 해결 방안을 제시하고 있다.

⑤ 일본의 노인 주거 정책에 비해 우리나라의 부족한 대처방안을 문제 삼고 있을 뿐, 글 전체 내용을 일본과 한국의 정책 비교로 보기 어렵다.

09

정답 ③

제시문에서는 대기업과 중소기업 간의 상생경영의 중요성을 강조하고 있다. 기존에는 대기업이 시혜적 차원에서 중소기업에게 베푸는 느낌이 강했지만, 현재는 협력사의 경쟁력 향상이 곧 기업의 성장으로 이어질 것으로 보고, 상생경영의 중요성을 높이고 있다. 대기업이 지원해준 업체의 기술력 향상으로 더 큰 이득을 보상받는 등 상생협력이 대기업과 중소기업 모두에게 효과적임을 알 수 있다. 따라서 '시혜적 차원에서의 대기업 지원의 중요성'은 글의 제목으로 적절하지 않다.

10

정답 ⑤

엑셀로드는 팃포탯 전략이 두 차례 모두 우승할 수 있었던 이유가 비열한 전략에는 비열한 전략으로 대응했기 때문임을 알게 되었다고 마지막 문단에서 언급하고 있다.

오답분석

① 네 번째 문단에 의하면, 팃포탯을 만든 것은 심리학자인 아나톨 라포트 교수이다.

② 두 번째 문단에 의하면 죄수의 딜레마에서 자신의 이득이 최대로 나타나는 경우는 내가 죄를 자백하고 상대방이 죄를 자백하지 않는 것이다.

③·④ 다섯 번째 문단에서 엑셀로드는 팃포탯을 친절한 전략으로 분류했음을 확인할 수 있다.

11

정답 ③

제시문에서 베버가 다른 종교관을 지닌 지역에서 근대 자본주의가 발달할 수 있을 것이라고 생각했다는 내용은 찾아볼 수 없다.

오답분석

① 베버는 칼뱅주의의 종교관이 근대 자본주의 정신의 밑바탕이 된다고 생각했다.

② 세 번째 문단은 근대 자본주의의 근본이 당시의 통념과는 다른 것이라는 사실을 주장한 베버의 생각에 대하여 서술하고 있다.

④ 네 번째 문단은 근대 자본주의 정신의 가치관에 대한 베버의 답변을 서술하고 있다.

⑤ 마지막 문단에서 당시 베버가 자본주의의 정신이 변질되는 것에 대하여 경계했음을 확인할 수 있다.

12

정답 ③

- 첫 번째 빈칸 : 청소년의 척추 질환을 예방하는 대응 방안과 관련된 ㉡이 적절하다.
- 두 번째 빈칸 : 책상 앞에 앉아 있는 바른 자세와 관련된 ㉢이 적절하다.
- 세 번째 빈칸 : 틈틈이 척추 근육을 강화하는 운동을 해 주는 것과 관련된 자세인 ㉠이 적절하다.

13 정답 ③

특정 상황을 가정하여 컴퓨터와 스마트폰이 랜섬웨어에 감염되는 사례를 통해 문제 상황을 제시한 뒤, 이에 대한 보안 대책 방안을 제시하고 있으므로 글의 주된 전개 방식으로 ③이 적절하다.

14 정답 ②

제시문은 첫 문단에서 유행에 따라 변화하는 흥행 영화 제목의 글자 수에 대한 이야기를 언급한 뒤 다음 문단에서 2000년대에 유행했던 영화의 제목 글자 수와 그 예시를, 그 다음 문단에서는 2010년대에 유행했던 영화의 제목 글자 수와 그 사례, 그리고 흥행에 실패한 사례를 예시로 들고 있다.

15 정답 ③

기분조정 이론은 현재 시점에만 초점을 맞추고 있는 기분관리 이론을 보완한 이론으로, 기분조정 이론을 검증하기 위한 실험에서 피실험자들은 한 시간 후의 상황을 생각하며 미리 다른 음악을 선택하였다. 즉 기분조정 이론은 사람들이 현재 시점뿐만 아니라 다음에 올 상황을 고려하여 현재의 기분을 조정한다는 것이다. 따라서 빈칸에 들어갈 내용으로 ③이 가장 적절하다.

오답분석

①·④·⑤ 현재의 기분에 초점을 맞추고 있는 진술이므로 적절하지 않다.
② 기분조정 이론에 따르면 사람들은 다음에 올 상황을 고려하여 흥분을 유발하는 음악 또는 흥분을 가라앉히는 음악을 선택하여 기분을 조정한다. 따라서 흥분을 유발할 수 있는 음악을 선택한다는 진술은 적절하지 않다.

16 정답 ④

'물, 가스 따위가 흘러나오지 않도록 차단하다.' 등의 뜻을 가진 동사는 '잠그다'이다. '잠구다'는 '잠그다'의 잘못된 표현으로 '잠구다'의 활용형인 '잠궈' 역시 틀린 표기이다. '잠그다'의 올바른 활용형은 '잠가'이다. 따라서 '사용 후 수도꼭지는 꼭 잠가 주세요.'가 옳은 문장이다.

17 정답 ④

- 주가가 떨어져 주식 시장이 축소되었다.
- 불황으로 자동차의 판매량이 감량 / 감소되었다.
- 창고에 재고가 많아 생산량을 감축하였다.
- 몸무게를 갑자기 감량하면 건강에 이상이 생긴다.
- 그들은 조직적으로 사건을 축소하고 은폐하려 하였다.
- 절감(節減) : 아끼어 줄임

오답분석

① 감량(減量) : 수량이나 무게를 줄임
② 감소(減少) : 양이나 수치가 줆. 또는 양이나 수치를 줄임
③ 감축(減縮) : 덜어서 줄임
⑤ 축소(縮小) : 모양이나 규모 따위를 줄여서 작게 함

18 정답 ②

'가엾다'는 '가엽다'와 함께 쓰이는 표준어이므로 '가엾어'는 올바른 표기이다.

오답분석

① '콧배기'는 비표준어로 '코빼기'가 올바른 표기이다.
③ '알타리무'는 비표준어로 '총각무'가 올바른 표기이다.
④ '구루마'는 일본어로 '수레'가 올바른 표기이다.
⑤ '샷시'는 비표준어로 '새시'가 올바른 표기이다.

19 정답 ④

(가) 문단에 따르면 미국의 박물관은 일반 대중에게 봉사한다는 취지로 미술품 애호가들이나 개인 법인에 의해 설립되었다. 또한 20세기 이후 미국에서는 미술품 구입 시 세제 혜택을 주어 미술의 발전을 도모하였을 뿐, 박물관을 통해 경제적 이윤을 추구한 것은 아니다.

20 정답 ④

미술품을 구입하는 개인 또는 법인에게 세제상의 혜택을 주는 미국의 정책을 통해 1930 ~ 1940년대 미국의 재력가들은 박물관의 본격적인 후원의 주체가 되기 시작했고, 이들의 지원을 통해 미국에 많은 박물관이 설립될 수 있었다. 따라서 '1930 ~ 1940년대 미국 박물관의 특징'은 (라) 문단의 주제로 적절하다.

오답분석

① (가) 문단에서는 박물관(Museum)이라는 용어의 등장 배경과 유럽과 미국의 서로 다른 박물관의 발전 양상에 대해 설명하고 있다.
② (나) 문단에서는 19세기 이전과 다른 19세기 이후 박물관의 성격에 대해 이야기하고 있다.
③ 전문 박물관의 등장 배경은 이미 (나) 문단에서 이야기하고 있으며, (다) 문단에서는 1850년대 이후 박물관의 전체적인 발전 모습에 대해 이야기하고 있다.
⑤ (마) 문단에서는 경제 대공황 이후 미국 박물관이 동시대 예술 작품을 왜곡하고 있다는 비판을 받기도 하였지만, 이후 신흥 재벌의 후원으로 박물관을 건립하여 현대 미술을 일반에게 알리는 데 기여하였다고 이야기하고 있다.

21 정답 ⑤

공유경제는 제품을 여럿이 함께 공유하며 경제활동을 하는 것을 의미하므로 단순히 사진을 업로드하고 자신의 일상을 여러 사람들과 공유하는 소셜네트워크 서비스를 공유경제의 사례로 보기는 어렵다.

22

정답 ④

빈칸 뒤의 내용을 보면 공유경제에서는 기존 기업과 달리 거래 당사자들이 이익을 취할 뿐만 아니라 거래를 통해 사회 전체에 기여한다고 하였으므로 공유경제는 모두에게 이익이 되는 구조를 지향한다는 주장이 가장 적절하다.

23

정답 ①

제시문에서는 조상형 동물의 몸집이 커지면서 호흡의 필요성에 따라 아가미가 생겨났고, 호흡계 일부가 변형된 허파는 식도 아래쪽으로 생성되었으며, 이후 폐어 단계에서 척추동물로 진화하면서 호흡계와 소화계가 겹친 부위가 분리되기 시작하여 결국 하나의 교차점을 남기면서 인간의 음식물로 인한 질식 현상과 같은 단점을 남겼다고 설명하고 있다. 또한 마지막 문장에서 이러한 과정이 '당시에는 최선의 선택'이었다고 하였으므로, 진화가 순간순간에 필요한 대응일 뿐 최상의 결과를 내는 과정이 아님을 알 수 있다.

24

정답 ④

화폐 통용을 위해서는 화폐가 유통될 수 있는 시장이 성장해야 하고, 농업생산력이 발전해야 한다. 그러나 서민들은 물품화폐를 더 선호하였고, 일부 계층에서만 화폐가 유통되었다. 따라서 광범위한 동전 유통이 실패한 것이다. 화폐의 수요량에 따른 공급은 화폐가 유통된 이후의 조선 후기에 해당하는 내용이다.

25

정답 ③

제시문은 박람회의 여러 가지 목적 중 다양성을 통한 주최 국가의 '이데올로기적 통일성'을 표현하려는 의도를 설명하고 있다.

㉠ 첫 번째 문단에서는 경제적 효과, 두 번째 문단에서는 사회적 효과, 즉 다양성을 통한 '이데올로기적 통일성'을 표현하려 한다고 했으므로 추론할 수 있는 내용이다.

㉡ 다양성을 통해 '이데올로기적 통일성'을 표현하여 정치적 무기로 사용한다고 했으므로 합당한 추론이다.

㉢ 당시의 '사회적 인식'을 기초로 해서 당시의 기득권 사회가 이를 그들의 합법적인 위치의 정당성과 권력을 위해 진행하고 있는 투쟁에서 의식적으로 조작된 정치적 무기로서 조직, 설립, 통제를 위한 수단으로 사용하고 있다는 점에서 추론할 수 있는 내용이다.

제2영역 수리능력

01	02	03	04	05	06	07	08	09	10
①	③	③	③	②	④	④	③	④	③
11	12	13	14	15	16	17	18	19	20
④	③	②	①	③	①	②	②	②	⑤
21	22	23	24	25					
④	②	①	⑤	④					

01

정답 ①

월복리 적금 상품의 연이율이 2.4%이므로 월이율은 $\frac{0.024}{12}=0.002=0.2\%$이다.

• 월초에 100만 원씩 24개월간 납입할 때 만기 시 원리합계

: $\frac{100\times1.002\times(1.002^{24}-1)}{1.002-1}=\frac{100\times1.002\times(1.049-1)}{0.002}$

$=2,454.9$만 원

• 월초에 200만 원씩 12개월간 납입할 때 만기 시 원리합계

: $\frac{200\times1.002\times(1.002^{12}-1)}{1.002-1}=\frac{200\times1.002\times(1.024-1)}{0.002}$

$=2,404.8$만 원

따라서 차이는 $2,454.9-2,404.8=50.1$만 원이다.

02

정답 ③

단리 예금에 가입한 경우, 이자는 원금에 대해서만 붙으므로 3년 후, $1,000\times0.1\times3=300$만 원이 되며, 원리합계는 $1,000+300=1,300$만 원이다.

연 복리 예금일 경우, 원리합계는 $1,000\times(1.1)^3=1,000\times1.331=1,331$만 원이 된다.

따라서 두 가지 경우의 원리합계의 합은 $1,300+1,331=2,631$만 원이다.

03

정답 ③

A는 8일마다 $\frac{1}{2}$씩 포장할 수 있으므로 24일 후에 남은 물품의 수는 다음과 같다.

처음	8일 후	16일 후	24일 후
512개	256개	128개	64개

B가 처음 받은 물품의 개수를 x개라고 하자. 24일 후에 B에게 남은 물품의 개수는 64개이고 2일마다 $\frac{1}{2}$씩 포장하므로 24일 동안 12번을 포장한다.

$x \times \left(\frac{1}{2}\right)^{12} = 64$

$\rightarrow x \times 2^{-12} = 2^6$

$\therefore x = 2^{6+12}$

따라서 B는 처음에 2^{18}개의 물품을 받았다.

04

정답 ③

제시된 수열은 ÷2의 규칙을 가지고 있다.

따라서 A=128, B=4이므로, A÷B=32이다.

05

정답 ②

(A, B) : B개의 자연수를 합해서 A를 만들 수 있는 수의 집합

따라서 6을 4개의 자연수의 합으로 나타내면 [(1, 1, 1, 3), (1, 1, 2, 2)]이므로, 빈칸에 들어갈 쌍은 2개이다.

06

정답 ④

앞의 항에 +1, ×2을 반복하여 나열된 수열이다.

따라서 4, 5, 10, 11, 22, 23, 46, 47, 94, 95, 190순으로 나열되므로, 11번째 항은 190이다.

07

정답 ④

민경이가 이동한 시간을 x초, 선화가 이동한 시간을 $(x-180)$초라고 하면 다음과 같다.

$3x + 2(x-180) = 900 \rightarrow 5x = 1,260$

$\therefore x = 252$

따라서 민경이는 4분 12초 후 선화와 만난다.

08

정답 ③

김대리는 시속 80km로 대전에서 200km 떨어진 K지점까지 이동했으므로 소요시간은 $\frac{200}{80} = 2.5$시간이다. 이때, K지점의 위치는 두 가지 경우로 나눌 수 있다.

1) K지점이 대전과 부산 사이에 있어 부산에서 300km 떨어진 지점인 경우

   이대리가 이동한 거리는 300km, 소요시간은 김대리보다 4시간 30분(=4.5시간) 늦게 도착하여 2.5+4.5=7시간이다. 이대리의 속력은 시속 $\frac{300}{7} \fallingdotseq 42.9$km로 김대리의 속력보다 느리므로 네 번째 조건과 맞지 않는다.

2) K지점이 대전에서 부산 방향의 반대 방향으로 200km 떨어진 지점인 경우

   부산에서 K지점까지의 거리는 200+500=700km이다. 따라서 이대리는 시속 $\frac{700}{7} = 100$km로 이동했다.

09

정답 ④

ⅰ) 네 번째 시합에서 홍보부서가 우승하려면 네 경기 모두 홍보부서가 이겨야 하므로 확률은 $\frac{1}{2} \times \frac{1}{2} \times \frac{1}{2} \times \frac{1}{2} = \frac{1}{16}$이다.

ⅱ) 다섯 번째 시합에서 홍보부서가 우승하려면 홍보부서는 네 번째 시합까지 3승 1패를 하고, 다섯 번째 시합에서 이겨야 한다. 홍보부서가 1번 졌을 경우는 총 4가지이므로 확률은 $4 \times \left(\frac{1}{2} \times \frac{1}{2} \times \frac{1}{2} \times \frac{1}{2}\right) = \frac{1}{4}$이다.

따라서 홍보부서가 네 번째 시합 또는 다섯 번째 시합에서 결승에 우승할 확률은 $\frac{1}{16} + \frac{1}{4} = \frac{1+4}{16} = \frac{5}{16}$임을 알 수 있다.

10

정답 ③

C, F, H, J를 제외하면, 7개의 알파벳 중 2개를 뽑는 경우와 같다.

${}_7C_2 = \frac{7 \times 6}{2 \times 1} = 21$

따라서 C, F, H, J가 모두 포함되는 경우의 수는 21가지이다.

11

정답 ④

물건을 200개 구입했을 때 A제품의 가격은 200×0.85×20=3,400만 원이다.

구입하려는 A제품의 개수를 n개라고 하자.

10% 할인했을 때 가격은 $n \times 0.9 \times 20 = 18n$만 원이다.

$18n > 3,400 \rightarrow n > 188.9$

따라서 189개 이상을 구입하면 200개의 가격으로 사는 것이 이익이다.

12

정답 ③

$(a-10) \times 1.1 = 319$

$\rightarrow 11a - 110 = 3,190$

$\therefore a = 300$

13

정답 ②

임대보증금 전환은 연 1회 가능하므로 다음 해에 전환할 수 있다. 1년 동안 A대학생이 내는 월 임대료를 구하면 500,000×12=6,000,000원이고, 이 금액에서 최대 56%까지 보증금으로 전환이 가능하므로 6,000,000×0.56=3,360,000원을 보증금으로 전환할 수 있다. 보증금에 전환이율 6.72%를 적용하여 환산한 환산보증금은 3,360,000÷0.0672=50,000,000원이 된다. 즉, 월세를 최대로 낮췄을 때의 월세는 500,000×(1−0.56)=220,000원이며, 보증금은 환산보증금 5천만 원을 추가하여 총 8천만 원이 된다.

14

정답 ①

현찰을 팔 때의 환율은 (매매기준율)−(환전 수수료)이고, 송금을 할 때의 환율은 (매매기준율)+(환전 수수료)이다.
이를 적용하여 계산하면 다음과 같다.

1) 12월 31일 N은행에서 현찰을 팔 때
   - 매매기준율 : 1월 2일의 매매기준율은 전일 대비 6.5원/달러 증가했으므로 12월 31일의 매매기준율은 1,222.5−6.5=1,216.0원/달러임을 알 수 있다.
   - 환전 수수료 : 1,216.0−1,106.0=110원이고, K씨의 경우 50% 할인을 받으므로 110×0.5=55원/달러가 적용된다.

   따라서 1,216.0−55=1,161.0원/달러의 판매 환율이 적용되어 K씨는 1,000×1,161.0=1,161,000원을 받았다.
2) 1월 2일 N은행에서 송금할 때
   - 매매기준율 : 1,222.50원/달러
   - 환전 수수료 : 매매기준율과 송금 환율이 동일하므로 환전 수수료는 0원이다.

   따라서 K씨가 1,000달러를 보낼 때는 1,222원/달러(∵ 소수점 이하에서 버림)의 송금 환율이 적용되어 1,000×1,222=1,222,000원의 금액이 필요하다.

따라서 1)과 2)에 따라 K씨가 송금을 보낼 때 추가로 필요한 금액은 1,222,000−1,161,000=61,000원이다.

15

정답 ③

2023년 1/4 ~ 4/4분기의 전년 동분기 대비 증가폭을 구하면 다음과 같다.

- 1/4분기 : 109,820−66,541=43,279건
- 2/4분기 : 117,808−75,737=42,071건
- 3/4분기 : 123,650−89,571=34,079건
- 4/4분기 : 131,741−101,086=30,655건

따라서 2023년 중 전년 동분기 대비 확정기여형 퇴직연금을 도입한 사업장 수가 가장 많이 증가한 시기는 1/4분기이다.

오답분석

① 합계를 통해 확인할 수 있다.
② 분기별 확정급여형과 확정기여형 취급실적을 비교하면 확정기여형이 항상 많은 것을 확인할 수 있다.
④·⑤ 주어진 자료를 통해 확인할 수 있다.

16

정답 ①

- S전자 : 8대 구매 시 2대를 무료로 증정하기 때문에 32대를 사면 8개를 무료로 증정받아 32대 가격으로 총 40대를 살 수 있다. 32대의 가격은 80,000×32=2,560,000원이며, 구매 금액 100만 원당 2만 원이 할인되므로 2,560,000−40,000=2,520,000원이다.
- B마트 : 40대 구매 금액인 90,000×40=3,600,000원에서 40대 이상 구매 시 7% 할인 혜택을 적용하면 3,600,000×0.93=3,348,000원이다. 1,000원 단위 이하는 절사하므로 3,340,000원이다.

따라서 B마트에 비해 S전자가 82만 원 더 저렴하다.

17

정답 ②

A ~ E의 적성고사 점수를 각자 구하면 다음과 같다.

- A(인문계열) : (18개×4점)+(17개×3점)+(5개×3점)+230점 =368점
- B(자연계열) : (17개×3점)+(13개×4점)+(8개×3점)+230점 =357점
- C(인문계열) : (12개×4점)+(14개×3점)+(6개×3점)+230점 =338점
- D(인문계열) : (17개×4점)+(11개×3점)+(3개×3점)+230점 =340점
- E(자연계열) : (19개×3점)+(18개×4점)+(6개×3점)+230점 =377점

따라서 A ~ E의 평균 점수는 (368+357+338+340+377)÷5 =356점이다.

18

정답 ②

ㄱ. 판매종사자의 경우, 다른 직업에 비해 주 근무시간이 주 52시간을 초과하던 근로자의 수가 6,602×36.1%≒2,383명으로 가장 많다.
ㄷ. 실제 근로시간이 주 52시간을 초과하는 근로자의 비중이 높은 직업일수록 주 52시간 근무제 도입 후 근로시간 단축효과가 클 것임을 추론할 수 있다. 관리자의 경우, 해당 비율이 6.3%이고, 단순노무종사자의 경우 20.7%이므로 옳은 설명이다.

오답분석

ㄴ. 주 52시간 근무제 도입에 찬성하는 근로자의 비율이 가장 높은 직업은 희망 근무시간이 52시간을 초과하는 근로자의 비율이 가장 낮은 직업이다. 따라서 서비스 종사자가 아닌 사무종사자이다.
ㄹ. 주 52시간 근무제에 대한 부정적 응답은 희망 근로시간이 주 52시간을 초과하는 근로자이다. 따라서 해당인원의 비중이 10.1%(약 273명)인 농림어업 숙련종사자보다 15.6%(약 757명)인 기능업 및 관련기능종사자의 경우 부정적 응답이 더 높다.

19

정답 ②

㉠ • (2019년 전년 이월건수)=(2018년 처리대상건수)−(2018년 처리건수)=8,278−6,444=1,834건
  • (2019년 처리대상건수)=1,834+7,883=9,717건

  따라서 처리대상건수가 가장 적은 연도는 2022년이고, 2022년의 처리율은 $\frac{6,628}{8,226}\times 100 \fallingdotseq 80.57\%$로, 75% 이상이다.

㉣ • 2018년의 인용률 : $\frac{1,767}{346+4,214+1,767}\times 100 \fallingdotseq 27.93\%$
  • 2020년의 인용률 : $\frac{1,440}{482+6,200+1,440}\times 100 \fallingdotseq 17.73\%$

  따라서 2018년의 인용률이 2020년의 인용률보다 높다.

오답분석

㉡ 2019 ~ 2022년 취하건수와 기각건수의 전년 대비 증감 추이는 다음과 같다.
- 취하건수의 증감 추이 : 증가 – 증가 – 증가 – 감소
- 기각건수의 증감 추이 : 증가 – 증가 – 감소 – 감소

따라서 2019 ~ 2022년 취하건수와 기각건수의 전년 대비 증감 추이는 동일하지 않다.

㉢ 2019년의 처리대상건수는 9,717건이고, 2019년의 처리건수는 7,314건이다.
따라서 2019년의 처리율은 $\frac{7,314}{9,717}\times 100 ≒ 75.27\%$이다.

20

정답 ⑤

㉡ B국의 대미무역수지와 GDP 대비 경상수지 비중은 각각 742억 달러, 8.5%로, X요건과 Y요건을 충족한다.

㉢ 세 가지 요건 중 두 가지 요건만 충족하면 관찰대상국으로 지정된다.
- X요건과 Y요건을 충족하는 국가 : A, B, C, E
- X요건과 Z요건을 충족하는 국가 : C
- Y요건과 Z요건을 충족하는 국가 : C, J

C국가는 X, Y, Z요건을 모두 충족한다. 따라서 관찰대상국으로 지정되는 국가는 A, B, E, J로 4개이다.

㉣ X요건의 판단 기준을 '대미무역수지 150억 달러 초과'로 변경할 때, 새로 X요건을 충족하는 국가는 H국이다. 그러나 H국은 Y요건과 Z요건을 모두 충족하지 않으므로 환율조작국이나 관찰대상국으로 지정될 수 없다. 따라서 옳은 설명이다.

오답분석

㉠ X, Y, Z요건을 모두 충족하면 환율조작국으로 지정된다. 각 요건을 충족하는 국가를 나열하면 다음과 같다.
- X요건을 충족하는 국가 : A, B, C, D, E, F, G
- Y요건을 충족하는 국가 : A, B, C, E, J
- Z요건을 충족하는 국가 : C, J

따라서 환율조작국으로 지정되는 국가는 C국가이다.

21

정답 ④

실용신안과 디자인은 2021년보다 2022년에 심판청구와 심판처리 건수가 적고, 심판처리 기간은 모든 분야에서 2021년보다 2022년이 짧다.

오답분석

①·⑤ 자료를 통해 쉽게 확인할 수 있다.
② 2021과 2022년에는 심판처리 건수가 더 많았다.
③ 실용신안의 심판청구 건수와 심판처리 건수가 이에 해당한다.

22

정답 ②

2019년 실용신안 심판청구 건수가 906건이고, 2022년 실용신안 심판청구 건수가 473건이므로 감소율은 $\frac{906-473}{906}\times 100$ $≒ 47.8\%$이다.

23

정답 ①

2013년 고혈압 증세가 있는 70세 이상의 남자는 48.8%로 절반이 되지 않는다.

오답분석

② 자료를 보면 2013년과 2022년 모두 연령대가 증가할수록 고혈압 증세가 많아진다.
③ 2013년과 2022년 모두 50대까지는 남자의 고혈압 증세가, 60대부터는 여성의 고혈압 증세가 많아진다.
④ 2013년 대비 2022년의 30 ~ 60대 연령대별 고혈압 비율이 낮아졌다.
⑤ 2013년과 2022년 모두 50~59세 여자는 30%대의 고혈압 증세를 보이고 있다.

24

정답 ⑤

2013년 남자와 여자의 고혈압 분포의 차는 다음과 같다.
- 30 ~ 39세 : 12.4%p
- 40 ~ 49세 : 10.9%p
- 50 ~ 59세 : 5%p
- 60 ~ 69세 : −6.6%p
- 70세 이상 : −14.6%p

따라서 70세 이상이 가장 큰 차이를 보이고 있다.

25

정답 ④

- 남자 40 ~ 49세 평균 : $\frac{30.5+20.8}{2}=25.65\%$
- 여자 50 ~ 59세 평균 : $\frac{37.2+30.9}{2}=34.05\%$

따라서 각각 평균의 합은 $25.65+34.05=59.7\%$이다.

제3영역 문제해결능력

01	02	03	04	05	06	07	08	09	10
②	④	④	②	③	③	①	⑤	③	③
11	12	13	14	15	16	17	18	19	20
③	②	④	④	③	③	②	④	②	①
21	22	23	24	25					
⑤	④	③	①	④					

01

정답 ②

자료에 따르면 위원회는 1명의 위원장과 3명의 위원으로 구성되어 있을 뿐, 위원장 선출방식은 나타나 있지 않다.

02

정답 ④

HXL014SSM110은 직경이 14mm이고, 스테인리스 볼트를 사용한 자동차용 볼트이다.

오답분석

① 재질이 티타늄, 용도가 일반이므로 옳지 않다.
② 용도가 선박이므로 옳지 않다.
③ 재질이 크롬 도금, 직경이 12mm이므로 옳지 않다.
⑤ 재질이 티타늄, 직경이 12mm이므로 옳지 않다.

03

정답 ④

ㄴ・ㄹ. 제시된 안내 사항에서 회의실 예약 방법 및 이용 가능 시간에 대한 정보를 확인할 수 없다.

오답분석

ㄱ. '기타 주의 사항'에 따르면 회의실 내부에서 음료수 외 취식을 금지하고 있으므로 커피, 식수 등의 음료수는 반입이 허용됨을 알 수 있다.
ㄷ. '기타 주의 사항'에 따르면 회의실 내 콘센트가 마련되어 있지 않으므로 노트북 지참 시 충전 용량이 충분한지 확인해야 함을 알 수 있다.

04

정답 ②

조건에 따라 점수를 산정하면 다음과 같다.

업체명	프로그램	1차 점수	2차 점수
A업체	집중GX	31점	36점
B업체	필라테스	32점	39점
C업체	자율 웨이트	25점	-
D업체	근력운동	24점	-
E업체	스피닝	32점	36점

따라서 B업체가 최종적으로 선정된다.

05

정답 ③

㉡ WO전략은 약점을 보완하여 기회를 포착하는 전략이다. ㉡에서 말하는 원전 운영 기술력은 강점에 해당하므로 적절하지 않다.
㉢ ST전략은 강점을 살려 위협을 회피하는 전략이다. ㉢은 위협회피와 관련하여 정부의 탈원전 정책 기조를 고려하지 않았으므로 적절하지 않다.

오답분석

㉠ SO전략은 강점을 살려 기회를 포착하는 전략으로, 강점인 기술력을 활용해 해외 시장에서 우위를 점하려는 ㉠은 적절한 SO전략으로 볼 수 있다.
㉣ WT전략은 약점을 보완하여 위협을 회피하는 전략이다. 안전 우려를 고려하여 안전점검을 강화하고, 정부의 탈원전 정책 기조에 협조하는 것은 적절한 WT전략으로 볼 수 있다.

06

정답 ③

첫 번째 조건과 두 번째 조건에 따라 책정된 총 회식비는 $13\times3=39$만 원이며, 이를 초과하는 장소는 E한정식이다. 다음으로 세 번째 조건에 따라 회식은 3일 뒤에 진행하므로 일주일 전에 예약이 필요한 D뷔페와, 19시에 영업을 시작하는 B치킨은 제외된다. 마지막으로 팀원 중 해산물을 먹지 못하는 사람이 있으므로 A수산은 제외된다. 따라서 모든 조건을 충족하는 회식장소는 C갈비이다.

07

정답 ①

최수영 상무이사가 결재한 것은 대결이다. 대결은 전결권자가 출장, 휴가, 기타 사유로 상당기간 부재중일 때 긴급한 문서를 처리하고자 할 경우에는 전결권자의 차하위 직위의 결재를 받아 시행하는 것을 말한다. 대결 시에는 기안문의 결재란 중 대결한 자의 란에 '대결'을 표시하고 서명 또는 날인한다. 결재표는 다음과 같다.

담당	과장	부장	상무이사	전무이사
아무개	최경옥	김석호	대결 최수영	╲

08

정답 ⑤

ㄷ. 온라인은 복지로 홈페이지, 오프라인은 읍면동 주민센터에서 보조금 신청서를 작성 후 제출하면 되며, 카드사의 홈페이지에서는 보조금 신청서 작성이 불가능하다.
ㄹ. 제시된 은행 지점 또는 읍면동 주민센터 외에도 해당 카드사를 방문하여 카드를 발급받을 수 있다.

오답분석

ㄱ. 어린이집 보육료 및 유치원 학비는 신청자가 별도로 인증하지 않아도 보조금 신청 절차에서 인증된다.
ㄴ. 오프라인과 온라인 신청 모두 연회비가 무료임이 명시되어 있다.

09

정답 ③

구매하려는 소파의 특징에 맞는 제조사를 찾기 위해 제조사별 특징을 대우로 정리하면 다음과 같다. 이때 주어진 조건을 명제로 보고, 명제의 대우는 반드시 참이라는 사실에 기반해, 대우를 만들어 비교하면 도움이 된다.

- A사 : 이탈리아제 천을 사용하면 쿠션재에 스프링을 사용한다. 커버를 교환 가능하게 하면 국내산 천을 사용하지 않는다. → ×
- B사 : 국내산 천을 사용하지 않으면 쿠션재에 우레탄을 사용하지 않는다. 이탈리아제의 천을 사용하면 리클라이닝이 가능하다. → ○
- C사 : 국내산 천을 사용하지 않으면 쿠션재에 패더를 사용한다. 쿠션재에 패더를 사용하면 침대 겸용 소파가 아니다. → ○
- D사 : 이탈리아제 천을 사용하지 않으면 쿠션재에 패더를 사용하지 않는다. 쿠션재에 우레탄을 사용하지 않으면 조립이라고 표시된 소파가 아니다. → ×

10

정답 ③

혼잡한 시간대에도 같은 노선의 앞차를 앞지르지 못하는 버스 운행 규칙으로 인해 버스의 배차 간격이 일정하지 않은 문제가 나타났다. 따라서 원인은 '유연하지 못한 버스 운행 시스템'이 적절하다.

11

정답 ③

- 자택에서 인근 지하철역까지 도보로 가는 데 걸리는 시간 : 3분
- 지하철역에서 환승역까지 가는 데 걸리는 시간 : $2\times2=4$분
- 환승하는 데 걸리는 시간 : 2분
- 환승역에서 사무실 인근 지하철역까지 가는 데 걸리는 시간 : $2\times4=8$분
- 인근 지하철역에서 사무실까지 도보로 가는 데 걸리는 시간 : 2분

따라서 김대리가 지하철을 타고 집에서부터 사무실을 갈 때 걸리는 시간은 $3+4+2+8+2=19$분이다.

12

정답 ②

- 버스의 편도 이동시간 : $1+(4\times4)+3=20$분
- 지하철의 편도 이동시간 : $3+(2\times2)+2+(2\times4)+2=19$분
- 자가용의 이동시간 : $19+2=21$분

따라서 편도 이동시간이 가장 짧은 이동수단을 순서대로 바르게 나열하면 지하철 – 버스 – 자가용이다.

13

정답 ④

첫 번째 조건에 의하여 사고 C는 네 번째로 발생하였고 두 번째, 세 번째, 다섯 번째 조건에 의하여 F – B – A – E의 순서로 사고가 발생했다. 네 번째 조건에서 사고 E는 가장 나중에 발생하지 않았고, 여섯 번째 조건에서 사고 C는 사고 E보다 나중에 발생하지 않았으며, 일곱 번째 조건에서 사고 C는 사고 D보다 먼저 발생했으므로 F – B – A – C – E – D의 순서로 사고가 발생했다. 따라서 다섯 번째로 발생한 사고는 E이다.

14

정답 ④

단 1명이 거짓말을 하고 있으므로 C와 D 중 1명은 반드시 거짓을 말하고 있다. 즉, C의 말이 거짓일 경우 D의 말은 참이 되며, D의 말이 참일 경우 C의 말은 거짓이 된다.

1) D의 말이 거짓일 경우
   C와 B의 말이 참이므로 A와 D가 모두 1등이 되어 모순이다.
2) C의 말이 거짓일 경우
   A는 1등 당첨자가 되지 않으며, 나머지 진술에 따라 D가 1등 당첨자가 된다.

따라서 C가 거짓을 말하고 있으며, 1등 당첨자는 D이다.

15

정답 ③

민수가 철수보다, 영희가 철수보다, 영희가 민수보다 숨은 그림을 더 많이 찾았다. 따라서 영희 – 민수 – 철수 순서로 숨은 그림을 더 많이 찾았다.

16

정답 ③

- A는 수험서를 구매한 다음 바로 에세이를 구매했는데 만화와 소설보다 잡지를 먼저 구매했고 수험서는 가장 먼저 구매하지 않았다고 했으므로 잡지가 가장 첫 번째로 구매한 것이 된다.
  잡지 → (만화, 소설) → 수험서 → 에세이 → (만화, 소설)
- 에세이나 소설은 마지막에 구매하지 않았으므로 만화가 마지막으로 구매한 것이 되고, 에세이와 만화를 연달아 구매하지 않았으므로 소설이 네 번째로 구매한 책이 된다.
  잡지 → 수험서 → 에세이 → 소설 → 만화

이를 표로 정리하면 다음과 같다.

첫 번째	두 번째	세 번째	네 번째	다섯 번째
잡지	수험서	에세이	소설	만화

17

정답 ②

'무거운 물건을 들 수 있다.'를 A, '근력이 좋다.'를 B, '근육을 키운다.'를 C라고 하면, 첫 번째 명제는 A → B, 마지막 명제는 ~C → ~A이다. 마지막 명제의 대우가 A → C이므로 A → B → C가 성립하기 위해서 필요한 명제는 B → C이다. 따라서 '근력이 좋으려면 근육을 키워야 한다.'가 적절하다.

18

정답 ④

'비가 옴'을 p, '한강 물이 불어남'을 q, '보트를 탐'을 r, '자전거를 탐'을 s라고 하면, 각 명제는 순서대로 $p \rightarrow q$, $\sim p \rightarrow \sim r$, $\sim s \rightarrow q$이다. 앞의 두 명제를 연결하면 $r \rightarrow p \rightarrow q$이고, 결론이 $\sim s \rightarrow q$가 되기 위해서는 $\sim s \rightarrow r$이라는 명제가 추가로 필요하다. 따라서 빈칸에 들어갈 명제는 '자전거를 타지 않으면 보트를 탄다.'이다.

19

정답 ②

'공부를 열심히 한다.'를 A, '지식을 함양하지 않는다.'를 B, '아는 것이 적다.'를 C, '인생에 나쁜 영향이 생긴다.'를 D라고 하면 첫 번째 명제는 C → D, 세 번째 명제는 B → C, 네 번째 명제는 ~A → D이므로 네 번째 명제가 도출되기 위해서는 ~A → B가 필요하다. 따라서 대우 명제인 ②가 답이 된다.

20

정답 ①

'커피를 마신다'를 A, '치즈케이크를 먹는다'를 B, '마카롱을 먹는다'를 C, '요거트를 먹는다'를 D, '초코케이크를 먹는다'를 E, '아이스크림을 먹는다'를 F라고 하면, 'C → ~D → A → B → ~E → F'가 성립한다.

21

정답 ⑤

대우 명제를 활용하여 정리하면 다음과 같다.

- 원두 소비량 감소 → 원두 수확량 감소
  [대우] 원두 수확량 감소 × → 원두 소비량 감소 ×
- 원두 수확량 감소 → 원두 가격 인상
  [대우] 원두 가격 인상 × → 원두 수확량 감소 ×
- 원두 수확량 감소 × → 커피 가격 인상 ×
  [대우] 커피 가격 인상 → 원두 수확량 감소
  원두 수확량이 감소하지 않으면 원두 소비량이 감소하지 않고 커피의 가격이 인상되지 않는다. 그러나 원두 소비량과 커피 가격 인상 간의 관계는 알 수 없다.

오답분석

① 세 번째 문장의 대우 명제이다.
 원두 수확량 감소 × → 커피 가격 인상 ×
 [대우] 커피 가격 인상 → 원두 수확량 감소

② 세 번째 문장의 대우 명제와 문장을 다음과 같이 정리하면 옳은 추론이다.
 커피 가격 인상 → 원두 수확량 감소 → 원두 가격 인상

③ 첫 번째 문장의 대우 명제로 옳은 추론이다.

④ 두 번째 문장의 대우 명제로 옳은 추론이다.

22

정답 ④

D가 산악회 회원인 경우와 아닌 경우로 나누어보면 다음과 같다.

- D가 산악회 회원인 경우
  네 번째 조건에 따라 D가 산악회 회원이면 B와 C도 산악회 회원이 되며, A는 두 번째 조건의 대우에 따라 산악회 회원이 될 수 없다. 따라서 B, C, D가 산악회 회원이다.
- D가 산악회 회원이 아닌 경우
  세 번째 조건에 따라 D가 산악회 회원이 아니면 B가 산악회 회원이 아니거나 C가 산악회 회원이어야 한다. 그러나 첫 번째 조건의 대우에 따라 C는 산악회 회원이 될 수 없으므로 B가 산악회 회원이 아님을 알 수 있다. 따라서 B, C, D 모두 산악회 회원이 아니다. 이때 최소 한 명 이상은 산악회 회원이어야 하므로 A는 산악회 회원이다.

따라서 항상 옳은 것은 ④이다.

23

정답 ③

먼저 B업체가 선정되지 않으면 세 번째 조건에 따라 C업체가 선정된다. 또한 첫 번째 조건의 대우인 'B업체가 선정되지 않으면, A업체도 선정되지 않는다.'에 따라 A업체는 선정되지 않는다. A업체가 선정되지 않으면 두 번째 조건에 따라 D업체가 선정된다. D업체가 선정되면 마지막 조건에 따라 F업체도 선정된다.

따라서 B업체가 선정되지 않을 경우 C, D, F업체가 시공업체로 선정된다.

24

정답 ①

먼저 세 번째 조건에 따라 C주임은 아일랜드로 파견된다. 그러므로 네 번째 조건의 후단이 거짓이 되므로 네 번째 조건이 참이 되기 위해서는 전단이 참이 되어야 한다. 따라서 E주임은 몽골로 파견되고, 첫 번째 조건의 대우에 따라 A대리는 인도네시아로 파견된다. A대리가 인도네시아로 파견되어 다섯 번째 조건의 전단이 거짓이므로 다섯 번째 조건이 참이 되기 위해서는 후단이 참이어야 하므로 B대리는 우즈베키스탄에 파견되지 않는다. 마지막으로 두 번째 조건의 대우에 따라 B대리가 우즈베키스탄에 파견되지 않는다면 D주임 또한 뉴질랜드에 파견되지 않는다. 이를 정리하면 다음과 같다.

- A대리 : 인도네시아 파견 ○
- B대리 : 우즈베키스탄 파견 ×
- C주임 : 아일랜드 파견 ○
- D주임 : 뉴질랜드 파견 ×
- E주임 : 몽골 파견 ○

따라서 보기 중 반드시 참인 것은 ㄱ, ㄴ이며, ㄷ, ㄹ은 반드시 거짓이다.

25

정답 ④

조건을 논리기호에 따라 나타내어 간소화하면 다음과 같다.

• 기획지원부 → ~통계개발부
• 해외기술부, 전략기획실, 인재개발부 중 2곳 이상
• 비서실 → ~전략기획실
• 인재개발부 → 통계개발부
• 대외협력부, 비서실 중 1곳
• 비서실

마지막 조건에 따르면 비서실은 선정되며, 세 번째 조건에 따라 전략기획실은 선정되지 않는다. 그러면 두 번째 조건에 따라 해외기술부와 인재개발부는 반드시 선정되어야 한다. 또한, 인재개발부가 선정되면 네 번째 조건에 따라 통계개발부도 선정된다. 이때 첫 번째 조건의 대우가 '통계개발부 → ~기획지원부'이므로 기획지원부는 선정되지 않는다. 마지막으로 다섯 번째 조건에 따라 대외협력부는 선정되지 않는다. 따라서 국제협력사업 10주년을 맞아 행사에 참여할 부서로 선정된 곳은 비서실, 인재개발부, 해외기술부, 통계개발부이므로 ④는 옳지 않다.

제4영역 조직이해능력

01	02	03	04	05	06	07	08	09	10
②	③	③	⑤	①	④	④	⑤	⑤	②
11	12	13	14	15	16	17	18	19	20
②	③	③	③	③	③	②	③	③	④
21	22	23	24	25					
③	③	②	④	⑤					

01

정답 ②

경영활동을 구성하는 요소는 경영목적, 인적자원, 자금, 경영전략이다. (나)의 경우와 같이 봉사활동을 수행하는 일은 목적과 인력, 자금 등이 필요한 일이지만, 정해진 목표를 달성하기 위한 조직의 관리, 전략, 운영활동이라고 볼 수 없으므로 경영활동이 아니다.

02

정답 ③

제시문은 총무부에서 주문서 메일을 보낼 때 꼼꼼히 확인하지 않아서 수정 전의 파일이 첨부되어 발송되었기 때문에 발생한 일이다.

03

정답 ③

제시문의 내용을 살펴보면, K전자는 성장성이 높은 LCD 사업 대신에 익숙한 PDP 사업에 더욱 몰입하였으나, 점차 LCD의 경쟁력이 높아짐으로써 PDP는 무용지물이 되었다는 것을 알 수 있다. 따라서 K전자는 LCD 시장으로의 사업전략을 수정할 수 있었지만 보다 익숙한 PDP 사업을 선택하고 집중함으로써 시장에서 경쟁력을 잃는 결과를 얻게 되었다.

04

정답 ⑤

㉠ 집중화 전략
㉡ 원가우위 전략
㉢ 차별화 전략

05

정답 ①

제시된 신제품 판매 동향 보고서를 보면 판매 부진의 원인은 독특한 향 때문인 것으로 나타나 있다. 그러므로 독특한 향을 개선, 즉 제품 특성을 개선하면 판매 부진을 면할 수 있을 것이다.

06

정답 ④

- 조직목표는 조직이 달성하려는 장래의 상태이다. (○)
- 조직의 구조는 조직 내의 부문 사이에 형성된 관계로 조직 구성원들의 상호작용을 보여준다. 조직 구성원 간 생활양식이나 가치를 공유하게 되는 것은 조직문화이며 조직구조와는 구분된다. (×)
- 조직도는 조직 구성원들의 임무, 수행과업, 일하는 장소를 알아보는 데 유용하다. (○)
- 조직의 규칙과 규정은 구성원들의 행동범위를 정하고 일관성을 부여하는 역할을 한다. (○)

07

정답 ④

새로운 사회환경을 접할 때는 개방적 태도를 갖는 동시에 자신의 정체성을 유지하도록 해야 한다.

08

정답 ⑤

ㄷ. 정부의 최저임금 정책은 임금 분배 개선에 영향을 주었다. 정부의 일자리사업, 근로시간 단축, 일생활 균형 문화의 확산 등이 단기간 근로자 수 증가에 영향을 미쳤다.

ㅁ. 인구 고령화는 단시간 근로 증가·장시간 근로 개선, 40대 노동자 감소·60대 노동자 증가에 영향을 미쳤다.

09

정답 ⑤

다른 국가들의 국제동향을 파악하기 위해서는 그 국가의 현지인의 의견이 무엇보다 중요하다.

10

정답 ②

㉠은 다른 재료로 대체한 S에 해당되고, ㉡은 서로 다른 물건이나 아이디어를 결합한 C에 해당되고, ㉢은 형태, 모양 등을 다른 용도로 사용한 P에 해당된다.

A에는 우엉씨 → 벨크로(찍찍이), M에는 둥근 지우개 → 네모 지우개, E에는 자동차 → 오픈카, R에는 스캐너 → 양면 스캐너 등이 있다.

11

정답 ②

제시된 모든 시간대에 전 직원의 스케줄이 비어있지 않다. 그렇다면 업무의 우선순위를 살펴본 뒤 바꿀 수 있는 스케줄을 파악하여야 한다. 10:00 ~ 11:00의 사원의 비품 신청은 타 업무에 비해 우선순위가 낮다.

오답분석

① 오전 부서장 회의는 부서의 상급자들과 상위 부서장들의 회의이며, 또한 그날의 업무를 파악하고 분배하는 자리이므로 편성하기 어렵다.

③·④ 해당 시간에 예정된 업무는 해당 인원의 단독 업무가 아니므로 단독으로 변경해 편성하기 어렵다.

12

정답 ③

시간 순서대로 나열해 보면 '회의실 예약 – PPT 작성 – 메일 전송 – 수정사항 반영 – B주임에게 조언 구하기 – 브로슈어에 최종본 입력 – D대리에게 파일 전달 – 인쇄소 방문' 순서다.

13

정답 ③

김과장의 개인 스케줄 및 업무 점검을 보면 홍보팀, 외부 디자이너와의 미팅이 기재되어 있다. 즉, 김과장은 이번 주에 내부 미팅과 외부 미팅을 할 예정이다.

14

정답 ③

지수는 비영리조직이면서 대규모조직인 학교에서 5시간 있었다.

- 학교 : 공식조직, 비영리조직, 대규모조직
- 카페 : 공식조직, 영리조직, 대규모조직
- 스터디 : 비공식조직, 비영리조직, 소규모조직

오답분석

①·⑤ 비공식적이면서 소규모조직이자 비영리조직인 스터디에서 2시간 있었다.

② 공식조직인 학교와 카페에서 8시간 있었다.

④ 영리조직인 카페에서 3시간 있었다.

15

정답 ③

오답분석

① 만장일치 : 회의 장소에 모인 모든 사람이 같은 의견에 도달하는 방법

② 다수결 : 회의에서 많은 구성원이 찬성하는 의안을 선정하는 방법

④ 의사결정나무 : 의사결정에서 나무의 가지를 가지고 목표와 상황과의 상호 관련성을 나타내어 최종적인 의사결정을 하는 불확실한 상황에서의 의사결정 분석 방법

⑤ 델파이 기법 : 전문가 패널의 반복적 의견 수렴을 통해 미래 예측이나 문제 해결을 위한 합의 도출을 목표로 하는 정성적 분석 방법

16

정답 ③

일 년에 한두 권밖에 안 팔리는 책일지라도 이러한 책들의 매출이 모이고 모이면 베스트셀러 못지않은 수익을 낼 수 있다.

17

정답 ②

앰부시(Ambush)는 '매복'을 뜻하는 말로, 앰부시 마케팅은 교묘히 규제를 피해가는 매복 마케팅이라고도 한다. 대형 스포츠 이벤트에서 공식 후원사가 아니면서도 TV 광고나 개별 선수 후원을 활용해 공식 스폰서 같은 인상을 줘서 홍보 효과를 극대화하는 전략이다.

오답분석

① 니치 마케팅(Niche Marketing) : '틈새시장'이라는 뜻을 가진 말로 시장의 빈틈을 공략하는 새로운 상품을 잇따라 시장에 내놓음으로써, 다른 특별한 제품 없이도 셰어(Share)를 유지시켜 가는 마케팅 기법
③ 버즈 마케팅(Buzz Marketing) : 소비자들이 자발적으로 메시지를 전달하게 하여 상품에 대한 긍정적인 입소문을 내게 하는 마케팅 기법
④ 플래그십 마케팅(Flagship Marketing) : 시장에서 성공을 거둔 특정 상품을 중심으로 판촉활동을 하는 마케팅 기법
⑤ 오가닉 마케팅(Organic Marketing) : 유료 광고 없이 콘텐츠 마케팅, 소셜 미디어, 구전 등을 통해 자연스러운 방식으로 고객을 유도하는 마케팅 기법

18

정답 ③

오답분석

- B : 사장 직속으로 4개의 본부가 있다는 설명은 옳지만, 인사를 전담하고 있는 본부는 없으므로 적절하지 않다.
- C : 감사실이 분리되어 있다는 설명은 옳지만, 사장 직속이 아니므로 적절하지 않다.

19

정답 ③

유대리가 처리해야 할 일의 순서는 다음과 같다.
음악회 주최 위원들과 점심 → 음악회 주최 위원들에게 일정표 전달(점심 이후) → △△조명에 조명 점검 협조 연락(오후) → 한여름 밤의 음악회 장소 점검(퇴근 전) → 김과장에게 상황 보고
따라서 가장 먼저 해야 할 일은 '음악회 주최 위원들과 점심'이다.

20

정답 ④

오답분석

㉠・㉢ 유기적 조직에 대한 설명이다.

기계적 조직과 유기적 조직

- 기계적 조직
  - 구성원의 업무가 분명하게 규정되어 있다.
  - 많은 규칙과 규제가 있다.
  - 상하 간 의사소통이 공식적인 경로를 통해 이루어진다.
  - 엄격한 위계질서가 존재한다.
  - 대표적으로 군대, 정부, 공공기관 등이 있다.
- 유기적 조직
  - 의사결정권한이 조직의 하부 구성원들에게 많이 위임되어 있다.
  - 업무가 고전되지 않아 업무 공유가 가능하다.
  - 비공식적인 상호 의사소통이 원활이 이루어진다.
  - 규제나 통제의 정도가 낮아 변화에 맞춰 쉽게 변할 수 있다.
  - 대표적으로 권한위임을 받아 독자적으로 활동하는 사내 벤처팀, 특정한 과제 수행을 위해 조직된 프로젝트팀이 있다.

21

정답 ③

오전 반차를 사용한 이후 14시부터 16시까지 미팅 업무가 있는 J대리는 택배 접수 마감 시간인 16시 이전에 행사 용품 오배송건 반품 업무를 진행할 수 없다.

오답분석

① 부서장 회의이므로 총무부 부장인 K부장이 반드시 회의에 참석해야 한다.
② H프로젝트 보고서 초안 작성 업무는 해당 프로젝트 회의에 참석한 G과장이 담당하는 것이 적절하다.
④・⑤ 사내 교육 프로그램 참여 이후 17시 전까지 주요 업무가 없는 L사원은 우체국 방문 및 등기 발송 업무를 담당할 수 있다.

22

정답 ③

증인・감정인 또는 통역인이 특허심판원에 대하여 허위의 진술・감정 또는 통역을 했을 때는 위증죄가 적용되어 5년 이하의 징역 또는 1천만 원 이하의 벌금에 처해진다. 고소가 있어야만 처벌할 수 있는 특허 침해죄와 달리 고소가 없어도 처벌이 가능하다.

23

정답 ②

증인・감정인・통역인의 허위 진술・감정에 대한 처벌은 '위증죄' 조항에 의해 이루어진다.

24

정답 ④

홈페이지 운영 등은 정보사업팀에서 한다.

오답분석

① 감사실(1개)와 11개의 팀으로 되어 있다.
② 예산기획과 경영평가는 전략기획팀에서 관리한다.
③ 경영평가(전략기획팀), 성과평가(인재개발팀), 품질평가(평가관리팀) 등 다른 팀에서 담당한다.
⑤ 감사실을 두어 감사, 부패방지 및 지도점검을 하게 하였다.

25

정답 ⑤

품질평가에 대한 관련 민원은 평가관리팀이 담당하고 있다.